COLLECTION PICARD

BIBLIOTHÈQUE D'ÉDUCATION NATIONALE

HISTOIRE
DE LA
RÉVOLUTION DE 1870-71
ET DES ORIGINES
DE
LA TROISIÈME RÉPUBLIQUE
(1869-1871)

PAR

PAUL BONDOIS

ANCIEN ÉLÈVE DE L'ÉCOLE DES HAUTES ÉTUDES, AGRÉGÉ D'HISTOIRE
PROFESSEUR AU LYCÉE DE VERSAILLES

Ouvrage illustré de nombreux Portraits, Gravures et Cartes

PARIS

ANCIENNE LIBRAIRIE PICARD-BERNHEIM ET Cie
ALCIDE PICARD ET KAAN, ÉDITEURS
11, RUE SOUFFLOT, 11

Propriété réservée.

HISTOIRE
DE
LA RÉVOLUTION DE 1870-71

SAINT-DENIS. — IMPRIMERIE ALCIDE PICARD ET KAAN. — M. I.

ADOLPHE THIERS.

COLLECTION PICARD

BIBLIOTHÈQUE D'ÉDUCATION NATIONALE

HISTOIRE

DE LA

RÉVOLUTION DE 1870-71

ET DES ORIGINES

DE

LA TROISIÈME RÉPUBLIQUE

(1869-1871)

PAR

PAUL BONDOIS

ANCIEN ÉLÈVE DE L'ÉCOLE DES HAUTES ÉTUDES, AGRÉGÉ D'HISTOIRE
PROFESSEUR AU LYCÉE DE VERSAILLES

Ouvrage illustré de nombreux Portraits, Gravures et Cartes

PARIS

ANCIENNE LIBRAIRIE PICARD-BERNHEIM ET Cie

ALCIDE PICARD ET KAAN, ÉDITEURS
11, RUE SOUFFLOT, 11

Propriété réservée.

PRÉFACE

Nous avons essayé, dans notre livre, de donner un récit, précis et impartial, des faits qui ont amené la chute du deuxième Empire, et la création de la troisième République.

Nous avons négligé, de parti pris, les anecdotes, trop souvent controuvées, et nous nous sommes soustrait, autant que possible, à la tentation d'exalter les uns, de condamner les autres. Nous avons insisté sur tout ce qui est du domaine de l'histoire, calme et équitable par définition. Nous avons donc passé rapidement sur les récriminations rétrospectives. Nous serions heureux d'avoir écrit pour tous les Français, et nous souhaitons de n'avoir blessé aucune conviction respectable. Il n'est pas jusqu'à l'Allemagne, dont nous ne nous soyons efforcé de parler sans une amertume trop naturelle cependant. Pour remplir cette tâche délicate, nous n'avons accueilli que les faits indiscutables, que les sources officielles, ou appuyées sur des documents sérieux. Aussi, nous n'avons pu faire qu'une part très restreinte à la discussion des assertions contestées.

Nous nous sommes plu à mettre en lumière les services rendus, les dévouements héroïques, les morts admirables. En un mot, nous avons cherché, dans ces tristes souvenirs, ce qui pouvait nous unir tous dans un commun sentiment d'amour pour notre patrie.

Avant tout, nous avons voulu être sincère. Nous ne croyons pas nous être laissé entrainer à cette tendance regrettable de dissimuler nos fautes, et nos échecs. Nous nous sommes interdit de transformer nos défaites en victoires, et nous pensons qu'il est plus sain d'attirer douloureusement l'attention des Français sur des désastres dont la force morale, un patriotisme sans bruit, la possession de nous-mêmes, pourront seuls empêcher le retour.

PAUL BONDOIS.

Versailles, 31 Juillet 1888.

BIBLIOGRAPHIE

Nous ne pouvons donner ici une bibliographie complète de l'histoire de la période de 1870-1871. Il nous faudrait y consacrer une place que nous n'avons pas. Nous mettrons seulement sous les yeux du lecteur le titre des principaux ouvrages qui permettront de contrôler notre récit. Nous ne retiendrons que les documents et les ouvrages qui contiennent des *pièces officielles* ou des indications purement *historiques*, ou enfin dans lesquels la *politique et l'apologie* n'ont point entièrement obscurci l'histoire. Nous avons écarté résolument les ouvrages de simple polémique.

I

DOCUMENTS OFFICIELS ET OUVRAGES AYANT PUBLIÉ DES PIÈCES OFFICIELLES

Affiches et journaux officiels de l'Empire, de la Défense nationale, de la Commune.
CLARETIE. *Histoire de la Révolution de 1870-1871.*
Enquête parlementaire sur les actes du gouvernement de la Défense nationale.
Enquête parlementaire sur l'insurrection du 18 mars.
GAMBETTA, *Discours*, publiés par J. Reinach.
Guerre Franco-Allemande, par le grand État-major allemand. Trad. Costa de Serda.
PROUST (A.). *Le comte de Bismarck.*
STOFFEL. *Rapports militaires, écrits de Berlin.*
THIERS. *Discours politiques*, publiés par Calmon.

II

OUVRAGES HISTORIQUES

Boert et Rustow.........	La guerre de 1870-1871.
Chuquet (A.).............	Le général Chanzy.
Délerot................	Versailles pendant l'occupation allemande.
Duret (Th.).............	Histoire de quatre ans.
Faidherbe..............	Campagne de l'armée du nord.
Hepp (Ed.)..............	Wissembourg.
Jezierski...............	Combats et batailles du siège de Paris.
—	Bataille des sept jours.
Le Faure...............	Histoire de la guerre Franco-Allemande.
Lewal..................	Etudes de guerre.
Monod (G.).............	Français et Allemands.
Rothan.................	L'affaire du Luxembourg.
—	La politique française en 1866.
—	Souvenirs diplomatiques de France et d'Italie.
Simon..................	L'empereur Guillaume.
Sorel..................	Histoire diplomatique de la guerre Franco-Allemande.
Ténot..................	Campagne des armées de l'Empire, 1870.
Valfrey................	Histoire de la diplomatie du gouvernement de la Défense nationale.
—	Histoire du traité de Francfort.

III

OUVRAGES D'APOLOGIE ET DE POLITIQUE

Aurelle de Paladines (d').	La première armée de la Loire.
Benedetti..............	Ma mission en Prusse.
Chanzy.................	La deuxième armée de la Loire.
Cousin-Montauban........	Un ministère de 24 jours.
Deligny (Général).......	L'armée de Metz.
Delord (Taxile).........	Histoire du second Empire.
Ducamp (Maxime)........	Les Convulsions de Paris.
Duquet.................	Frœschviller, Châlons, Sedan. — Les batailles de Metz.
Dussieux...............	Le siège de Belfort.

FAVRE (JULES)	*Gouvernement de la Défense nationale.*
FREYCINET (DE).	*La guerre en province.*
GRAMMONT (DE).	*La France et la Prusse avant la guerre.*
LA RONCIÈRE LE NOURY . . .	*La Marine au siège de Paris.*
LEFRANÇAIS.	*Mouvement communaliste de Paris.*
LISSAGARAY.	*Histoire de la Commune.*
LOCK	*La Commune.*
MAC-MAHON (MARÉCHAL DE)	*L'armée de Versailles.*
MAZADE (DE)	*La guerre de France. — M. Thiers.*
MARTIN DES PALLIÈRES	*Orléans.*
MALON	*La troisième défaite du prolétariat français.*
PELLETAN (C.)	*La semaine de Mai.*
POURCET	*Campagne de la Loire.*
SIMON (J.)	*Le gouvernement de M. Thiers.*
STEENACKERS ET LE GOFF	*Histoire de la Défense nationale en province.*
VINOY	*Le siège de Paris.*
—	*L'armistice de la Commune.*
WIMPFEN (GÉNÉRAL)	*Sedan.*

AVIS

Pour les opérations autour de Paris, consulter la carte de la page 153, et pour les opérations militaires pendant la durée de la guerre, les cartes des pages 424 et 425.

HISTOIRE
DE
LA RÉVOLUTION DE 1870-71
ET DES ORIGINES DE LA TROISIÈME RÉPUBLIQUE

CHAPITRE PREMIER

LE PLÉBISCITE ET LA DÉCLARATION DE GUERRE
1869-1870

I. Les élections de 1869. — II. L'empereur et son entourage. — III. Le ministère Ollivier. — IV. Lutte de l'opposition et du nouveau ministère. — V. La préparation du plébiscite. — VI. Les émeutes et les procès de presse. — VII. Situation intérieure et extérieure de l'Empire. — VIII. La Prusse et la France, la diplomatie de Napoléon III. — IX. La question Hohenzollern. — X. La déclaration de guerre.

I. — LES ÉLECTIONS DE 1869

Il y eut en France, à partir de l'année 1852 jusqu'en 1870, quatre élections générales au Corps législatif. Dans la première (février 1852), l'opposition ne fut représentée que par trois républicains. Ils refusèrent de prêter serment au gouvernement du président de la République Louis-Napoléon, bientôt l'empereur Napoléon III, et furent exclus de l'Assemblée pour cette raison. La deuxième élection eut lieu en 1857 (avril). Cette fois encore l'opposition ne compta en réalité que cinq membres républicains : MM. Ollivier, Darimon, Hénon, Picard et Jules Favre, nommé à Paris en remplacement du général Cavaignac, mort à la fin de 1857. La troisième convocation des collèges électoraux eut lieu le 31 mai 1863. Mais les candidats républicains et royalistes avaient mené une campagne commune contre l'Empire; trente-cinq des leurs furent élus et trois ans plus tard quarante-cinq autres membres de la Chambre, nommés comme inféodés à la politique officielle, formèrent un tiers parti, favorable à des réformes libérales.

Les dernières élections législatives de l'Empire eurent lieu le 23 et le 24 mai 1869; elles furent complétées par les scrutins de ballottage du 22 novembre; le gouvernement avait compris que son sort était attaché à cette manifestation du suffrage universel. Il fit donc appel, plus que jamais, à la *candidature officielle*. Les hommes d'État impérialistes revendiquaient le droit de désigner aux électeurs les candidats agréables au gouvernement et de combattre par tous les moyens l'élection des candidats de l'opposition. Dans ces conditions, il était facile de prévoir que le régime impérial obtiendrait une majorité de plus. Mais Napoléon III pensait bien que ce succès, trop certain, ne lui fournirait pas une indication suffisante du véritable état de l'opinion. On ne pouvait calculer les chances que l'Empire avait encore de se maintenir en France que d'après la grandeur de l'échec ou d'après les progrès de l'opposition. Les succès des candidats antiimpérialistes furent considérables grâce à la politique d'union de tous les ennemis du bonapartisme, grâce aussi et surtout aux fautes intérieures et diplomatiques des ministres de Napoléon III.

L'opposition réussit complètement à Paris; MM. Picard, Jules Simon, Pelletan (Eugène), furent élus avec Bancel et Gambetta. L'élection de ces deux derniers députés était très significative. Bancel, exilé en 1851, avait fait une campagne électorale triomphale, pendant laquelle son éloquence mâle et entraînante émut profondément le public si nerveux des réunions publiques. Léon Gambetta, né à Cahors en 1838, était un des plus jeunes avocats du barreau de Paris; il était célèbre depuis l'année précédente. Il avait été l'un des défenseurs des journalistes libéraux, cités devant la sixième chambre pour avoir ouvert une souscription, destinée à élever un monument au représentant Baudin. Baudin était mort en 1851 sur une barricade, élevée pour protester contre le coup d'État, par lequel le président Louis Napoléon avait dispersé l'Assemblée législative. Dans cette plaidoirie, Léon Gambetta s'était révélé un irrésistible orateur, doué surtout d'un talent merveilleux pour caractériser en paroles ineffaçables les faits et les hommes. Une immense popularité s'attacha à l'avocat qui avait lancé cette phrase sanglante à un tribunal de juges dévoués au second Empire :

« Tous les régimes qui se sont succédé dans le pays se sont
« honorés du jour qui les a vus naître : il n'y a que deux anniversaires,
« le 18 Brumaire et le 2 décembre, qui n'ont jamais été mis au rang
« des solennités d'origine, parce que vous savez que, si vous osiez les

LÉON GAMBETTA.

« mettre, la conscience universelle les repousserait..... Vous pouvez
« frapper, vous ne pouvez ni nous déshonorer ni nous abattre. »

Au second tour de scrutin, Paris envoya au Corps législatif deux républicains éprouvés : l'illustre Jules Favre, célèbre par son éloquence; et Garnier-Pagès, ancien membre du Gouvernement de 1848. Les autres élus étaient M. Jules Ferry, un avocat dans toute la force de la jeunesse, qui avait écrit des articles très vifs contre l'administration du préfet de la Seine, M. Haussmann, et qui avait été compromis dans plusieurs procès de presse; enfin M. Thiers, l'ancien ministre de Louis-Philippe chef du parti libéral orléaniste, sous la monarchie de Juillet. L'étude et l'âge avaient élevé son patriotisme, aiguisé sa clairvoyance, et il prenait alors cette attitude à la fois ferme et digne qui a donné aux dernières années de sa vie politique une gloire aussi éclatante que méritée.

Bancel ayant opté pour le Rhône, où il avait été élu comme à Paris, Gambetta pour les Bouches-du-Rhône, E. Picard pour l'Hérault et Jules Simon pour la Gironde, les quatre nouveaux élus de Paris furent encore quatre républicains : le grand avocat Crémieux, M. Emmanuel Arago, Glais-Bizoin et M. Henri Rochefort, récemment chroniqueur au *Figaro*, et poursuivi par l'animosité de l'entourage impérial pour quelques plaisanteries à l'emporte-pièce. M. Rochefort avait attaqué les hommes et les choses de l'Empire dans un pamphlet périodique aussi spirituel qu'audacieux : *la Lanterne;* les nombreuses condamnations qui l'avaient frappé en avaient fait un homme populaire, et, un peu malgré lui, un homme politique.

Avec les élus de Paris, la gauche devait être forte, dans la nouvelle Chambre, de trente-quatre à trente-cinq voix. C'était un résultat considérable, si l'on songe aux efforts du gouvernement pour faire passer les candidats officiels, si l'on remarque aussi que la plupart des élus républicains étaient des hommes de talent ou de résolution. Ainsi, en laissant de côté les députés de Paris, dont l'autorité était prépondérante dans le parti républicain, la Charente-Inférieure avait élu M. Bethmont; le Finistère, M. de Kératry; Lyon, le vieux Raspail, si populaire parmi les ouvriers; le député du Jura, M. Grévy, était appelé aux plus hautes destinées; l'ingénieur Dorian avait été nommé dans la Loire; Dijon envoyait au Corps législatif l'un des plus remarquables financiers républicains, M. Magnin; en Seine-et-Oise, un savant, M. Barthélemy Saint-Hilaire.

Et, cependant, le plus grand danger pour le gouvernement impérial n'était pas dans l'élection de ce groupe relativement compact de trente-cinq républicains. Leurs tendances politiques inquiétaient la majorité de la nation, éprise, il est vrai, de réformes et de liberté, mais qui redoutait, comme toujours, les brusques changements et les révolutions. C'était le groupe du tiers parti, les *cent seize*, comme on les appelait, qui, avec les meilleures intentions du monde, devait contribuer, puissamment à ruiner l'Empire, dont il ne croyait pas menacer l'existence. Les cent seize, élus presque tous contre des candidats officiels, grâce à la politique électorale de l'*Union libérale*, étaient les partisans du régime parlementaire, c'est-à-dire qu'ils demandaient le contrôle effectif des deux Chambres sur les actes du pouvoir exécutif. Or, par une conséquence naturelle du coup d'État du 2 décembre 1851, le pouvoir de Napoléon III était essentiellement un pouvoir personnel, exercé presque entièrement par l'entourage de l'empereur. Revenir au régime parlementaire, qui avait existé pendant la Restauration et sous le règne de Louis-Philippe, c'était forcer le chef de l'État à renier son origine, et à écarter de lui les serviteurs dévoués à sa fortune, parce que sa fortune était la leur.

Les plus influents des députés du tiers parti étaient donc, au fond, des orléanistes, c'est-à-dire des partisans du régime de Juillet. Ils se seraient résignés à soutenir l'Empire, à condition, qu'il acceptât sérieusement la surveillance du Corps législatif dont eux-mêmes, représentants de la haute bourgeoisie et de la noblesse libérale, espéraient bien peu à peu former la majorité.

Les plus marquants des membres de ce tiers parti étaient M. Buffet, député des Vosges, entré dans la politique sous la présidence de Louis-Napoléon, longtemps ennemi du pouvoir personnel de l'Empire, partisan du régime parlementaire et qui s'était fait une spécialité des questions de finance; M. Louvet, député de Maine-et-Loire; le marquis de Talhouët, élu dans la Sarthe, dont il était peut-être l'un des plus riches propriétaires; le comte Daru, que ses souvenirs de famille rattachaient à la légende napoléonienne, et que sa droiture bien connue rendait sympathique à tous les partis; le marquis d'Andelarre, député de Vesoul; M. Maurice Richard, fort influent dans le département de Seine-et-Oise, qui l'avait nommé.

Mais un député entre tous était désigné pour devenir le chef de ce parti de l'Empire constitutionnel. C'était un ancien républicain, M. Émile Ollivier, dont le père avait partagé les opinions extrêmes des montagnards de 1848, dont le frère était mort dans un duel, que lui avait attiré la ferveur de ses opinions antimonarchistes. M. Émile Ollivier lui-même, dès l'adolescence, avait été l'un des plus actifs parmi les commissaires extraordinaires que le ministre de l'intérieur de la seconde république, M. Ledru-Rollin, avait envoyés en 1848 dans les départements. En 1858, nous l'avons vu faire partie du groupe de cinq républicains, qui avaient seuls échappé à la candidature officielle. Réélu à Paris en 1863, il s'éloigna peu à peu de ses anciennes opinions, en même temps qu'un autre de ses collègues, M. Darimon. Mis en rapport avec Napoléon III, il conçut le plan de transformer l'Empire autoritaire en Empire parlementaire. Il comptait sur l'habileté incontestable de sa parole; et il avait assez de confiance en lui-même pour s'aveugler sur son inexpérience politique, qui devait éclater plus tard, en de si graves circonstances. Malgré la timidité et la prudence avec lesquelles il passa de ses convictions d'autrefois à ses convictions du lendemain, la masse des électeurs parisiens ne s'y trompa pas, et en 1869 lui préféra Bancel, républicain irréconciliable. Élu dans le Var, et désormais sorti du groupe de ses amis de jeunesse, M. Émile Ollivier se trouvait le chef désigné de la nouvelle politique impériale.

II. — L'EMPEREUR ET SON ENTOURAGE

Cette transformation projetée, et à laquelle Napoléon III semblait se prêter volontiers, était désapprouvée par ses fidèles de la première heure. L'empereur, qu'ils avaient aidé puissamment à parvenir au souverain pouvoir, les en avait récompensés généreusement; il leur avait ouvert les grands emplois politiques et administratifs : le Sénat dont chaque membre recevait une magnifique dotation de 30.000 francs; le ministère, qui n'ayant pas à subir le contrôle d'une Chambre, d'ailleurs systématiquement ministérielle, était une véritable assemblée de satrapes, soumis à l'autorité supérieure de celui d'entre eux qui possédait le plus l'oreille du chef de l'État. Mais Napoléon, tout en s'entourant des artisans très pratiques de sa fortune, n'avait pu se dépouiller du caractère chimérique et rêveur qu'il avait promené en Amérique et en Europe, courant les aventures extraordinaires, dont la plus étonnante et la plus imprévue l'avait fait le maître de la France. Au milieu des avantages de la toute-puissance, son âme inquiète aspirait à la gloire littéraire et à la popularité. Longtemps les jouissances de la vie l'avaient satisfait; mais, vieillissant et valétudinaire, il se sentait assailli par les idées socialistes de sa jeunesse, il voulait devenir l'empereur des ouvriers, et se faire accepter de ce qu'on appelait alors les anciens partis. Il se prétendait héritier de toutes les idées qu'on prêtait à Napoléon Ier. Or, Napoléon n'avait-il pas dit à Sainte-Hélène qu'au moment où il succombait il allait rendre à la France cette liberté politique, qu'il ne lui avait ravie que pour la lui restituer en temps opportun? Le neveu du grand empereur se croyait appelé à réaliser cette promesse, il pensait par cette évolution mériter l'approbation générale et assurer la sécurité de sa dynastie.

Tel n'était pas l'avis de ses conseillers actuels. Sans que l'impératrice ait joué en cette occasion un rôle prépondérant, comme en 1870, on la savait toute disposée à appuyer une politique dirigée contre l'Italie, et à exercer une influence favorable à la papauté, que le tiers parti semblait devoir négliger. Mais l'opposition intime qui s'élevait contre la nouvelle politique impériale était conduite par M. Rouher, le véritable inspirateur de Napoléon III, depuis la mort du duc de Morny. Né à Riom (Auvergne), en 1814, entré dans la politique en 1848, M. Eugène Rouher était un habile avocat. Soutenu par la confiance sans bornes de l'empereur, il parlait en souverain à la tribune de la Chambre; ministre d'État en 1869, c'est-à-dire premier ministre, il était tout-puissant, et ne pouvait accueillir le système parlementaire, peu compatible avec ses habitudes d'autorité sans contrôle. La grande majorité des députés bonapartistes, soit par intérêt électoral, soit

ÉMILE OLLIVIER.

par tradition d'obéissance, partageait ce sentiment. Parmi eux, il faut citer le baron Jérôme David, profondément dévoué à la dynastie napoléonienne, et défenseur impétueux de la Constitution de 1852; le député journaliste Granier de Cassagnac, qui se posait soit dans son journal le *Pays*, soit à la tribune, comme l'adversaire implacable de toute concession libérale et comme l'ennemi personnel de ses collègues républicains. Au Sénat, la volonté de Napoléon III faisait loi, et le corps tout entier était dévoué à la politique des Bonapartes. Toutefois, les nuances d'opinion y étaient assez marquées; le sénateur Bonjean, l'archevêque de Paris, Mgr Darboy, représentaient les aspirations libérales, tandis que le parti du pouvoir temporel du pape trouvait un appui convaincu dans le cardinal archevêque de Rouen, Mgr de Bonnechose.

Plus intimement liés avec l'empereur, M. de Persigny, plusieurs fois ministre de l'intérieur, et le rédacteur en chef du *Peuple français*, M. Clément Duvernois, récemment élu, comme député officiel, dans

EUGÈNE ROUHER.

les Basses-Alpes, le poussaient aux changements libéraux, mais prétendaient transformer l'Empire sans en détruire les idées premières.

Aux fonctionnaires, chargés d'appliquer depuis longtemps aux populations de la France les moyens absolus de gouvernement dont disposait une autorité supérieure irresponsable, cette transformation paraissait au contraire dangereuse, et pour eux et pour l'Empire.

Le préfet de police, M. Piétri, le préfet de la Seine, M. Haussmann, se sentaient menacés, le premier pour avoir développé l'organisation de la police politique, peu compatible avec la libre discussion du régime parlementaire, le second pour avoir disposé en maître de maison de la fortune municipale de Paris, qu'il avait embelli, il est vrai, mais sérieusement obéré. Les préfets des départements, employés récemment à combattre la plupart des députés vers lesquels l'empereur paraissait incliner, n'étaient pas rassurés davantage, et voyaient avec regret leur omnipotence administrative compromise.

Napoléon III n'avait donc pas à compter sur l'assistance enthousiaste de ses anciens partisans, dans sa tentative pour établir un régime nouveau. Il se sentait lui-même dans ce rôle, auquel il n'était pas habitué, curieusement observé, par celui de ses cousins que sa naissance rapprochait le plus du trône impérial, le prince Jérôme Napoléon. Le prince Napoléon jouissait de toutes les fructueuses prérogatives de sa parenté; cependant il s'était fait, dès l'origine du second Empire, le centre d'une opposition vague et insaisissable, et, en conservant avec les écrivains indépendants des liens d'amitié, il s'était acquis une réputation de libéralisme qui inquiétait non sans raison la cour des Tuileries.

III. — LE MINISTÈRE OLLIVIER

Tels étaient les principaux personnages avec lesquels le sort de la France allait se jouer d'une manière si tragique en 1870. La constitution impériale était ainsi faite, en dépit des améliorations déjà introduites ou projetées, que la destinée de la patrie, se trouvait indissolublement attachée aux intérêts d'une caste de fonctionnaires, d'une famille de princes, d'un homme fatigué au physique comme au moral.

Malgré l'inquiétude publique qui régnait depuis plusieurs années, seuls les esprits clairvoyants suivaient avec attention les progrès de la décadence impériale, et présageaient la chute prochaine de l'Empire. La prospérité matérielle faisait illusion. Un moment si brillante, puis ébranlée depuis 1867, elle était encore suffisante pour faire redouter à l'immense majorité de la nation une révolution toujours pleine de hasards. Le mécontentement n'en était pas moins réel et général. Les trente-cinq députés républicains résolurent d'en profiter en multipliant contre le gouvernement les manifestations irréconciliables.

Dans les journaux, ils accablèrent l'Empire d'articles violents, à propos des agissements et des provocations de la police secrète, au sujet de la répression inflexible qui avait atteint les mineurs grévistes de la Ricamarie. Ils redoublèrent leurs attaques aussi légitimes que pressantes contre la corruption électorale. La période des élections avait été en effet marquée dans le midi par de véritables orgies préparatoires au scrutin ; c'était ce qu'on appelait des *rastels* dans le patois du Roussillon. L'opposition enfin rédigea plusieurs manifestes contre la prorogation illégale de la Chambre des députés, dont la réunion était laissée par décret au libre arbitre de l'empereur.

Napoléon III crut répondre victorieusement à tous ces griefs, en faisant espérer dans son discours d'inauguration du 29 novembre 1869, un régime libéral, et en supprimant la charge de ministre d'État, qui faisait de M. Rouher un véritable grand vizir, comme en Turquie. M. Rouher devint président du Sénat.

Enfin, le 2 janvier 1870, M. Émile Ollivier, l'ancien républicain, désormais chef du tiers parti impérialiste, était, après des précautions et des entrevues mystérieuses, appelé à constituer un ministère parlementaire, c'est-à-dire dont le maintien ou le renvoi ne dépendrait plus de la volonté du souverain, mais des votes de la Chambre des députés.

M. Émile Ollivier était naturellement le chef de cette nouvelle administration ; il prenait pour lui le ministère de la justice et comme membre du barreau de Paris, et parce que c'était un des deux ministères politiques, la justice sous le second Empire étant appelée trop souvent à juger de nombreux procès de presse et d'opinion. Voici la composition de ce ministère :

Ministères politiques : Intérieur, MM. Chevandier de Valdrôme ; justice, Ollivier.

Ministères d'affaires : Instruction publique, M. Segris ; finances, M. Buffet ; agriculture et commerce, M. Louvet ; travaux publics, M. de Talhoüet.

Ministères en rapport avec l'étranger : Affaires étrangères, M. Daru ; guerre, maréchal Le Bœuf ; marine, amiral Rigault de Genouilly.

Ministère de la maison de l'empereur : maréchal Vaillant ; ministère des beaux-arts : M. Maurice Richard ; présidence du conseil d'État : M. de Parieu.

Dans une époque moins troublée, et sous une monarchie constitutionnelle, profondément enracinée, quelques-uns de ces choix auraient été heureux. M. Buffet, parlementaire convaincu, esprit net et tranchant, orateur incisif et froid, était connu par sa compétence en matières financières; M. de Parieu était un économiste instruit et un jurisconsulte expérimenté; mais M. Chevandier de Valdrôme, industriel, doublé d'un savant, était peu préparé aux fonctions particulièrement délicates du ministère de l'intérieur; M. Daru, dont le caractère imposait le respect à tous les partis, MM. Louvet et de Talhoüet, M. Maurice Richard, l'ami particulier de M. Emile Ollivier, abordaient des fonctions où ils n'apportaient d'autres garanties que leur désir de bien faire et de contribuer au succès de l'Empire parlementaire. Le maréchal Le Bœuf, en présence des progrès menaçants de la puissance de la Prusse, assumait la responsabilité dangereuse de continuer l'œuvre de réorganisation entreprise par son éminent prédécesseur Niel, le créateur de la garde mobile; or, il n'était connu que comme un brave militaire et un général spécial d'artillerie.

Certes, à une époque de développement paisible, cette administration aurait pu donner d'excellents résultats; elle était insuffisante pour parer aux exigences d'une politique fondée sur des transformations aussi considérables que celles, dont on prêtait l'intention au chef du ministère, M. Ollivier.

Orateur élégant, il n'avait jamais eu l'occasion d'acquérir ce qui est indispensable pour diriger un grand pays, l'expérience des choses et des hommes. Très confiant en lui-même, très ulcéré contre ses anciens amis républicains, qui lui reprochaient sa métamorphose, il arrivait au pouvoir dans des conditions morales désastreuses : il n'avait pas l'habitude de l'autorité; il ignorait les affaires; il voulait frapper l'imagination par la révélation inattendue de ses talents politiques, et rendre à ses adversaires dédains pour dédains; il se croyait un homme d'État; il resta un avocat habile, mais comme chef de gouvernement il fut au-dessous de la lourde tâche à laquelle, naïvement, il se croyait supérieur.

IV. — LUTTE DE L'OPPOSITION ET DU NOUVEAU MINISTÈRE

Les républicains profitèrent avec empressement des fausses démarches que la situation de M. Ollivier lui imposait; ils furent puissamment aidés dans leur opposition par les circonstances difficiles qui surgirent immédiatement. Il est vrai de dire qu'au point où l'Empire en était arrivé les moindres incidents prenaient de l'importance et surexcitaient l'opinion publique.

L'effet des mesures les plus méditées, et sur lesquelles le ministère Ollivier comptait pour affirmer ses intentions de réformes libérales, était immédiatement effacé par quelque difficulté imprévue et déconcertante. Le 10 janvier 1870, le préfet de la Seine, M. Haussmann, était sacrifié et remplacé par le préfet de la Loire-Inférieure, M. Henri

VICTOR NOIR.

Chevreau. C'était presque une concession aux députés républicains, dont quelques-uns, M. Jules Ferry [1] par exemple, s'étaient fait une spécialité d'attaquer l'administration du grand démolisseur. — Le même jour un tragique fait divers détournait l'attention publique de cet acte

---

[1]. Jules Ferry, *Comptes fantastiques d'Haussmann*.

ministériel, d'ailleurs mal accueilli par les bonapartistes autoritaires. L'un des fils de Lucien Bonaparte, le prince Pierre, tuait d'un coup de pistolet à Auteuil, dans son salon, un jeune journaliste républicain, Victor Noir, chargé avec un de ses collègues, M. Ulrich de Fonvielle, d'aller porter au prince le cartel d'un publiciste, M. Paschal Grousset. Le prince Pierre, dans un journal de langue italienne, avait menacé d'une correction corporelle tous les Corses attachés à l'opinion libérale. M. Paschal Grousset était Corse. Quoique le Prince Pierre fût notoirement aux Tuileries dans une demi-disgrâce, cet acte de violence fut un prétexte avidement saisi par la presse intransigeante pour faire le procès à tous les Bonapartes. M. Henri Rochefort, dans la *Marseillaise* du 11 janvier, invita le peuple de Paris à venger Victor Noir, à qui d'ailleurs sa jeunesse et sa nature vaillante et gaie avaient créé de nombreux amis dans le monde du journalisme.

Bien que, le jour des obsèques, le député-journaliste, d'accord avec la famille de Victor Noir, eût empêché la manifestation imposante, qui conduisit le corps de la victime au cimetière de Neuilly, de se transformer en émeute, la Chambre autorisa les poursuites contre lui, à raison de son article du 11. Condamné le 22 janvier à six mois de prison et 3.000 francs d'amende, il ne fut arrêté que le 7 février à la porte d'une réunion publique à Belleville. Les réunions publiques furent interdites le 8. Le ministère libéral Ollivier, un mois après son installation, en était réduit aux mesures d'exception.

Quant à Pierre Bonaparte, en sa qualité de prince français, et d'après la constitution de 1852, il fut jugé à Tours par une haute cour composée de magistrats de la cour de cassation et de quarante jurés tirés au sort parmi quatre-vingt-douze conseillers généraux, désignés par chacune des assemblées départementales. L'accusé fit valoir pour moyens de défense qu'il avait été frappé à la joue par Victor Noir, et menacé du revolver de M. Ulrich de Fonvielle. Bien que cette assertion ne fût fondée que sur la présence d'une ecchymose au visage et démentie énergiquement par le seul témoin de la scène, le prince fut acquitté. M. Ulrich de Fonvielle fut condamné à dix jours de prison, pour avoir appelé le prince « assassin ! » au cours de sa déposition (25 mars 1870).

Le verdict de la haute cour fut accueilli à Paris avec une émotion extraordinaire ; l'attitude de M. Pierre Bonaparte avait été provocante ; sa culpabilité était admise par l'immense majorité des esprits ; en tous cas, les moins prévenus reconnaissaient qu'un membre de la famille impériale avait pu se croire autorisé à se faire justice lui-même. Les éléments révolutionnaires, qui se développaient alors d'une manière considérable dans les faubourgs de Paris devaient puiser une nouvelle force dans le sentiment d'indignation que l'impunité assurée au prince Pierre excitait généralement.

V. — LA PRÉPARATION DU PLÉBISCITE

Le ministère Ollivier crut pouvoir réparer promptement la mauvaise impression produite par cette triste affaire, en abordant résolument la question des réformes promises. L'intention du ministère était de rétablir, en partie tout au moins, l'ancienne liberté parlementaire et de consulter la nation par voie de plébiscite sur l'adoption de ces modifications constitutionnelles. En apparence, le vote n'était demandé que sur ce point précis ; en réalité, un vote favorable, sur lequel il était naturel de compter, impliquait, dans la pensée de M. Ollivier, une acceptation nouvelle et solennelle du régime impérial.

Le ministère se hâta donc de donner des gages au tiers parti libéral et orléaniste, au grand mécontentement des bonapartistes autoritaires ; les journalistes Clément Duvernois, Cassagnac, Dréolle prédisaient l'échec et le danger de cette politique nouvelle ; néanmoins les membres orléanistes du cabinet insistèrent pour qu'elle fût inaugurée sans retard ; le comte Daru promit, au nom du gouvernement, l'abandon de la candidature officielle ; il obtint un vote favorable, auquel se rallièrent les députés de la gauche. Ceux des députés qui réclamaient « l'intervention, sage et mesurée, » du gouvernement dans les élections, furent battus.

Puis le ministère fit pressentir les changements qu'il voulait apporter dans la Constitution et que le Sénat devait voter sous la forme de sénatus-consulte. Les députés de la gauche, MM. Picard, Gambetta, Grévy, demandaient que la discussion fût préalablement ouverte dans la Chambre sur les projets ministériels. Ils laissaient d'ailleurs entendre qu'ils avaient l'intention de forcer le ministère à dépasser les réformes qu'il avait préparées. M. Ollivier refusa de se laisser entraîner dans cette discussion ; le 13 avril, il obtint même que la Chambre s'ajournât. Il voulait se consacrer tout entier, disait-il, à l'élaboration de la nouvelle Constitution avec le Sénat ; ce délai permettrait aussi aux députés d'aller dans leurs départements faire une active propagande en faveur de l'Empire parlementaire.

Au Sénat, la discussion du sénatus-consulte, dont le rapporteur était M. Devienne, ne donna lieu à aucun incident remarquable. Seul, le président Bonjean s'opposa, vainement d'ailleurs, au pouvoir qu'obtenait l'empereur de modifier la Constitution en s'appuyant sur un vote de la nation ou plébiscite. Jusqu'alors, le pouvoir constituant avait appartenu au Sénat, auquel était réservé le droit de modifier les lois fondamentales de l'Empire.

Le sénatus-consulte du 20 avril établissait le régime parlementaire et la responsabilité des ministres, mais laissait en réalité dans les mains du chef de l'État tout le pouvoir législatif et tout le pouvoir exécutif. En voici les principales dispositions. L'empereur se réservait les droits suivants : droit de modifier la Constitution (art. 5), droit d'appel au peuple, responsabilité devant la nation, c'est-à-dire droit d'agir en dehors du contrôle des Chambres, sauf à soumettre sa conduite à un vote plébiscitaire dont il pouvait fixer lui-même le texte (art. 13); droit de commander les armées, de faire la paix et la guerre, de signer les traités de commerce, de nommer à tous les emplois, de faire les règlements et décrets nécessaires pour l'exécution des lois (art. 14).

A côté de cette autorité souveraine et si clairement définie, quelle était la part des autres pouvoirs de l'État, les ministres, la Chambre des députés, le Sénat?

Les ministres, déclarés responsables devant les Chambres, ne pouvaient guère se servir de l'initiative qu'ils auraient dû tenir de cette situation, l'empereur ayant le droit, sauf appel au peuple, d'agir en dehors de son ministère. Enfin, les articles 1 et 2 donnaient au Sénat, en partage avec l'empereur, le pouvoir législatif. Mais, excepté que l'initiative des lois était réservée au Sénat et la priorité du vote du budget à la Chambre, les conditions dans lesquelles l'autorité législative des deux Chambres devait s'exercer n'étaient fixées par aucun texte précis; et il était difficile de dire où leurs droits commençaient, et où ils finissaient. L'opinion libérale et républicaine signalait donc ce danger et montrait le pouvoir de l'empereur toujours aussi absolu, puisqu'il pouvait l'exercer sous la seule garantie de l'appel au peuple, qui, passant sur la tête des Chambres, rendait leur vote inutile et leur situation politique presque ridicule.

Dès le 23 avril, l'ensemble des nouvelles institutions fut soumis à la ratification d'un plébiscite dont le vote était fixé au dimanche 8 mai. Le texte auquel les électeurs devaient répondre par oui ou par non était conçu en ces termes : « Le peuple français approuve les « réformes opérées dans la Constitution depuis 1860, et ratifie le « sénatus-consulte du 20 avril 1870. »

Déjà deux ministres, MM. Buffet et Daru, pour ne pas s'associer à la politique plébiscitaire, avaient donné leur démission; il semblait qu'une opposition considérable fût à craindre. Le gouvernement résolut d'employer tous les moyens pour obtenir une majorité favorable en faveur du plébiscite.

Ces moyens furent surtout les appels réitérés aux électeurs, la dénonciation des doctrines menaçantes pour la paix publique, les poursuites contre les journaux hostiles, et contre les personnages influents, soupçonnés de se servir de leur considération privée et de leur situation publique pour obtenir des votes contraires au texte proposé.

L'empereur se jeta tout d'abord personnellement dans la lutte, fidèle à la théorie napoléonienne, qui place toujours en avant, la personne du chef de l'État, quitte à le compromettre dans un échec, et la stabilité du gouvernement avec lui.

La proclamation qu'il rédigea à ce sujet se terminait par cette phrase destinée à un retentissement considérable : « vous conjurerez « les menaces de la révolution, vous assoirez sur une base solide la « liberté et vous rendrez plus facile dans l'avenir la transmission du « pouvoir à mon fils. »

Ainsi la question se trouvait posée entre le maintien ou le renversement de la dynastie impériale. Il était clair que la considération d'une révolution rallierait à l'Empire, dans ces conditions, bien des votes hésitants. Mais Napoléon III s'exposait aussi, par le compte des suffrages hostiles, à faire publiquement la preuve des progrès des opinions défavorables au régime napoléonien.

M. Emile Ollivier voulut aussi peser sur les élections de toute l'autorité qu'il se flattait d'avoir sur le corps électoral ; dans une lettre familière à ses électeurs du Var, il opposait le bonheur réservé à la France, sous le gouvernement de l'Empire, ainsi transfiguré, au pillage et à l'incendie, que les républicains se préparaient, en cas de réussite, à déchaîner sur la patrie.

VI. — LES ÉMEUTES ET LES PROCÈS DE PRESSE

M. Ollivier ne s'en tint pas à cette simple correspondance avec ses électeurs ; il crut devoir recommander aux fonctionnaires impériaux ce qu'il appelait une activité dévorante ; signala à la sévérité des tribunaux tous les opposants, fit poursuivre les journaux : *Rappel, Siècle, Marseillaise, Avenir national, Réveil*, qui conseillaient de voter non, et appuyaient leurs conseils sur un réquisitoire plus ou moins violent contre l'Empire.

A l'action administrative, le ministre ajouta l'action morale sur les gens tranquilles et désireux de paix sociale. Quelques jours avant le scrutin, la police découvrit un dépôt de bombes Orsini ; il s'agissait d'un complot contre la vie de l'empereur, dont on attribuait la conception à l'agitateur Gustave Flourens. C'était un révolutionnaire exalté, qu'un cerveau toujours en ébullition transforma en général de la guerre des rues, après qu'il eut commencé à marcher sur les traces de son illustre père, le grand physiologiste, qu'il avait suppléé au Collège de France.

Mais ce complot, dans lequel se trouvaient compromis des personnages, suspects de relations avec le gouvernement, Verdier, Beaury, Roussel, fut dénoncé avec trop d'à-propos dans un grand rapport du 5 mai 1870, trois jours avant le vote. Bien des gens n'y virent qu'une manœuvre électorale. L'affaire du Creuzot servit mieux le gouvernement impérial. Le directeur de cette immense usine métallurgique, M. Schneider, président de la Chambre des députés, ayant établi une caisse de retraite pour les ouvriers, ceux-ci en demandèrent l'administration. Leur demande ayant été repoussée, ils refusèrent le travail sous la direction du contremaître Assy. Cette grève entraîna des collisions avec les soldats ; elle permit au ministère de poursuivre *l'Association internationale des travailleurs*. Cette association politique et sociale réunissait un grand nombre d'ouvriers européens, sans distinction de nationalité, pour de communes revendications ; le ministère l'accusa d'avoir préparé les troubles du Creuzot.

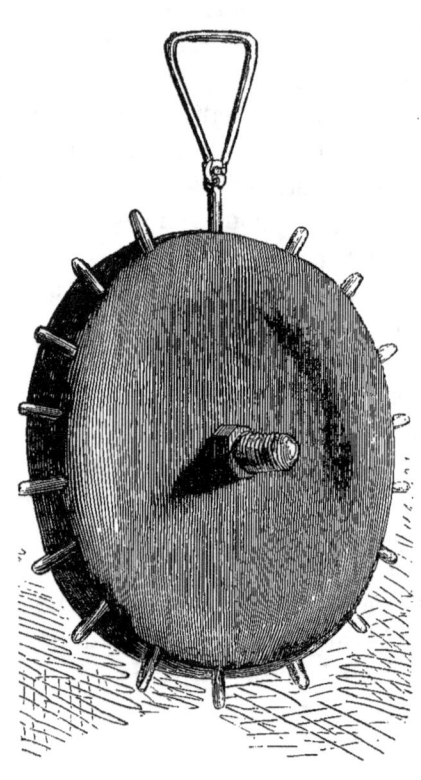

Bombe Orsini.

M. Ollivier employa donc sans hésiter tous les moyens électoraux, que l'Empire avait toujours employés depuis 1852. Aussi ne laissa-t-il que peu de chose à faire au comité plébiscitaire, présidé par le duc d'Albuféra. L'appel de ce comité aux électeurs semble avoir eu peu d'influence sur le résultat final.

Naturellement, les républicains et les légitimistes firent aussi, selon les moyens dont ils pouvaient disposer, de la propagande anti-plébiscitaire. Mais l'Union libérale, qui avait uni momentanément ces partis opposés, aux élections de 1869, ne se reforma plus, et ils agirent à part, soucieux d'affirmer leurs principes, et de se placer en face de l'Empire comme des candidats à sa succession.

Les républicains organisèrent chez l'un de leurs députés, M. Crémieux, rue de la Sourdière, un comité qui devait employer toute son énergie à faire voter *non*.

Ce comité se composait de dix-huit députés républicains et de six représentants de la presse républicaine; voici les noms de ces hommes qui devaient presque tous jouer dans les événements ultérieurs un rôle considérable. *Députés :* Emmanuel Arago, Bancel, Crémieux, Desseaux, Dorian, Jules Favre, Jules Ferry, Gagneur, Gambetta, Garnier-Pagès, Girault, Glais-Bizoin, Grévy, Magnin, Ordinaire, Pelletan (Eugène), Jules Simon. *Journalistes :* Delescluze, Duportal, Jourdan, Lavertujon, Pierre Lefranc, Peyrat, Ulbach, Eugène Véron.

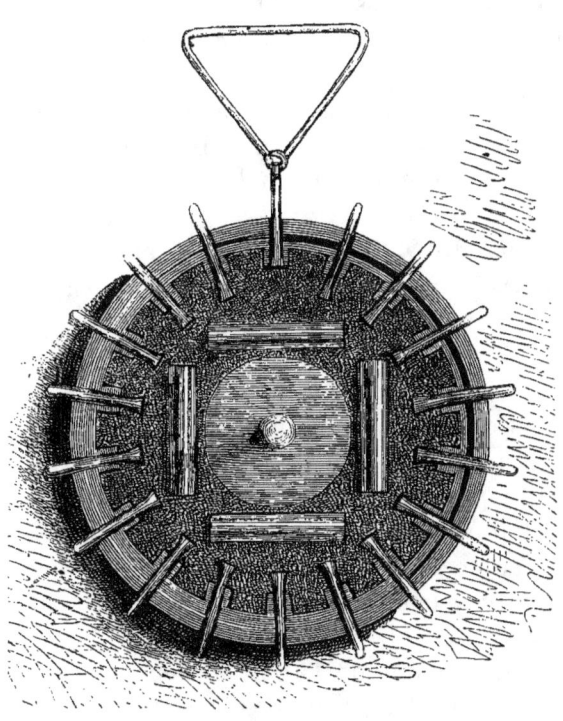

Coupe de la bombe Orsini.

Le comité rédigea une protestation dont voici la conclusion :

« .... C'est un blanc-seing qu'on vous demande, l'aliénation de
« votre souveraineté, l'inféodation du droit populaire aux mains d'un
« homme et d'une famille, la confiscation du droit imprescriptible des
« générations futures.

« Au nom de la souveraineté du peuple, de la dignité nationale, au
« nom de l'ordre et de la paix sociale, qui ne peuvent se réaliser, par
« la conciliation des intérêts et des classes, qu'au sein d'une libre
« démocratie, repoussez par votre vote la constitution nouvelle.

« Protestez par le vote négatif, par le vote à bulletin blanc, ou
« même par l'abstention; tous les modes de l'abstention apporteront

« leur part à l'actif de la liberté. Quant à nous, nous voterons résolument
« *non* et nous vous conseillons de voter *non*. »

Quelques députés de la gauche, avec M. Ernest Picard, tout en repoussant le plébiscite, avaient cru devoir se séparer du comité de la Sourdière, dont le caractère républicain leur paraissait trop accentué ; mais cet appel n'en eut pas moins le caractère d'un manifeste de l'opinion républicaine. Les protestations insérées dans quelques journaux légitimistes furent moins remarquées, et ne modifièrent que peu sensiblement le résultat du vote. De même aussi, M. Thiers ayant préféré ne pas prendre position dans la question, les parlementaires modérés qui l'entouraient et parmi eux des hommes aujourd'hui universellement respectés comme M. Allou, des orléanistes comme M. Lambert Sainte-Croix, des futurs ministres républicains comme Dufaure, engagèrent à voter *non* sans faire grande impression sur les courants électoraux.

Le scrutin eut lieu le 8 mai 1870. Il ne fut marqué par aucun incident grave, bien qu'à Paris il y eût beaucoup d'effervescence.

Résultat. . . . . . 7 350 000 *oui*.
— . . . . . 1 538 000 *non*.

En nous en tenant à ces chiffres en eux-mêmes, sans scruter les sentiments politiques de ceux qui avaient voté *oui*, nous pouvons constater que l'opposition à l'Empire s'était accrue depuis 1852 d'un demi-million de voix. Ce qui était plus grave c'est que, sur les 299.000 votants de l'armée, il y avait eu 46.000 *non*, c'est-à-dire un sixième parmi ceux que les bonapartistes devaient juger le plus indissolublement attachés au système impérial.

Cependant il ne faudrait pas, comme on l'a fait souvent, insister plus que de raison sur ces symptômes électoraux. Le plébiscite, malgré les moyens douteux employés par le ministère Ollivier, était une véritable victoire pour l'Empire et pour le régime nouveau qu'on avait appelé, peut-être un peu à tort, le régime parlementaire. Des hommes plus expérimentés, une administration moins pénétrée de ses vices originaires, auraient pu gagner tout à fait la partie, en réparant les fautes commises, en gouvernant avec une sagesse et une prudence, dont le secret semblait perdu depuis les débuts de la question mexicaine.

Mais la direction de Napoléon III, qui avait toujours été insuffisante, alors qu'il était plein d'ardeur et d'illusions, ne pouvait plus s'exercer sérieusement, alors qu'il était fatigué par la maladie et désabusé de ses anciennes théories. Les hommes nouveaux qu'il avait appelés au pouvoir, ou ignoraient la politique, comme M. Ollivier, ou se dérobaient, comme MM. Daru et Buffet. Les anciens bonapartistes, comme

M. Rouher, n'étaient plus acceptés par l'opinion, et étaient incapables de guider un mouvement dirigé évidemment contre les tendances de leur tempérament politique et la satisfaction de leurs intérêts personnels.

VII. — SITUATION INTÉRIEURE ET EXTÉRIEURE DE L'EMPIRE

Il eût fallu, il est vrai, beaucoup de dextérité pour se tirer, sans catastrophe, de la situation où le gouvernement impérial et avec lui la France étaient alors engagés, vis-à-vis des partis politiques à l'intérieur, de l'Allemagne à l'extérieur.

DUC DE GRAMONT.

A l'intérieur, le ministère Ollivier avait à satisfaire les parlementaires, auxquels il avait fait tant de promesses, à ne pas s'aliéner les bonapartistes de la première heure, qui craignaient la dissolution, à annuler la propagande toujours grandissante des républicains, à assurer l'ordre contre les revendications sociales, d'autant plus dangereuses alors que, ne s'étant pas séparées de la cause de la République, les associations ouvrières pouvaient compter sur la grande majorité du parti républicain, dans la lutte qui allait recommencer dès le lendemain du plébiscite.

Et d'abord, bien des parlementaires qui avaient eu confiance un instant dans le ministère du 2 janvier étaient déjà revenus sur leur impression favorable. Le plébiscite leur semblait une abdication des véritables principes du parlementarisme. Après MM. Buffet et Daru, le marquis de Talhouët quitta le ministère (10 mai 1870). Les remaniements ministériels ne semblèrent pas apporter une grande force au gouvernement. Que M. Segris passât aux finances, que MM. Mège et Plichon devinssent ministres de l'instruction publique et des travaux publics, cela importait peu, leur notoriété était encore trop récente pour rattacher à M. Emile Ollivier un grand nombre d'adhérents dans la nation. La nomination du duc de Gramont à la place de M. Daru, au ministère des affaires étrangères, avait plus de signification.

Ambassadeur de France à Rome et à Vienne aux époques critiques de 1859 et 1866, pendant la guerre d'Italie et pendant la guerre de Sadowa, le duc de Gramont n'avait pas manqué de clairvoyance. Il avait pénétré le véritable objectif de la politique prussienne : l'unité allemande au profit des Hohenzollern et aux dépens de la France. De race militaire, il avait subordonné toute sa diplomatie à la surveillance de la Prusse. On le savait donc désireux d'une guerre qu'il jugeait nécessaire, et à ce titre son arrivée au pouvoir faisait prévoir une nouvelle orientation de la politique extérieure de l'Empire.

Cependant le coup imprévu qui menaçait la France était loin de préoccuper l'opinion. C'était le programme parlementaire de M. Ollivier qu'on attendait avec impatience, tant il était impossible de prévoir en quels termes le ministère annoncerait ses projets. Ce fut l'empereur qui se chargea de donner la formule des réformes promises implicitement dans le plébiscite. Il prononça, le 20 mai, jour de la présentation des résultats du vote dans la salle des États, au Louvre, le discours suivant, dont la phraséologie vague se retrouve dans tous les discours de Napoléon III :

« Messieurs,

« En recevant de vos mains le recensement des votes émis le
« 8 mai, ma première pensée est d'exprimer ma reconnaissance à la
« nation qui, pour la quatrième fois depuis vingt-deux ans, vient de
« me donner un éclatant témoignage de confiance.

« ..... Le plébiscite n'avait pour objet que la ratification par le
« peuple d'une réforme constitutionnelle, mais, au milieu du conflit
« des opinions et dans l'entraînement de la lutte, le débat a été porté
« plus haut. Ne le regrettons pas.

« Les adversaires de nos institutions ont posé la question entre la
« Révolution et l'Empire. Le pays l'a tranchée en faveur du système
« qui garantit l'ordre et la liberté.

« ..... L'Empire affermi sur sa base..... protègera tous les inté-
« rêts sans se souvenir des votes dissidents et des manœuvres hostiles,
« mais aussi il saura faire respecter la volonté nationale.....

« Nous ne devons plus avoir qu'un but : rallier les honnêtes gens
« de tous les partis, assurer la sécurité, amener l'apaisement des
« passions..... préserver les intérêts sociaux de la contagion des

« fausses doctrines, rechercher avec l'aide de toutes les intelligences,
« les moyens d'augmenter la grandeur et la prospérité de la France.

« Répandre partout l'instruction, simplifier les rouages adminis-
« tratifs ; porter l'activité du centre..... aux extrémités ;..... introduire
« dans nos codes les améliorations justifiées par le temps ;..... favoriser
« l'agriculture et le développement des travaux publics, consacrer
« enfin notre labeur à ce problème toujours résolu et toujours renais-
« sant, la meilleure répartition des charges qui pèsent sur les contri-
« buables :..... voilà notre programme.....

« Nous devons plus que jamais aujourd'hui envisager l'avenir sans
« crainte. Qui pourrait en effet s'opposer à la marche progressive
« d'un régime, qu'un grand peuple a fondé au milieu des tourmentes
« politiques et qu'il fortifie au sein de la paix et de la liberté ? »

Certes, quoique encadré entre deux affirmations de l'éternité impériale, bien qu'obscurci par la rhétorique désespérante du style officiel,
le programme ne manquait pas d'habileté ; appliqué, il inaugurait une
politique d'affaires et de réformes, et l'empereur y assurait cependant
la persistance de ce pouvoir personnel, qu'il prétendait tenir des quatre
plébiscites, énumérés avec complaisance.

M. Ollivier avait beaucoup mis du sien dans ce discours ; mais le
document n'en révélait pas moins la mollesse de sa volonté et la facilité avec laquelle il se laissait plier aux doctrines environnantes.

Au fond les parlementaires de la Chambre étaient peu rassurés par
ces belles phrases ; ils attendaient le ministère aux actes.

Il faut rendre cette justice à M. Ollivier qu'il essaya quelque temps
de mettre les faits d'accord avec ses paroles ; une loi fut présentée
qui remettait les délits de presse au jury ; une autre qui organisait
d'une manière plus libérale les conseils généraux. L'attitude du ministère fut plus embarrassée en face de la pétition du comte de Paris, du
duc de Chartres, du duc d'Aumale et du prince de Joinville, qui demandaient l'abrogation des lois d'exil, dont ils étaient frappés. Qui donc
aurait pu ignorer que la situation politique, sinon les aspirations connues des princes d'Orléans, les condamnait au rôle de prétendants ?
La gauche républicaine, en votant en faveur des princes, savait bien que
leur présence eût été un dissolvant de plus pour le régime impérial.
Ministre de Napoléon III, M. Ollivier, même pour plaire aux orléanistes
de sa majorité, ne pouvait se faire le complice d'un acte qui menaçait
l'existence de l'Empire.

Mais, si son attitude s'explique en cette occasion, il n'en était pas
de même au sujet de la question électorale. M. Ollivier avait inspiré
confiance aux partisans du régime parlementaire, en promettant la modi-

fication de la loi des élections, dans un sens défavorable aux candidatures officielles. En cette occasion, il se heurta une première fois à l'opposition des anciens bonapartistes, dont la fortune politique était attachée à la protection électorale du gouvernement; il se brisa aussi contre la volonté de l'empereur, qui ne se serait pas senti en sûreté si les élections, devenues plus libres, l'avaient entièrement séparé de ses anciens partisans, déjà plus clairsemés depuis 1863 et 1869.

Alors il fut facile de mesurer la valeur du caractère politique de M. Ollivier; il pensa pouvoir conserver le ministère et rester le chef des libéraux dynastiques, en cédant aux exigences personnelles, c'est-à-dire antiparlementaires de l'empereur, et en capitulant devant les hommes dont il prétendait remplacer la politique par un régime nouveau. Le ministre de l'intérieur, M. Chevandier de Valdrôme, annonça à la Chambre qu'il renonçait aux modifications projetées dans le système électoral. Dès ce jour, le rôle de M. Emile Ollivier, ministre parlementaire, était fini. Il n'était plus désormais que le truchement de la volonté impériale, le serviteur de l'ancienne majorité bonapartiste, qui ne lui avait pas ménagé cependant les preuves de son mauvais vouloir. Ainsi, dans la question des conseils généraux, M. Clément-Duvernois avait fait voter les bonapartistes autoritaires avec les républicains, en faveur d'un amendement qui dépassait de beaucoup les tendances libérales du ministre, et M. Jérôme David, lié personnellement avec la famille impériale, donnait un *avertissement* à ce ministère, qu'il appelait un ministère d'indécision. M. Ollivier avait donc quitté ses amis récents du centre droit, pour subir les conditions de la droite bonapartiste.

Cette faute grave, cette véritable palinodie qui transformait le ministère parlementaire en un ministère Rouher, moins la résolution, en un ministère Billault[1], moins l'habileté, servit utilement l'opposition républicaine. Depuis les promesses du 20 mai 1870, les républicains étaient forcés au silence et à l'attente; la lutte ne pouvait plus porter que sur des questions de détail: à partir de l'ajournement de la réforme électorale, ils triomphèrent de leur perspicacité et se préparèrent à livrer de nouveaux combats sur des questions décisives.

Le gouvernement ne pouvait espérer de dérivatifs dans les émeutes de la rue; quelques tentatives de barricades avaient bien eu lieu à Paris le 10 et le 11 mai, par manière de protestation contre le plébiscite. Elles avaient échoué contre l'indifférence publique, et il était impossible d'en faire porter la responsabilité sur le parti républicain.

---

1. M. BILLAULT, ministre de l'Empire (1860), mort en 1863, fut à la fois un orateur habile et un homme d'État expérimenté surtout dans les affaires étrangères.

Il est donc facile de comprendre combien la situation de M. Emile Ollivier était difficile à l'intérieur, à la fin du mois de juin 1870. Tenu en suspicion par les parlementaires, surveillé par les anciens bonapartistes, dont il était le prisonnier politique, décidé à ne point attaquer de front les idées de l'empereur, harcelé par les républicains, préoccupé par les émeutes populaires, déterminé enfin à ne pas quitter le pouvoir, il appelait de tous ses vœux une diversion.

Pouvait-elle venir de l'étranger et la France était-elle capable de supporter une guerre européenne? C'est ce qu'il faut examiner de près, si l'on veut comprendre la suite de ces événements foudroyants qui ont stupéfait si douloureusement les hommes de la génération de 1850, ceux du moins qui étaient trop jeunes ou trop confiants pour suivre d'un œil inquiet les dangers qui s'accumulaient autour de la France depuis plus de dix ans.

Le second Empire s'était entouré d'un certain prestige militaire grâce aux expéditions de Crimée et d'Italie; la bravoure de nos soldats, les mots heureux et l'intrépidité de quelques-uns de nos généraux, avaient contribué à entretenir la croyance, si chère aux Français, de la supériorité de leurs armées.

Quelques corps spéciaux, comme les zouaves, étaient les favoris de la foule. Le maréchal Bosquet, le maréchal de Mac-Mahon, avaient hérité parmi les soldats de la popularité du maréchal Bugeaud. Seuls les hommes très versés dans la diplomatie européenne avaient accueilli le traité de Paris, qui avait mis fin à la guerre de Crimée en 1856, avec une admiration modérée. Les intérêts français en Orient, plus spécialement restreints à notre influence en Egypte, ne justifiaient pas, disaient-ils, les sacrifices considérables, faits pour sauver la Turquie au profit de l'Angleterre et contre la Russie, alliée naturelle de la France. Les Russes jouaient, à l'Orient de l'Europe, le même rôle que les Français à l'Occident. A ces deux puissances semblait naturellement réservé le soin d'empêcher l'agrandissement démesuré des deux grands états de l'Europe centrale, l'Allemagne et l'Autriche. La France ne pouvait donc recueillir de son alliance avec l'Angleterre aucun fruit direct et la gloire sans profit a toujours passé pour viande creuse, au xixe siècle.

La guerre d'Italie inquiéta bien davantage les esprits clairvoyants. On se demandait s'il était politique de créer au sud-est de la France une grande puissance au profit de la maison de Savoie, que le Congrès de Vienne avait déjà agrandie en 1815, et qui avait alors accepté le rôle de surveiller les Français du côté de la Méditerranée. D'ailleurs, pouvait-on compter sur la reconnaissance des Piémontais? Peut-être, si l'on s'engageait à fond en leur faveur; si, après la Lombardie, on leur donnait la Vénétie, la Toscane, Rome, Naples, la Sicile, si, en un mot,

Napoléon III sacrifiait sans compter le sang et l'or de la France pour faire l'unité italienne. Mais il crut devoir s'arrêter brusquement à l'armistice de Villafranca (1859), espérant satisfaire les unitaires italiens avec la Lombardie. Encore se fit-il céder la Savoie, pays tout français, il est vrai, et Nice, qui accepta une nationalité, favorable à sa prospérité, et qu'elle avait déjà connue en 1793.

Plus tard, en 1866, Napoléon III eut l'occasion de remettre aux Italiens la Vénétie que l'Autriche cédait à la France pour éviter l'humiliation de la remettre directement à Victor-Emmanuel, devenu roi d'Italie. Mais néanmoins les Italiens étaient pleins d'amertume lorsqu'ils se rappelaient que la flotte française avait en 1860 menacé de compromettre l'acquisition du royaume de Naples, en bloquant le port de Gaëte, où ils assiégeaient le roi François II, surtout lorsqu'ils se sentaient écartés de Rome par la présence d'une armée française, mise au service du pape Pie IX.

Désormais les services rendus à l'Italie, Magenta, Solférino, furent oubliés. Les hommes d'État italiens se tournèrent vers l'ennemi de l'Autriche, la Prusse, l'alliée de 1866, qui leur avait par sa victoire de Sadowa, donné la Vénétie, bien que l'attitude de cette puissance eût été cause en 1860 de la timidité de Napoléon III et de la précipitation avec laquelle, pour terminer la guerre, il avait forcé Victor-Emmanuel, à se contenter provisoirement de la Lombardie.

Ce n'est pas qu'en France on eût admis alors la supériorité militaire des Prussiens et pensé à la formation prochaine de l'unité allemande, mais on pressentait, faute d'indications précises, et malgré la légèreté avec laquelle on repoussait les renseignements alarmants, qu'il s'accomplissait en Prusse une transformation militaire dirigée contre la Patrie. Quoique ce fût la mode de parler de la candeur et de la naïveté allemandes, on comprenait que le sentiment de haine, qui avait provoqué le grand mouvement de 1813, n'avait fait que s'accroître, bien que la France n'y eût donné aucun prétexte depuis le Congrès de Vienne. Il suffisait de savoir un peu d'histoire pour ne pas admettre que les convoitises de la Prusse se fussent calmées. La logique des faits la poussait à faire l'unité de l'Allemagne à son profit. Elle attisait donc fort habilement le feu contre le voisin latin. A celui-ci, par un singulier phénomène, les Allemands prêtaient tous les vices et toutes les décadences, alors que les Français donnaient aux Allemands une hospitalité, nuisible le plus souvent aux intérêts matériels de leurs compatriotes, et dont, malgré leur mépris, les Germains s'empressaient de profiter.

Aujourd'hui, lorsque nous parlons des Allemands, il faut nous défier de nous-mêmes; nous sommes évidemment et légitimement tentés de leur rendre le mépris et l'injure, dont ils ont fait contre nous leurs plus sûrs moyens de propagande. Reconnaissons que le besoin d'unité qui les tourmentait s'explique par les nécessités de leur patriotisme, nécessités qu'ils avaient mis plus de huit siècles à comprendre.

Mais qu'il nous soit permis de dire, même avec impartialité, que l'unité de l'Allemagne, n'ayant pu être accomplie qu'au moyen d'une guerre contre une nation de race différente, n'est pas encore établie aussi fermement qu'on pourrait le croire, et que l'annexion de deux provinces, restées essentiellement françaises, restera longtemps une cause de faiblesse pour le nouvel Empire.

Arrêté par les armements de la Prusse en 1860, en 1864 n'ayant pas osé intervenir pour empêcher les Prussiens et les Autrichiens de démembrer le Danemark, Napoléon III perdit une fois de plus l'occasion d'intervenir en 1866, pour sauver l'Autriche avant Sadowa. La raison en est connue aujourd'hui. Le ministre tout-puissant de Guillaume Ier, roi de Prusse, savait d'une manière précise combien l'armée avait été désorganisée depuis Solférino. L'abus du remplacement, l'affaiblissement de la discipline, qui avait pris des proportions épouvantables sous le ministère du maréchal Randon, avaient introduit dans l'armée une effroyable décomposition et on a pu dire qu'en 1866 la France était moins prête qu'en 1870.

La seule occasion favorable pour prévenir les coups de l'ennemi national se trouvait donc perdue ; et la Prusse, sûre désormais de l'impunité, résolut de précipiter les choses. Alors la diplomatie française essaya de lutter d'habileté avec M. de Bismarck.

VIII. — LA PRUSSE ET LA FRANCE

LA DIPLOMATIE DE NAPOLÉON III

Un de nos ministres des affaires étrangères, le marquis de Moustier, sut adroitement, tout en inquiétant la Prusse, empêcher une rupture, qu'il ne considérait possible qu'après la réorganisation complète de l'armée française. Cette patience était recommandée de même par le maréchal Niel, le nouveau ministre de la guerre, qui procédait à cette réorganisation.

Malheureusement de Moustier et Niel moururent prématurément ; l'empereur put alors donner carrière à son imagination d'utopiste. Déjà, il avait en 1867 rêvé l'annexion du Luxembourg, et compté qu'il trouverait en cette occasion un appui secret dans M. de Bismarck, trop heureux, pensait-il, d'apaiser ainsi la France, menacée par la formation de la Confédération de l'Allemagne du Nord (1866) ; mais

M. de Bismarck s'était arrangé pour dévoiler la négociation et se faire imposer par les députés allemands l'obligation de s'opposer à la cession du Luxembourg.

Napoléon III ne se tint pas pour averti. Comptant sur des paroles vagues et mystérieuses de M. de Bismarck, lors de son voyage à Paris en 1867, à l'occasion de l'Exposition universelle, il avait pu espérer un moment l'annexion de Mayence; enfin l'ambassadeur français en Prusse, M. Benedetti, fut chargé de négocier l'annexion possible de la Belgique à la France. Le ministre prussien parut entrer volontiers dans ce projet, en dicta les grandes lignes au diplomate de Napoléon III, et garda, pour l'examiner, ce plan, écrit de la main de M. Benedetti. Naturellement les négociations n'aboutirent pas.

Mais on apprit bientôt par les rapports de M. Rothan, le représentant de la France à Francfort, de l'attaché militaire à Berlin, M. Stoffel, par les notes alarmées du commandant de Strasbourg, le général Ducrot, qu'une préparation militaire sans précédent avait lieu en Allemagne, que les trois puissances de l'Allemagne du Sud, quoique laissées en dehors de la Confédération du Nord, Bade, Bavière, Wurtemberg, semblaient prendre part à ce branle-bas général, comme si elles étaient liées à la Prusse par un traité secret (ce qui était vrai); enfin que le Rhin était évidemment l'objectif du chef d'état-major général de l'armée prussienne, le comte de Moltke, dont la présence assidue à Mayence n'indiquait que trop les intentions.

On donna peu d'attention à ces avertissements, soit que la politique intérieure absorbât l'attention de l'empereur, souvent malade, et évidemment fatigué d'esprit; soit que, l'armée ayant reçu le dernier coup par la désastreuse expédition du Mexique, on se sentît incapable de prendre les précautions nécessaires. Peut-être Napoléon III, se reportant au souvenir du coup d'État de 1851, des tentatives de Strasbourg et de Boulogne, comptait-il de nouveau sur un hasard heureux pour sortir de cette terrible situation.

L'impératrice et le parti qui voulait affermir la dynastie impériale par des victoires désiraient une rupture, dont ils ne comprenaient pas les dangers. On oubliait Sadowa pour songer à Solférino. La Prusse n'attendait qu'un prétexte pour lancer sur la frontière française des troupes qui connaissaient déjà leurs points de concentration depuis quatre ans, et il se trouvait en France de nombreux partisans d'une guerre, pour laquelle les hommes spéciaux savaient qu'on n'était prêt, ni par la force morale, ni par les forces matérielles.

IX. — LA QUESTION HOHENZOLLHERN

Ce fut M. de Bismarck qui s'impatienta le premier, et qui, confiant dans l'incapacité politique des ministres français et dans l'esprit belliqueux et imprudent de la nation française, trouva un moyen détourné de précipiter une guerre dont il avait, avec M. de Moltke, préparé depuis longtemps les résultats.

Il ne faut pas trop insister ici sur la politique tortueuse de M. de Bismarck. Il est certain qu'il s'attendait à tout moment à une guerre avec la France. Pour l'isoler, il était décidé à ne pas attaquer le premier : « Jamais nous ne vous ferons la guerre, disait-il au colonel « Stoffel; il faudra que vous veniez nous tirer des coups de fusil chez « nous[1]. »

Il serait d'autre part puéril de soutenir qu'au mois de juillet, lorsque surgit la candidature Hohenzollern, le chancelier s'était retiré en Poméranie, à son château de Varzin, dans l'ignorance de ce qui allait se passer. Il était évidemment pour quelque chose dans ce ballon d'essai. Peut-être encore, à peu près seul en Prusse, attendait-il un effet décisif d'une affaire qui, avec un peuple moins ardent, se serait apaisée facilement, peut-être même enfin fut-il étonné de la rapidité avec laquelle la France fut engagée dans une situation où elle avait tout à perdre et l'Allemagne tout à gagner; étonné, mais malheureusement non surpris.

Voici les faits incroyables qui en treize jours devaient lancer la France dans la plus affreuse catastrophe de son histoire.

Les Espagnols, ayant chassé en septembre 1868 leur reine Isabelle de Bourbon, n'avaient pu encore, sous l'administration du maréchal Serrano, régent, et du maréchal Prim, président du conseil des ministres, choisir ni un gouvernement, ni un roi. Une première fois, en 1869, Prim avait fait des ouvertures au prince Antoine de Hohenzollern Sigmaringen, chef de la branche souabe de la maison princière qui avait donné ses rois à la Prusse. Il l'avait prié d'autoriser son fils Léopold, marié à une princesse portugaise, à accepter la couronne d'Espagne. Le frère aîné de Léopold, Charles, était déjà prince de Roumanie. Cette négociation avait été rompue sur la demande de l'ambassadeur français à Berlin, M. Benedetti.

Mais (et il est difficile de savoir jusqu'à quel point M. de

---

[1]. Stoffel (*Rapport du 1er février* 1868).

Bismarck fut mêlé à cette intrigue) les pourparlers reprirent secrètement entre Prim et le prince Antoine, dans l'été de 1870.

L'ambassadeur français à Madrid (M. Mercier de Lostende) les

LÉOPOLD DE HOHENZOLLERN.

ignora; une indiscrétion livra cependant le secret au *Journal des Débats*. Il publia le 2 juillet 1870, ses renseignements qui causèrent en France une grande émotion. En effet, le souvenir de Sadowa et les difficultés qui s'étaient élevées depuis entre la France et la Prusse avaient fait naître le pressentiment invincible chez les Français d'une guerre prochaine. Un Prussien, roi à Madrid, semblait avoir pour mission d'inquiéter la France sur les Pyrénées, comme les Hohenzollern de Berlin la menaçaient sur le Rhin.

Le 4 juillet, M. de Lostende, prévenu officiellement par le maréchal Prim, qui n'espérait plus cacher ses projets, fit parvenir la nouvelle au gouvernement, qui reçut dès le 5 une demande d'interpellation d'un membre du centre gauche, M. Cochery.

Le 6, commencèrent ces séances funestes, où dès le début un vent de guerre et de provocation souffla sur la majorité du Corps législatif. Le ministre des affaires étrangères, M. de Gramont, répondit à M. Cochery que l'on ignorait encore les résolutions définitives de l'Espagne au sujet de la candidature Hohenzollern, et il ajouta : « Nous « ne croyons pas que le respect des droits d'un peuple voisin nous « oblige à souffrir qu'une puissance étrangère, en plaçant un de ses « princes sur le trône de Charles-Quint, puisse déranger à notre détri- « ment l'équilibre des forces en Europe et mettre en péril les intérêts « et l'honneur de la France..... S'il en était autrement, forts de votre « appui, messieurs, et de celui de la nation, nous saurions remplir « notre devoir sans hésitation et sans faiblesse. »

Cette dernière phrase était évidemment une menace de guerre, comme le fit observer l'un des députés de la gauche, M. Crémieux. M. Émile Ollivier crut devoir répondre à cette explication par la phrase suivante : « Le gouvernement désire la paix, il la désire avec passion, « mais avec honneur. »

Et en effet, malgré les paroles menaçantes de M. de Gramont, le gouvernement parut d'abord n'avoir qu'un seul but, celui d'écarter la candidature Hohenzollern.

Le chargé d'affaires à Berlin, en l'absence de M. Benedetti, alors en congé, appela l'attention du sous-secrétaire d'État, M. de Thile (M. de Bismarck étant à Varzin), sur la situation faite à la France par l'élection du prince Léopold.

Le 8 juillet, l'affaire entra dans une voie diplomatique plus régulière. M. Benedetti dut se transporter à Ems, où était le roi, et lui demander au nom du gouvernement français de conseiller au prince de Hohenzollern de revenir sur son acceptation. Il y avait cependant un postscriptum imprudent : « Sinon, ajoutait M. de Gramont, c'est la guerre »; paroles éminemment dangereuses au début d'une négociation.

Le 9, le roi affirma à M. Benedetti que le gouvernement prussien avait ignoré les négociations nouées entre l'Espagne et les Hohenzollern ; que lui-même (le roi de Prusse) ne les avait connues qu'en qualité de chef de famille ; qu'il ignorait d'ailleurs la résolution définitive du prince Antoine, et qu'il avait besoin de ce délai pour répondre d'une manière décisive.

Il y avait évidemment une certaine subtilité dans cette distinction établie entre le gouvernement prussien et le roi de Prusse, chef des Hohenzollern. Cependant rien dans cette première réponse ne faisait considérer un conflit comme inévitable.

Le 10, M. de Gramont, impatient, exigeait que l'ambassadeur obtînt une réponse immédiate : « Nous ne pouvons plus attendre. Si le « roi ne veut pas donner de conseil au prince de Hohenzollern, c'est « la guerre tout de suite et dans quelques jours nous sommes au « Rhin. »

Il ajoutait des renseignements sur l'effervescence de l'opinion à Paris, effervescence qui gagnait en effet rapidement les esprits, mais qui certes était due en partie à des excitations de source officieuse.

Le 11 juillet, le roi se montra froissé de l'insistance de M. de Gramont, et M. Benedetti, reçu avec plus de vivacité, crut néanmoins pouvoir prendre sur lui de parler avec modération et de répondre au roi des intentions pacifiques de son gouvernement.

Le 12 pourrait être appelé la *Journée des Télégrammes*, et malgré cette singulière façon de trancher par le télégraphe des questions d'une gravité si exceptionnelle, elle parut d'abord devoir amener un dénouement heureux.

En effet, une première dépêche de M. de Gramont, datée de 12 h. 45 du matin, admettait que le roi avait besoin d'un délai pour répondre. Cette dépêche était à peine lancée que l'ambassadeur d'Espagne, M. Olozaga, apportait au ministère des affaires étrangères la nouvelle de la renonciation du prince Antoine et du prince Léopold.

Ce fut d'abord un mouvement de satisfaction pour le gouvernement, du moins pour M. Em. Ollivier. Pour des raisons diplomatiques, il avait fait repousser jusqu'alors les demandes d'explications de MM. Picard, Jules Favre, Emm. Arago. Lorsqu'il arriva au Corps législatif porteur de la nouvelle de la renonciation, il alla vivement vers M. Thiers au début de la séance et lui dit : « L'affaire est heureuse-« ment terminée, c'est la paix. » L'illustre orateur lui répondit en l'engageant à redoubler de prudence, mais on savait que les ambassadeurs de Russie, d'Angleterre, d'Autriche, d'Italie, avaient conseillé à Berlin le retrait de la candidature Hohenzollern, et tout le monde, Napoléon III lui-même, crut un instant à la paix.

Il y avait en France deux catégories d'hommes politiques qui croyaient la guerre utile à l'affermissement de la dynastie napoléonienne ou nécessaire au prestige de la France, ébranlé par Sadowa. Ni les uns ni les autres ne connaissaient la situation de l'armée française et croyaient encore à la possibilité d'une victoire de l'Alma ou de Magenta.

Les premiers avaient pour chefs à la Chambre MM. Duvernois, de Leusse et Jérôme David; les autres, au Corps législatif, un indépendant, M. de Kératry, et dans la presse le fameux journaliste Em. de Girardin, qui écrivit alors l'une des phrases les plus malheureuses de ce temps, si fertile cependant en mots déplorables : « On « doit contraindre la Prusse, à coups de crosse dans le dos, à vider « la rive gauche du Rhin. »

Quant à MM. de Leusse et Duvernois, se faisant les interprètes de l'indignation du parti belliqueux, qui prétendait représenter la politique personnelle de l'impératrice, ils demandèrent à interpeller le ministère sur les garanties qu'il avait prises contre un retour de la candidature Hohenzollern.

Cette attitude eut une influence considérable sur le ministère, et cette journée du 12, si pacifiquement commencée, devait se terminer par deux télégrammes qui changèrent entièrement la face des choses.

Dans l'intervalle, il est vrai, l'ambassadeur d'Allemagne à Paris, M. de Werther, arrivé d'Ems, avait eu une entrevue avec M. de Gramont. Celui-ci lui avait fait pressentir que le gouvernement français demanderait une lettre par laquelle le roi Guillaume s'associerait à la renonciation du prince Léopold. L'ambassadeur avait montré combien les menaces de la première heure s'opposaient à la rédaction de cette lettre, mais sans répondre par un refus; et en effet il adressa une note en ce sens à son gouvernement.

M. de Gramont crut devoir demander davantage encore dans une dépêche adressée à M. Benedetti et datée de 7 heures du soir. Cette fois, le ministre des affaires étrangères exigeait que le roi de Prusse « nous donnât l'assurance qu'il *n'autoriserait pas de nouveau la candi-* « *dature Hohenzollern* ».

Cette exigence, aussi inattendue que blessante, était inspirée par le mécontentement de l'extrême droite bonapartiste; le ministre fut confirmé dans cette nouvelle voie par une lettre de l'empereur lui-même, écrite à Saint-Cloud dans la soirée.

Napoléon III, satisfait le matin de l'explication, considérait le soir la renonciation des princes Antoine et Léopold comme insuffisante; et il entendait qu'on exigeât de Guillaume Ier la promesse qu'il défendrait désormais le renouvellement de cette tentative.

Cette intervention fut suivie d'une nouvelle dépêche de M. de Gramont à M. Benedetti, datée de 11 h. 45 du soir; le ministre indiquait à l'ambassadeur les idées de l'empereur, tout en insistant sur les intentions pacifiques du gouvernement français.

Cette nouvelle attitude, fondée presque entièrement sur une simple question de susceptibilité, se présentait d'autant plus malheureusement que M. de Bismarck venait de quitter Varzin pour rentrer à Berlin. Or, on ne pouvait douter que toute la politique personnelle du chancelier ne fût dirigée contre la France, tandis que le roi Guillaume Ier, en admirant et en soutenant son glorieux ministre, était per-

ÉMILE DE GIRARDIN.

sonnellement moins décidé à employer tous les moyens pour précipiter les événements.

La journée du 13 devait donc être une journée d'une gravité exceptionnelle. Le roi, rencontrant à la promenade M. Benedetti, qui avait déjà sollicité une audience, l'aborda la *Gazette de Cologne* à la main ; la renonciation des princes de Hohenzollern s'y trouvait imprimée. Mais l'ambassadeur fut obligé de répondre à cette communication par la demande d'un engagement pour l'avenir, ainsi qu'il lui était prescrit par le premier télégramme du duc de Gramont, expédié dans la soirée du 12, à sept heures. Le roi refusa de prendre cet engagement, et en rentrant dans ses appartements trouva le rapport du comte de Werther, où l'ambassadeur mandait à son souverain que l'empereur le priait d'écrire une lettre approuvant la renonciation des princes.

Malheureusement, le dernier télégramme de la veille (11 h. 45) étant parvenu à M. Benedetti, il crut devoir insister auprès du roi, qui lui fit répondre par son aide de camp le prince Radziwill qu'il considérait l'affaire comme terminée, que, d'ailleurs, il ne s'opposait pas à ce qu'on fît connaître officiellement qu'il approuvait la renonciation des princes.

Mais l'ambassadeur, français, à huit heures du soir, trouvait une troisième dépêche lui enjoignant de venir s'expliquer à Paris, et de rapporter l'engagement qu'on demandait au roi de Prusse.

D'où venait cette singulière précipitation en des matières aussi délicates? L'exaltation des bonapartistes d'extrême droite, l'effervescence croissante, qui gagnait même les esprits les moins favorables à l'Empire, y étaient pour beaucoup. Nul doute que cet état psychologique ne fût bien connu à Berlin. En tout cas, M. de Bismarck, qui jusqu'alors avait joué un rôle fort effacé, reprit la direction des affaires, et, sûr désormais de « l'emballement » qui allait s'emparer de la France, donna le dernier coup d'éperon à l'amour-propre national des Français.

A neuf heures du soir, le 13, la *Norddeutsche, Allgemeine Zeitung* (la *Gazette de l'Allemagne du Nord*), organe officieux du chancelier, racontait l'entrevue du roi et de M. Benedetti sur la promenade d'Ems, insistait sur le refus catégorique du souverain de s'engager pour l'avenir, et présentait les négociations intervenues entre le diplomate français et le prince Radziwill comme une fin de non-recevoir absolue et un affront fait au comte Benedetti, que le roi n'avait pas voulu voir une dernière fois.

Il y avait là des finesses d'interprétation qui ne tenaient pas compte des assurances pacifiques portées par le prince Radziwill à l'ambassadeur. D'ailleurs, pour rendre la blessure incurable, M. de Bismarck se hâta d'envoyer à tous les agents de la Prusse à l'étranger une note confidentielle assez vague pour faire croire à un procédé injurieux, prémédité contre l'ambassadeur français. Les chargés d'affaires de France parvinrent, et cela sans peine, et pour cause, à avoir une connaissance générale de ce document; celui de Berne, par exemple, en télégraphia la substance à M. de Gramont, et la connaissance imparfaite qu'il en avait permettait d'imaginer des insultes graves, alors qu'en réalité, et selon l'expression même de M. Benedetti, il n'y avait ni insulteur ni insulté.

En effet, pour communiquer au roi le troisième télégramme expédié le 13 à huit heures du soir par M. de Gramont, qui lui mandait de revenir à Paris, M. Benedetti sollicita une nouvelle audience le 14. Le comte d'Eulenbourg lui répondit que le roi, partant

BENEDETTI
Ambassadeur de France à Berlin.

aussi le même jour pour Coblentz, verrait à la gare l'ambassadeur français.

L'entrevue eut lieu sans qu'aucune parole froissante ait été échangée, mais le roi de Prusse fit entendre qu'il considérait les négociations comme closes, que la suite de cette affaire appartenait à son ministère, et que personnellement il n'avait plus rien à communiquer à M. Benedetti. Le même jour M. de Bismarck, presque sûr désormais de tenir la guerre, refusait la médiation de l'Angleterre, proposée par lord Granville.

X. — LA DÉCLARATION DE GUERRE

La journée du 15 doit être connue exactement par tous les Français, parce qu'elle fut l'origine irrémissible de nos malheurs, et que la France y fut précipitée dans la plus épouvantable des aventures.

Ce jour-là M. de Gramont devait répondre à l'interpellation de MM. Duvernois et de Leusse, sur laquelle s'était greffée une autre interpellation de MM. Jérôme David et de Kératry. Les interpellateurs ne cachaient pas leur intention de pousser le gouvernement aux mesures énergiques, c'est-à-dire à la guerre. MM. Ollivier et de Gramont étaient d'ailleurs entrés dans cette voie ; ils avaient interprété les dernières réponses faites à M. Benedetti comme des outrages à l'honneur français, et il faut dire que la note diplomatique envoyée par M. de Bismarck aux agents de l'Allemagne à l'étranger, et dont l'analyse avait été transmise par le chargé d'affaires de France à Berne, donnait quelque apparence de raison à cette interprétation.

Mais des hommes d'État perspicaces et plus calmes auraient pu se demander s'il n'était pas préférable d'en croire les dépêches de l'ambassadeur intéressé, et qui protestait contre toute intention d'insulte, plutôt que l'analyse naturellement incomplète et mal connue d'une note qui pouvait être et était réellement un piège.

Malheureusement, entre les menaces d'interpellations, les manifestations de la rue qui, d'abord préparées, semblaient devenir spontanées, enfin la volonté nouvelle de l'empereur, les ministres avaient perdu leur sang-froid, et au début de la séance du 15 juillet, M. de Gramont au Sénat, M. Ollivier à la Chambre, lurent la déclaration suivante :

« La manière dont le pays a accueilli notre déclaration du 6 juillet
« nous ayant donné la certitude que vous approuviez notre politique
« et que nous pouvions compter sur votre appui, nous avons aussitôt
« commencé des négociations avec les puissances étrangères afin
« d'obtenir leurs bons offices auprès de la Prusse pour qu'elle recon-
« nût la légitimité de nos griefs. »

La déclaration entrait dans le détail des négociations, insistait sur le refus que le roi faisait de s'engager pour l'avenir à empêcher une nouvelle candidature Hohenzollern, puis ajoutait :

« Quoique ce refus nous parût injustifiable, notre désir de conserver à l'Europe les bienfaits de la paix était tel que nous ne rompîmes pas les négociations.....

« Aussi notre surprise a-t-elle été profonde lorsqu'hier nous avons appris que le roi de Prusse avait notifié par un aide de camp à notre ambassadeur qu'il ne le recevrait plus, et que, pour donner à ce refus un caractère non équivoque, son gouvernement l'avait communiqué officiellement aux cabinets d'Europe.

« Nous apprenons en même temps que M. le baron de Werther avait reçu l'ordre de prendre un congé et que des armements s'opéraient en Prusse.

« Dans ces circonstances, tenter davantage pour la conciliation, c'eût été un oubli de dignité et une imprudence. Nous n'avons rien négligé pour éviter la guerre, nous allons nous préparer à soutenir celle qu'on nous offre, en laissant à chacun la part de responsabilité qui lui revient.... »

Ainsi le mot de guerre était prononcé, et cela pour une insulte qui n'avait pas eu lieu, puisque le roi avait reçu M. Benedetti depuis l'entrevue de l'ambassadeur et de l'aide de camp prince Radziwill.

M. Ollivier termina la lecture de la déclaration en demandant l'urgence pour un crédit de cinquante millions. L'urgence votée, les choses se précipitaient et le conflit devenait inévitable.

M. Thiers demanda la parole.

L'ancien chef du parti monarchiste libéral sous le régime de Juillet passait pour un belliqueux. Il s'était incarné pour ainsi dire en tous les hommes de guerre dont il avait raconté les batailles dans *l'Histoire de la République, du Consulat et de l'Empire*, et l'on savait qu'il leur avait prêté bien souvent sa propre stratégie. Il avait quitté le ministère en 1836 et en 1840 parce que Louis-Philippe avait montré dans les affaires extérieures une faiblesse qu'il désapprouvait. Enfin, plus récemment, il avait protesté avec douleur contre l'incurie et l'indécision qui avaient permis à la Prusse de prendre en Europe une situation exceptionnelle par la victoire de Sadowa.

Mais M. Thiers, éclairé par son patriotisme et par sa vieille expérience des affaires, sentait la puissance militaire de la France profondément ébranlée; il comprenait surtout que l'Europe, alors affamée de paix, s'éloignerait de la puissance téméraire, qui sur une question de susceptibilité déchaînerait une guerre dont les conséquences pouvaient être incalculables.

Après que la majorité de droite eut voté l'urgence par assis et levé, adressant à la gauche restée assise de violentes apostrophes, M. Thiers prononça le discours suivant :

« S'il y a eu un jour, une heure, où l'on puisse dire sans exagé-
« ration que l'histoire nous regarde, c'est cette heure et cette journée,
« et il me semble que tout le monde devrait y penser sérieusement.
« Quand la guerre sera déclarée, il n'y aura personne de plus zélé, de
« plus empressé que moi à donner au gouvernement les moyens pour
« la rendre victorieuse.

« Ce n'est donc pas assaut de patriotisme que nous faisons ici.
« Je soutiens que mon patriotisme est non pas supérieur, mais égal à
« celui de tous ceux qui sont ici.

« De quoi s'agit-il? De donner au gouvernement les moyens qu'il
« demande? Non; je proteste contre cette pensée. De quoi s'agit-il?
« D'une déclaration de guerre faite à cette tribune par le ministère.
« Eh bien, est-ce au ministère, à lui seul, à déclarer la guerre?.....
« Lorsque je vous montrais, en 1866, ce qui se préparait, vous m'avez
« écouté un jour; le lendemain, au jour décisif, vous avez refusé de
« m'écouter; il me semble que ce souvenir seul, ce souvenir devrait
« vous arrêter un moment et vous inspirer le désir de m'écouter sans
« m'interrompre. (*Violentes interruptions.*) Mais aujourd'hui la demande
« principale qu'on adressait à la Prusse, et que le ministère nous a
« assuré être la seule, cette demande a reçu une réponse favorable.
« (*Dénégations bruyantes.*)

« Vous ne me lasserez pas; j'ai le sentiment que je représente ici
« non pas les emportements du pays, mais ses intérêts réfléchis.

« J'ai la certitude, la conscience de remplir un devoir difficile,
« celui de résister à des passions, patriotiques, si l'on veut, mais
« imprudentes. Soyez convaincus que, quand on a vécu quarante ans
« au milieu des agitations et des vicissitudes politiques et qu'on
« remplit son devoir, et qu'on a la certitude de le remplir, rien ne
« peut vous ébranler, rien, pas même les outrages. (*Bruit à droite.*)

« Il me semble que sur un sujet si grave, n'y eût-il qu'un seul
« individu, le dernier dans le pays, s'il avait un doute, vous devriez
« l'écouter; oui, n'y en eût-il qu'un, mais je ne suis pas seul. (*Voix
« à gauche:* Non! nous sommes avec vous!) Eh bien! messieurs,
« est-il vrai, oui ou non, que sur le fond, c'est-à-dire sur la candi-
« dature du prince de Hohenzollern, votre réclamation a été écoutée, et
« qu'il y a été fait droit? Est-il vrai que vous rompez sur une question

« de susceptibilité très honorable, je le veux bien, mais vous rompez
« sur une question de susceptibilité. (*Mouvement.*) Eh bien ! messieurs,
« voulez-vous qu'on dise, voulez-vous que l'Europe tout entière dise
« que le fond était accordé, et que, pour une question de forme, vous
« vous êtes décidés à verser des torrents de sang ?.....

« Messieurs, je connais ce dont les hommes sont capables sous
« l'empire de vives émotions..... Laissez-moi vous dire en deux mots,
« pour vous expliquer et ma conduite et mon langage, laissez-moi vous
« dire que je regarde cette guerre comme souverainement imprudente ;
« plus que personne, je désire la réparation des événements de 1866,
« mais je trouve l'occasion détestablement choisie. Sans aucun doute la
« Prusse s'était mise gravement dans son tort, très gravement.....
« Vous vous êtes adressés à l'Europe, et l'Europe a voulu qu'il nous
« fût fait droit sur le point essentiel : la candidature du prince de
« Hohenzollern a été retirée..... (*Dénégations à droite.*)

« Vous allez avoir la faculté de vous livrer à toute l'ardeur de
« vos sentiments, laissez-moi vous exprimer les miens, tout dolou-
« reux qu'ils sont, et si vous ne comprenez pas que dans ce moment je
« remplis un devoir et le plus pénible de ma vie, je vous plains.
« (*Réclamations à droite*). Oui, quant à moi, je suis tranquille pour ma
« mémoire, je suis sûr de ce qui lui est réservé pour l'acte auquel je
« me livre en ce moment, mais, pour vous, je suis certain qu'il y aura
« des jours où vous regretterez votre précipitation. (*Allons donc!*)

« (*Un interrupteur :* Vous êtes la trompette antipatriotique du
« désastre, allez à Coblentz!)

« Offensez-moi, insultez-moi ; je suis prêt à tout subir pour
« défendre le sang de mes concitoyens que vous êtes prêts à verser
« si imprudemment, je souffre, croyez-le, d'avoir à parler ainsi.

« (*Le même interrupteur :* C'est nous qui souffrons de vous
« entendre.....)

« Dites ce que vous voudrez, mais il est bien imprudent à vous
« de laisser soupçonner au pays que c'est une résolution de parti
« que vous prenez aujourd'hui.

« Je suis prêt à voter au gouvernement tous les moyens néces-
« saires, quand la guerre sera définitivement déclarée, mais je désire
« connaître les dépêches sur lesquelles on fonde cette déclaration de
« guerre. La Chambre fera ce qu'elle voudra ; je m'attends à ce qu'elle
« va faire ; mais je décline, quant à moi, la responsabilité d'une guerre
« si peu justifiée. »

Cette harangue, pleine d'un patriotisme si sensé et si touchant,
fut scandée par des interruptions violentes et parfois injurieuses.

M. Émile Ollivier répondit en affirmant à nouveau l'outrage subi par M. Benedetti et répandu dans toute l'Europe par la note de M. de Bismarck. Mais, sommé par MM. d'Andelarre et Jules Favre de produire une dépêche précise, annonçant cette grave injure faite à l'honneur de la France, le ministre refusa en s'excusant sur la nature confidentielle des documents diplomatiques. M. Gambetta ne fut pas plus heureux lorsqu'il demanda qu'on produisît une preuve écrite de l'injure faite à M. Benedetti ; M. Ollivier lut deux analyses, envoyées par des agents français, de la note de M. de Bismarck ; et croyant alors avoir assez démontré l'impossibilité de supporter un outrage, dont il ne possédait pas lui-même les termes exacts, il ajouta :

MARÉCHAL LE BŒUF.

« Oui de ce jour commence,
« pour les ministres mes collègues
« et pour moi, une grande respon-
« sabilité. Nous l'acceptons le cœur
« léger (*Vives protestations à gau-
« che*), oui, d'un cœur léger, et
« n'équivoquez pas sur cette parole,
« et ne croyez pas que je veuille
« dire avec joie... je veux dire d'un
« cœur que le remords n'alourdit
« pas, d'un cœur confiant, parce
« que la guerre que nous ferons,
« nous la subissons, parce que nous
« avons fait tout ce qu'il était hu-
« mainement possible de tenter pour l'éviter, et enfin parce que notre
« cause est juste et qu'elle est confiée à l'armée française. »

A la suite de ce discours, le maréchal Le Bœuf déposa deux projets de loi relatifs à l'appel des gardes mobiles, et aux engagements volontaires.

La séance fut un moment suspendue et, lorsqu'elle fut reprise, M. Émile Ollivier, sentant l'insuffisance des documents qu'il avait présentés, vint lire une dépêche du 13, dans laquelle M. Benedetti annonçait sans irritation les concessions comme le refus du roi de Prusse. Voici cette dépêche :

« Le roi a reçu la réponse du prince de Hohenzollern, elle est du
« prince Antoine et elle annonce à Sa Majesté que le prince Léopold,
« son fils, s'est désisté de sa candidature à la couronne d'Espagne. Le roi

« m'autorise à faire savoir au gouvernement de l'empereur qu'il
« approuve cette résolution. Le roi a chargé un de ses aides de camp
« de me faire cette communication, et j'en reproduis exactement les
« termes. Sa Majesté ne m'ayant rien fait annoncer au sujet de l'assu-
« rance que nous réclamons pour l'avenir, je sollicite une dernière
« audience pour lui soumettre de nouveau et développer les observations
« que j'ai présentées ce matin. A la demande d'une nouvelle audience,
« le roi m'a fait répondre qu'il ne saurait reprendre avec moi la discus-
« sion relativement aux assurances qui devaient, à notre avis, nous
« être données pour l'avenir... Sa Majesté m'a fait déclarer qu'il s'en
« référait à cet égard aux considérations qu'il m'avait exposées le
« matin, et dont je vous ai fait connaître la substance dans mon dernier
« télégramme. »

M. Thiers, M. de Choiseul, M. Arago, s'écrièrent que la guerre ne pouvait être déclarée sur cette dépêche, et le fait était si évident que M. Émile Ollivier reconnut la parfaite courtoisie montrée à notre ambassadeur; il dut revenir une troisième fois sur la note de M. de Bismarck, qui constituait la véritable injure.

M. Thiers obtint à grand'peine la parole pour établir, une fois de plus, qu'il n'y avait d'autre cause de guerre qu'une question de susceptibilité, que, le fond du procès ayant été gagné par la France, il fallait s'en tenir là, et, au milieu des interruptions et des injures, il termina par ces paroles : « Ce n'est pas pour l'intérêt essentiel de la France, « c'est pour une faute du cabinet que nous avons la guerre. »

Mais le ministère et le parti belliqueux étaient trop avancés pour reculer; M. de Gramont vint affirmer, en quelques mots brefs, que la France avait été insultée, et parut considérer l'insulte dont il parlait comme un affront personnel. Vainement M. Jules Favre et après lui M. Buffet insistèrent sur ce danger de décider de la guerre d'après des télégrammes, on résolut, par cent cinquante-trois voix contre quatre-vingt-quatre, de nommer une commission qui présenterait les rapports sur le crédit de 50 millions, demandé par M. Émile Ollivier, sur un autre crédit de 16 millions pour la marine, sur les deux décrets des engagements volontaires et de la garde mobile. Cette commission se composait entièrement de membres favorables à la guerre : MM. d'Albuféra, président; de Talhouët, rapporteur; de Kératry, secrétaire; Dréolle, de la Grange, Pinard, Seneca, Chadenet, Million.

Interrogé par la commission, le maréchal Le Bœuf avait affirmé qu'il était prêt, absolument prêt; M. de Gramont avait lu les dépêches de M. Benedetti en insistant sur les passages qui pouvaient froisser l'amour-propre des commissaires mais, sans les leur communiquer, communication qui aurait forcément modifié l'irritation que le rapport de M. de Talhouët manifestait trop ouvertement.

Gambetta demanda une dernière fois la production d'une dépêche suffisamment explicite ; les membres de la commission prétendirent avoir vu cette dépêche, qui n'existait pas, mais qu'ils avaient une vague impression d'avoir entendue.

Toutes les propositions du ministère furent donc votées par deux cent quarante-cinq voix. Il y eut dix opposants : MM. Arago, Desseaux, Esquiros, Jules Favre, Gagneur, Garnier-Pagès, Glais-Bizoin, Grévy, Ordinaire, Pelletan. La majorité de la gauche, n'ayant pu empêcher la déclaration de guerre, n'avait pas cru devoir voter expressément contre les crédits nécessaires pour la soutenir.

Quant au Sénat, il accueillait la guerre de tous ses applaudissements, et son président, M. Rouher, portait, le 16 juillet, à Saint-Cloud, l'expression de son admiration pour la résolution dont on attribuait à tort l'initiative à l'empereur. A Paris, les manifestations tumultueuses augmentèrent, entretenues soigneusement par le gouvernement, mais gagnant en réalité tous les jours des adhérents sincères et convaincus, tant la conduite de la Prusse était évidemment suspecte à la France entière, tant M. de Bismarck avait eu raison de compter sur la vivacité du caractère national, si profondément froissé par les humiliations que l'Empire n'avait pas su lui épargner depuis Sadowa.

Le 17, la déclaration de guerre était un fait accompli ; elle arrivait à Berlin le 19 ; le 21 juillet, le Corps législatif allait présenter ses hommages à Napoléon III, dont la grande préoccupation, en annonçant son départ pour l'armée, était d'associer son fils à la gloire qu'on prédisait aux armées françaises, dans l'entourage de l'impératrice.

Le 22, enfin, paraissait la proclamation obligée où l'empereur affirmait qu'il respectait l'indépendance de l'Allemagne, en faisant la guerre à l'ambition prussienne. Ce à quoi, le 2 août, le roi Guillaume répondait qu'il faisait la guerre à l'empereur Napoléon III et à son armée, et non au peuple français. Paroles oiseuses, qui ne trompent personne et n'ont d'autre valeur que celle d'une formule diplomatique.

Le 23, la Chambre était prorogée, malgré la gravité des circonstances, qui semblait au contraire justifier sa permanence.

Quant aux Allemands, ils accueillirent la déclaration de guerre avec enthousiasme ; ils connaissaient la solidité de leur situation militaire. Dès les premiers jours, la question diplomatique se trouva résolue en leur faveur. M. de Bismarck, qui préparait la guerre depuis neuf ans, qui, par sa note secrète avait envenimé sciemment un conflit prêt à s'apaiser, pouvait se donner, aux yeux de l'Europe, les apparences de la modération et nier le caractère comminatoire de ce document, que personne en France n'avait pu en effet connaître exactement. L'édifice tout entier et surtout la base de la déclaration de guerre, put-il dire au Reichstag, se seraient écroulés, si la représentation nationale avait eu connaissance de ce prétendu document et surtout de sa forme.

CHAPITRE II

WŒRTH

I. L'armée française au mois de juillet 1870. — II. Situation militaire de la Prusse. — III. Situation diplomatique de la France et de la Prusse. — IV. La mobilisation des armées françaises et prussiennes. — V. Opérations préliminaires (26 juillet-3 août 1870). — VI. Bataille de Wissembourg. — VII. Bataille de Wœrth. — VIII. Bataille de Spickeren. — IX. Les Prussiens maîtres de l'Alsace. — X. L'opinion publique après le 6 août. — XI. Le ministère Palikao. — XII. Le général Trochu.

I. — L'ARMÉE FRANÇAISE AU MOIS DE JUILLET 1870

L'immense majorité de la nation croyait fermement que la France allait courir de victoires en victoires. Le ministère surtout en était persuadé. On cite, de M. Émile Ollivier, plusieurs mots qu'il serait cruel de rappeler ici, et qui prouvent avec quelle incroyable légèreté il avait risqué cette effroyable aventure. Il avait d'ailleurs affirmé du haut de la tribune, le 15 juillet, que l'armée prussienne n'était faite que pour la guerre défensive. Le maréchal Le Bœuf assurait de son côté qu'on était prêt, cinq fois prêt ; et la tradition lui attribue aussi une de ces phrases malheureuses, que l'exagération française sait rarement s'interdire. Enfin M. de Gramont, questionné sur les alliances de la France par la commission des crédits, avait répondu, sans préciser, qu'au moment de se rendre à la Chambre il avait dans son cabinet les ambassadeurs d'Italie et d'Autriche.

Mais, parmi nos hommes de guerre, parmi nos hommes d'État, il en était qui avaient encore le sang-froid nécessaire pour apprécier la véritable situation. Ils savaient bien que, depuis 1866, la guerre était inévitable, et le ministère du maréchal Niel (1866) avait été imposé par ce pressentiment général. Instruit et actif, Niel s'était hâté de faire fabriquer les fusils à tir rapide, appelés chassepots, du nom de leur inventeur. Il avait voulu surtout mettre la France à même de placer en ligne un effectif considérable. Il avait alors présenté sa fameuse loi militaire, qui fut discutée à partir du 12 décembre 1868 et adoptée seulement le 14 janvier 1869.

Quoique le maréchal Niel fût persuadé que les nécessités modernes exigeaient le service militaire pour tous, il fut obligé de faire deux concessions : 1° il admit le remplacement, d'après la loi de 1832, qui permettait à tout soldat pris par le sort de se faire remplacer à ses risques et périls ; cette résolution supprimait la disposition de la loi de 1855 qui avait remis à l'État le soin de choisir, parmi les rengagés, les remplaçants, qui touchaient une prime, l'État encaissant la somme payée par le remplacé ; 2° en maintenant le service à cinq ans dans l'armée active, le maréchal Niel se conformait à l'avis de ceux qui ne voient d'armée possible qu'avec les vieux soldats.

Mais la loi nouvelle décidait que le Corps législatif voterait, chaque année, le chiffre du contingent ; ce chiffre serait obtenu par voie de tirage au sort. Tous les soldats ainsi désignés feraient : cinq ans dans l'armée active, quatre ans dans la réserve ; tous les autres jeunes gens de chaque classe, ayant échappé au sort, ou s'étant fait remplacer, étaient libérés, mais devaient former une *garde nationale mobile,* c'est-à-dire mobilisable en temps de guerre, et soumise à certains exercices militaires en temps de paix. C'était évidemment un pas fait vers l'application du service militaire égal pour tous. Niel comptait trouver ainsi, en chiffres ronds une armée active de quatre cent mille hommes, une réserve et une garde mobile atteignant à peu près chacune le même chiffre, soit, au besoin, près de un million deux cent mille hommes mobilisables.

Malheureusement, gêné par l'opposition de la droite, qui lui reprochait de désorganiser les vieilles armées prétoriennes, et par l'opposition de la gauche, qui, détestant le militarisme, était peu favorable à la formation des gros effectifs, Niel apporta dans sa loi des modifications qui en retardèrent longtemps l'application ; il n'astreignit la garde mobile qu'à quinze jours d'exercice, épars dans toute l'année, et laissa la nomination des officiers de cette fraction de l'armée à l'arbitraire et à la protection. Cependant, s'il avait vécu, la réorganisation militaire, appelée de tous leurs vœux par les plus instruits de nos officiers, se serait opérée avec suite et rapidité, mais la mort du maréchal, le 13 août 1869, remit le ministère entre les mains du maréchal Le Bœuf, officier très distingué d'artillerie, qui avait contribué au gain de la bataille de Solferino, mais qui, dans ses nouvelles fonctions, comme plus tard lorsqu'il fut major-général de Napoléon III, ne justifia pas les espérances qu'on avait conçues de ses talents.

On a peine, en effet, à s'expliquer que le maréchal Le Bœuf se crût prêt, alors que l'effectif de l'armée française en activité ne dépassait pas trois cent mille hommes, comme les Allemands le savaient trop par leurs renseignements particuliers et par le vote du plébiscite. Sur ces trois cent mille hommes, deux cent cinquante mille étaient à peine disponibles, et leur réunion devait être fort laborieuse. Les régiments étaient de quinze cents hommes, en moyenne, alors qu'ils auraient dû être de deux mille cinq cents. Beaucoup de soldats de l'armée active étaient en congé; la réserve était dans ses foyers, la garde mobile n'avait qu'un semblant d'organisation. Enfin, les réservistes, étant incorporés dans leurs régiments sans qu'on tînt compte de leur lieu d'origine et de leur résidence habituelle, devaient, en cas de mobilisation, aller retrouver les dépôts, le plus souvent dans une direction tout opposée au but de la mobilisation; ces contremarches ne pouvaient pas s'opérer sans pertes de temps et surtout sans confusion.

L'empereur devait commander en chef, mais jamais, même en Italie, il n'avait pu prouver qu'il eût hérité du génie comme du nom de Napoléon. On le savait malade et fatigué; son indécision, le caractère rêveur et chimérique de son esprit, ne semblaient pas non plus le désigner pour les opérations considérables auxquelles on s'attendait. Ses lieutenants n'avaient jamais passé que pour des soldats intrépides et capables d'enlever leurs troupes, comme Mac-Mahon, Canrobert, Ladmirault, Douay, Bourbaki. On était loin de voir en eux des penseurs, ayant médité sur l'art de la guerre. De deux autres commandants de corps, l'un, de Failly, connu en Italie pour sa bravoure, avait perdu tout prestige dans sa récente campagne de Rome contre Garibaldi; l'autre, Frossard, général du génie, était considéré comme devant sa brillante carrière à sa qualité de gouverneur du prince impérial. L'opinion comptait davantage sur le maréchal Bazaine. On pensait bien qu'il n'avait pas été irréprochable au Mexique, mais on savait mal les incidents de ce commandement, et jusqu'où il avait poussé l'oubli de l'honneur et de la discipline. Il était arrivé par les rangs, s'était illustré en Algérie, et, si on le soupçonnait d'avoir intrigué contre Maximilien, on le croyait d'autant plus habile et circonspect. On ne se doutait pas encore que Bazaine avait donné, là-bas, des preuves d'incurie et d'insensibilité, qui avaient contribué aux désastres de la retraite définitive de l'armée française.

II. — SITUATION MILITAIRE DE LA PRUSSE

L'armée allemande était alors formée d'après les lois proposées, en 1862, par le général de Roon, technicien d'une valeur supérieure et qui s'était attaché avec passion aux projets de M. de Bismarck. Le service était obligatoire pour tous de vingt à cinquante ans. Tout soldat passait trois ans sous les drapeaux, sauf les jeunes gens des universités, qui, après avoir subi un examen de capacité militaire, étaient renvoyés au bout d'un an, à condition qu'ils s'équiperaient à leurs frais. Le soldat faisait partie successivement de la réserve, de la landwehr et, enfin, du landsturm.

Le recrutement était régional, c'est-à-dire que chaque bourg, chaque ville de second ordre, chaque ville importante, chaque capitale de cercle, chaque capitale de province, était le centre d'une

GÉNÉRAL DE ROON.

compagnie, d'un bataillon, d'un régiment, d'une division, d'un corps d'armée. Le seul avis de la mobilisation équivalait donc à un commencement de mobilisation; et chaque homme de la réserve savait, d'une manière précise, où il devait se rendre, trouver ses chefs et ses armes, le lieu du rendez-vous étant dans le voisinage de sa demeure habituelle. On comprend que la formation d'un corps d'armée fût aussi facile que sans confusion. Il y avait en Prusse douze corps d'armée régionaux (en y comprenant les contingents saxons). Les Bavarois fournissaient deux corps, le roi de Wurtemberg et le grand-duc de Bade, chacun une division. Les officiers, quoique recrutés, sauf pour les armes spéciales, exclusivement parmi la noblesse, étaient généralement fort instruits; les plus considérables d'entre eux sortaient de la fameuse académie de guerre, dont les études, depuis vingt ans, portaient presque exclusivement sur les moyens d'envahir la France. Ils avaient entre eux une grande solidarité, les officiers de chaque bataillon ayant le droit d'admettre ou de repousser tout nouvel officier nommé pour remplir un poste de son grade.

L'armée allemande se décomposait ainsi : trois cent quatre-vingts bataillons d'infanterie, trois cents escadrons de cavalerie, deux cents bataillons d'artillerie, treize bataillons de génie, treize bataillons du train, ce qui, d'après des évaluations probables, faisait cinq cent quatre-vingt-sept mille soldats, quatre cent quatre-vingt-dix-huit mille fantassins, quarante et un mille artilleurs ou soldats des corps spéciaux, quarante-huit mille cavaliers, surtout des uhlans, cavalerie légère, destinée à éclairer les armées et à masquer leurs mouvements. Les Bavarois comptaient, dans cette masse, à peu près pour cent mille hommes; les Badois et les Wurtembergeois pour soixante-douze mille; ajoutons une réserve de cent quatre-vingt mille hommes, une landwehr de deux cent mille hommes, et nous arriverons à une force militaire de plus de neuf cent mille hommes, devant suffire, évidemment, à renouveler sans cesse les effectifs éclaircis par la mort et par la maladie. L'état-major allemand pouvait mettre en ligne, dès le début, quatre cent trente mille hommes, partagés en trois armées, avec mille deux cents pièces de canon.

Tout, étapes, approvisionnements, marches, concentration, service de la topographie, indications précises sur la route à suivre, la fortune particulière de chaque personnage important, informations recueillies patiemment, depuis quinze ans, par tant d'Allemands, auxquels la France avait donné de l'emploi et du pain, tout, dis-je, avait été prévu par l'état-major général.

Le maréchal de Moltke, calculateur avant tout, ne laissait rien au hasard, comptant peu sur les inspirations du champ de bataille; il demandait la victoire au nombre des hommes, à la rapidité des concentrations, aux précautions minutieuses de la discipline, à l'abondance des renseignements, à la supériorité numérique de son artillerie. Pour lui, la guerre était une science exacte, à laquelle il ne fallait ni l'imprévu ni les surprises du génie. Les généraux chargés d'exécuter ses plans, de diriger la marche des armées allemandes sur Paris, dont l'investissement était l'objectif principal de l'état-major, étaient le vieux Steinmetz, illustré récemment par la campagne de Bohême, en 1866, et, avec lui, le vainqueur des Hanovriens, Manteuffel; le prince Frédéric-Charles, neveu du roi, connu par sa haine violente contre la France, ses instincts grossiers de soudard, mais aussi par une énergie indomptable; le prince royal Frédéric, le kronprinz, déjà connu comme général [dans la campagne du Danemark, en 1864, et dans la campagne de Bohême, de plus assisté d'un remarquable chef d'état-major, le général de Blumenthal, et d'un lieutenant aussi résolu qu'impitoyable, le général de Werder.

MARÉCHAL DE MOLTKE.

A ces chefs supérieurs s'ajoutaient des généraux instruits, expérimentés, de famille militaire, nourrissant contre la France une animosité extrême et qui ne reculaient devant aucun moyen.

La simple comparaison des forces et de l'organisation militaires de la France et de la Prusse montre donc combien la lutte allait être disproportionnée. Ce qui est étonnant, c'est que cette situation ne fût pas suffisamment claire aux yeux du gouvernement français pour lui faire repousser une guerre aussi imprudente. Les rapports, déjà connus, de l'attaché militaire de France à Berlin, les livres spéciaux, comme celui du général Trochu, les avertissements patriotiques, comme ceux du général Ducrot; auraient dû, ce semble, peser sur l'incroyable légèreté du ministère, légèreté que la France patragea, et dont notre caractère national porte aussi sa part de responsabilité.

III. — SITUATION DIPLOMATIQUE DE LA FRANCE

ET DE LA PRUSSE

C'était encore grâce à la même incurie que le ministère semblait compter sur l'alliance de plusieurs puissances en Europe. A la fin de juillet, en effet, l'Italie et l'Autriche avaient entamé entre elles des négociations, mais c'était surtout pour se garantir mutuellement leur territoire[1], et si elles promettaient d'intervenir, c'était vers le 15 septembre seulement, pour rétablir le *statu quo* et à condition que la France serait victorieuse; aussi, dès les premières défaites, l'Italie fit une déclaration de neutrelité, prête à profiter de nos malheurs pour s'emparer de Rome.

Quant à l'Autriche, son attitude était subordonnée à celle de la Russie; or, Alexandre II, attaché par des liens de famille aux Hohenzollern, dirigé par l'admirateur de Bismarck, le chancelier Gortchakoff, prêt à dénoncer les traités de 1856, qui lui avaient enlevé la mer Noire, se contenta de paroles vagues en faveur de l'intégrité du territoire français, mais se déclara neutre, tant que la guerre n'atteindrait pas les intérêts russes; l'Autriche fut donc obligée de suivre une conduite analogue, et bientôt, le 28 juillet, le Danemark fit à son tour une déclaration de neutralité.

Par quel aveuglement l'empereur avait-il pu compter aussi tout au moins sur la neutralité de l'Allemagne du Sud? Dès la paix de Prague[2], M. de Bismarck avait signé avec le Wurtemberg, Bade et la Bavière des traités secrets, qui les liaient à une action commune contre la France, et ouvertement les faisait entrer dans le Zollverein[3]. Aussi, dès le 19 juillet, Napoléon III se voyait forcé de déclarer la guerre aux

---

1. SOREL. *Histoire diplomatique de la guerre*, t. II, p. 240.
2. Traité qui termina la campagne de Sadowa (1866).
3. Association qui reportait les douanes aux frontières de l'Allemagne et les supprimait entre les différents États allemands.

Allemands du Sud, dont les forces avaient été mises à la disposition de la Prusse.

Restait l'Angleterre, dont il fallait espérer peu de secours, mais qui pouvait, au cours des hostilités, être amenée à intervenir par crainte d'un agrandissement trop grand de la Prusse. M. de Bismarck avait prévu cette dernière difficulté; le 25 juillet, il publia le fameux traité, qu'il avait autrefois dicté lui-même à M. Benedetti, et par lequel il s'engageait, comme compensation des acquisitions prussiennes de 1866, à faciliter la réunion de la Belgique à la France. M. de Bismarck attribuait l'initiative de ce projet à la diplomatie française, alors qu'il en était le premier inspirateur, et que la minute rédigée par l'ambassadeur français n'avait d'autre importance qu'un simple échange de vues.

Néanmoins l'Angleterre, qui voyait déjà avec terreur la France à Anvers, se retrancha désormais dans une neutralité malveillante pour les Français, et, le 11 août, exigea une déclaration du gouvernement impérial en faveur de l'indépendance de la Belgique. Ainsi la France était laissée à ses propres forces par l'Angleterre, pour qui elle avait fait l'expédition de Crimée, par l'Italie, dont elle avait payé l'indépendance de son sang. Elle devait subir, plus tard, les marques de mépris du général Grant, le président de ces États-Unis qu'elle avait aidés autrefois à conquérir leur liberté; exemples, dont il faudrait savoir profiter, des dangers qu'a toujours fait courir à notre patrie sa générosité cosmopolite.

IV. — MOBILISATION DES ARMÉES FRANÇAISES

ET PRUSSIENNES

Napoléon III partit le 28 juillet pour Metz; on remarqua beaucoup, alors, qu'il évita de passer par Paris et gagna la ligne de l'Est par le chemin de fer de ceinture. Le maréchal Le Bœuf laissait l'intérim du ministère de la guerre au général Dejean; la régence appartenait à l'impératrice Eugénie, mais ses pouvoirs étaient fort restreints, et l'empereur se réservait d'intervenir, de son quartier général, dans toutes les questions graves qui pourraient survenir. Ainsi, par exemple, en cas de crise ministérielle, l'impératrice ne pouvait choisir définitivement de nouveaux ministres.

D'ailleurs, on espérait bien brusquer la guerre et devancer les Prussiens. Il ne faudrait pas croire que la mobilisation de l'armée française fut lente, en 1870. L'ordre, donné peut-être dès le 14 juillet, s'exécuta, à coup sûr, dès le 16 juillet, et les troupes disponibles s'échelonnèrent de Metz à Strasbourg dès le 26. Cette rapidité était due aux expériences de transport par les chemins de fer faites autrefois, sous l'administration du maréchal Niel. Mais on s'était occupé seulement de rapidité et non d'organisation. Napoléon III était persuadé qu'une action immédiate donnerait la victoire aux troupes françaises. Mais il ne s'était pas demandé si la réunion de cent quatre-vingt-dix neuf mille hommes, obligés de s'organiser en prenant leur poste de marche, n'ayant pas trouvé, à leur point de départ, les armes, les munitions nécessaires, pouvait fournir des hommes capables d'entrer immédiatement en campagne. Au contraire, cette précipitation causa une confusion inextricable, et la France ne gagna, à prévenir la mobilisation allemande, que de faire la preuve de tout ce qui lui manquait pour vaincre. Au milieu de ce va-et-vient d'hommes venant de toutes les parties du pays pour trouver, à la frontière, leur corps, le plus éloigné souvent de leur point de départ, les méprises, les troubles les plus inexplicables se produisirent de tous côtés.

Le 21 juillet, le général Michel envoie le télégramme suivant : « Suis arrivé à Belfort, pas trouvé ma brigade, pas trouvé général de « division; que dois-je faire? sais pas où sont mes régiments. » Puis c'étaient des plaintes générales sur le manque d'approvisionnements. Le maréchal Le Bœuf constate, dès le 29 juillet, qu'il n'y a plus de biscuits; le 18 juillet, le général de Failly demande de l'argent pour faire vivre les troupes; plus tard, il signale, le 21 juillet, l'absence de revolvers dans les arsenaux; le 28, l'intendant général Blondeau demande au ministère un million de rations, il n'y a rien de préparé à Metz; le même jour, le général Frossard se plaint qu'il n'y a pas une seule carte d'état-major au 2° corps, qui défend la frontière du nord-est, à Saint-Avold. Le général Ducrot fait remarquer, qu'en face des corps prussiens, concentrés dans la forêt Noire, il aura à peine cinquante hommes pour former la garnison de Neuf-Brisach. Quant aux ambulances, elles sont encore en Algérie, et l'intendant du corps du maréchal Bazaine écrit au ministère de la guerre, le 24 juillet : « Le « 3° corps quitte Metz demain. Je n'ai ni infirmiers, « ni ouvriers d'administration, ni caissons d'ambulance, ni fours de « campagne. »

Ces quelques détails suffiront pour faire comprendre dans quel état d'incertitude et de trouble se trouvait l'armée française au 1ᵉʳ août 1870, alors qu'elle allait rencontrer une armée que, depuis Sadowa, l'on devait savoir prête à tout, exercée, approvisionnée et guidée avec autant de sûreté que de prudence.

La proclamation de Napoléon III à l'armée de Metz (28 juillet 1870) montrait combien l'empereur lui-même se rendait peu compte de la situation difficile dans laquelle il se trouvait. Il s'exprimait en ces termes :

« Soldats,

« Je viens me mettre à votre tête pour défendre l'honneur et le
« sol de la patrie.
« Vous allez combattre une des meilleures armées de l'Europe ;
« mais d'autres, qui valaient autant qu'elle, n'ont pu résister à votre
« bravoure. Il en sera de même aujourd'hui.
« La guerre qui commence sera longue et pénible, car elle aura
« pour théâtre des lieux hérissés d'obstacles et de forteresses ; mais
« rien n'est au-dessus des efforts persévérants des soldats d'Afrique,
« de Crimée, de Chine, d'Italie et du Mexique. Vous prouverez une
« fois de plus ce que peut une armée française, animée du sentiment
« du devoir, maintenue par la discipline, enflammée par l'amour de
« la patrie.
« Quel que soit le chemin que nous prenions hors de nos fron-
« tières, nous y trouverons les traces glorieuses de nos pères, nous
« nous montrerons dignes d'eux. La France entière vous suit de ses
« vœux ardents, et l'univers a les yeux sur vous. De nos succès dépend
« le sort de la liberté et de la civilisation.
« Soldats, que chacun fasse son devoir, et le Dieu des armées sera
« avec nous. »

On a dit souvent que le plan de Napoléon était dans un coup d'éclat qui mènerait l'armée française à Berlin pour le 15 août. Le grand état-major allemand, qui n'a pas toujours eu l'intention des grandes choses qu'il a faites, n'était pas sans inquiétude sur le premier effort de l'armée française. Si bien renseigné que l'on fût à Berlin et à Coblentz sur l'impuissance de la France et l'incapacité de ses chefs, on n'était pas sans craindre un peu, et on connaît le mot de M. de Moltke : « Si les Français ne sont pas devant Mayence avant « le 25 août, ils n'y seront jamais. »

D'ailleurs, il était persuadé qu'il arriverait à temps, la mobilisation se trouvant, pour lui, être un commencement de campagne. Il avait fixé Mayence pour grand quartier général. Les trois armées étaient réunies à Trèves, Mayence et Landau pour pénétrer en France par la Moselle, la Sarre, la Lauter. Elles devaient agir simultanément, forcer Metz, et ouvrir ainsi la ligne de Paris, objectif proposé à l'invasion allemande depuis de nombreuses années. Il s'agissait de ne commencer les hostilités que lorsqu'on serait entièrement prêt ; et du

16 au 24 juillet, les trois cent quatre-vingt mille hommes de la première ligne vinrent prendre leurs positions sans désordre et sans fatigue; le grand état-major allemand avait, d'ailleurs, fixé son mouvement définitif sur la frontière française au 3 août 1870. C'était encore sept jours de repos assuré aux soldats. La France, eût-elle été prête à attaquer avant cette date, se trouvait en face de forces considérables et déjà formées. Le 28 juillet, les trois armées étaient à leur poste de combat.

A Trèves, l'armée du maréchal Steinmetz était forte de soixante mille hommes (deux corps d'armée). Devant Mayence, et la plus éloignée de la frontière, l'armée du prince Frédéric-Charles était forte de cent trente mille hommes (six corps prussiens) et était soutenue par le corps d'armée saxon, commandé par le prince royal de Saxe.

Enfin, à Landau, le Kronprinz Frédéric-Guillaume et le général de Blumenthal avaient deux corps d'armée prussiens, les deux corps d'armée bavarois, et le corps d'armée formé des divisions wurtembergeoise et badoise, soit cent vingt mille hommes. Le 31 juillet, le roi Guillaume arrivait à Mayence avec M. de Bismarck entouré de ses bureaux et déjà prêt à organiser et à rançonner les pays à conquérir.

GÉNÉRAL FROSSARD

Il aurait semblé logique qu'aux trois grandes armées qui allaient peser de tout leur poids sur l'espace restreint de la frontière qui s'étend entre la Lauter et le Luxembourg, les Français opposassent la masse la plus considérable de leurs forces. Alors, seulement, la rapidité de l'offensive pouvait promettre une première victoire sérieuse, dont les conséquences, en effet, étant donné le caractère français, eussent été considérables. On reste confondu par la décision tout opposée qui fut prise par le maréchal Le Bœuf et par l'empereur. Le général Bourbaki fut placé avec la garde impériale, à Metz; le maréchal de Mac-Mahon (1er corps), entre Strasbourg et Saverne; le général de Failly, à Bitche et Sarreguemines (5e corps); le général Frossard, à Forbach (2e corps); le maréchal Bazaine, à Saint-Avold (3e corps), le général de Ladmirault, à Sierk (4e corps); c'étaient six petites armées de trente mille hommes assez éloignées les unes des autres pour être obligées de marcher longtemps, afin de se soutenir en cas de bataille, échelonnées sur cent soixante kilomètres. Elles formaient un rideau facile à percer, ou, mieux encore, « c'était une véritable ligne de douaniers », selon une expression qui courut alors. Notons que l'artillerie s'organisait à Toul, que la cavalerie de réserve était en formation à Lunéville, que le 6ᵉ corps (maréchal Canrobert) avait grand'peine à se réunir à Chalons-sur-Marne, et que celui du général Félix Douay n'était pas beaucoup plus avancé à Belfort.

V. — OPÉRATIONS PRÉLIMINAIRES
(26 juillet-3 août 1870)

En France, l'opinion s'impatientait déjà ; quand commencerait-on la conquête du Palatinat ? Cette précipitation se faisait sentir jusqu'auprès de l'empereur, de plus en plus hésitant, et qui semblait ne pas savoir par où débuter. Or, le 26 juillet, une reconnaissance de cavalerie wurtembergeoise et badoise franchissait le Rhin, à Lauterbourg, au point où il reçoit la Lauter. Elle parcourut, au sud de Wissembourg, la vallée de la Sauer et fut dispersée par une patrouille française à Niederbronn, non sans que le chef pût s'échapper et reporter à l'armée du Kronprinz la nouvelle de l'espacement inexplicable du 1ᵉʳ corps français. Ce simple fait aurait dû ouvrir les yeux sur le danger le plus pressant, qui semblait menacer Wissembourg. En effet, le prince royal, à Landau, était le plus près de la frontière française et désigné pour l'atteindre le premier, le 3 août. Le général Ducrot insista bien, à Haguenau, auprès de Mac-Mahon, pour qu'on détachât en grand'garde la division Abel Douay sur Wissembourg, afin de surveiller les mouvements de l'ennemi derrière la Lauter. Mais l'état-major général s'était si bien pénétré de cette conviction qu'il fallait que l'armée française envahît la première le territoire allemand, qu'on attacha peu d'importance aux symptômes alarmants que l'administration française de Wissembourg avait dénoncés au quartier général. Le sous-préfet, M. Edgar Hepp, avait été invité à cesser des communications importunes. On chercha un début brillant d'un autre côté. Ce fut le général Frossard qui reçut mission de se porter de Forbach sur Sarrebrück, c'est-à-dire sur l'armée de Steinmetz, qui n'était pas encore à portée de la frontière, assez concentrée cependant pour arrêter sérieusement la marche en avant, tout en attirant à elle des forces considérables de l'armée française, éloignées ainsi de plus en plus de la Lauter, où le danger était plus considérable.

Le 2 août, le corps du général Frossard franchit la frontière au delà de Forbach; trois bataillons et trois escadrons prussiens étaient concentrés sur la rive droite de la Sarre, au faubourg Saint-Johann, de l'autre côté de Sarrebrück. Les troupes du général Bataille enlevèrent vivement les hauteurs de la rive gauche et forcèrent les Prussiens, après un combat qui coûta peu d'hommes de part et d'autre, à se retirer sur le gros de l'armée de Steinmetz.

L'état-major allemand s'émut peu de cette escarmouche, qui aurait pu cependant, si elle avait été le début d'une opération sérieuse, dessiner un succès important. Mais le général Frossard et l'empereur, qui était présent, ne surent même pas en profiter, pour tâter sérieusement les forces qu'ils avaient devant eux.

Cependant, le *Journal officiel* enregistra le bulletin suivant :

« Aujourd'hui 2 août, à onze heures du matin, les troupes françaises
« ont eu un sérieux engagement avec les troupes prussiennes. Notre
« armée a pris l'offensive, franchi la frontière et envahi le territoire de
« la Prusse. Malgré la force de la position ennemie, quelques-uns de
« nos bataillons ont suffi pour enlever les hauteurs qui dominent Sarre-
« brück, et notre artillerie n'a pas tardé à chasser l'ennemi de la ville.
« L'élan de nos troupes a été si grand que nos pertes ont été légères.
« L'engagement, commencé à onze heures, était terminé à une heure.
« L'empereur assistait aux opérations, et le prince impérial, qui l'ac-
« compagnait partout, a reçu, sur le premier champ de bataille de la
« campagne, le baptême du feu. Sa présence d'esprit, son sang-froid
« dans le danger, ont été dignes du nom qu'il porte. L'empereur est
« rentré à Metz à quatre heures. »

Comme on le vit trop clairement par des télégrammes intimes, ce bulletin avait surtout pour but de faire une popularité précoce au prince impérial. Il ne semble pas qu'on y ait réussi, même à Paris. Mais, à l'armée, le bruit fait autour de la petite affaire de Sarrebrück fit un effet déplorable, surtout lorsqu'on apprit qu'elle ne se liait à aucun plan d'ensemble, et que l'état-major général ne semblait la considérer que comme une tentative isolée et sans lendemain.

VI. — BATAILLE DE WISSEMBOURG

Or, pendant que l'attention de l'empereur était détournée du côté de la Moselle, les grand'gardes de l'armée du Kronprinz touchaient la Lauter. La division bavaroise de Bothmer se dirigeait, par la route de Landau, sur les hauteurs boisées de Schweigen qui, sur la rive gauche de la Lauter, dominent Wissembourg, placée sur la rive droite; en

BATAILLE DE SARREBRUCK. — Attaque des Français.

arrière et sur la droite, deux corps prussiens s'étaient massés à Rohrbach pour soutenir l'attaque des Bavarois. Prévenu par les avertissements de la municipalité, le général Ducrot, du corps du maréchal de Mac-Mahon, placé à Haguenau, et prévoyant les catastrophes que pouvait amener l'éparpillement du corps de Strasbourg à Bitche, avait fait envoyer, comme nous l'avons déjà dit, le 3 août, la division Abel Douay, forte de huit mille hommes, pour surveiller la frontière.

Le maréchal de Mac-Mahon avait prescrit, tant il croyait encore à une simple reconnaissance, au général Douay de se maintenir le plus longtemps possible sur les hauteurs qui dominent Wissembourg, au sud. Le général s'était fortement établi, derrière la ville, sur la célèbre position du Geissberg, illustrée par Hoche en 1793, et il avait pris la précaution de placer plusieurs batteries d'artillerie sur la rive gauche, pour défendre l'accès de Wissembourg par le nord.

Le 4 août, à sept heures du matin, il fit faire une reconnaissance dans les bois de Bienwald, au pied des hauteurs de Schweigen. Par quelle négligence, ou par quelle fatalité la reconnaissance revint-elle sans avoir débusqué les Bavarois? il serait difficile de le dire; mais, à huit heures, alors que le général, rassuré pour la journée du 4, avait permis à ses soldats affamés de préparer le déjeuner, la division bavaroise aborda la position de Wissembourg.

Le général Abel Douay se montra plein de résolution, il disposa rapidement ses soldats en tirailleurs. Pour prêter moins au feu de l'ennemi, il fit, à plusieurs reprises, des charges que l'impétuosité des turcos

GÉNÉRAL ABEL DOUAY.

rendit victorieuses, et se maintint jusqu'à dix heures sur la rive gauche de la Lauter. Mais, à ce moment, les deux corps prussiens de Rohrbach passaient la rivière, à droite de la ville, et attaquaient le château de Schafenbourg, qui donnait accès sur le Geissberg. Abel Douay fut tué en défendant désespérément cette position. Quarante mille hommes menaçaient alors Wissembourg de front et sur la rive droite. Le général Pellé, qui prit le commandement, comprit qu'il fallait hâter la retraite; il se hâta d'évacuer le Geissberg et, par le col du Pigeonnier et Lembach, se retira sur la route de Bitche et sur Haguenau. Cette affaire avait coûté quinze cents hommes aux Allemands; aux Français, douze cents tués et douze cents prisonniers, le général Pellé ayant dû laisser à l'ennemi tous ses blessés, faute d'ambulance. La division n'avait perdu qu'un canon. Mais, sans parler de l'effet moral de cette victoire véritable des Allemands, la ligne de la Lauter était désormais entre leurs mains, et la porte de l'Alsace ouverte à deux battants. La mort de l'intrépide Abel Douay devait aussi produire sur le pays tout entier la plus funeste impression.

VII. — BATAILLE DE WŒRTH

On avait enfin compris au quartier général le danger que présentaient la dispersion et l'indépendance des corps d'armée. Aussi, dès le 4, le maréchal Le Bœuf plaçait sous le commandement supérieur du maréchal Bazaine le 3ᵉ corps et ceux de Frossard (2ᵉ) et de Ladmirault (4ᵉ corps), et sous le commandement du maréchal de Mac-Mahon, le 1ᵉʳ corps et ceux de de Failly (5ᵉ) et de Félix Douay (7ᵉ).

Le 5, le maréchal de Mac-Mahon recevait sa nomination à Haguenau, où il s'était transporté précipitamment à la nouvelle de l'échec de Wissembourg. Il avait avec lui trente-cinq mille hommes du 1ᵉʳ corps, la division Abel Douay, commandée par le général Pellé et que le général Ducrot avait recueillie à l'issue du col du Pigeonnier, et la division Conseil-Dumesnil, la seule du 7ᵉ corps d'armée, encore en formation près de Strasbourg, qui fût prête à entrer en ligne. C'était en tout quarante-cinq mille hommes; mais le maréchal comptait avoir la journée du 6 pour appeler à lui, par la route de Bitche à Niederbronn, le 5ᵉ corps, commandé par le général de Failly.

Le maréchal de Mac-Mahon aurait eu ainsi à sa disposition soixante-dix mille hommes de troupes éprouvées. Il avait fortement occupé le plateau qui s'étend, parallèlement à la Lauter, entre la Bibersbach, bras septentrional de la Sauer, et la Zintzel, affluent de la Moder. Ce plateau, dont la position centrale est marquée par le village de Frœschwiller, intercepte la route la plus courte de Wissembourg à Saverne par le défilé du Kœsberg.

A sa gauche Mac-Mahon avait placé Ducrot à Frœschwiller pour recevoir le secours de de Failly par Ingwiller (route de Sarreguemines à Haguenau) ou par Niederbronn. Au centre le général Raoult était placé derrière Wœrth sur la Bibersbach (Sauer); à droite le commandant en chef avait avec lui la cavalerie (cuirassiers) du général Bonnemains. A l'extrême droite, le général de Lartigue, à cheval sur la Bibersbach, à Gunstett et à Morsbronn, couvrait le mouvement projeté par Mac-

TOUR DE WŒRTH.

Mahon sur les Prussiens par Langensultzbach. Le général de Lartigue commandait les cuirassiers et les lanciers du général Michel. Enfin en réserve se trouvaient le général Pellé, dont les troupes avaient besoin de se refaire après Wissembourg, et la division Conseil-Dumesnil, arrivée récemment du Sud.

Les colonnes prussiennes avaient atteint Wœrth dans la soirée du 5, et les Bavarois avaient été signalés à Ducrot dans la direction de Lambach. Le prince royal, dont les corps étaient encore échelonnés, pensait les amener pendant la journée du 6; et dès le matin du même jour Mac-Mahon, comptant aussi sur ce jour de répit, avait expédié à de Failly l'ordre de se porter de Bitche sur la Sauer; le messager arriva à deux heures au quartier général du 5° corps, alors que la question était déjà décidée, les colonnes du général de Failly ne s'étant pas mises en mouvement au bruit du canon, qui annonçait pourtant que la bataille s'était engagée le 6, en dépit des prévisions des Prussiens et des Français.

En effet, dès l'aube, les Bavarois, brusquement et sans avoir reçu d'ordres, attaquèrent le général Ducrot, qui repoussa vivement la division Hartmann sur Langensultzbach et la rejeta même sur Lambach. Le maréchal de Mac-Mahon eut alors un moment l'espoir de déborder la droite

VILLAGE DE FRŒSCHWILLER.

de l'ennemi, c'est-à-dire de conserver ses communications avec Bitche et le général de Failly. Mais l'état-major allemand lança deux corps d'armée sur le centre des Français en face même de Wœrth. Le général Raoult soutint à trois reprises cette masse si supérieure à ses troupes ; mais il fut tué. Cependant à midi les Français n'étaient délogés d'aucune de leurs positions ; le Kronprinz eut un moment d'hésitation et Mac-Mahon, posté lui-même à Frœschwiller, maintenait encore toute sa ligne. L'entourage du prince obtint cependant la continuation du combat et une heure plus tard quarante-cinq mille Prussiens et Wurtembergeois, arrivés sur le champ de bataille, abordaient les positions de droite de l'armée française, refoulaient de Gunstet la division de Lartigue, sur la rive droite de la Sauer, et foudroyaient Morsbronn du feu de soixante pièces de canon. Le général de Lartigue essaya vainement par une charge des lanciers et des cuirassiers du général Michel de dégager le village occupé par les Prussiens et de les rejeter au delà de la Sauer. Fusillés à bout portant du haut des fenêtres de Morsbronn, rompus par les échalas des vignes, obligés de se reformer sous la mitraille, malgré l'appui d'une charge impétueuse des tirailleurs algériens et des zouaves, qui laissèrent huit cents des leurs entre Morsbronn et la rivière, les cuirassiers du général Michel furent décimés, sans retarder sensiblement le mouvement tournant des Prussiens.

A quatre heures du soir, désespéré, prêt à se faire tuer et réservé à de plus grands malheurs, le maréchal de Mac-Mahon décidait la retraite, qui s'annonçait désastreuse. L'armée bouleversée par l'ardeur du combat, serrée de près par les Prussiens, débouchant de Wœrth et de Morsbronn, était tombée dans le plus profond désordre, dans le plus affreux abattement et les munitions manquaient. Le maréchal arrêta la poursuite, par une charge des cuirassiers du général Bonnemains, qui renouvelèrent avec plus de bonheur le sacrifice des cavaliers du général Michel : le dernier coup de fusil fut tiré à Reichshoffen sur la Zintzel, et le commandant en chef indiqua, aux débris du 1er corps, Saverne, pour point de concentration. A la tombée de la nuit, la division Guyot de Lespart, du corps du général de Failly, se montrait vers Niederbronn ; mais elle trouvait l'ennemi victorieux et ne pouvait plus prendre part à l'action, sinon pour couvrir par un dernier combat d'arrière-garde la fuite de ceux des soldats du général Ducrot que la défaite rejetait dans la direction de Bitche. La bataille de Wœrth coûtait à la France les généraux Colson et Raoult, sept mille tués, neuf mille prisonniers, trente-cinq pièces d'artillerie, dont huit mitrailleuses ; les Allemands avouent la perte de onze mille hommes, mais ils gagnaient l'occupation de l'Alsace presque entière.

L'arrivée du général de Failly aurait-elle épargné ce désastre à la France? Nous ne croyons pas devoir entrer dans cette voie des suppositions, que l'historien doit sévèrement s'interdire, s'il veut rester dans les conditions de la vérité. Ce qu'il est permis d'affirmer, c'est que l'inaction et les tâtonnements du 5e corps furent la preuve irrécusable du défaut d'organisation et des progrès de l'indiscipline et de l'incapacité qui avaient atteint les plus hautes positions. Telles furent les causes les plus profondes des désastres de la France, dont nous ne faisons que commencer le long récit.

VIII. — BATAILLE DE SPICKEREN

Resté immobile du côté de la Sauer, où il entendait le canon depuis le matin, le 5ᵉ corps n'avait pas bougé davantage du côté de la Sarre, où le bruit de la bataille était aussi évident, et où le 2ᵉ corps, placé sous les ordres supérieurs du maréchal Bazaine et commandé par le général Frossard, était laissé seul aux prises avec plusieurs corps des deux armées de Steinmetz et du prince Frédéric-Charles.

Dans la nuit du 5 au 6 août, se sentant isolé avec vingt-huit mille hommes à Sarrebrück, prévenu d'ailleurs que les têtes de colonnes de l'ennemi étaient signalées dans les bois de la Sarre, le général Frossard avait repassé la frontière et s'était fortement retranché sur les hauteurs situées entre Spickeren et Forbach, comptant communiquer avec le maréchal Bazaine qui était de sa personne à Saint-Avold, gros bourg uni par un chemin de fer à Forbach. Le général Frossard avait fait prévenir son chef d'un conflit imminent avec l'ennemi. Les divisions du maréchal Bazaine entouraient Spickeren en demi-cercle, par Sarreguemines, Puttelange, Saint-Avold et Boulay.

Dans la matinée du 6, la position supérieure des Français et le petit nombre des troupes engagées par les Prussiens permirent au général Frossard de résister victorieusement. Le général prussien de Kamecke, du corps du général de Zastrow, de la première armée, faisait une tentative à gauche des Français, sur la position de Styring, au nord de Forbach; il fut repoussé et suivi sur le territoire allemand. A ce moment, pouvant encore compter sur l'arrivée du maréchal Bazaine et de ses lieutenants, le 1ᵉʳ corps soutenait avec ardeur la bataille; mais l'armée du prince Frédéric-Charles atteignait alors Neukirchen, au nord de Sarrebrück, et les Prussiens faisant ce que Bazaine, ne croyait pas devoir faire, dirigeaient des troupes fraîches sur le champ de bataille par le chemin de fer. En même temps, le général de Zastrow, qui avait désapprouvé l'attaque précipitée du général de Kamecke, apparaissait sur la gauche et refoulait les Français sur Forbach. Un effort désespéré remit le 1ᵉʳ corps en possession de Styring; mais, sur les cinq heures, de nouveaux bataillons de l'armée de Frédéric-Charles, avec le général Von Gœben, assaillirent le Rotheberg, point culminant de la position de Spickeren. Tourné à droite, grâce aux troupes fraîches que les Prussiens tenaient invariablement en réserve, et par cette tactique des mouvements enveloppants qu'ils ont appliquée presque exclusivement pendant toute la guerre, le 2ᵉ corps se concentra à Forbach, et, grâce au chemin de fer, put se retirer sans trop de désordre sur Saint-Avold et Puttelange. Pendant toute la journée, préoccupé du secours qu'il attendait et qui ne venait pas, malgré ses dépêches répétées, le général Frossard s'était tenu sur les derrières de son corps d'armée. Le général Montaudon, averti à Sarreguemines à trois heures seulement, le général Castagny, à Puttelange, à une heure, le général

COMBAT PRÈS DE FORBACH.

Metman, trop tard aussi, en avant de Saint-Avold, avaient erré, faute d'ordres précis et de décision personnelle; ils ne purent arriver à portée de Frossard que dans la nuit. Bientôt toutes les divisions des 1er et 3e corps se trouvèrent réunies entre Puttelange et Saint-Avold, manquant de vivres et placées sous l'impression d'une double défaite, la nouvelle du désastre de Wœrth ayant été connue pendant la retraite de Forbach. Le général Bataille joua le principal rôle dans la dernière partie du combat, le général Frossard ayant paru quelque temps abandonner la direction des troupes. Les Français perdaient quatre mille hommes; les

Allemands six mille ; mais, avec les treize mille hommes que la bataille de Wœrth avait coûtés à la France, les disparus et les égarés, l'armée n'avait plus à compter que sur cent quarante mille hommes disponibles, en face de quatre cent mille hommes de troupes solides animées par des victoires aussi imprévues qu'éclatantes.

IX. — LES PRUSSIENS MAITRES DE L'ALSACE

Les armées françaises avaient, au contraire, perdu l'espoir et, n'étant plus soutenues, comme autrefois, par une organisation prévoyante et une discipline salutaire, menaçaient de se fondre et de se disperser. Le 1er corps d'armée, si héroïque sur le champ de bataille de Wœrth, s'était précipité sur la route de Saverne dans un état de panique et de trouble inexprimables. Obligés de marauder pour vivre, condamnés à une marche de quatorze jours par la pluie et l'obscurité, débarrassés de leurs sacs et de leurs munitions, les fantassins affublés de tous les costumes possibles pour remplacer l'uniforme hors d'usage, les cavaliers traînant à pied leur grand sabre, tous ces malheureux, harassés, démoralisés par la honte et la rage du désastre, furent exposés, eux si braves cependant, à des paniques inexplicables dès la sortie du défilé du Kœsberg, au nord de la Zorn. L'arrivée imprévue sur la route de Strasbourg d'un parti de cavaliers prussiens les rejeta, affolés, au delà des Vosges, qu'il eût peut-être fallu défendre ; le 7, on était à Saverne, non pas tous, car des fuyards plus troublés encore s'étaient enfuis vers le sud de l'Alsace, portant la frayeur avec eux. Leur aspect seul détermina la retraite sur Belfort de la division Liébert (7e corps) qui marchait au-devant du maréchal de Mac-Mahon. Telle était l'impression, faite par cette cohue d'hommes couverts de boue et le visage bouleversé par la fureur et le chagrin, que bien des habitants de Saverne, ramassant à la hâte ce qu'ils pouvaient emporter, se préparaient à suivre le 1er corps dans sa retraite. Le désarroi des esprits était si grand, que l'on ne songea pas à faire sauter le tunnel d'Arschwiller, qui donne passage au canal de la Marne au Rhin, sur une longueur de deux mille huit cents mètres, et celui du chemin de fer de Paris-Strasbourg à Lutzelbourg. C'eût été placer trois kilomètres de ruines en travers de l'armée prussienne, de Saverne (Bas-Rhin) à Sarrebourg (Meurthe). Mais on ne songeait qu'à fuir.

Le 6 au soir, en apprenant le désastre de Wœrth, le général de Failly quittait Bitche précipitamment, laissant derrière lui ses bagages, une partie de son artillerie, la brigade Lapasset, qui avait manœuvré avec le général Montaudon du côté de Forbach. Le 5ᵉ corps gagnait la route de Saverne par la Petite-Pierre, et, le 10 août, le général de Failly rejoignait, à Lunéville, les débris du 1ᵉʳ corps. Obligés de se jeter vers le sud pour éviter la poursuite présumée de l'armée du Kronprinz, les deux corps d'armée continuèrent leur retraite par la route de Chaumont, en se suivant à quelque distance. Le 1ᵉʳ, par Bayon et Mirecourt, atteignait en chemin de fer Châlons, le 16 août; le 5ᵉ prenait la voie ferrée à Chaumont et se trouvait à Châlons le 20.

La retraite des corps de Bazaine et de Frossard s'était effectuée dans des conditions moins mauvaises, quoique l'empereur et le maréchal Le Bœuf eussent été atterrés par la nouvelle des deux défaites, parvenue au quartier général de Metz, le 6 au soir. Un premier conseil de guerre, tenu le 7, avait décidé la retraite sur Châlons; on avait compris que, pour défendre Metz, il suffisait de cinquante mille hommes, sans immobiliser sous ses forts cent soixante-dix mille des meilleurs soldats de la France. Mais le jour même, sur une dépêche de l'impératrice, qui indiquait une retraite définitive comme le signal d'une révolution à Paris, on pensa à défendre la Lorraine. L'irrésolution dura cependant jusqu'au 10, jour où l'on reçut, au quartier général, une lettre d'un officier mal en cour, le général Trochu, mais connu par un livre sur l'armée française. Le général montrait le succès définitif des Prussiens attaché à leur marche sur Paris, et conseillait de ramener les 1ᵉʳ, 3ᵉ et 4ᵉ corps à Châlons, pour livrer à l'invasion une bataille décisive. Néanmoins, on se décida à combattre immédiatement. Les trois corps placés sous le commandement de Bazaine se portèrent sur

GÉNÉRAL DE FAILLY.

la Nied allemande, mais ils étaient trop loin de Metz ; ils reculèrent, le 9, sur la Nied française, et enfin, le 12, sur la rive droite de la Moselle entre Borny et le fort Queuleu, sous la protection des canons de la grande forteresse. Le 12, le 6ᵉ corps, commandé par le maréchal Canrobert, arrivait à Metz, à peine formé, mais composé de troupes bien disposées et dirigées par un chef énergique ; le vieux général Changarnier, jusqu'alors en dehors de tout service, et resté fidèle à la monarchie légitime, offrait à l'empereur son épée, désormais sans grande valeur. Enfin le maréchal Le Bœuf se démettait de ses fonctions de major général, sur l'avis même de l'impératrice, et devant les exigences de l'opinion, qui lui était unanimement défavorable. L'empereur le remplaçait par le général Jarras, comme major-général de l'armée du Rhin, formée des 1ᵉʳ, 3ᵉ, 4ᵉ, 6ᵉ corps, soit cent vingt mille hommes. Le nouveau général en chef était Bazaine. Toutefois, le décret de nomination était assez ambigu pour permettre à Napoléon III de donner encore des ordres, bien que tout le monde en France lui attribuât les premiers échecs autant qu'au major général, et qu'un sentiment unanime s'opposât à ce qu'il conservât la direction des opérations. D'ailleurs la nation s'égarait dans l'appréciation qu'elle faisait de Bazaine. On voulait voir en lui un sauveur. Le maréchal bénéficiait de la légende que l'éloignement et le mystère lui avaient créée au Mexique, et l'on ne savait pas combien par l'activité physique, par l'intelligence et par le caractère il était au-dessous de la tâche solennelle qui lui était confiée. Et cependant le mouvement en sa faveur était si prononcé, que l'empereur se croyait obligé, un peu plus tard, de placer encore sous ses ordres l'armée de Mac-Mahon, qui se reformait à Châlons.

X. — L'OPINION PUBLIQUE APRÈS LE 6 AOUT 1870

Napoléon III était dominé après le 6 août par des craintes dynastiques ; il craignait et on craignait à la Régence, comme au quartier impérial, un soubresaut de Paris funeste à l'Empire. On avait réussi à surexciter les instincts belliqueux des Parisiens ; il fallait redouter qu'à la nouvelle de ces échecs répétés cette surexcitation ne changeât de nature et ne se retournât contre un régime qui, après avoir promis de glorieuses victoires n'aboutissait qu'à des désastres sans précédent.

Le petit avantage de Sarrebrück avait d'abord fourni un nouvel aliment aux manifestations patriotiques ; la sérieuse défaite de Wissembourg devait au contraire provoquer de dangereuses colères. Le ministère Ollivier garda donc jusque dans la journée du 5 la dépêche qui annonçait l'affaire. D'ailleurs, la retraite d'une division ne pouvait compromettre toute une armée, et malgré une surprise douloureuse qui se transforma bientôt en défiance, la population parisienne resta pacifique, et se berça de l'espoir d'une prochaine et éclatante revanche. En effet, le 6 août, (c'était un samedi), à une heure de l'après-midi, le bruit courut qu'une dépêche affichée à la Bourse annonçait une grande victoire de Mac-Mahon, vingt-cinq mille Prussiens prisonniers, avec le Kronprinz, et les Français à Landau. Un enthousiasme indescriptible s'empara de la population ; sur toutes les grandes voies, les fenêtres se pavoisèrent, la joie débordait dans les rues ; et ce jour-là les examens de la Sorbonne, eux-mêmes, étaient animés par une excitation joyeuse, dont nous avons gardé un souvenir personnel.

Mais à deux heures on sut que le bruit de cette victoire était une fausse nouvelle, mise en circulation pour favoriser un coup de bourse ; les agents de police prévinrent dans toutes les maisons qu'il fallait ôter les drapeaux dont elles étaient déjà ornées. L'indignation fut extrême ; et M. Ollivier répondant à une manifestation qui eut lieu sous les fenêtres du ministère de la justice, place Vendôme, dut promettre de faire une justice exemplaire du coupable. Le soir, une proclamation du gouvernement annonçait l'arrestation de l'auteur de cette atroce supercherie ; mais c'était un expédient pour apaiser la foule ; le misérable qui se joua ainsi des angoisses de toute une nation ne fut jamais reconnu ni puni.

Vers huit heures, une dépêche vague du quartier général annonçait que le corps d'armée de Frossard et que deux corps d'armée de Mac-Mahon étaient en présence de l'ennemi, mais ce renseignement incomplet, succédant à la fausse nouvelle d'une grande victoire, entretint dans la population parisienne une inquiétude indéfinie et poignante. Cet état d'esprit se trouva justifié, lorsque, vers une heure du matin, M. Chevandier de Valdrôme, les traits bouleversés et la voix altérée, lut à la foule qui stationnait encore place Beauvau, devant le ministère de l'intérieur, le télégramme suivant : « Le corps du général Frossard est en retraite ; pas d'autres détails. »

Tous les assistants comprirent instinctivement que derrière ce laconisme voulu il y avait un désastre. Mais l'imagination publique ne l'avait pas conçu aussi grand qu'il apparut, lorsque, dans la matinée du dimanche 7 août, on lut sur les murs de Paris ces quelques mots affichés dès la première heure :

« Metz, 7 août, minuit et demi.

« Le maréchal de Mac-Mahon a perdu une bataille. Sur la Sarre,

« le général Frossard a été obligé de se retirer. La retraite s'opère en
« bon ordre. Tout peut encore se rétablir.
                          « Napoléon. »

Vainement six autres télégrammes envoyés de Metz dans la journée
du 7, dans la nuit du 7 au 8 août et dans la journée du 8 essayaient
d'atténuer l'échec de Mac-Mahon, de le représenter comme prêt à
défendre les Vosges, ce qui se trouva faux. Vainement énumérait-on,

VUE GÉNÉRALE DE LA VILLE ET DU FORT DE BITCHE.

du quartier général, les forces disponibles et encore intactes qui
devaient défendre la Lorraine et la Champagne, le sentiment intime
du peuple français ne s'y trompait pas, et si les Allemands eux-mêmes
constataient dans leurs dépêches, avec une surprise non dissimulée,
l'étendue imprévue de leur victoire, la grande majorité de la nation
française eut un instant l'impression des malheurs immenses qui allaient
la frapper. Des manifestations tumultueuses parcoururent Paris dans
la journée du 7 et de toutes parts s'élevèrent des menaces contre la
dynastie napoléonienne. Cependant la grande majorité de la France,
même le parti républicain, répugnait alors à une révolution. La seule
préoccupation semblait être la défense nationale.

Par ses derniers actes et ses dernières, paroles le ministère Ollivier fut sur le point de compromettre cette trêve des partis. L'impératrice dès le 7 août était revenue de Saint-Cloud aux Tuileries.

Dans une proclamation qu'elle signa seule, elle disait........ :

« Je viens au milieu de vous ; fidèle à ma mission et à mon devoir, vous me verrez la première au danger pour défendre le drapeau de la France. J'adjure tous les bons citoyens de maintenir l'ordre : le troubler, serait conspirer avec nos ennemis. »

L'inspiration, d'ailleurs sincère, qui avait dicté cette proclamation était fâcheuse. Le retour de l'impératrice montrait, il est vrai, une certaine décision, mais qui pouvait croire à l'efficacité de la présence d'une princesse dont jusqu'alors les idées politiques et religieuses avaient été impopulaires ? Et puis, la littérature des proclamations commençait à fatiguer la France. Les phrases bien connues, si chères cependant à notre caractère national, n'avaient plus leur effet accoutumé ; on commençait à comprendre la supériorité des actes sur les paroles. On aurait volontiers demandé moins de sentiment et plus d'énergie. Même en France, il est toujours une heure où l'on ne conduit plus les hommes avec des mots.

L'opinion qu'on parlait trop et qu'on n'agissait pas utilement fut encore fortifiée par la proclamation du ministère aux Parisiens. C'était un autre effort de style. Après Wissembourg, Wœrth, Spickeren, on croyait adroit de dire que l'armée française n'avait pas été vaincue, on parlait de l'audace momentanément heureuse de l'ennemi ; on s'écriait en style épique : « Que le peuple entier se lève, frémissant, dévoué pour soutenir le grand combat!..... Debout! donc debout!..... Accourez d'un accord unanime au secours de vos frères de l'Est!..... » Adjurations éloquentes sans doute, mais qui sonnaient faux dans la bouche des ministres qui avaient voulu la guerre à tout prix, et qui s'étaient déclarés « prêts, cinq fois prêts! »

Une seconde proclamation, datée du 8 août, et signée également du ministère, fut un peu plus que ridicule. Elle était adressée aux Parisiens :

« Parisiens,

« Notre armée se concentre et se prépare à un nouvel effort. Elle est pleine d'énergie et de confiance ; s'agiter à Paris, ce serait combattre contre elle et affaiblir, au moment décisif, la force morale qui lui est nécessaire pour vaincre.

« Nos ennemis y comptent. Voici ce qu'on a saisi sur un espion
« prussien amené au quartier général :

« Courage, Paris se soulève; l'armée française sera prise entre
« deux feux. »

« Nous préparons l'armement et la défense de Paris; demain
« le Corps législatif joindra son action à la nôtre. Que tous les bons
« citoyens s'unissent pour empêcher les rassemblements et les mani-
« festations.

« Ceux qui sont pressés d'avoir des armes n'ont qu'à se présenter
« aux bureaux d'engagements. — On les enverra tout de suite à la
« frontière. »

Les Parisiens, habitués aux choses de la politique, comprirent que cette prétendue histoire d'espion n'était destinée qu'à compromettre le parti républicain, au profit de la dynastie des Bonaparte. Mais comprendre dans une accusation de trahison des hommes comme Jules Favre, Pelletan, Grévy, au milieu d'une ville aussi profondément républicaine que Paris, c'était faire preuve une fois de plus de cette aveugle témérité, qui est la marque distinctive du cabinet Ollivier. — De nouveaux rassemblements tumultueux eurent lieu dans la journée du 8, et il fallut des charges de cavalerie pour les disperser. Dès le 7 août, des décrets avaient établi l'état de siège, et fixé la convocation du Sénat et du Corps législatif au 14, puis au 11, puis au 9 août.

Le ministère craignait un mouvement populaire pour ce jour-là; sous les ordres du commandant en chef de l'armée de Paris, le maréchal Baraguay-d'Hilliers, il avait massé des troupes sur le pont de la Concorde et autour du Palais-Bourbon, où le Corps législatif se réunissait.

La séance s'ouvrit à une heure. M. Ollivier vint y commenter sa proclamation; il appuya avec insistance sur cette affirmation que la France n'avait pas été sérieusement atteinte, que ses forces étaient encore considérables; il osa, au milieu de l'indignation générale, faire allusion à l'attitude probable des républicains, qui pourrait favoriser les victoires prussiennes; il osa enfin réclamer la confiance; et eut la maladresse de proposer à la Chambre de se placer *derrière* le ministère pour le salut national.

Ce mot malheureux, que M. Ollivier essaya vainement d'expliquer, ne doit être attribué qu'à cette infatuation inconsciente, qui lui avait inspiré de se charger sans hésitation des destinées de la France et de la responsabilité de la guerre. Mais cette expression inouïe devait rendre irrémissible la chute d'un ministère déjà d'ailleurs presque assurément condamné. Ni les républicains, qu'il insultait, ni les bonapartistes d'extrême droite, qui lui attribuaient les échecs de la guerre, ne pouvaient consentir à rester derrière un ministère aussi incapable que prétentieux.

XI. — LE MINISTÈRE PALIKAO

Un membre du centre, M. Latour du Moulin, proposa la constitution d'un ministère de défense, sous la présidence du général Trochu; mais ce fut Jules Favre qui attaqua de front le gouvernement et l'empereur. Il présenta en quelques paroles les trois propositions suivantes : 1° la réorganisation de la garde nationale d'après la loi de 1831 ; 2° la transmission du pouvoir militaire à un autre général, vu l'insuffisance du commandant en chef; 3° l'élection d'une commission de quinze députés pour surveiller la conduite de la défense.

Une discussion violente s'engagea au sujet de ces trois propositions, que le président Schneider déclara inconstitutionnelles, bien que M. Jules Favre se fût abstenu de parler de déchéance, mot et chose qui devaient être dans la pensée de tous les membres de l'opposition.

M. Granier de Cassagnac alla jusqu'à menacer des conseils de guerre les députés de la gauche, contre lesquels il renouvela cette accusation absurde de connivence avec les Prussiens. — Un autre bonapartiste jusqu'alors fougueux et sans mesure, et l'un des chefs du parti de la guerre, le baron Jérôme David, qui avait pu assister à la bataille de Spickeren, se montra moins agressif et se contenta de plaider les circonstances atténuantes en faveur de l'empereur, tout en avouant tristement qu'on se croyait prêt et qu'on ne l'était pas.

La discussion prit fin par le renvoi aux bureaux des propositions de Jules Favre et des projets militaires et financiers présentés par le ministère. La Chambre adopta la première proposition de Jules Favre sur la garde nationale et repoussa les deux autres. Mais le ministère Ollivier se trouva en face de deux ordres du jour qui rendaient impossible son maintien au pouvoir. L'un, présenté par le centre, exprimait nettement la défiance et le blâme. L'autre était rédigé par un ancien ami de M. Émile Ollivier, Clément Duvernois, rédacteur en chef du *Peuple français*, autrefois ennemi irréconciliable de l'Empire, devenu depuis journaliste subventionné, candidat officiel, et chef de ce jeune parti bonapartiste qui voulait fonder sur le suffrage universel l'autorité absolue de l'empereur, et avait rêvé d'affermir ce singulier gouvernement par une guerre victorieuse. L'ordre du jour de Clément Duvernois était ainsi conçu : « La Chambre, décidée à soutenir un cabi-
« net capable de pourvoir à la défense du pays, passe à l'ordre du jour. »

Naturellement M. Ollivier n'accepta pas cette rédaction, qui fut ratifiée à une forte majorité; il déclara que le cabinet se retirait. La Chambre termina la séance du 9, en votant que les armées avaient bien mérité de la Patrie.

L'annonce de la chute du cabinet Ollivier, faite à la foule par M. Jules Simon, fut accueillie avec une satisfaction générale. Elle eut deux résultats: d'abord le peuple reprit rapidement espoir dans l'avenir, puis, par un accord tacite, les manifestations bruyantes se dissipèrent, et une sorte de pacification intérieure se produisit subitement; le successeur de M. Émile Ollivier devait en profiter quelques jours.

GÉNÉRAL COUSIN DE MONTAUBAN,
COMTE DE PALIKAO.

Le devoir d'un nouveau ministère était nettement tracé: tout subordonner à la défense nationale. La présidence du conseil devait donc appartenir à un ministre de la guerre capable, par son passé, d'inspirer la confiance dans le succès. Le général Trochu était alors, tenu en suspicion comme orléaniste; il était célèbre et par son livre sur l'armée française, où il avait démontré l'impuissance de l'organisation militaire de l'Empire, et par son esprit d'indépendance. On lui attribuait une grande part dans la guerre de Crimée et avec plus de raison de brillants services dans la campagne d'Italie; mais, se sentant suspect à l'impératrice et chargé d'une mission dérisoire de débarquement dans la Baltique, plus tard placé à la tête du 12ᵉ corps, en formation à Châlons-sur-Marne avec la garde mobile, il ne crut pas devoir accepter de former un ministère, et l'on comptait bien au palais sur son refus.

On fit alors appel au général Cousin de Montauban, comte de Palikao, pour lequel Napoléon III et l'impératrice avaient toujours eu une sympathie particulière depuis l'expédition de Chine en 1860. Avec dix mille soldats français et vingt mille anglais, il avait battu les Chinois et occupé Pékin, et bien que l'opinion se fût alors préoccupée du pillage du Palais d'Été, l'expédition avait fait grand honneur au général, qui avait reçu le titre de comte de Palikao, en souvenir de sa victoire.

La nation sentait tellement le besoin d'une forte direction militaire qu'elle accepta sans protestation la formation de ce ministère; et cependant le général de Palikao ne prit pour collègues que des bonapartistes militants, déterminés sans doute à défendre la patrie, mais aussi à tout oser pour sauver la dynastie bonapartiste. C'étaient MM. H. Chevreau, préfet de la Seine, à l'intérieur; Magne, aux finances; Latour d'Auvergne, aux affaires étrangères; Grandperret, à la justice et aux cultes; Rigault de Genouilly, à la marine; Brame, à l'instruction publique; Busson-Billault, ministre président le Conseil d'État, et enfin les deux chefs du jeune parti bonapartiste, Jérôme David, aux travaux publics, et Duvernois, à l'agriculture et au commerce. MM. Rouher et Schneider devaient assister au conseil.

On ne saurait nier que ce ministère ait apporté une impulsion sérieuse à l'organisation militaire et à la mise en état de défense de Paris; malheureusement le général de Palikao, même dans ses conceptions militaires, était guidé par le souci de la dynastie, et tout plan de campagne devait, dans sa pensée, servir avant tout au prestige impérial; il se refusa donc à admettre qu'on reculât davantage et que par une retraite combinée de toutes les forces françaises on se concentrât soit à Châlons, soit sous Paris, pour opposer à l'invasion des forces considérables et mieux coordonnées. L'abandon de la frontière lui semblait devoir provoquer à Paris un mouvement défavorable à l'Empire, et il préféra tenter les manœuvres les plus audacieuses, avec une armée à peine reformée et capable seulement de lutter victorieusement dans des conditions favorables et ordinaires. En cela il répondait à la volonté intime de l'impératrice.

Dès le 11 août, le nouveau ministère obtint de la Chambre une série de mesures urgentes, un crédit de 30 millions pour l'organisation de la garde nationale, qui devait nommer ses officiers; le vote d'un emprunt de guerre de 1 milliard, à la place d'une somme de 450 millions votée précédemment et qui dans les circonstances présentes était insuffisante, le cours forcé des billets de banque, la création de coupures de 25 francs, la suspension des effets de commerce, enfin l'appel de tous les hommes de vingt-cinq à trente-cinq ans et la mise en activité immédiate de toute la classe de 1870.

A ces mesures s'ajoutèrent les dispositions prises par M. Clément Duvernois pour l'approvisionnement de Paris; elles furent poussées avec une grande ardeur, bien que les marchés passés par le ministre n'eussent été ni clairs ni réguliers.

L'activité du ministère fit donc bonne impression et la majorité de la population parisienne sut dompter l'impatience nerveuse qui aurait pu amener tant et de si grands malheurs. Il n'en fut pas de même des révolutionnaires de profession, qui, le 12 août, essayèrent d'exploiter la blessure encore récente de Wœrth et de Spickeren, et, dirigés par MM. Blanqui, Eudes et Bridault, firent une tentative pour s'emparer des armes de la caserne des pompiers du boulevard de La Villette ; cette tentative avorta et presque tous les coupables, sauf le principal, Auguste Blanqui, tombèrent entre les mains de la police, qui les fit passer en conseil de guerre. Graciés plus tard, les principaux condamnés de cette déplorable affaire devaient continuer les révoltes et les conspirations. Elle donna cependant occasion à Gambetta de repousser à la tribune de la Chambre la solidarité de cette politique néfaste des coups de main et de la guerre civile.

L'émeute de La Villette servit le ministère Palikao, comme aussi les soupçons légitimes que la présence de nombreux Allemands à Paris faisaient naître dans la population. Le président du conseil annonça que l'on allait procéder rapidement à leur expulsion générale, quoique avec les ménagements nécessaires ; néanmoins, sans vouloir exagérer cette question si irritante de l'espionnage, dont la réalité fut prouvée par l'exécution de l'espion Hardt au Champ-de-Mars, il semble qu'il resta encore à Paris bien des nationaux allemands et qu'aux jours les plus sévères du blocus l'état-major prussien fut toujours exactement renseigné sur les opérations les plus secrètes de l'armée de défense.

XII. — LE GÉNÉRAL TROCHU

Le général de Palikao trouva des difficultés là où il ne les soupçonnait pas. Le maréchal Baraguay-d'Hilliers, s'étant retiré après la journée du 9 août, avait été remplacé par le général Soumain, lorsque, dans la nuit du 17, le général Trochu, parti récemment pour Châlons, où il devait organiser le 12ᵉ corps, rentra à Paris apportant sa nomination de gouverneur, et l'annonce que le maréchal de Mac-Mahon et l'empereur revenaient sous les murs de la ville pour y attendre l'armée prussienne. Introduit chez l'impératrice malgré l'heure avancée, il fut accueilli par elle avec des paroles amères, et où, faisant allusion aux opinions soi-disant orléanistes du général, elle l'accusait d'une manière détournée de vouloir renverser l'Empire. Le général parvint à se disculper, mais il ne put persuader à l'impératrice d'approuver la rentrée de Napoléon III à Paris ; tout en acceptant la situation faite au général Trochu, elle s'opposa, sans fléchir un instant, au retour de l'empereur, et le nouveau gouverneur, en se retirant, comprit que sa tâche serait difficile.

Plus difficile qu'il ne le croyait, car le général Palikao, en apprenant la nomination du général Trochu, parla de donner sa démission ; il avait quelque apparence de raison ; il avait assuré à la Chambre que l'empereur ne faisait plus acte de commandement, et cette nouvelle décision prise à Châlons par Napoléon démentait son assertion ; de plus, en l'état des choses, la création de ce poste donnait au nouveau gouvernement une influence militaire et politique, qui diminuait d'autant l'autorité du ministre de la guerre ; enfin cette mesure extraordinaire indiquait que dans l'entourage de l'empereur on admettait l'imminence de l'arrivée des Allemands devant la capitale de la France.

GÉNÉRAL TROCHU.

Le général de Palikao transigea cependant ; il accepta le général Trochu, mais il exigea que l'intervention de l'empereur fût passée sous silence, et que la nomination parût être faite sur l'initiative du ministère. Le chef de la défense de Paris débuta par deux proclamations, qui révélèrent des talents littéraires, dont il devait abuser dans le cours de sa courte et malheureuse carrière. Nous donnons ici la proclamation, éloquente sans doute et émue, qu'il adressa aux Parisiens. Nous souhaitons que les Français sachent désormais ne plus exiger de leurs gouvernants des paroles sonores, que l'événement rend trop souvent vaines et, disons le mot, un peu ridicules :

« Habitants de Paris,

« Dans le péril où est le pays, je suis nommé gouverneur de Paris
« et commandant en chef des forces chargées de défendre la capitale

« en état de siège. Paris se saisit du rôle qui lui appartient, et il veut
« être le centre des grands efforts, des grands sacrifices et des grands
« exemples; je viens m'y associer avec tout mon cœur; ce sera l'hon-
« neur de ma vie et l'éclatant couronnement d'une carrière restée
« jusqu'à ce jour inconnue de la plupart d'entre vous.

« J'ai la foi la plus entière dans le succès de notre glorieuse
« entreprise, mais c'est à une condition dont le caractère est impérieux,
« absolu, et sans laquelle nos communs efforts seraient frappés d'im-
« puissance. Je veux parler
« du bon ordre, et j'entends
« par là, non seulement le
« calme de la rue, mais le
« calme de vos foyers, le calme
« de vos esprits, la déférence
« pour les ordres de l'autorité
« responsable, la résignation
« devant les épreuves insépa-
« rables de la situation, et
« enfin la sérénité grave et
« recueillie d'une grande na-
« tion militaire, qui prend en
« main avec une ferme résolu-
« tion, dans des circonstances
« solennelles, la conduite de
« ses destinées.

« Et je ne m'en référerai
« pas, pour assurer à la situa-
« tion cet équilibre si désira-
« ble, aux pouvoirs que je
« tiens de l'état de siège et

GÉNÉRAL DE CHABAUD LA TOUR.

« de la loi, je le demanderai à votre patriotisme, je l'obtiendrai de
« votre confiance, en montrant moi-même à la population de Paris une
« confiance sans limites. Je fais appel à tous les hommes de tous les
« partis, n'appartenant moi-même, on le sait dans l'armée, à aucun
« autre parti qu'à celui du pays. Je fais appel à leur dévouement. Je
« leur demande de contenir par l'autorité morale les ardents, qui ne
« sauraient pas se contenir eux-mêmes, et de faire justice par leurs
« propres mains de ces hommes qui ne sont d'aucun parti, et qui
« n'aperçoivent dans les malheurs publics que l'occasion de satisfaire
« des appétits détestables.

« Et pour accomplir mon œuvre, après laquelle, je l'affirme, je
« rentrerai dans l'obscurité d'où je sors, j'adopte l'une des vieilles

« devises de la province de Bretagne, où je suis né : Avec l'aide de
« Dieu, pour la Patrie.

« Général TROCHU. »

Trop longue, mais évidemment sincère, cette proclamation fut
accueillie avec faveur ; mais ce fut d'abord tout ce que le général put

MISE EN ÉTAT DE DÉFENSE DES FORTIFICATIONS DE PARIS
Vue prise à l'intersection du chemin de fer de l'Ouest.

faire pour la défense. Le comte de Palikao sut l'écarter, sans lui donner
un prétexte suffisant pour une rupture publique ; de même le ministre
fit repousser l'adjonction de neuf membres nommés par la Chambre au
conseil de défense, présidé par le gouverneur de Paris. M. de Palikao
y introduisit bien de son plein gré deux sénateurs et quatre députés,
MM. de Talhouët, Dupuy de Lôme, Daru et Thiers ; mais il se
réserva de persister, malgré eux, dans ses opinions. Malgré le général
de Chabaud La Tour, chargé de mettre en état les fortifications de Paris,

malgré le général Guiod, qui dirigeait l'artillerie ; malgré son collègue même M. Jérôme David, M. de Palikao s'obstina dans son refus d'appeler l'armée de Châlons sous les murs de Paris. Il semblait qu'il eût mis son serment envers l'Empire au-dessus de ses obligations à l'égard de la Patrie ; et, avec une énergie pour ainsi dire affolée, il poussait par des dépêches répétées, pressantes, fatales, l'armée de Mac-Mahon vers le nord, vers Sedan.

CHAPITRE III

SEDAN

I. Bazaine à Metz, bataille de Pange. — II. Bataille de Mars-la-Tour. — III. Bataille de Saint-Privat, Blocus de Metz. — IV. Le camp de Châlons. — V. Marche du maréchal Mac-Mahon sur Sedan. — VI. Bataille de Beaumont. — VII. Bataille de Sedan. — VIII. Capitulation de Sedan. — IX. Après Sedan.

I. — BAZAINE A METZ, BATAILLE DE PANGE.

L'opinion générale autour du maréchal Bazaine et de l'empereur était qu'il fallait renoncer à livrer bataille en Lorraine, repasser au plus vite la Moselle, rallier l'armée de Mac-Mahon, et laissant à Metz, réduite à ses propres forces, le soin d'arrêter une partie des forces allemandes, opposer à l'invasion une masse de deux cent cinquante mille hommes, soit à Verdun, soit à Châlons, soit même plus près de Paris.

Ce plan, certainement le plus prudent en apparence, eût-il sauvé la France? Nous nous bornerons à remarquer que les écrivains spécialistes allemands ont considéré qu'il aurait été très dangereux pour l'Allemagne, que M. de Moltke était très préoccupé de l'empêcher d'aboutir, que le maréchal de Mac-Mahon et les officiers généraux qui commandaient à Paris le croyaient efficace, et qu'en tout cas le danger d'immobiliser notre seule armée organisée, en restant sous Metz, sautait aux yeux.

Dans la campagne que nous allons raconter, le problème à résoudre était donc, pour les Français, de repasser rapidement la Moselle, et de gagner de vitesse les Prussiens sur la route de Verdun et de Châlons;

pour les Allemands, de ralentir la marche de l'ennemi, de passer la Moselle au sud de Metz, et d'occuper les têtes de route, qui pouvaient permettre au maréchal Bazaine de joindre ses troupes à celles du maréchal de Mac-Mahon.

Le maréchal Bazaine sembla se préoccuper médiocrement d'exécuter ces opérations si simples et qui exigeaient seulement du sang-froid et de la rapidité. Du 7 au 11 août, avant que la transmission du commandement en chef fût accomplie, la retraite de Saint-Avold sur la Nied allemande, puis sur la Nied française à Pange, s'opéra confusément, avec des arrêts invraisemblables, des marches et des contremarches, des ordres contradictoires, qui énervaient les généraux et les officiers et avaient sur les soldats une influence profondément démoralisatrice.

Du 11 au 13 on perdit du temps à discuter l'éventualité d'une bataille ou d'une retraite. Le 13, Bazaine prit définitivement le commandement et l'on se décida à rétrograder; mais soit fatigue physique, soit incapacité, soit indifférence coupable, il ne crut pas devoir consacrer toute son activité à hâter le passage de la Moselle et l'occupation de la route de Verdun.

MARÉCHAL BAZAINE.

La singulière incertitude de ses projets, son attitude mystérieuse, ont pu faire croire que, dès l'origine, il était déterminé à se faire bloquer sous Metz. Dans quelle intention? En avait-il même une?

D'ailleurs, l'impéritie de l'intendance et des corps spéciaux porte encore une grande part de responsabilité dans cette funeste lenteur. L'équipage des ponts avait suivi le corps de Frossard à Spickeren, sans que la raison de ce fait puisse bien s'expliquer. Il était tombé entre les mains des Allemands après la bataille. Le maréchal déclarait que les quatre ponts de Metz étaient insuffisants pour le passage rapide des troupes. Le général du génie, Coffinières de Nordeck, avait réussi cependant à établir plusieurs ponts de chevalet sur la Moselle; mais ils furent recouverts par une crue de la rivière, le 12 août; il fallut toute la journée du 13 pour les réparer. Il est certain que si l'armée française avait commencé son mouvement dès le 12, l'ennemi n'étant pas à portée, les ponts de Metz auraient suffi pour mettre la Moselle entre le maréchal Bazaine et les Prussiens.

Il est difficile d'expliquer l'extrême prudence des armées de Steinmetz (1re armée) et de Frédéric-Charles (2e armée) après la bataille de Spickeren. Il faut admettre et que cette victoire si facile surprit les Allemands, et que, à l'origine de la campagne, l'espionnage était moins bien organisé qu'il ne le fut à la fin. Le 13 août seulement, le grand quartier général avec le roi et M. de Moltke arrivait à Herny, sur la route de Faulquemont à Metz, et le prince Frédéric-Charles quittait à peine Sarreguemines. L'avantgarde de la première armée se porta, le 14 au matin, sur Pange, et reconnut que l'armée française était encore au moins en partie sur la rive droite de la Moselle. Alors M. de Moltke arrêta les manœuvres définitives, qui devaient détruire ou du moins annuler *l'armée française du Rhin*, comme on appelait désormais l'armée de Bazaine. Pendant que le feld-maréchal Steinmetz livrerait entre la Nied et la Moselle des combats répétés pour retarder la marche des Français, Frédéric-Charles, étendant l'arc de cercle de la seconde armée, passerait entre Metz et Pont-à-Mousson, pour remonter brusquement vers le nord afin d'occuper les deux seules routes accessibles pour une armée se retirant de Metz sur Châlons par Verdun, celles de Fresnes-en-Woëvre et d'Étain. Cette fois, l'état-major allemand comptait sur la désorganisation de l'armée française et la mollesse de son chef; car Frédéric-Charles avait besoin de deux jours au moins pour atteindre les positions désignées, et pendant ce temps le maréchal Bazaine pouvait être le 16 à Verdun et déjouer ainsi le plan de l'ennemi.

FRÉDÉRIC-CHARLES.

Le 14, le passage de l'armée française commença enfin; le

2° corps (Frossard) et celui du général de Ladmirault (4°) presque tout entier, étaient arrivés sur la rive gauche; l'empereur ayant, passé le premier, était allé attendre le gros de l'armée à Longeville, tête de la route de Verdun. Il ne restait plus entre Colombey et Borny, positions occupées originairement par les Français sur la rive droite de la Moselle, que le 3° corps, commandé alors par le général Decaen, et la division Grenier, du 4° corps. Le général de Goltz, de la première armée allemande, dans une reconnaissance sur Pange, s'aperçut du mouvement général de l'armée française; il fit prévenir le général Manteuffel, dont le corps venait de rejoindre l'armée de Steinmetz, et, se trouvant plus frais, était placé à l'avant-garde. Le général de Goltz attaqua de sa propre autorité la division Castagny du 3° corps, laquelle était encore à Colombey. Surpris dans leur marche, les Français reculèrent d'abord, mais le général de Ladmirault ramena sur la rive droite de la Moselle les divisions de Cissey et Lorencez. Les Prussiens étaient aussi entrés en ligne, et la bataille s'engagea depuis le fort Queuleu jusqu'au fort Saint-Julien, sur tout le front est de Metz; le général de Cissey sur la gauche réoccupa la position de Mey et contint les renforts ennemis venus de Servigny. Le combat fut donc en apparence favorable aux Français, qui s'attribuèrent une victoire qu'on appelle la bataille de Borny ou de Pange; mais les Allemands se sont aussi considérés comme vainqueurs, se fondant sur le résultat obtenu, qui était de retarder le passage de l'armée française. La journée du 14 avait permis au prince Frédéric-Charles de hâter sa marche et le soir son avant-garde atteignit Pont-à-Mousson, c'est-à-dire le point où la deuxième armée allemande devait traverser la Moselle, passage rendu facile par l'incroyable incurie du commandant en chef qui avait laissé subsister les ponts. Les Prussiens avaient perdu près de cinq mille hommes, les Français trois mille six cents, parmi, lesquels le général Decaen. Il fut remplacé au 3° corps par le maréchal Le Bœuf, qui, depuis qu'il n'était plus major-général, avait une position singulièrement embarrassante à l'armée du Rhin.

Cependant les Français purent continuer librement leur passage; mais il ne fut achevé que le 15 au matin, sur le tronçon commun des deux routes de Verdun, par Étain au nord, par Mars-la-Tour à l'ouest de Metz; elles bifurquaient au village de Gravelotte. L'état-major ignorait que deux autres routes de dégagement existaient entre Conflans et Rézonville. Aussi la route commune de Metz à Gravelotte, resserrée entre deux rangées de maisons, fut-elle le théâtre d'un encombrement inextricable; d'innombrables charrettes interceptaient la circulation, et la maison de l'empereur arrêtait à chaque instant la marche. L'incertitude du commandement avait une influence plus évidente encore sur ces retards désastreux. Les corps, d'abord dirigés sur Verdun, reçurent subitement l'ordre de faire halte, puis restèrent l'arme au pied, attendant le nouveau signal du départ, qui se changea, après plusieurs heures d'une attente fiévreuse, en un ordre définitif de campement. Le 6ᵉ corps (maréchal Canrobert), s'était joint à l'armée du Rhin.

II. — BATAILLE DE MARS-LA-TOUR

Le maréchal Bazaine ne paraissait pas fort désireux de quitter Metz; toutes ses manœuvres étaient dirigées, non sans qu'on s'en étonnât autour de lui, de façon à conserver les communications de l'armée avec cette ville, et il ne semblait pas considérer comme possible que les Prussiens voulussent lui intercepter la route de Verdun.

La retraite ne reprit en réalité que dans la matinée du 16 août. Napoléon III, escorté par la cavalerie du général Margueritte, partit le premier par la route d'Étain. Arrivé à Conflans, il aperçut au loin des casques prussiens. C'étaient les uhlans de la division de cavalerie d'avant-garde de Alvensleben, de l'armée de Frédéric-Charles. Selon sa coutume, le prince faisait sentir la présence des forces allemandes à plusieurs lieues en avant du corps principal.

Cependant le maréchal Canrobert et le général Frossard avaient occupé Rézonville et Vionville, sur la route de Verdun; l'avant-garde du 6ᵉ corps, général de Forton, avait même atteint Tronville et Mars-la-Tour, lorsque la marche fut remise à l'après-midi pour permettre aux corps de Ladmirault et de Le Bœuf de rallier l'armée. On avait signalé au maréchal Bazaine des partis ennemis vers Gorze, c'est-à-dire dans le défilé de Pont-à-Mousson à Gravelotte. Le maréchal n'avait pas fait vérifier, se trouvant ainsi confirmé dans sa pensée que les Prussiens voulaient se glisser entre l'armée française et Metz. Il retint donc à Gravelotte la garde impériale, avec le général Bourbaki, pour fortifier sa gauche, qui s'appuyait encore à Metz sur le fort Saint-Quentin.

Le mouvement arrêté, les généraux de Forton et Murat, à Mars-la-Tour, avaient fait préparer le déjeuner, lorsque, tout à coup, des obus tombèrent au milieu de leurs hommes, pendant le repas, à neuf heures du matin. C'était la division Alvensleben, bientôt soutenue par la cavalerie de Mecklembourg-Schwerin, qui abordait la route de Verdun, après avoir passé la Moselle à Novéant et filé par Gorze parallèlement à l'armée française. Le désordre causé par cette surprise eut un résultat déplorable, car il permit aux Prussiens, malgré l'infériorité de leur nombre, d'occuper les deux côtés de la route de Verdun, c'est-à-dire

Mars-la-Tour et Tronville, et même d'esquisser leur mouvement tournant en prenant, plus au nord, le village de Doncourt. Il eût fallu recouvrer ces positions à tout prix, en portant les forces françaises sur la droite avant que les Allemands pussent se renforcer ; le maréchal Bazaine fit le contraire, obsédé par l'idée que la première et la deuxième armée allemande pourraient s'emparer de Gravelotte et de Plappeville, à portée de Metz.

Aussi les corps prussiens, dirigés par Frédéric-Charles de Pont-à-

ÉPISODE DE LA BATAILLE DE GRAVELOTTE.

Mousson sur Verdun, par Thiaucourt, purent se rabattre sur Vionville, où Canrobert, par son énergique résistance, appuyé par le corps de Frossard, avait arrêté l'élan qui avait livré aux Prussiens Mars-la-Tour et Tronville. Mais le maréchal Canrobert, abandonné à ses propres forces, dut laisser à l'ennemi le village de Vionville ; il resta du moins inébranlable à Rézonville, et donna le temps aux deux corps de Ladmirault et de Le Bœuf de venir le soutenir. Le centre de l'armée française se trouvait alors dans un état de supériorité très favorable, et, vers les trois heures, le général de Ladmirault réussit à balayer la route de Verdun entre Rézonville et Vionville ; une offensive définitive aurait peut-être rouvert la route, si un incident nouveau n'avait confirmé Bazaine dans son obstination à ne pas quitter Metz. Jusqu'alors, la seconde armée (et une petite partie seulement) avait donné seule ; mais à ce moment plusieurs divisions fraîches de Steinmetz, ayant passé la Moselle entre Ancy et Ars, se portèrent sur Gravelotte, c'est-à-dire sur la gauche de Bazaine. Leur attaque fut à la fois si imprévue et si violente, que le maréchal Bazaine courut des dangers personnels et ne fut dégagé que par une charge de son état-major. Craignant d'avoir à supporter de ce côté l'assaut d'une armée tout entière, il suspendit plus que jamais les mouvements offensifs sur sa droite, et ordonna seulement de se maintenir à Rézonville ; Canrobert, Frossard, Ladmirault, réussirent en effet à chasser les Prussiens des bois de Flavigny, et la grosse cavalerie du général de Forton les refoula sur Vionville.

A quatre heures et demie, deux corps nouveaux, commandés par Frédéric-Charles en personne, débouchaient de Gorze, en face de Rézonville, ce qui formait, de Vionville à Gravelotte, une ligne d'assaillants de quatre-vingt mille hommes ; la prise de Rézonville eût été la fin de la bataille, et aurait amené la dispersion de l'armée de Bazaine, peut-être sa capitulation ; mais, après trois heures d'attaques répétées, les Prussiens avaient renoncé à ébranler Canrobert et Ladmirault, et le prince Frédéric-Charles, à neuf heures du soir, faisait cesser le feu. Le clair de lune magnifique, qui succéda à cette épouvantable bataille de douze heures, éclairait, sur dix kilomètres, près de vingt mille cadavres. Les Prussiens avaient perdu environ dix mille hommes, et les Français presque autant ; les Allemands tenaient, à Mars-la-Tour et à Tronville, la route de Verdun, par Fresnes-en-Woëvre ; mais, malgré les fautes du chef de l'armée française, ils n'avaient pu eux-mêmes concentrer des forces suffisantes pour rendre leur avantage décisif. Ils ne tenaient, à Doncourt, qu'une des artères de la route de Verdun par le nord ; le chemin restait encore ouvert sur Étain, et, au pis-aller, sur Montmédy, par Briey.

III. — BATAILLE DE SAINT-PRIVAT, BLOCUS DE METZ

Mais, pour tenter cette opération devenue d'une difficulté extrême, il eût fallu au général Bazaine une abnégation, une audace, une énergie, qu'il eût communiquées à ses héroïques soldats, fatigués, il est vrai, par une effroyable bataille, mais prêts à tout sacrifice, s'ils s'étaient sentis soutenus par la supériorité morale de leur chef. Il eût fallu, à force de présence d'esprit et de rapidité, profiter de l'étonnement évident que l'ennemi avait montré après cette lutte terrible, évacuer immédiatement les blessés sur Metz, remédier à tout prix à l'imprévoyance de l'intendance, qui avait eu la naïveté de compter sur les approvisionnements qui surchargeaient les sacs. Les sacs avaient été jetés, dès le début du combat, avec cette insouciance trop naturelle au soldat français. Il eût été indispensable que le général Soleille, chargé des munitions de guerre, s'ingéniât à remplacer immédiatement celles que nos hommes avaient pris l'habitude de prodiguer sur les champs de bataille. Il semble que l'impossibilité de trouver immédiatement la poudre, les gargousses et les cartouches nécessaires n'ait pas été aussi absolue que le maréchal Bazaine l'a prétendu pour sa justification.

MARÉCHAL CANROBERT.

En tous cas, l'armée entière s'attendait à un nouveau mouvement en avant pour le début de la journée du 17. L'inaction de la nuit s'expliquait encore par la fatigue de la journée, bien que l'on se rendît compte que les Prussiens profitaient de ce répit pour accumuler les forces au delà de Mars-la-Tour. Ce fut donc une cruelle déception que l'ordre donné, ce jour-là, à l'armée française, de rétrograder sur Metz. Les officiers essayaient vainement de comprendre la manœuvre du maréchal Bazaine, alors qu'il semblait encore officiellement vouloir quitter Metz, comme en fait foi une dépêche, dans laquelle il annonçait à Mac-Mahon son intention de prendre la route de Montmédy. Ce fut donc avec un sentiment d'humiliation et de défaite définitive que nos soldats allèrent occuper les positions qui leur avaient été désignées sur le front occidental de Metz, de Gravelotte à Roncourt, sur une étendue de treize kilomètres.

Ces positions, protégées par le fort Saint-Quentin, les redoutes de Plappeville et du Ban-Saint-Martin, étaient excellentes d'ailleurs ; le général Frossard (2ᵉ corps) était placé entre Gravelotte et le fort Saint-Quentin ; le maréchal Le Bœuf un peu plus au nord, entre Rozerieulles et Gravelotte ; le général de Ladmirault, au centre de la position, à Amanvilliers ; enfin à la droite extrême, chargé de tenir libre la route de Montmédy, le maréchal Canrobert, à Saint-Privat-la-Montagne, avec le 6ᵉ corps. Le commandant en chef confiait la position la plus périlleuse au corps organisé le plus récemment, sans troupes de génie et avec une artillerie à peine formée ; mais ce choix honore profondément le chef et les soldats, qu'on plaçait ainsi au poste du sacrifice, sans leur donner les moyens de rendre leur abnégation utile à tous. Ces positions, défendues par cent vingt mille hommes de troupes éprouvées, par des fortifications improvisées et cinq cents canons, étaient donc excellentes pour qui voulait rester sous Metz. Elles étaient malheureuses si l'on voulait profiter de la première issue, afin d'échapper au blocus, qui était évidemment dans l'intention de l'état-major ennemi.

Cette journée du 17, occupée uniquement à choisir des positions, avait profité aux Prussiens. Les deux armées allemandes avaient jeté au nord de Mars-la-Tour huit corps d'armée, soit cent quatre-vingt mille fantassins, vingt-cinq mille chevaux, sept cents canons.

Au lieu de se lancer à la poursuite des Français, dès le lendemain de la bataille du 16, ils avaient continué systématiquement et sans désordre leur mouvement tournant pour occuper la route de Briey et se porter sur Sainte-Marie-aux-Chênes, au delà de Saint-Privat-la-Montagne. L'inaction du maréchal Bazaine leur permit de continuer leur marche jusqu'à midi, dans la journée du 18, et lorsqu'ils attaquèrent les positions françaises, de Gravelotte à Roncourt, l'armée du Rhin n'avait plus simplement à tenir ouverte sa dernière issue, mais à la rouvrir au milieu d'une masse d'hommes d'une profondeur inouïe.

Le maréchal Bazaine ne croyait pas à une attaque sérieuse. Pendant toute la journée, il resta au quartier général, au fort de Plappeville, sans assister à la bataille ; il n'admettait pas que les Prussiens pussent jeter si rapidement à son extrême droite des forces suffisantes pour obstruer la route de Montmédy au nord. En effet, dès midi, l'effort des Prussiens avait aussi porté au sud sur Gravelotte et Rozerieulles, et les corps de Frossard et de Le Bœuf avaient résisté victorieusement. Mais le maréchal de Moltke s'établit avec le roi à Sainte-Marie-aux-Chênes, et concentra toute son énergie sur la position de Saint-Privat-la-Montagne, défendue par le maréchal Canrobert. Là, pendant deux heures, de cinq à sept heures du soir, le maréchal repoussa les attaques les plus furieuses des Allemands, les culbutant au bas de la colline qu'il occupait, décimant, sous les yeux mêmes de Guillaume, l'un des régiments de la garde prussienne, celui de la reine, commandant à pied, aux premières lignes de ses soldats, et forçant M. de Moltke lui-même à se mettre à la tête des fusiliers poméraniens, pour empêcher une panique provoquée par la déroute d'une partie de sa cavalerie.

Le maréchal espérait toujours le secours de la garde impériale, restée en réserve; et le général Bourbaki, inquiet de ne pas recevoir

BATAILLE DE SAINT-PRIVAT.

d'ordres, était étonné de l'inaction où il était retenu; mais Bazaine refusait de l'envoyer sur Saint-Privat, et continuait à ne pas considérer l'affaire comme sérieuse.

Or, à sept heures, le maréchal de Moltke, inquiet des conséquences que pouvait entraîner la résistance obstinée de Canrobert, avait réuni quatre-vingt-dix mille hommes sur Saint-Privat, et amené, par une longue marche tournante le 12ᵉ corps (Saxons) à Roncourt, au nord-est de la position occupée par le 6ᵉ corps français. Deux cent quarante canons ouvrirent immédiatement un feu terrible sur les vingt-cinq mille héroïques soldats, qui, depuis deux heures, supportaient le principal effort du mouvement ennemi.

Comme il arriva si souvent dans cette malheureuse guerre, les munitions manquèrent au 6° corps; le maréchal Canrobert resta cependant à son poste, et lorsque les Saxons se présentèrent au nord-est, combinant leur attaque décisive avec celle des Prussiens, ils durent livrer un combat terrible pour s'emparer de Saint-Privat. Alors le maréchal fut obligé de battre en retraite, entraînant avec lui le corps de Ladmirault. Bazaine prévenu, ne put retenir l'expression de son étonnement. A la place d'une bataille d'avant-garde, il avait éprouvé une défaite définitive; il n'en pouvait croire les rapports; il donna l'ordre à la brigade Picard, de la garde impériale, de se porter en avant; mais il était trop tard; le mouvement enfin ordonné ne put qu'empêcher les Prussiens de dépasser Amanvilliers; ils avaient d'ailleurs perdu vingt mille hommes; les Français dix-huit mille, dont deux mille prisonniers à cette bataille de Saint-Privat ou de Gravelotte. Mais rien n'empêchait plus le maréchal de Moltke de porter son extrême gauche sur les Maxes, jusqu'à la Moselle, et, par Mey, Borny, Montigny, Amanvilliers, Saint-Privat, d'interposer un cercle de deux cent cinquante mille hommes entre la seule armée organisée de la France et le reste du pays.

Cette conclusion des batailles sous Metz devait avoir cet autre résultat désastreux, c'est que Mac-Mahon restait exposé à l'armée victorieuse du Prince royal, désormais débarrassé de toute inquiétude du côté de Bazaine.

IV. — LE CAMP DE CHÂLONS

Le Kronprinz avait d'abord marché prudemment, de manière à rester par la droite en communication avec le prince Frédéric-Charles. Le 8 août, il avait passé les Vosges, laissant des troupes devant Bitche et Phalsbourg, obtenant rapidement la capitulation de Lichtenberg et de la Petite-Pierre. Le 12, il était à Sarrebourg, le 13 à Frouard, où il était en communication avec Pont-à-Mousson; le 14, le prince Albert, avec un parti de cavalerie, à Nancy. La marche de l'armée prussienne, dissimulée par les uhlans qui la précédaient avec une audace incroyable, quelquefois à plusieurs jours de distance, faisait un effet foudroyant sur les populations de l'Est, qui se voyaient abandonnées à l'envahisseur; le 15, le Kronprinz lui-même entrait à Nancy.

Il avait laissé derrière lui, en Alsace, les Badois pour faire le siège de Strasbourg avec le général de Werder, et presque aussitôt le bruit s'était répandu de l'épouvantable bombardement que subit dès l'origine la capitale de l'Alsace.

A Paris, on était dans la plus grande inquiétude sur le sort réservé à l'armée en formation à Châlons. Le maréchal de Mac-Mahon, les généraux de Failly, Félix Douay (1ᵉʳ, 5ᵉ, 7ᵉ corps) ne devaient y être réunis que le 20 août. La capitale de la France était donc découverte, sans fortifications suffisantes, sans troupes organisées. C'est au milieu de cette inquiétude que le général de Palikao annonça successivement Borny, Mars-la-Tour et Gravelotte comme des succès considérables pour l'armée française. Cette dernière bataille avait surtout surexcité l'espérance, lorsque le ministre avait parlé à la tribune des carrières de Jaumont, où plusieurs corps d'armée ennemis avaient été précipités. Bien que certaines circonstances, éclaircies depuis, aient permis d'admettre que le général de Palikao était de bonne foi dans cette assertion, on est confondu du degré de démoralisation qu'une pareille crédulité supposait chez les gouvernants et parmi la nation. Non seulement les carrières de Jaumont ne pouvaient être dans l'aire où s'était livrée la bataille de Gravelotte, mais encore l'invraisemblance d'une pareille catastrophe sautait aux yeux les moins clairvoyants; et pourtant (puisse cela servir d'exemple aux Français de l'avenir!), il en est bien peu parmi nous qui ne parlèrent pas avec un mélange d'horreur et d'admiration du terrible épisode des carrières de Jaumont.

Dans la conception militaire du général de Palikao, il fallait que l'armée du maréchal de Mac-Mahon se portât avec célérité sur le Chiers et se rabattît rapidement sur Metz, Bazaine combinant une vigoureuse offensive avec cette marche audacieuse. Remarquons ici que les dépêches de l'armée du Rhin étaient conçues dans un langage tel, que le ministère ne pouvait admettre qu'elle eût perdu entièrement la liberté de ses mouvements; et, en réalité, jusqu'au 3 septembre, le reste de la France, et par la difficulté des communications et par la faiblesse et la pusillanimité des chefs et des ministres, ignora la situation véritable des deux armées françaises qui tenaient la campagne.

Plusieurs hommes de guerre ont cru pouvoir considérer comme très praticable le plan du général de Palikao, mais dans l'hypothèse où l'armée du maréchal de Mac-Mahon, dominée par l'influence exclusive de son chef, aurait été prête à une marche accélérée, munie de toutes les choses nécessaires, et tenue au courant des opérations de l'ennemi. Or, nous allons voir que, dès l'origine, ces conditions favorables n'allaient pas pouvoir se réaliser.

Le 15, dix-huit bataillons de mobiles étaient arrivés à Châlons, et le général Berthaut avait été chargé de les organiser pour en faire le noyau du 12ᵉ corps. Lorsque le général Trochu fut nommé un moment commandant de ce corps, le général Schmitz, son chef d'état-major, arriva le premier à Châlons. Le général Berthaut lui fit part de l'impossibilité qu'il y avait à employer en rase campagne des soldats sans habitudes militaires, à peine armés, mal équipés, et qui, ne trouvant pas les vivres nécessaires, préparés par l'intendance, étaient, dès le début, condamnés à l'indiscipline et au maraudage. Le général conseillait de ne pas se servir encore des mobiles; mais de composer le 12e corps surtout de réservistes, qui commençaient à affluer au camp.

Le 16 août, l'empereur, parti le matin de Metz, arrivait à Châlons avec le prince Napoléon et s'y rencontrait avec le général Trochu, venu de son côté de Paris. Le lendemain, dans un conseil tenu par l'empereur avec le prince Napoléon, les généraux Trochu, Schmitz et Berthaut, il fut convenu que les gardes mobiles iraient s'instruire à Paris, et leur départ eut lieu presque sur-le-champ.

Puis on parla de la situation faite à l'empereur par les premières défaites. Ayant abandonné l'autorité, à l'armée du Rhin, il lui était bien difficile de commander l'armée de Châlons; d'autre part, rester au milieu des troupes, sans situation définie et sans pouvoir, c'était accepter une position fausse et souverainement désagréable. Le prince Napoléon conseillait à son cousin de rentrer à Paris, après avoir nommé le général Trochu gouverneur militaire. Sur la demande de Napoléon III, le général répondit qu'il accepterait ce poste. Mais l'empereur, n'ayant pas à côté de lui aucun des conseillers dont il était habitué à subir les suggestions, se livrait à son indécision accoutumée.

A ce moment, le maréchal de Mac-Mahon, qui venait d'arriver à Châlons avec l'avant-garde du 1er corps, entra au conseil, se fit le garant de la loyauté du général Trochu, et son intervention décida l'adoption des mesures suivantes : nomination du général Trochu comme gouverneur de Paris ; le général Lebrun, aide de camp de l'empereur commandera le 12e corps, Mac-Mahon aura le commandement de l'armée de Châlons et se portera sur Reims, pour rallier son chef le maréchal Bazaine, que l'empereur affirme pouvoir quitter Metz; l'empereur rentrera à Paris, un peu après le général Trochu.

Ces résolutions reçurent immédiatement un commencement d'exécution; les généraux Trochu et Schmitz partirent à trois heures pour Paris : mais leur train éprouva du retard et nous savons l'accueil plus que réservé fait dans la nuit au nouveau gouverneur de Paris par l'impératrice et M. de Palikao. Le ministre de la guerre affirma une fois de plus son intention de diriger, en tout état de cause, l'armée du maréchal de Mac-Mahon au-devant du maréchal Bazaine.

Cependant, après avoir pris Marsal, les Prussiens avaient occupé Bar-le-Duc, Commercy, Saint-Mihiel, et leur cavalerie avait même touché dès le 18 le département de la Marne à Vitry-le-François. Il fallait agir avec rapidité, soit pour revenir sur Paris, soit pour faire une tentative sur Metz. Le 18 août, le prince Napoléon était parti pour l'Italie, chargé d'une mission pour Victor-Emmanuel, et le maréchal de Mac-Mahon avait demandé à Bazaine des instructions pour ses mouvements à venir.

Le commandant de l'armée du Rhin, quoiqu'il dût se sentir, le lendemain de la bataille de Saint-Privat, bloqué sous Metz, répondit sans avouer exactement sa situation. Il conseillait à Mac-Mahon d'agir d'après ses inspirations personnelles, ne pouvant lui donner d'ordres précis à cause de l'éloignement. Le même jour, un nouvel ordre du général de Palikao indiquait à Mac-Mahon l'objectif de Metz par Carignan et Montmédy.

Bien que les Prussiens n'eussent pu connaître encore clairement la résolution du maréchal de Mac-Mahon, résolution qui d'ailleurs était encore en suspens, ils avaient paré, le même jour 19 août, à toute éventualité.

La première et la deuxième armée, formant huit corps, avec Steinmetz, Manteuffel et Frédéric-Charles, restaient devant Metz. Le prince royal de Saxe recevait le commandement d'une quatrième armée, formée du corps saxon et de la garde prussienne, avec le roi et le maréchal de Moltke. Cette armée, échelonnée le long de la Meuse de Saint-Mihiel à Stenay, reliait les forces placées devant Metz à celles du Kronprinz, dont les troupes occupaient Saint-Dizier, dans la Haute-Marne, et Bar-le Duc, dans la Meuse.

Dans la journée du 20, les troupes françaises du 5ᵉ corps (de Failly) et du 7ᵉ corps (Félix Douay) arrivèrent à Châlons, et l'on put procéder à la reconstitution de l'armée. Le 1ᵉʳ corps, profondément démoralisé par les deux défaites de Wissembourg et de Wœrth, surtout par la retraite précipitée, qui lui avait fait abandonner l'Alsace et la Lorraine, passa sous le commandement du général Ducrot. Le corps du général de Failly avait subi l'influence du 1ᵉʳ corps, dont il avait partagé la retraite; celui de Félix Douay était plus intact, quoique la division Conseil-Dumesnil, qui faisait partie de ce corps, eût gardé la terrible impression de la bataille de Wœrth. Enfin le 12ᵉ corps (général Lebrun) était composé d'admirables troupes, comme l'infanterie de marine, commandées par le général de Vassoigne, mais aussi de réservistes découragés avant d'avoir combattu, peu confiants dans les chefs, irrités contre une intendance de moins en moins attentive, et déshabitués des longues marches qu'il allait falloir exécuter dans des conditions difficiles.

Le 21, l'armée, ainsi formée, se porta de Châlons à Reims. Là on était sur la route de Metz par Vouziers et les Ardennes, et aussi sur la route de Paris par Épernay. En considérant la valeur de ses troupes, le maréchal préférait plus que jamais le plan du général Trochu aux ordres du général de Palikao.

Appelé au conseil par l'empereur, avec son chef d'état-major, le général Faure, il trouva M. Rouher, spécialement envoyé par le ministre et par l'impératrice, pour faire valoir les raisons militaires et surtout politiques, qui faisaient souhaiter ardemment au gouvernement de la régence une marche rapide sur Metz.

Le maréchal de Mac-Mahon répondit en faisant toucher du doigt l'infériorité de son armée; il insista surtout, au point de vue stratégique, sur le danger de s'engager avec des troupes fatiguées dans le couloir qui s'étend entre le Chiers et la Belgique, pays neutre, et par conséquent fermé aux soldats français. Pour exécuter une opération aussi délicate, il eût fallu des troupes intactes, pourvues de tout et spécialement organisées pour la marche. Encouragé par le silence de l'empereur, qui semblait faire abnégation de ses idées, et accepter tout avec une résignation de fataliste, le maréchal termina en annonçant sa résolution bien arrêtée de reprendre le 23 août la route de Paris.

M. Rouher, n'ayant rien à opposer à ces considérations techniques, demanda qu'au moins l'empereur ne revînt qu'avec l'armée. Il fit rédiger et emporta une note par laquelle Napoléon III expliquait au général de Palikao les décisions nouvelles, la nomination de Mac-Mahon comme généralissime de l'armée de Paris, enfin une proclamation par laquelle le maréchal expliquait aux Parisiens la raison pour laquelle il n'allait pas au secours de Bazaine.

V. — MARCHE DU MARÉCHAL DE MAC-MAHON SUR SEDAN

Les préparatifs pour le retour à Paris étaient donc déjà fort avancés le 22 août, lorsqu'une dépêche datée du 19 et signée du maréchal Bazaine arriva à l'empereur. Il faut la citer entièrement, et parce qu'elle eut une influence désastreuse sur la suite des événements, et parce qu'elle montre jusqu'à quel point le commandant de l'armée de Metz manqua de sincérité :

« Ban-Saint-Martin, 19 août 1870.

« *Le maréchal Bazaine à Sa Majesté l'empereur,*
au camp de Châlons.

« L'armée s'est battue hier toute la journée sur les positions de Saint-
« Privat et de Rozerieulles et les a conservées. Les 4ᵉ et 6ᵉ corps seule-

« ment ont fait vers neuf heures du soir un changement de front, l'aile
« droite en arrière, pour parer à un mouvement tournant par la droite
« que les masses ennemies tentaient d'opérer à l'aide de l'obscurité ;
« le matin j'ai fait descendre de leurs positions les 2° et 3° corps, et
« l'armée est de nouveau groupée sur la rive gauche de la Moselle, de
« Longeville au Sansonnet, formant une ligne courbe, passant par
« le haut du Ban-Saint-Martin, derrière les forts de Saint-Quentin
« et de Plappeville. Les troupes sont fatiguées de ces combats
« incessants, qui
« ne leur permettent
« pas les soins ma-
« tériels, et il est in-
« dispensable de les
« laisser reposer
« deux ou trois jours.
« Le roi de Prusse
« était ce matin avec
« M. de Moltke à
« Rézonville, et tout
« indique que l'ar-
« mée prussienne va
« tâter la place de
« Metz. Je compte
« toujours prendre la
« direction du nord
« et me rabattre par
« Montmédy, sur la
« route de Sainte-
« Ménéhould à Châ-
« lons, si elle n'est
« pas fortement oc-
« cupée. Dans ce cas,
« je continuerai sur Sedan, et même Mézières, pour gagner Châlons. »

MARÉCHAL DE MAC-MAHON.

Il suffit de se reporter au récit de la bataille de Saint-Privat pour se
rendre compte de l'inexactitude voulue de ce rapport. Mais le maréchal
de Mac-Mahon ne pouvait rien soupçonner de pareil ; ses résolutions de
la veille changèrent immédiatement, et il crut de son devoir de ne pas
laisser à ses propres forces l'armée du Rhin, s'aventurant sur Montmédy
et sur Sedan.

Précisément le général de Palikao, qui avait refusé de publier les
pièces officielles apportées par M. Rouher, venait d'envoyer une

dépêche, dans laquelle il suppliait l'empereur de faire procéder à la marche sur Metz ; il parlait de l'exaspération que l'abandon de Bazaine causerait à Paris. « En présence de ce désastre, il faudrait craindre, « disait-il, que Paris ne se défendît pas. » Assertion inexacte et qui cachait mal la crainte d'une révolution antidynastique.

Les doutes du maréchal de Mac-Mahon parurent donc définitivement levés, et l'empereur put télégraphier au gouvernement de Paris : « Nous partons demain pour Montmédy. » — Cependant, quelques échos des protestations, émises au conseil de défense, présidé par le général Trochu, en faveur du retour à Paris, parvinrent sans doute jusqu'au maréchal ; car, au dernier moment, il hésita encore sur la direction.

Hésitations funestes et qui, jusqu'à la catastrophe, allaient se répéter et précipiter nos malheurs. Le 23, en effet, s'en tenant aux ordres du général de Palikao, le maréchal prenait définitivement la route des Ardennes et de Vouziers. Ce plan adopté, il eût fallu l'exécuter avec célérité, dérober sa marche aux uhlans des deux armées ennemies du prince de Saxe et du Kronprinz, tâche difficile déjà pour des soldats enlevés par le succès et pourvus de toutes les choses nécessaires, impossible dans l'état où se trouvaient alors les troupes du maréchal de Mac-Mahon.

Le 1er corps était dans le plus entier délabrement et dans un dénûment tel, qu'on avait dû garder pour son usage les sacs des mobiles de Châlons. En dehors des soldats de marine, le 12e était composé de soldats incapables de marcher, et quand il était nécessaire de fournir jusqu'à sept et huit lieues par jour, les commandants de corps purent à peine en obtenir trois au début. On fut obligé alors de presser le mouvement, au milieu d'une affreuse débandade ; la maraude, le pillage même, furent trop fréquents dans ce tohu-bohu général, l'indiscipline devint la règle, l'autorité des officiers fut sans cesse méconnue, les traînards se multiplièrent au point que l'armée de Mac Mahon semblait s'égrener dans sa marche ; et lorsque les chefs, à grand'peine, étaient parvenus à réunir la plus grande partie de leurs hommes, il fallait, grâce à l'incapacité et à l'imprévoyance de l'intendance, faire de longs détours, pour aller chercher les provisions indispensables. Pour comble de malheur, le temps, jusqu'alors sec et beau, tourna à la pluie, et les soldats, déjà mauvais marcheurs, trébuchèrent, pendant les derniers jours d'août, à travers les routes défoncées par les orages, et sous des ondées répétées qui glaçaient leurs membres transis.

C'était dans des conditions aussi défavorables que l'armée de Châlons s'engageait sur la route de Vouziers, laissant derrière elle la lueur de l'incendie qu'on avait allumé dans le camp de Châlons, pour enlever à l'ennemi la faculté d'en employer les baraquements. Malgré l'encombrement, auquel l'équipage de l'empereur, qui n'aurait su où se réfugier, s'il avait quitté l'armée, contribuait dans une certaine mesure, la marche se traîna tant bien que mal jusqu'aux limites du département de la Marne, par Berru, Epoye, Pont-Faverges, Betheniville. Le 24, l'armée pénétra dans le département des Ardennes, trouvant déjà plus de difficulté à traverser les forêts, de Vouziers à Grandpré. Dans ces sentiers étroits, l'ignorance accoutumée du chemin causait les contre-marches les plus regrettables. Le 7° corps (Félix Douay) dut rétrograder jusqu'à Réthel pour trouver du pain, et s'engager ensuite dans le défilé couvert et impossible à éclairer du Chêne populeux.

Ce fut dès le 25 août, que l'armée du Kronprinz et celle du prince de Saxe eurent le soupçon du mouvement de Mac-Mahon vers le nord. Les uhlans, profitant de chaque pli de terrain, de chaque bouquet d'arbres, s'étaient bien risqués, du 20 au

PRINCE ROYAL DE PRUSSE.

25, dans la direction de Reims et dans celle de Grandpré, au milieu de l'Ardenne ; mais ce fut ce jour-là seulement que le quartier général prussien se convainquit de la marche définitive de l'armée de Châlons. On a dit que des télégrammes et des journaux de Londres contribuèrent à faire la lumière dans l'esprit du maréchal de Moltke. La chose ne ferait honneur ni à la discrétion des autorités françaises, ni à la presse de l'Angleterre, qui fut d'ailleurs pendant toute la campagne l'auxiliaire active de la Prusse.

On peut croire que l'état-major prussien fut relativement surpris par ce mouvement. Le prince Frédéric n'avait pas, avant le 26, rapproché sensiblement ses troupes de celles du prince de Saxe ; il imposa à ses soldats, à partir de ce jour, pour envelopper l'armée de Châlons par l'ouest, une longue courbe de quatre-vingts kilomètres, afin d'atteindre l'Aisne à Attigny, et la Meuse au delà de Sedan, entre Donchery et Flize. Quant au prince de Saxe, sa tâche était plus facile. Il avait à remonter la Meuse de Stenay sur Mouzon, de façon à retarder le passage du fleuve par les Français, à les empêcher de s'engager le long du Chiers, par Carignan et Montmédy, tant que le Kronprinz n'aurait pas gagné de vitesse et atteint les derrières de l'armée de Mac-Mahon.

Pour remplir la superficie du demi-cercle formé par les deux armées prussiennes entre la Meuse et l'Aisne, le maréchal de Moltke avait lancé entre elles une nuée de cavaliers qui, bientôt, à l'abri des forêts de Grandpré, de la Croix et de Dreulte, suivirent pas à pas, témoins invisibles, le désarroi de nos soldats.

VI. — BATAILLE DE BEAUMONT

Quelque délicatement qu'ait été exécutée l'opération des Prussiens, du 26 au 31 août, de Bar-le-Duc à Sedan, et de Stenay sur Mouzon, et malgré l'infériorité de notre système de reconnaissances, le maréchal de Mac-Mahon se sentit, à partir du 27, enveloppé par un ennemi d'autant plus dangereux qu'on le devinait, sans pouvoir le montrer du doigt. Changeant de nouveau de détermination, il ne vit plus d'autre moyen de salut que dans une retraite précipitée sur Mézières, avant que l'ennemi, qu'il pressentait derrière lui, se fût élevé au-dessus de son armée, et l'eût enfermé entre la Meuse et la Belgique. C'était à coup sûr une chance suprême ; mais il fallait faire vite. A ce moment décisif, l'empereur reçut du comte de Palikao une dépêche, affirmant que l'armée française avait trente-six heures d'avance sur le Kronprinz, et ajoutant l'éternel refrain qu'une retraite entraînerait une révolution à Paris. A Mac-Mahon, le ministre intimait l'ordre de marcher à tout prix sur Metz, lui annonçant un renfort, le 13ᵉ corps d'armée, commandé par le général Vinoy, qu'il allait diriger sur Reims. En affirmant l'avance considérable de Mac-Mahon, qui rendait possible la délivrance de Metz, le comte de Palikao parlait d'après des renseignements du 22 août, mais il ignorait la rapidité de la marche du Kronprinz, déjà près de Dun et de Varenne, alors que l'armée française était encore au Chêne populeux. L'impératrice et le ministre étaient perpétuellement hantés par la crainte d'un mouvement populaire, et l'opinion publique, en effet, sauf quelques hommes compétents, considérait la marche de Mac-Mahon comme un coup de génie, destiné infailliblement à réussir.

L'empereur paraissait cependant d'avis de passer outre, malgré l'ordre ministériel, et de continuer la retraite sur Mézières. Mais le maréchal, habitué à la subordination militaire, en revint à la marche sur Metz, après la perte d'un temps irréparable.

Dès le 27, la terrible réalité commençait à se faire jour. Le général de Failly (5° corps) fut pris en travers, à Buzancy, dans sa marche sur la Meuse, par l'avant-garde du prince de Saxe. Il fut rejeté sur Châtillon, d'où il lui fallut partir, le 28, pour regagner la Meuse entre Beaumont et Mouzon. Ses soldats, harassés, mirent deux jours à franchir cette distance de quelques lieues. La journée du 28 fut signalée par une nouvelle dépêche ministérielle, pressant l'armée de s'engager sur Carignan et de profiter d'une avance que le ministre supposait cette fois de quarante-huit heures; or, le Kronprinz touchait déjà précisément l'Aisne, ayant doublé les étapes, et n'ayant plus qu'une marche d'un jour pour s'élever derrière l'armée française, et commencer la manœuvre dernière, consistant à boucher l'issue au nord, tandis que le prince de Saxe menaçait déjà de très près celle du sud.

Le 29, se traînant à d'assez grandes distances les uns des autres, les corps de l'armée française s'étaient rapprochés peu à peu de la Meuse, ou même l'avaient atteinte. Mac-Mahon espérait encore trouver une voie, ouverte à une retraite sur Mézières, par le rapide passage du fleuve; mais, ce jour-là, le 12° corps, seul, avec Lebrun, se trouva sur la rive droite. Le 1er corps (Ducrot) dut camper à Remilly, sur le bord même de la Meuse, mais au moins son passage était assuré pour le lendemain matin. Le 7° corps (Félix Douay), retardé par sa marche sur Rethel, était fort en arrière à Oches; le 5°, après avoir rétrogradé sur Châtillon, avait rencontré une fois de plus l'ennemi dans sa marche sur Beaumont; attaqué par l'infanterie saxonne à Nouart, il avait réussi cependant à se dégager, après un engagement très vif, et débouchant enfin, le 30, à quatre heures du matin, par la forêt de Dreulet, sur Beaumont, il arrivait en vue du fleuve, dans un état de fatigue et d'épuisement qui l'offrait, en victime presque inconsciente, à tout mouvement offensif de l'ennemi.

Inquiet de la situation des deux corps, placés à Beaumont et à Oches, le maréchal de Mac-Mahon vint lui-même ordonner aux généraux Douay et de Failly de presser la marche de leurs troupes et le passage de la Meuse. Mais la fatigue du 5° corps était trop évidente; couverts de boue, épuisés par la faim, accablés par la marche, et domptés par la défaite, les hommes paraissaient tellement incapables de faire un nouvel effort immédiat, que le général de Failly crut devoir consacrer une partie de la matinée au repos, et indiqua pour onze heures le commencement de la marche sur Mouzon, où le fleuve devait être franchi.

La prudence la plus élémentaire voulait, étant donnés surtout les combats de Buzancy et de Nouart, et par conséquent la présence de l'ennemi dans un rayon très rapproché, que l'on battît avec soin la forêt de Dreulet, et que l'on ne s'abandonnât au repos qu'après avoir pris les précautions commandées par la situation. Il n'en fut rien. L'état-major du 5° corps entra à Beaumont pour s'y reposer et s'y restaurer. Les hommes restèrent dans les clairières extrêmes de la forêt, préparant la soupe, nettoyant les armes, les chevaux dételés et les canons épars au milieu des arbres. La sécurité devint bientôt si complète, que l'heure primitivement fixée fut oubliée, et que le 5° corps put espérer passer la journée sans incident, lorsque, à midi et demi, un premier obus tomba au milieu des soldats désarmés, et provoqua aussitôt un désordre et une panique, qui, en quelques instants, livrèrent à l'ennemi les bagages et la plus grande partie des canons du 5° corps.

L'infanterie s'enfuit sur Mouzon ; le général de Failly, prévenu à table, put à peine réunir huit mille hommes, qui opposèrent une certaine résistance à trois corps prussiens. L'ennemi s'étant glissé à proximité du camp français, à la faveur des bois, se mit à la poursuite de cette cohue, affolée par la surprise. L'encombrement qui se produisit sur le pont de Mouzon allait causer de nouvelles catastrophes ; alors la vieille infanterie du 5° corps, et le 5° cuirassiers, firent face aux Prussiens, une fusillade répétée arrêta un moment l'ennemi ; les cuirassiers se sacrifièrent, et, hachés encore de loin par le tir prussien, furent emportés dans la Meuse par leurs chevaux furieux.

Ce moment de répit suffit cependant pour sauver la plus grande partie du 5° corps ; mais les Allemands parurent en forces et occupèrent le pont et le faubourg de Mouzon, sur la rive gauche du fleuve. Cette bataille de Beaumont, qui révélait la situation dans toute son horreur, coûtait à la France deux mille hommes tués, dont le brave colonel du 5° cuirassiers, M. de Coutenson, deux mille prisonniers, quarante-deux canons. Ce qui était plus grave, c'est que la diversion du prince de Saxe avait pleinement réussi ; les Français avaient été retardés, soit qu'ils voulussent, par Carignan, prendre la route de Montmédy, soit qu'ils voulussent remonter au nord, pour se réfugier à Mézières. En effet, le 31, les Prussiens du Kronprinz touchaient la Meuse entre Dom et Donchery ; la dernière ressource de l'armée de Châlons était de se précipiter, dans la journée du 31 août, par l'étroit défilé, qui, de Sedan à Mézières, côtoie d'un côté la Meuse, de l'autre les forêts qui touchent à la frontière de Belgique.

Mais le désordre était tel qu'il fallait craindre encore bien des contretemps ; la division Conseil-Dumesnil, du 7° corps, dans sa marche sur la Meuse, avait été attaquée, le 30, à Oches, par un parti de l'armée du Kronprinz; le général F. Douay, profitant de la nuit qui mit fin au combat, avait préféré remonter au nord par Raucourt et atteindre le fleuve à Remilly ; mais là, il avait trouvé la route obstruée par le 1ᵉʳ corps. Le général Ducrot n'avait pu employer que des expédients pour tenter le passage, des barques vermoulues, recouvertes à la hâte de terre et de branchages. La solidité de ce pont improvisé était douteuse ; aussi était-il tenu de faire passer lentement ses troupes, sous le poids desquelles les barques à peine fixées les unes aux autres s'enfonçaient d'une manière inquiétante.

Quant aux troupes du général de Failly, après avoir échappé au combat de Beaumont, elles s'étaient répandues, par Brévilly et Donzy, dans la presqu'île formée par le Chiers et la Meuse; puis elles s'étaient engagées à la débandade sur les hauteurs boisées, qui suivent le fleuve jusqu'à Sedan.

VII. — BATAILLE DE SEDAN

C'est là que les troupes rencontrèrent un nouveau chef, le général de Wimpfen, qui, illustré par sa campagne de 1870 en Afrique, laissé de côté au début de la guerre, venait d'être appelé le 28, à Paris, par le général Palikao. On lui avait d'abord destiné le commandement d'un nouveau corps (13ᵉ corps) ; mais le ministre avait réussi à lui faire partager son plan d'opérations sur Metz. Préoccupé de remplacer le général de Failly, qui, depuis qu'on attribuait à son inaction la défaite de Wœrth, était très impopulaire, il donna au nouveau venu le commandement du 5ᵉ corps, et, dans la prévision d'une blessure de Mac-Mahon, le commandement en chef de l'armée.

Le général de Wimpfen, après avoir, par une proclamation, appelé ses compatriotes de l'Aisne à défendre leurs foyers, était arrivé, dans la journée du 30 août, à Mézières; de là il s'était rendu immédiatement sur le théâtre des hostilités et avait essayé de prendre quelque influence sur les fuyards de Beaumont, que la nuit d'ailleurs et la fatigue réunirent à quelque distance de Sedan. M. de Wimpfen se rendit dans cette ville, où l'empereur, après avoir attendu toute la journée, à Carignan, les têtes de colonne de l'armée, dans la prévision d'une marche sur Montmédy, venait d'arriver. Le prince impérial avait été envoyé dès le matin à Mézières ; mais Napoléon III avait refusé de s'y rendre. M. de Wimpfen fut reçu très froidement par l'empereur et le maréchal de Mac-Mahon. La raison en est assez simple : d'abord le général n'avait pas communiqué l'ordre éventuel de commandement en chef qu'il apportait de la part du ministère, ensuite il parlait de continuer la marche sur Metz ; or, le maréchal était enfin convaincu qu'après le combat de Beaumont, les troupes qui avaient battu le général de Failly formaient un obstacle insurmontable à cette opération.

Le commandant en chef voulait donc consacrer sa journée du 31 à ramener ses corps sur Sedan, et de là sur Mézières. A deux heures du matin, le 1er corps ayant achevé le passage du fleuve, à Remilly, le général Félix Douay commença à faire passer le 7e, mais lorsqu'il apprit la retraite sur Sedan, inquiet de l'aspect du pont de bateaux de Remilly, il interrompit le passage, et son corps d'armée se dirigea sur la ville par les deux rives de la Meuse.

Le 5e, le 12e et le 1er corps arrivaient alors autour de Sedan, dans un désordre et un abandon complets, les armes et les grades confondus au milieu d'un pêle-mêle général. L'indifférence, pire encore que le découragement, s'était emparée des soldats ; ils allaient devant eux au hasard ; plusieurs détachements, faute de connaître les routes, se trouvèrent un moment en Belgique, et l'avant-garde dépassa Sedan sans le savoir.

La position de Sedan où l'armée semblait devoir s'accumuler était des plus dangereuses. La ville est placée dans une véritable cuvette au fond de laquelle serpente la Meuse, les Allemands disaient dans une marmite. Si l'armée du Kronprinz avait été encore à Vouziers, et si le service des chemins de fer avait été suffisant, on eût pu franchir rapidement les méandres du fleuve, en courant directement sur Mézières. Mais les Prussiens pouvaient couper la voie ferrée au delà de Flize, et il fallait prendre la rive droite, en profitant de ce que l'ennemi n'avait pu encore passer la Meuse au-dessous de Sedan. Malheureusement, la route par la rive droite est fort longue et très difficile ; à partir de Torcy jusqu'au calvaire d'Illy, en quittant Sedan, le fleuve forme un long détour, dont le calvaire est le point culminant, à peine distant de deux lieues de la frontière belge. Cette hauteur forme aussi le centre d'un défilé, compris entre la rive droite de la Meuse et le bois de Flegneux, dont les allées mènent au village frontière de La Chapelle, et de là à Bouillon, sur la Semoy, en Belgique. Ce défilé va de Saint-Menges à Vrigne-aux-Bois, d'où l'on peut regagner la route de Mézières, par Viviers. L'armée de Châlons avait donc à doubler rapidement une partie de cette presqu'île d'Iges, nom que l'on donne au détour de la Meuse, de Torcy jusqu'à Villette. Il était indispensable, pour échapper, de tenir Vrigne-aux-Bois avant l'arrivée des Allemands. Mais la situation du maréchal de Mac-Mahon, entre le sentiment du danger et les ordres du ministère, était si fausse, qu'il ne se décidait ni pour Mézières ni pour Metz.

Il prit une résolution moyenne, la pire, dans les circonstances où il se trouvait. Au lieu d'accumuler ses forces, comme le voulait le général Ducrot, dans les positions qui commandaient le défilé, Saint-Menges, Flegneux, et surtout Illy, il les disposa sur des hauteurs disposées en arc de cercle autour de Sedan : Lebrun et le 12ᵉ corps, à Bazeilles et à la Mancelle ; Ducrot et le 1ᵉʳ corps, à Givonne ; Félix Douay et le 7ᵉ corps, à Floing ; enfin, au centre, près de Dugny, Wimpfen et le 5ᵉ corps, plus abrité que les autres parce qu'on le supposait plus démoralisé. En jetant les yeux sur la carte, on comprendra que les forces du maréchal de Mac-Mahon étaient dirigées surtout vers l'armée du prince de Saxe, renforcée par le corps bavarois du général Von der Tann, distrait de l'armée du Kronprinz. Quant aux positions maîtresses de Saint-Menges et d'Illy, elles n'étaient défendues que sommairement ; la 3ᵉ armée allemande était plus éloignée, et, croyait-on, moins menaçante que celle du prince de Saxe. Sans vouloir juger ici des opérations militaires, qui exigent des connaissances toutes spéciales, il semble qu'on puisse reprocher à la direction suprême de l'armée d'avoir ajouté, aux difficultés sans nombre qui l'entouraient, l'indécision, qui fait le plus souvent les désastres.

Le 31 au soir, les têtes de ligne du Kronprinz arrivaient à Frénois et à Wadelincourt, s'étendant de Dom à Donchery et à Sedan. Il était relié à la 4ᵉ armée (Saxe), placée sur les deux rives de la Meuse, de Mouzon à Bazeilles, par des masses de cavalerie, évoluant entre le canal des Ardennes et le fleuve. Le plan de bataille était tout indiqué par la double marche qu'avait accomplie, depuis le 25, les deux armées allemandes ; les Saxons devaient retenir au sud, par une attaque sur Bazeilles, la plus grande partie des forces françaises et permettre au grand état-major, qui suivait désormais le prince Fritz de jeter la 3ᵉ armée par Donchery sur le calvaire d'Illy et de se glisser entre l'armée de Châlons et la frontière belge. Les deux armées allemandes se donneraient la main à Givonne, achevant, par une victoire décisive, ce gigantesque mouvement enveloppant, commencé à Bar-le-Duc et terminé à Sedan.

Les moyens étaient en rapport avec l'opération projetée, deux cent vingt-cinq mille hommes, peut-être plus, si le chiffre donné le 2 septembre par M. de Moltke est exact, huit cents pièces de canon d'acier, servies avec une grande précision, deux armées admirablement exercées et pleines d'enthousiasme, et dirigées, à défaut de génie, par la prudence et l'organisation d'une autorité unique et inflexible. De l'autre côté, cent mille hommes de troupes, fort inégales, quatre cents pièces de canon de portée inférieure, quatre-vingt-cinq mitrailleuses inutiles, dans une bataille trop étendue, des hommes découragés par tant de défaites imprévues, un commandement sans initiative possible, et dont les bonnes intentions étaient paralysées par la politique et par une désorganisation sans précédent.

Le 31 au soir, une preuve nouvelle de cet abandon qui s'était emparé de tous, devait ajouter à la certitude de la victoire que possédaient les généraux ennemis. Le pont de Bazeilles n'avait pas été détruit; on avait bien envoyé un convoi de poudres pour faire sauter celui de Donchery, mais, par un de ces malentendus inouïs, qui nous ont poursuivis dès le début, dénonçant à l'ennemi notre faiblesse et nos fautes, le wagon fila sur Mézières, sans qu'on eût pu procéder à son déchargement et à la destruction du pont. Lorsque le maréchal de Mac-Mahon pensa à envoyer des troupes pour occuper cette position de premier ordre, le pont et la ville de Donchery étaient déjà aux mains du Kronprinz. Ainsi, au nord et au sud, les Allemands tenaient les deux portes de la souricière, où ils avaient poussé, en sept jours, l'armée de Châlons.

Le 1ᵉʳ septembre, et dans l'espérance d'en finir rapidement, les Allemands attaquèrent, dès la première lueur du jour, à quatre heures du matin. Les Bavarois de Von der Tann se jetèrent sur Bazeilles. C'était le début de cette bataille de Sedan, dont il faut que nous et nos fils nous conservions la mémoire, la douleur et l'enseignement. Puisse-t-elle nous apprendre à quel degré d'impuissance peut être précipité un peuple, lorsqu'il s'abandonne lui-même, lorsque, faute de savoir s'imposer, par sa propre volonté, une forte discipline, il s'en remet de ses destinées au pouvoir d'un homme ou d'un parti, forcés, par la logique de l'histoire, à parcourir l'inévitable route, qui les mène à une catastrophe finale, et la patrie avec eux.

Le maréchal de Mac-Mahon ne s'attendait pas à une attaque aussi rapide. En considérant la fatigue qui, malgré la journée relativement tranquille du 31 août, persistait dans son armée, il avait espéré que les Allemands auraient aussi besoin de repos. Mais, rudement entraînés et n'étant pas exposés à faire le moindre pas inutile, assez nombreux pour que le temps du repos et de la fatigue fût partagé entre eux prudemment, les soldats prussiens étaient préparés à tous les efforts que leurs chefs attendaient d'eux.

Cependant l'élasticité et le courage, naturels à la nation française, reprirent le dessus. Encouragé par l'attitude intrépide du général Lebrun et la résolution des tirailleurs de l'infanterie de marine, sous les ordres des généraux de Vassoigne et Martin des Pallières, le 12ᵉ corps repoussa sans faiblir l'attaque des Bavarois, ripostant, dans un terrible combat, à l'artillerie et à la fusillade des soldats de Von der Tann. Mais, si héroïque que fût cette défense, elle contribuait à attirer l'effort de la bataille sur le point le moins intéressant pour la sécurité de l'armée française, loin de ce calvaire d'Illy, vers lequel se hâtait le Kronprinz.

COMBAT DANS BAZEILLES.

A six heures du matin, le maréchal de Mac-Mahon se porta du côté du 12ᵉ corps, à la Mancelle, il y fut atteint par un éclat d'obus au-dessus de la hanche et mis hors de combat. Il désigna, pour commander à sa place, le général Ducrot, mais plus d'une heure avait été perdue, à la suite de ce malheur; et le général Ducrot ne prit le commandement qu'à sept heures un quart. Le général de Wimpfen, qui avait en sa poche sa nomination de commandant en chef, ne crut pas d'abord devoir s'en prévaloir; hésitation malheureuse, s'il avait la conviction de pouvoir improviser un plan de salut pour l'armée, déjà compromise.

En effet, le général Ducrot reprit immédiatement l'exécution du projet qu'il aurait voulu voir adopter dès la veille, l'occupation de la tête du défilé de Vrigne-aux-Bois, par le calvaire d'Illy. Mais il était trop tard; déjà les Prussiens avaient tourné cette position capitale, et tenaient Saint-Menges, qui commande l'entrée du défilé. Le général Ducrot, perdant alors l'espoir de conserver l'armée à la France, voulut au moins lui éviter la honte de capituler entre les mains des Prussiens. Il conçut le plan de jeter l'armée en Belgique par La Chapelle. Les troupes françaises seraient désarmées par un État neutre, et, au demeurant, sympathique. Mais c'était encore une opération bien hasardeuse; en effet, bien que les Belges eussent pris les précautions nécessaires pour sauvegarder leur neutralité, et que les chefs de l'armée française dussent faire tous leurs efforts pour respecter cette obligation internationale, il était bien difficile d'empêcher une partie de cette masse de cent mille hommes de traverser le territoire belge, pour rentrer plus tard en France, avec toute sécurité. Les Allemands pouvaient, à leur tour, se croire autorisés à pénétrer en Belgique, et faire naître ainsi une question diplomatique, défavorable encore à la France. Cependant le général Ducrot, ne voyant pas d'autre moyen d'échapper à une capitulation ordonna au général Lebrun d'abandonner Bazeilles et de se retirer sur La Chapelle. L'empereur était à cheval, avec le 12ᵉ corps, impassible au milieu des obus, qui tuèrent un de ses officiers d'ordonnance, insensible à tout ce qui l'entourait, et cependant souffrant atrocement de ses infirmités physiques, qui faisaient pour lui, de l'exercice du cheval, un affreux supplice; d'ailleurs incapable d'aucune résolution active, disons mieux, presque incapable de penser.

A huit heures, le mouvement en arrière de Lebrun commençait; le général de Wimpfen, qui, placé à Givonne, avait suivi, avec un élan d'espoir, le succès relatif du 12ᵉ corps à Bazeilles, fut pris d'une colère patriotique, à la vue de ce recul qu'il ne s'expliquait pas. Oubliant qu'il avait laissé périmer sa lettre de commandement, en ne la produisant pas dès la blessure du maréchal de Mac-Mahon, il la fit connaître à cette heure tardive à l'empereur et aux chefs de corps, et ordonna qu'on ramenât les troupes du côté de Bazeilles. Égaré par la rage, fort compréhensible, de partager un désastre, dont il ne pouvait jusqu'alors porter en aucune façon la responsabilité, le général de Wimpfen crut que son exaltation se communiquerait aux soldats et serait funeste à l'ennemi. Sans avoir eu le temps de concevoir un plan d'ensemble, il se rendait compte que les masses du Kronprinz, apparues à Saint-Menges et à Flegneux, étaient à l'épreuve d'une trouée. Il pensa donc à culbuter, du côté de Balan et de Bazeilles, les troupes de la 4ᵉ armée (prince de Saxe); l'avantage, resté de ce côté au général Lebrun, semblait indiquer la présence de rangs moins profonds. Mais, d'abord, il était difficile d'amener au sud du champ de bataille les corps du général Félix

GÉNÉRAL DE WIMPFEN.

Douay et du général Ducrot, retenus au nord pour empêcher les Français d'être débordés le long de la Belgique par l'armée du Kronprinz. D'autre part, le général Lebrun, ayant commencé à dessiner sa retraite, avait dû laisser les Bavarois s'emparer de l'issue de Bazeilles.

Malgré ces conditions défavorables, le 12ᵉ corps reprit ses positions sur l'ordre du général de Wimpfen, et, pendant trois heures encore, devant un ennemi sans cesse grossissant et rendu sauvage et impitoyable par cette résistance désespérée, l'infanterie de marine et le général de Vassoigne se maintinrent avec une ténacité admirable. Mais, à onze heures, il fallut plier, après huit heures d'une lutte acharnée et se rejeter sur Dugny, où combattait le général Ducrot, en avant de Givonne. L'armée du prince de Saxe, enflammée par ce succès et par le bruit des canons du Kronprinz, qu'on entendait au nord-est, assaillit Ducrot et le rejeta sur Sedan.

A ce moment, le général Félix Douay était refoulé à son tour sur la ville par la prise d'Illy, de Saint-Menges et de Floing; l'artillerie prussienne avait obtenu des résultats extraordinaires. De nombreuses batteries françaises avaient été démontées, avant d'avoir tiré un seul coup, avant d'avoir été mises en position, par des pièces d'acier d'une portée inconnue jusqu'alors, et servies avec une entière sécurité, à l'abri des bois et des plis de terrain. Les mitrailleuses, dont l'effet meurtrier ne pouvait se faire sentir que dans un combat rapproché, tordues par les obus prussiens, étaient mises hors d'usage, avant même d'avoir été employées une seule fois. Bientôt la supériorité de l'armée du Kronprinz (cent quatre-vingt mille hommes pesant de tout leur poids sur quarante mille à peine) s'affirma d'une manière irrésistible ; pour arrêter un moment la masse qui menaçait d'écraser l'armée, Ducrot, obligé de faire face au prince de Saxe et au Kronprinz, lança sur l'ennemi, du Nord les chasseurs d'Afrique du général Margueritte. Il n'y eut pas un moment d'hésitation parmi cette poignée d'hommes, chargés de se heurter à ces carrés noirs et profonds de la 3ᵉ armée ; décimés à plusieurs reprises, par le tir des fusils Dreyse et des canons, ils se reformèrent pour se jeter de nouveau sur cette ligne presque rigide, qui avançait sur les Français; le général Margueritte, les joues transpercées par une balle, la langue coupée, et atrocement défiguré, indiquait encore du geste à ses cavaliers l'ennemi dont il fallait à tout prix arrêter le progrès étouffant. Une dernière fois le colonel de Galliffet (nommé général depuis deux jours) ramena les chasseurs d'Afrique sur les Prussiens ; ce fut le dernier effort régulier de la bataille, effort héroïque, qui arracha, dit-on, au roi de Prusse ce mot d'admiration : « Oh ! les braves gens ! ». Mais, si précieux que soit cet éloge dans la bouche d'un ennemi, c'est à nous surtout de retenir en nos cœurs ce sacrifice de nos soldats à la bataille de Sedan, et de déplorer la légèreté et l'inconscience de ceux qui avaient rendu nécessaires et inutiles à la fois de pareils sacrifices.

A onze heures et demie, l'empereur, incapable de rester plus longtemps à cheval, était rentré à Sedan ; le général de Wimpfen, sur le champ de bataille, essayait de réunir les hommes, las de combattre, dans une situation désormais impossible, et voulait maintenir le feu. Il fallut encore une heure et demie de lutte aux Saxons et aux troupes du Kronprinz pour se donner la main derrière Givonne. Alors toutes les hauteurs, de Bazeilles à Donchery, de Donchery à Givonne, furent couronnées par les deux cent cinquante mille hommes des deux armées ennemies, tenant les troupes françaises à portée de leurs huit cents pièces d'artillerie.

NAPOLÉON III

A deux heures, Napoléon III, sans consulter personne, crut devoir intervenir pour faire cesser le feu, et demander un armistice afin de traiter des conditions d'une suspension d'armes. Mais au lieu d'envoyer, selon l'usage, un parlementaire au général de Moltke, il fit hisser sur la citadelle de Sedan un drapeau blanc, signe d'une capitulation sans conditions. Le chef d'état-major général, le général Faure, le fit abattre. Mais la situation était inextricable, et devant la lassitude morale et physique des troupes le rapprochement sensible des lignes et des batteries prussiennes, le sentiment général de la nécessité d'une capitulation s'imposait à tout le monde, alors que tout le monde refusait de la reconnaître explicitement. Le général Ducrot venait de rentrer à Sedan, l'empereur voulut obtenir de lui qu'il signât l'ordre de cesser le feu. Le général refusa, il n'était pas commandant en chef; le général Faure refusa à son tour, et le général Lebrun ne voulut s'engager qu'à présenter l'ordre au général de Wimpfen.

Le général de Wimpfen était dans un singulier état d'esprit; la honte, la colère, un besoin mal défini de protestation contre son impuissance, l'aveuglaient. Il ne voyait pas cette débandade dans laquelle avaient fondu le 5ᵉ et le 7ᵉ corps, ces hommes courant s'entasser dans Sedan, comme si cette bicoque pouvait les abriter du canon prussien, la décomposition du visage et de l'âme de ces soldats improvisés, la lassitude et l'indignation des officiers, des esprits les plus fermes, des vieux soldats.

A deux heures et demie, avant d'avoir reçu la communication de Lebrun, il adressait à l'empereur un billet, dans lequel il lui proposait de se mettre au milieu du 12ᵉ et du 1ᵉʳ corps, qui perceraient du côté de Carignan.

C'était une entreprise chimérique. A trois heures, sauf peut-être quatre mille hommes du 12ᵉ corps, qui se maintenaient sur le champ de bataille, il n'y avait plus qu'un éparpillement de détachements isolés, dont les hommes, se hâtant vers Sedan, avaient jeté sacs et fusils, bien déterminés à s'abandonner à leur destinée. Néanmoins, le malheureux Wimpfen, lorsque le général Lebrun lui apporta à signer, de la part de l'empereur, l'ordre arrêter la lutte fut saisi d'une exaspération terrible, qui lui ôta toute conscience de la réalité. « Je veux, répondit-il, « qu'on continue le feu », et il fit abaisser le drapeau blanc, qu'on avait hissé pour la seconde fois.

Puis, employant toute leur énergie, pour réunir trois mille hommes, à six heures du soir, ne pouvant plus espérer s'ouvrir une voie par Carignan, les deux généraux se précipitent au nord de Bazeilles, sur le village de Balan, culbutent les Bavarois, et, au moment où quelque espoir invraisemblable allait peut-être renaître dans leur cœur, s'aperçoivent qu'ils étaient à peine suivis de quelques centaines d'hommes.

Cette fois, tout était bien fini, et Wimpfen avec Lebrun rentrèrent à Sedan. Au bruit de la fusillade, et tandis que la petite ville était pleine du frémissement des soldats entassés dans ses rues, succéda, sur le champ de bataille, un silence qui pesait lourdement sur tous ceux qui avaient conservé la force de sentir. L'armée prussienne, prête à écraser la ville, dominait ces champs où gisaient vingt-cinq mille cadavres, français pour la plupart, horriblement défigurés par le tir plongeant de l'ennemi, et tous ayant conservé l'attitude du désespoir et de la rage. Et qu'on ne croie pas qu'il y ait là une description de fantaisie, qui puisse convenir à tant de massacres, que les hommes ont multipliés depuis des siècles. Tous les témoins oculaires ont constaté l'horreur spéciale du champ de bataille de Sedan, la surprise, la honte et l'indignation de cet effondrement sans exemple peintes sur le visage de nos soldats, et c'est là ce que nous ne pourrons jamais oublier, nous qui avons été les contemporains d'un tel désastre, qui, pendant notre vie, avons vu la France écrasée par la catastrophe la plus tragique que connaisse l'histoire.

VIII. — LA CAPITULATION DE SEDAN

En ce moment, l'encombrement était extrême dans Sedan. Plus de quatre-vingt mille hommes s'y pressaient sur les places, dans les rues, et le général de Wimpfen eut grand'peine à se frayer un chemin jusqu'auprès de l'empereur. Les soldats étaient affamés, un convoi de vivres, parvenu jusqu'à Sedan, était reparti pour Mézières, faute d'ordres, et parce qu'on craignait qu'il ne fût anéanti par les obus prussiens. Les hommes, pris d'une sorte de fureur, démontaient les batteries des fusils, enclouaient les canons, ou en enlevaient quelque pièce importante, pour les mettre hors d'usage; la ville résonnait de leurs imprécations contre les chefs, et l'autorité des officiers était devenue absolument impuissante.

Lorsque le général de Wimpfen pénétra chez l'empereur, il ne sut pas résister à la tentation de rejeter la responsabilité du désastre sur les ordres de retraite, donnés après la blessure du maréchal de Mac-Mahon. Le général Ducrot, qui était présent, s'éleva alors violemment contre le commandant en chef, et prétendit que la présomption du général de Wimpfen avait seule empêché le désarmement dans un pays neutre, moins déshonorant qu'une capitulation en rase campagne. Le général Ducrot, par sa véhémence intempestive, compromit l'attitude pleine de prudence qu'il avait montrée dans ces derniers jours. Il ne voulait pas voir que sa marche sur la Belgique eût été aussi périlleuse que les dernières opérations du général de Wimpfen, il n'eut pas la générosité d'oublier les erreurs où l'excès de la douleur avait entraîné son collègue, et il créa ainsi un abîme entre deux des plus braves serviteurs de la patrie, et qui avaient essayé de faire également leur devoir.

D'autre part, le général de Wimpfen prétendit donner sa démission, et refuser de porter la responsabilité du désastre ; il ne le pouvait pas. Ayant réclamé son titre officiel de commandant en chef, il ne devait s'en prendre qu'à lui-même et à son hésitation des premiers mouvements auxquels il attribuait, à tort du reste, un résultat que des fautes beaucoup plus lointaines rendaient inévitable. Sa démission fut refusée, et ce fut lui qui fut obligé de se charger des négociations, qui allaient s'ouvrir avec l'état-major prussien.

M. de Moltke avait envoyé sommer la place par le colonel Bronsart ; l'empereur profita de cette sommation pour faire porter au roi Guillaume la lettre suivante, par le général Reille, son aide de camp :

« Monsieur mon frère,

« N'ayant pu mourir au milieu de mes troupes, il ne me reste qu'à
« remettre mon épée entre les mains de Votre Majesté.

« Je suis, de Votre Majesté, le bon frère,

« Napoléon. »

Le roi Guillaume répondit dans des termes identiques, et, croyant que l'empereur commandait effectivement, l'invita à nommer « un de « ses officiers, muni de ses pleins pouvoirs, pour traiter de la capitu- « lation de l'armée ». Il ignorait la situation mal définie de Napoléon III à l'armée de Châlons.

A huit heures, le général de Wimpfen partit pour le quartier général allemand de Donchery, avec le chef d'état-major Faure, et le général Castelnau, représentant l'empereur. Ils furent reçus par MM. de Moltke et Blumenthal, représentant l'état-major allemand, et par le comte de Bismarck, dont la présence s'expliquait par la possibilité d'un traité de paix définitif.

Dépouillée de toute sa solennité et des anecdotes, qui furent plus intéressantes alors qu'aujourd'hui, l'entrevue porta sur les points suivants : M. de Moltke exigea que l'armée française se rendît prisonnière sans conditions, les officiers restant d'abord prisonniers avec leurs armes. L'état-major allemand ne consentait à aucun adoucissement dans la forme de cette capitulation, qui est la plus honteuse que l'on connaisse. M. de Wimpfen protesta, parla de prolonger la défense. C'était une vaine menace, et il semble que M. de Moltke le lui fit sentir doucement et froidement. Le général français fit appel avec aussi peu de bonheur à la politique de conciliation, et, selon son propre récit, essaya de séparer la nation du parti qui avait poussé à la guerre. M. de Bismarck se chargea de traiter ce côté politique de la conférence. Les souvenirs de M. de Wimpfen l'ont-ils servi assez exactement pour qu'il ait rapporté, mot pour mot, les paroles de M. de Bismarck; il serait téméraire de l'affirmer. Mais il n'y a aucun doute sur la vérité du fond. M. de Bismarck annonçait l'intention de rendre à jamais la France impuissante, de l'humilier pour toujours par l'occupation de Paris, et de lui enlever l'Alsace et la Lorraine.

Cette dernière affirmation, qui a été contestée en France, au milieu des luttes politiques, est hors de doute. Il est certain qu'en constatant l'amertume irrémédiable que la perte de l'Alsace et de la Lorraine a laissée dans notre pays M. de Bismarck a prétendu à tort que la cession de ces provinces lui avait été imposée par le parti militaire, à son corps défendant. La politique d'annexion est la politique de toute l'Allemagne, et, avant tout, celle de M. de Bismarck.

A ce moment de la discussion, le général de Castelnau parla, au nom de Napoléon III. L'empereur, dit-il, espérait qu'à sa considération, le roi Guillaume adoucirait les conditions. M. de Bismarck, ayant demandé si, en ce cas, l'empereur se croirait autorisé à traiter au nom de la France, le général Castelnau dut avouer qu'un chef d'État prisonnier ne pouvait rien conclure, en dehors de la régence régulièrement constituée; M. de Moltke maintint donc toutes ses exigences, annonça que le bombardement commencerait à quatre heures du matin, et, sur l'observation de M. de Wimpfen qu'il était déjà une heure, qu'il fallait lui donner le temps de conférer avec ses collègues, la suspension du feu fut prolongée jusqu'à neuf heures du matin.

Le conseil de guerre fut réuni par le général de Wimpfen à six heures. La situation était trop évidente; la discussion ne pouvait être longue; sur trente-quatre généraux présents, trente-deux signèrent la capitulation, deux seulement refusèrent, les généraux Pellé et Carrey de Bellemare. Toutefois, ce ne fut qu'entre neuf heures et dix heures que le général de Wimpfen put se rendre au château de Bellevue, près de Donchery. C'est là que devait avoir lieu l'échange des signatures.

Au moment même où les généraux délibéraient, l'empereur avait résolu de faire une démarche personnelle auprès du roi de Prusse. Entouré de son état-major, il était sorti de Sedan en voiture, il s'était dirigé sur Donchery, pensant y trouver Guillaume Ier. Le général Reille chargé de demander une entrevue, rencontra M. de Bismarck et lui fit part du désir de l'empereur. Le chancelier vint au-devant de Napoléon III, et, lui annonçant que le roi avait reporté son quartier général trois lieues en arrière, à Vendresse, lui proposa d'écouter ce qu'il avait à dire. On entra dans la maison d'un journalier, et, dans une chambre nue, où il y avait seulement une table et deux chaises, l'entretien s'engagea.

M. de Bismarck se refusa à traiter la question militaire, qui était du ressort exclusif de M. de Moltke; mais il se montra prêt à entamer des négociations au sujet d'une paix définitive. Quel qu'ait été le désir du chancelier de terminer une guerre meurtrière, il connaissait trop bien le tempérament des Français pour supposer qu'un traité, conclu avec l'empereur, pût présenter des garanties sérieuses. Aussi la réponse de Napoléon III, qui se refusa à entrer dans cet ordre d'idées, n'eut rien qui pût le surprendre. M. de Moltke survint à ce moment, et l'empereur lui dit quelques mots de la possibilité d'obtenir du roi l'internement de l'armée en Belgique. Cette demande parut chimérique au chef d'état-major de l'armée allemande; il se chargea cependant de la porter au roi, mais sans l'appuyer. En effet, le roi, qui avait quitté Vendresse, se dirigeant sur Donchery, rencontra le maréchal, qui n'eut pas besoin d'insister pour obtenir un refus catégorique. Guillaume Ier repartit même pour Vendresse, remettant sa visite à l'empereur après la signature de la capitulation. Napoléon III fut donc conduit à Bellevue, pour prendre quelque repos, pendant que le général de Wimpfen débattait avec le comte de Moltke les termes de la capitulation.

L'armée était prisonnière de guerre, sans restriction, sans adoucissement, sans que rien fût stipulé en sa faveur. Les officiers seront libres de rentrer en France, en s'engageant, par écrit, à ne pas servir pendant la guerre; cette clause était malheureuse, le principe étant qu'en cas de capitulation les officiers doivent partager le sort de leurs soldats. Wimpfen signa et, avec lui, les généraux Ducrot, Douay, Dejean Lebrun, Forgeot. Le général Pellé persista dans son refus.

IX. — APRÈS SEDAN

La capitulation de Sedan livrait quatre-vingt-quatre mille soldats, deux mille cent vingt-cinq officiers, trente-deux généraux, dont un maréchal de France; près de six cents canons. La bataille avait coûté aux Français dix-sept mille hommes tués; les Allemands en avaient eu neuf mille hors de combat.

A deux heures, le roi vint visiter l'empereur; l'entrevue se passa en politesses habilement calculées; mais Guillaume fut inflexible et n'accorda rien de plus que la capitulation. Napoléon III partit alors, par la Belgique, pour Willemshohe, château situé près de Cassel, et où il resta jusqu'à la paix. Les généraux Ducrot et Carrey de Bellemare, qui n'avaient pas signé l'engagement qu'on avait exigé des officiers, s'échappèrent et vinrent combattre à Paris. Nos malheureux soldats furent parqués dans la presqu'île d'Iges, ne pouvant étancher leur soif

ENTREVUE DE NAPOLÉON III ET DE GUILLAUME AU CHATEAU DE BELLEVUE.

dans l'eau de la Meuse, qui charriait des cadavres. Ils furent oubliés pendant plusieurs jours, par les autorités allemandes, qui les traitèrent avec une dureté qui semble trop prouvée, tout en tenant compte des exagérations de notre ressentiment national. Ceux de nos soldats qui purent gagner Bouillon, en Belgique, y trouvèrent l'hospitalité et la compassion convenables. Quant aux Bavarois, ils se vengèrent de la résistance de Bazeilles en incendiant au pétrole la malheureuse petite ville, et en passant par les armes quarante habitants, pêle-mêle, dont quelques-uns étaient coupables d'avoir défendu leur patrie.

Les Allemands célébrèrent la victoire de Sedan, sur le champ de bataille même, par des réjouissances bruyantes, jouant, auprès de l'armée vaincue, notre hymne national, ou même, pour nous railler plus cruellement encore, les airs des chansons stupides dont nous nous amusons trop souvent. Aussi ces insultes, qui ont suivi la défaite, ont-elles laissé dans nos cœurs un ressentiment profond; mais elles doivent nous apprendre, par la douleur que nous en éprouvons encore aujourd'hui, à ne porter, dans notre invincible aversion pour l'Allemagne, aucune expression de basse raillerie, aucune accusation injuste, aucune parole injurieuse, et, si nous ne pouvons oublier jamais que notre patrie a été envahie, démembrée, insultée par l'Allemagne, il faut nous montrer supérieurs à nos désastres, et mériter une réparation dans l'avenir par la dignité de notre langage et de notre conduite.

La bataille de Sedan n'était pas le seul échec que nous réservât la fortune à la fin d'août 1870. Le maréchal Bazaine, pour qui cette marche si malheureuse avait été résolue en dépit de toutes les appréhensions, y devait faire la preuve définitive de son impuissance. Il a été démontré, d'une façon péremptoire, qu'il n'eut pas connaissance avant le 30 août de la dépêche où Mac-Mahon lui apprenait, dès le 22, sa marche sur la Meuse; mais, le 29, il en avait reçu une du général Ducrot, datée d'Attigny.

Il avait cependant songé à justifier sa fameuse dépêche du 19 où il annonçait sa marche sur Montmédy; mais, ayant pu s'assurer de la force de la position de Frédéric-Charles de ce côté, il avait résolu de faire une tentative sur Thionville, par la rive droite de la Moselle. Le corps de Manteuffel n'occupait, de ce côté, que les positions de Pange et de Sainte-Barbe, les villages de Noisseville et de Servigny.

Le 26 août, le maréchal concentra assez rapidement ses troupes en avant du fort Saint-Julien; mais des pluies torrentielles tombaient sans discontinuer, et le mouvement fut arrêté. Dans un conseil qui suivit, au château de Grimont, la démoralisation et le dénûment qui travaillaient déjà sourdement cette belle armée de 170,000 hommes éclatèrent tout à coup. Le général Soleille s'opposa à toute bataille décisive par l'impossibilité où il était de trouver les munitions nécessaires. Le général Coffinières montra la nécessité de conserver l'armée pour couvrir le travail nécessaire à l'achèvement de fortifications, que la guerre avait trouvées dans un état d'avancement insuffisant. L'avis d'inaction du général Frossard était inspiré par le plus profond découragement. Canrobert, Ladmirault, Le Bœuf, durent se rendre à l'argument irrésistible du manque de munitions, mais insistèrent pour que l'on inquiétât l'ennemi sur toute la circonférence d'investissement.

CHATEAU DE WILLEMSHOHE, PRÈS DE CASSEL.

Enfin, le général Bourbaki parla, mais sans insister, d'une trouée dans la direction de Château-Salins.

Cette résolution paraissait définitive, lorsque, sur les deux dépêches du 29 et du 30, le maréchal Bazaine reprit la tentative sur la rive droite. Cette fois il ne fallait pas compter surprendre Manteuffel ; d'ailleurs, Bourbaki, Ladmirault et Canrobert ne purent commencer leur passage qu'à onze heures du matin et n'arrivèrent en vue de Noisseville qu'entre cinq et six heures du soir. Ils enlevèrent cependant cette position ; mais la nuit ne permit pas d'occuper Sainte-Barbe et la route de Thionville ; le lendemain, Manteuffel avait accumulé à Servigny des forces imposantes, avec lesquelles il refoula le 3ᵉ corps, qui occupait Noisseville. Les Français perdirent trois mille cinq cents hommes, les Allemands trois mille, et le maréchal Bazaine, retiré sous les murs de Metz, fut confirmé plus que jamais dans son inaction ; aussi se prend-on à songer que le succès même de la marche de Mac-Mahon sur Metz n'aurait fait que retarder une catastrophe finale, et eût compromis, à la fois, en un même jour, les deux dernières armées de la France.

CHAPITRE IV

LE 4 SEPTEMBRE

I. La Chambre et la France pendant le mois d'août 1870. — II. Les journées du 3 et du 4 septembre 1870. — III. Constitution du gouvernement de la défense nationale. — IV. Marche des Prussiens sur Paris. — V. Entrevue de Ferrières. — VI. Premières opérations du siège. — VII. Le 31 octobre. — VIII. Les négociations de M. Thiers.

I. — LA CHAMBRE ET LA FRANCE

PENDANT LE MOIS D'AOUT 1870

Pendant toute la durée du mois d'août, la France entière avait vécu dans une anxiété chaque jour croissante. L'opinion s'écartait de plus en plus de l'Empire, dont on reconnaissait unanimement l'imprévoyance et l'incapacité. Cependant, par un accord tacite, qu'il faut remarquer, étant donné le tempérament français, si facile à émouvoir, la forme du gouvernement ne fut pas mise en question, et l'opposition, dont la haine contre le système impérial s'augmentait de ses angoisses patriotiques, s'abstint sagement de provoquer des discussions politiques, qui auraient été funestes à nos armées.

Cependant la Chambre, depuis la constitution du cabinet Palikao, se maintenait en permanence, attendant impatiemment les nouvelles du théâtre de la guerre. Mais le général Cousin-Montauban, malgré son activité et son désir de repousser l'invasion, se préoccupait avant tout, dans ses rapports avec la Chambre, des intérêts de la dynastie. Aussi évitait-il de donner aux députés les renseignements précis qui lui arrivaient. Des nouvelles reçues au ministère, il ne livrait que ce qui pouvait dissimuler la rapidité du désastre. Il se donnait pour excuse qu'il ne fallait point précipiter le découragement. Ajoutons, d'ailleurs, qu'il était généralement mal renseigné, ce qui aurait dû éclairer tout le monde sur la situation.

En réalité, la gauche croyait peu à l'optimisme du ministère. Lorsque le 16 août, le ministre de la guerre annonçait que les Prussiens avaient été rejetés sur Commercy, et considérait comme satisfaisantes les dépêches du maréchal Bazaine des 16 et 17 août, sur la bataille de Mars-la-Tour, M. Thiers et les républicains ne se montraient pas convaincus. Il n'en était pas de même de l'opinion publique. Elle admirait de bonne foi les victoires du glorieux Bazaine, sans s'étonner que des succès si décisifs n'eussent pas encore permis à l'armée de Metz de rallier celle du maréchal de Mac-Mahon, à Châlons.

Cependant les rapports de l'ennemi commençaient à circuler. La presse anglaise répandait, dans toute la France, le récit des succès de l'Allemagne, trop détaillé, pour être entièrement faux.

C'est alors que, le 20 août, le général de Palikao fit la fameuse communication, où, protestant contre les faux bruits de victoires allemandes, répandus par le quartier général prussien, il parlait des cuirassiers blancs du comte de Bismarck, ensevelis dans les carrières de Jaumont.

Le 22 cependant, les nouvelles pessimistes ayant persisté, le ministre fut obligé de constater, devant la Chambre, que le plan de Bazaine n'avait pas abouti. Mais pour amortir l'effet de cette communication, il lut la dépêche du 19 août, dans laquelle le maréchal faisait part à Mac-Mahon de son intention de percer par Montmédy. Le ministre se gardait bien d'expliquer ce changement de direction, et restait muet sur le danger d'investissement sous Metz, que Bazaine se contentait de faire pressentir, afin d'atténuer l'importance des résultats de la bataille de Saint-Privat-la-Montagne.

On devinait tant de réticences sous ces explications embrouillées, que la gauche résolut de sortir de la réserve où elle s'était tenue jusqu'alors, et qu'elle jugeait désormais dangereuse, au milieu des malheurs inconnus, qui étaient dans l'air.

M. Jules Simon, le 23 août, demanda où en étaient les approvisionnements et les travaux de fortification de Paris. Mais ce fut Gambetta, d'ailleurs écouté sans trop de défaveur à droite, parce qu'on le savait profondément opposé à l'accroissement de la puissance prussienne, qui précisa la question :

« Lorsque, dit-il, un pays comme la France traverse l'heure la
« plus douloureuse de son histoire, il y a un temps pour se taire, cela
« est évident ; mais il est évident aussi qu'il y a un temps pour parler.

« Eh bien! pensez-vous que le silence, que vient de réclamer de vous
« M. le ministre de l'instruction publique soit véritablement digne du
« pays, au milieu de ses anxiétés et de ses angoisses? », et, comme on
« l'interrompait de tous côtés par cette violente protestation :« Comment,
« des angoisses! » il continua : « Ah! messieurs, permettez, si vous n'a-
« vez pas d'angoisses, vous qui avez attiré l'étranger sur le sol de la pa-
« trie (*nouvelles interruptions*)...... Je maintiens que, quand on m'a
« interrompu, j'étais en droit de dire que cette Chambre, lorsqu'on de-
« mande à contrôler les paroles ministérielles, devrait se rappeler qu'à
« une époque, qui est malheureusement encore trop voisine, elle applau-
« dissait des ministres qui la trompaient effrontément, et qu'elle ne per-
« mettait pas la réplique. Eh bien! je dis que depuis huit jours on
« monte à cette tribune, pour vous donner des nouvelles, qui, quand
« on les regarde de très près, ont un caractère que je trouve alarmant.
« Nous sommes arrivés à un moment où il ne faut pas se payer de mots,
« où il ne faut pas croire que le patriotisme consiste à endormir les
« populations, à les nourrir d'illusions dangereuses ; j'estime que nous
« nous sommes assez tus, qu'on a trop longtemps jeté un voile sur les
« événements ; j'ai la conviction que ce pays roule vers l'abîme sans
« en avoir conscience. »

Ces fortes paroles ne pouvaient avoir d'influence sur une majorité,
dynastique avant tout, et qui ne voulait pas voir le gouffre, où elle était
entraînée avec les Bonaparte. La gauche n'obtint ni un renseignement,
ni un éclaircissement de plus, et devant l'obstination de la politique
napoléonienne, ne chercha plus de salut que dans la formation d'un
nouveau gouvernement.

Tel n'était pas l'avis d'hommes peu suspects de bonapartisme, mais
peu confiants, surtout en fait d'organisation militaire, dans les moyens
révolutionnaires. Le chef de cette opinion libérale et prudente était
M. Thiers, grandi aux yeux de tous les partis et surtout des républicains, dont il n'était cependant que l'allié passager, par son opposition courageuse et prophétique à cette malheureuse guerre. Dans la
journée du 24, M. Thiers proposa donc le rejet du projet de M. de
Kératry, qui demandait l'adjonction au ministère d'un conseil de défense
de neuf membres, choisi dans son sein, par le Corps législatif. La gauche
soutenait la proposition Kératry, dans l'espérance d'atteindre ainsi le
principe même de la dynastie, en remettant en question sa souveraineté.
Ce fut en ce sens que parla M. Jules Favre, lorsque défendant le projet
de son collègue, il demanda à la Chambre de ne pas rendre la France
solidaire de la dynastie.

Mais les députés orléanistes de la Chambre étaient, comme
M. Thiers, opposés aux manifestations révolutionnaires, et pensaient

que le gouvernement parlementaire devait suffire à toutes les difficultés. Leur chef, M. Buffet, parla donc contre la proposition Kératry, qui fut repoussée par deux cent quatre voix contre quarante et une ; et le gouvernement, qui triomphait, se retranchait encore derrière son ignorance pour refuser de donner à M. Gambetta des explications sur les conséquences militaires de la bataille de Saint-Privat.

Le résultat de ces deux journées de discussion ne fut pas favorable à la cause républicaine. La majorité de la nation, qui acceptait volontiers la nouvelle de victoires imaginaires, considérait les députés de la gauche comme des prophètes de malheur.

DE KÉRATRY.

En province, cette défiance contre l'opposition prit un moment un caractère de férocité. Les bourgeois des petites villes et les paysans voyaient, dans l'Empire, le régime qui les avait enrichis, et dont la vieille armée devait à la fin accroître la gloire militaire de la France, et écarter d'eux la croix du service militaire universel. Discuter le succès final d'un pareil gouvernement était presque un sacrilège.

En Picardie M. d'Estourmel, député du tiers parti, faillit, pendant le mois d'août, payer de sa vie ses votes défavorables à la guerre. Dans le Périgord, sur les confins du département de la Dordogne et de la Charente, à la Haute-Faye, le jour de la foire du 16 août, un malheureux jeune homme, M. de Moneys, connu par son hostilité héréditaire contre le bonapartisme, fut brûlé vif par des paysans furieux.

Vainement les révélations venaient de tous côtés. Le ministère restait déterminé à nier les mauvaises nouvelles, et à préparer la défense en dehors de la nation et au profit de l'Empire.

Un député du Haut-Rhin, M. Keller, dévoilait à la Chambre le triste état de l'Alsace, pillée par les paysans badois ; il demandait avec insistance qu'on armât la garde nationale, pour permettre aux Français de défendre leurs foyers. L'administration faisait la sourde oreille, et redoutait, dans les gardes nationaux, des agents de révolution. Au milieu de l'inquiétude générale, le ministère Palikao poursuivait impassiblement sa politique. Il repoussait la nomination d'une commission de cinq membres, destinée à prendre part au conseil de défense et proposée par un député, connu par la modération de ses idées, Latour du Moulin. Il s'opposait de même, par l'organe de M. Busson-Billaut, à l'introduction du général Trochu dans le comité secret de la Chambre, proposée par MM. Gambetta et Estancelin, un républicain, un orléaniste. M. de Palikao, qui redoutait la popularité du général, faisait même affirmer la parfaite entente qui régnait entre le gouvernement de la Régence et le gouverneur de Paris, qu'on avait tenu systématiquement en dehors de toutes les résolutions ministérielles (27 août 1870).

Du 27 au 30 août, l'anxiété augmenta dans la nation, qui, bien qu'optimiste par résolution, se sentait oppressée par le sentiment de l'inconnu. Le 30, les nouvelles commencèrent à arriver, mais vagues et inexactes, soit par la volonté du quartier général, soit par l'organisation déplorable du service des renseignements. Le 30, l'empereur télégraphiait que le combat de Beaumont était un engagement sans importance; le 31 août, le ministre parlait d'un corps franc qui avait envahi le territoire badois, de deux cent mille Allemands mis hors de combat depuis le début des hostilités, indications fantaisistes, à coup sûr, qui s'expliquent cependant, dans une certaine mesure, par le besoin de soutenir l'opinion, dans l'attente des événements.

II. — LES JOURNÉES DU 3 ET DU 4 SEPTEMBRE 1870

Mais, le 1ᵉʳ septembre, au moment où se livrait la bataille de Sedan, l'agence Havas fit circuler des dépêches, d'origine belge, qui devaient exalter l'espoir des Français; dans un combat commencé à Bazeilles, les Français avaient pris trente pièces de canon; Bazaine poussait l'armée de Frédéric-Charles vers Sedan.

Le ministère se contentait de laisser courir ces bruits malheureux, sans les infirmer ou les confirmer. Dans la nuit du 1ᵉʳ septembre, les premiers avis du désastre parvinrent indirectement jusqu'au comte de Palikao; dans la journée du 2 septembre, la certitude se fit dans les régions officielles, sans que le gouvernement, qui pesait les conséquences d'un aveu, crût pouvoir dévoiler ses craintes, qui d'ailleurs n'étaient pas encore absolument justifiées par un document officiel.

Cependant, le 3, le ministère avait reçu une dépêche de Belgique, qui ne permettait plus le moindre doute; et M. de Palikao savait que la gauche elle-même avait obtenu des renseignements, qui l'avaient édifiée sur la situation. Il lui fallut donc faire pressentir, non sans embarras, de tristes nouvelles : l'échec des armées du Rhin et de Châlons.

En quittant la séance, les députés de la gauche avaient répandu la connaissance de la capitulation. Ce fut un cruel réveil pour la population parisienne. A l'effroi succéda rapidement la colère, et des bandes furieuses parcoururent les grands boulevards, au cri de « déchéance ! » La foule fut cependant dispersée de ce côté par une charge des sergents de ville du poste du boulevard Bonne-Nouvelle ; mais d'autres manifestations se portèrent au Louvre, résidence du général Trochu, à l'état-major de la place Vendôme. Par un accord tacite, dont il serait difficile d'indiquer le secret, la foule se donna rendez-vous, pour le lendemain, devant le Corps législatif, à deux heures.

Ceci se passait assez avant dans la nuit, et même les manifestants restèrent fort tard devant le Corps législatif. Pendant ce temps, à quatre heures du soir, le gouvernement avait eu communication d'une dépêche officielle, par laquelle l'empereur annonçait à l'impératrice la capitulation de Sedan. Le conseil des ministres se réunit à six heures, et, après la rédaction des proclamations nécessaires, se sépara, en décidant qu'il n'y aurait pas de séance de nuit.

Mais beaucoup de députés, inquiets du lendemain, étaient restés au Corps législatif. Deux d'entre eux, membres de la majorité, MM. Dréolle et Calvet-Rogniat, allèrent prier M. Schneider de convoquer les ministres et les députés pour une séance immédiate. M. Schneider reconnut la nécessité de cette résolution, et fit prévenir les intéressés, comme il put. Beaucoup de députés manquèrent donc à l'appel, et les ministres eux-mêmes ne purent se concerter aussi promptement que les circonstances semblaient l'exiger.

Ils tinrent conseil cependant dans le salon de la présidence, et le résultat de leurs délibérations fut qu'il n'y avait rien à faire avant le lendemain ; toutefois ils s'entendirent pour appeler les troupes autour de la Chambre afin d'avoir raison des manifestations prévues.

La séance publique s'ouvrit à une heure du matin ; le ministre de la guerre avoua toute l'étendue du désastre. Aussitôt Jules Favre, exprimant d'ailleurs la conviction générale que l'Empire avait vécu, déposa la proposition suivante malgré la protestation d'un seul membre, M. Pinard :

« *Article premier*. — Louis-Napoléon Bonaparte et sa dynastie
« sont déclarés déchus des pouvoirs que leur a conférés la Constitu-
« tion.

« *Art*. 2. — Il sera nommé, par le Corps législatif, une commis-
« sion de gouvernement composée de......, qui sera investie de tous les
« pouvoirs du gouvernement, et qui a pour mission expresse de résister
« à outrance à l'invasion et de chasser l'ennemi hors du territoire.

« Art. 3. — M. le général Trochu est maintenu dans ses fonctions de gouverneur général de la ville de Paris.

« *Signé* : Jules Favre, Crémieux, Barthélemy Saint-Hilaire,
« Desseaux, Garnier-Pagès, Larrieu, Gagneur, Stee-
« nackers, Magnin, Dorian, Ordinaire, Emmanuel
« Arago, Jules Simon, Eugène Pelletan, Wilson,
« Ernest Picard, Gambetta, comte de Kératry, Guyot-
« Montpayroux, Tachard, Lecesne, Rampont, Girauld,
« Marion, Léopold Javal, Jules Ferry, Bethmont. »

Et après rectification :

« Glais-Bizoin, Raspail, de Jouvencel. »

Sur cette proposition de J. Favre, la séance fut levée au bout de vingt minutes ; mais les députés restèrent encore longtemps au Corps législatif ; tous reconnaissaient que la dernière heure de l'Empire avait sonné.

Cependant l'impassibilité du gouvernement, que semblait avoir gagné l'esprit de fatalisme de Napoléon III, ne laissait pas que d'inquiéter certains hommes modérés, qui redoutaient une émeute populaire, comme le plus grand des malheurs. L'un d'eux et le plus considérable, M. Buffet, après la séance de nuit, suggéra à M. Schneider d'obtenir de l'impératrice la remise du pouvoir entre les mains du Corps législatif ; le Président de la Chambre adopta cette proposition, qu'il considérait lui-même comme la solution la moins violente d'une situation menaçante.

L'impératrice, de son côté, faisait des efforts louables pour prévenir les troubles publics, sans pouvoir se décider cependant à sacrifier le principe dynastique. Prosper Mérimée, le célèbre écrivain, dont la liaison intime avec l'Empire était bien connue, et l'ambassadeur d'Autriche, M. de Metternich, de tout temps familier des Tuileries, firent une tentative auprès de Thiers, qui se refusa à prendre le pouvoir au nom de la régence et dans de telles circonstances.

Le ministre de l'intérieur, M. Chevreau, provoqua aussi entre l'impératrice et le général Trochu une entrevue qui eut lieu dès le matin du 4 septembre. Le gouverneur de Paris essaya vainement de persuader à la régente qu'il était inutile de lutter pour maintenir la dynastie ; l'opinion de M. de Lesseps, que son dévouement pour la famille impériale avait appelé aux Tuileries, n'eut pas plus de poids. Aussi, lorsque le conseil de régence fut réuni à neuf heures du matin, l'impératrice refusa d'accéder à la proposition de M. Buffet, et se rallia aux projets de M. de Palikao, qui, tout en associant la Chambre au gouvernement (on parlait d'admettre dans le conseil Gambetta, Thiers, Picard), réservait l'autorité supérieure de la régence.

Mais les députés du tiers parti et d'origine orléaniste, qui s'étaient rendu compte de l'impression terrible produite dès la première heure par la lecture des proclamations gouvernementales, et qui prévoyaient les suites du mouvement populaire de la veille, n'entendaient plus soutenir le gouvernement impérial ; toutefois, par horreur de l'illégalité, ils voulaient que le pouvoir fût transmis sans secousse au Corps législatif, bien que l'impopularité qui s'attachait à l'Empire atteignît solidairement la majorité docile qui lui avait accordé la guerre.

IMPÉRATRICE EUGÉNIE.

M. Thiers, se faisant l'organe de ce parti, constitutionnel avant tout, obtint que Jules Favre retirerait provisoirement son projet de déchéance, et lui fit espérer de la part de la Chambre une résolution qui aurait virtuellement le même effet. A une heure et quart de l'après-midi, M. Schneider ouvrit la séance. Les députés connurent aussitôt la teneur des projets du ministère et, redoutant l'effet que produirait une affirmation obstinée du pouvoir de la régence, envoyèrent à l'impératrice MM. Buffet, Daru, Dupuy de Lôme, Kolb-Bernard, pour insister auprès d'elle sur la nécessité d'une abdication. La régente, qui montra en cette occasion une grande force d'âme, refusa formellement d'abdiquer. Mais la présence dans la députation de MM. de Pierre et d'Ayguesvives, qu'elle savait particulièrement dévoués à la famille impériale, lui ouvrit les yeux sur le danger. Après de nouvelles instances de la députation, elle voulut bien qu'on modifiât, dans le sens indiqué par le Corps législatif, la déclaration qui devait être lue à la Chambre. Mais, lorsque les députés chargés de se rendre aux Tuileries, rentrèrent en séance, le général Cousin-Montauban venait de lire à la tribune le texte, arrêté le matin en conseil de régence, et rien ne pouvait plus désormais empêcher les événements.

Voici le texte apporté par le ministère :

« Un conseil de gouvernement et de défense nationale est institué.
« Les ministres sont nommés sous le contre-seing des membres de ce conseil.
« Le général comte de Palikao est nommé lieutenant-général du
« conseil.
« Fait au palais des Tuileries.

« Eugénie. »

Il n'est pas besoin de commenter longuement ces paroles pour faire comprendre qu'elles ne changeaient rien à l'état politique de la France, ni même à la constitution du gouvernement. L'empereur n'était pas nommé ; mais la régence persistait, et la dynastie avec elle ; enfin, le ministère actuel se maintenait, et son chef même acquérait un pouvoir nouveau, que ses services ne semblaient pas justifier. M. de Palikao croyait avoir fait des concessions suffisantes en supprimant dans sa rédaction le mot de régence, qu'il avait d'abord maintenu.

La gauche et même le centre ne pouvaient se contenter de modifications insignifiantes, qui laissaient le sort de la France entre les mains d'hommes dont les preuves d'incapacité ou d'impuissance n'étaient plus à faire. M. Jules Favre reprit donc immédiatement sa proposition de déchéance, et M. Thiers apporta une formule moins absolue qui donnait l'autorité suprême à la Chambre : il demandait que les bureaux fussent immédiatement saisis de son projet, dont il modifia les considérants, pour ne point froisser les fidélités et la susceptibilité de la majorité. Sa rédaction primitive portait : « Vu la vacance du pouvoir » ; il y substitua les termes suivants : « Vu les circonstances ». M. Gambetta obtint facilement que la proposition de M. Jules Favre fût aussi renvoyée aux bureaux, et le ministère, se sentant débordé, ne s'y opposa pas. Les députés se retirèrent pour examiner les propositions Thiers et Jules Favre ; mais ils ne devaient pas rentrer en séance ; en France, dans les circonstances critiques, la légalité est rarement dans le tempérament de la nation. Or, jamais excitation plus excusable n'avait poussé la foule à intervenir elle-même dans la décision de ses destinées.

Nous avons vu que l'agitation produite par les nouvelles semi-officielles répandues dans Paris pendant la soirée du 3 septembre s'était prolongée fort avant dans la nuit. Un mot d'ordre inexplicable avait convoqué les manifestants pour deux heures devant le Corps législatif. La proclamation affichée dès la première heure ne pouvait guère calmer les passions :

« Français, un grand malheur frappe la patrie.

« Après trois jours de luttes héroïques soutenues, par l'armée du
« maréchal de Mac-Mahon, contre trois cent mille ennemis, quarante
« mille hommes ont été faits prisonniers.

« Le général de Wimpfen, qui avait pris le commandement de
« l'armée, en remplacement du maréchal de Mac-Mahon, grièvement
« blessé, a signé une capitulation.

« Ce cruel revers n'ébranle pas notre courage.

« Paris est aujourd'hui en état de défense.

« Les forces militaires du pays s'organisent.

« Avant peu de jours une armée nouvelle sera sous Paris ; une
« autre armée se forme sur les rives de la Loire.

« Votre patriotisme, votre union, votre énergie, sauveront la
« France.

« L'empereur a été fait prisonnier dans la lutte.

« Le gouvernement, d'accord avec les pouvoirs publics, prend
« toutes les mesures que comporte la gravité des événements.

« Le conseil des ministres. »

Bien que, atténuant l'importance du désastre et déplaçant les responsabilités, ce document ne fût pas rédigé sans habileté, avec ces phrases vagues, qui conviennent à ce genre de littérature, il était cependant assez clair pour faire cesser tous les doutes et confirmer la population parisienne dans sa résolution d'obtenir de gré ou de force la déchéance.

Dès le matin, le Corps législatif était entouré d'une foule sans cesse grossissante, dans laquelle on remarquait nombre de gardes nationaux sans armes et des gardes mobiles qui avaient quitté leur campement de Saint-Maur. A onze heures, la garde de Paris et la ligne barraient le pont de la Concorde et le quai d'Orsay, mais leur attitude indiquait clairement que le temps et le droit d'intervenir leur semblaient passés ; et ils se laissaient peu à peu resserrer par la foule, qui ne cessait d'augmenter d'instant en instant.

Bientôt plusieurs bataillons de garde nationale, ayant à leur tête M. Edmond Adam, réussirent à pénétrer sur la place de la Concorde. A ce moment les gardes de Paris se retirèrent, et le général Caussade, qui commandait les troupes de ligne, et qui était au Corps législatif, se refusa à donner des ordres, qu'il jugeait inutiles, pour obtenir que ses soldats fissent évacuer les alentours du palais.

Il était près de deux heures, la foule obstruait l'entrée, et le concierge, chargé de laisser pénétrer les députés et les journalistes, ne pouvait empêcher l'introduction d'un certain nombre de manifestants, qui profitaient habilement de chaque ouverture de la porte. Quelques députés, inquiets sur les conséquences de cette infiltration, envoyèrent

A deux heures, le peuple envahit la Chambre des députés.

prévenir le général Trochu au Louvre; mais le gouverneur de Paris ne put franchir la cohue, et resta longtemps immobilisé, sur la place de la Concorde.

Cependant les tribunes s'étaient remplies. L'hémicycle était presque entièrement vide de députés, qui s'étaient retirés dans les bureaux pour examiner les propositions Jules Favre et Thiers. Des cris tumultueux de : Déchéance ! Vive la République ! s'élevaient de toutes parts, et l'intervention de MM. Crémieux, Gambetta et du président Schneider ne put obtenir qu'un silence relatif et de courte durée.

La délibération se prolongeait ; quelques députés seulement apparaissaient dans la salle, et la foule augmentait encore cette fois par de véritables poussées. Il était trois heures ; le président Schneider, ne pouvant venir à bout du tumulte, se retira, bientôt suivi de M. de Palikao.

Alors la salle fut envahie, la tribune occupée par des manifestants désireux de dire leur mot dans cette circonstance solennelle. MM. Jules Ferry, Gambetta, Steenackers, Kératry, avec l'appui de la garde nationale, réussirent à dégager le fond de la salle, mais il était facile de prévoir que l'invasion se renouvellerait plus pressante, lorsque Gambetta eut l'inspiration de proclamer devant la foule la déchéance. Rien ne pouvait plus désormais arrêter le cours des événements et il put ainsi entraîner le peuple loin du Corps législatif, où la présence des députés de la majorité pouvait amener des collisions déplorables.

« Citoyens, dit-il, attendu que la Patrie est en danger ; attendu
« que tout le temps nécessaire a été donné à la représentation natio-
« nale pour prononcer la déchéance, attendu que nous sommes et que
« nous constituons le pouvoir régulier, issu du suffrage universel libre,
« nous déclarons que Louis-Napoléon Bonaparte et sa dynastie ont à
« jamais cessé de régner sur la France. »

Et comme aux applaudissements se mêlait ce cri : « Proclamez la République ! » Jules Favre, qui se trouvait auprès de son jeune collègue, répondit : « La République ! ce n'est pas ici que nous devons la proclamer. » «Allons, ajouta Gambetta, la proclamer à l'Hôtel de Ville. »

Emportée ainsi sur les pas de Jules Favre, accompagné de M. Jules Ferry, et prévenue par des écriteaux de la marche sur l'Hôtel de Ville, la foule quitta le Palais-Bourbon, sans s'être laissé aller à un sentiment de vengeance. Des violences sur les personnes auraient, en face de l'ennemi, souillé d'une tache ineffaçable la journée du 4 septembre, qui eut au moins ce privilège de ne pas avoir fait couler le sang.

Sur le pont de la Concorde, Jules Favre reconnut le général Trochu et lui apprit la chute de la dynastie impériale. Le gouverneur de Paris rentra au Louvre, et Jules Favre et M. Jules Ferry arrivèrent sans incident à l'Hôtel de Ville, où les rejoignirent presque aussitôt MM. Gambetta, Ernest Picard, Jules Simon, Eug. Pelletan, Emmanuel Arago, Crémieux.

A partir de ce moment la chute de l'Empire était irrémédiable, quoique les députés ne se fussent pas encore dispersés et qu'un grand nombre d'entre eux fussent en train de délibérer sur les propositions qui avaient été soumises à la Chambre. Mais les bonapartistes renonçaient à espérer le maintien de la dynastie. Le peuple avait pénétré dans la cour du Carrousel et l'impératrice pouvait entendre les cris de : Déchéance ! Elle avait auprès d'elle l'ambassadeur d'Autriche, M. de Metternich, et l'ambassadeur d'Italie, le chevalier Nigra, enfin MM. Pietri, Jérôme David, Chevreau, Busson-Billault. Elle se retira alors avec Mme Lebreton par la place Saint-Germain-l'Auxerrois, se cacha quelques jours à Paris, et parvint, par l'intermédiaire de M. de Lesseps, et avec l'aide de M. de Kératry, le nouveau préfet de police, à se rendre en Angleterre, où elle résida d'abord à Hastings. Les Tuileries furent un moment envahies par la foule ; mais le palais fut bientôt évacué, et les troubles et les dégâts qu'on pouvait craindre ne se produisirent pas. Vers le même moment, M. Rochefort était délivré de la prison de Sainte-Pélagie, où il était enfermé depuis l'affaire de Victor Noir, et se rendait à l'Hôtel de Ville, où son nom avait été déjà l'objet des manifestations sympathiques de la foule.

Le Sénat avait été oublié et pendant la séance du 4 septembre avait vainement protesté en faveur de l'Empire ; il se dispersa le soir, au milieu de l'indifférence générale, et sans que son attitude ait eu aucune influence sur la marche des événements.

Après l'envahissement de la Chambre, deux cents députés s'étaient réunis dans la salle à manger de la présidence, et M. Alfred Leroux avait occupé le fauteuil. Sur le rapport de M. Martel, la proposition Thiers fut adoptée avec la formule primitive : « Vu la vacance du pouvoir ». Une nouvelle séance fut indiquée vers huit heures du soir, et une délégation, composée de MM. Garnier-Pagès, Lefèvre-Pontalis, Martel, Grévy, de Guiraud, Johnson, Barthélemy Saint-Hilaire, fut chargée de se mettre en communication avec les députés réunis à l'Hôtel de Ville.

La seconde séance s'ouvrit sous la présidence de M. Thiers ; MM. Jules Favre et Jules Simon furent presque immédiatement introduits et vinrent annoncer la constitution du gouvernement de la Défense nationale, composé en majeure partie de députés de Paris, et dont la nécessité s'imposait, si l'on voulait éviter de prolonger, en face de l'ennemi, une révolution que le moindre incident pouvait rendre sanglante.

M. Thiers, tout en évitant de reconnaître la légitimité du nouveau pouvoir, comprit combien il eût été contraire aux intérêts de la France de provoquer un conflit entre l'autorité légale, mais universellement repoussée du Corps législatif, et le nouveau gouvernement, d'origine révolutionnaire, il est vrai, mais qui, dans les circonstances présentes, ne pouvait qu'être généralement reconnu, dès le lendemain. Il se contenta de rappeler aux représentants des hommes politiques de l'Hôtel de Ville la terrible responsabilité qu'ils assumaient sur eux, et leur souhaita le succès, qui eût été le salut de la patrie. Après le départ de MM. Favre et Simon, il s'interposa pour empêcher les députés présents d'accepter une proposition de protestation écrite, présentée par M. Buffet. Il fit valoir avec force la nécessité de ne pas créer d'embarras à des hommes qui, n'étant pas responsables des malheurs communs, allaient, au risque même de compromettre le prestige de leur idéal politique, tenter les efforts suprêmes pour sauver un pays dont la situation paraissait condamnée. Les députés se séparèrent donc en silence. Toutefois, MM. Buffet et Daru crurent devoir protester dans le *Français* contre la constitution illégale du *gouvernement de la Défense nationale*.

III. — CONSTITUTION DU GOUVERNEMENT
DE LA DÉFENSE NATIONALE

Cette constitution n'avait pas été sans troubles et sans confusion. Entourés par la foule, les députés de Paris avaient eu beaucoup de peine à ne pas laisser pénétrer dans la liste des noms qui, à tort ou à raison, auraient donné au nouveau pouvoir le caractère du triomphe d'une secte, plutôt que l'empreinte républicaine et patriotique, nécessaire à la politique de la défense nationale.

Bien des voix, désirant faire prédominer la note de protestation contre l'Empire, avaient prononcé les noms des exilés illustres, Victor Hugo, Quinet, Ledru-Rollin, Louis Blanc, Schœlcher. Les partisans des doctrines socialistes extrêmes avaient acclamé MM. Blanqui, Félix Pyat, Delescluze.

Mais les chefs du mouvement tinrent à conserver à la nomination du gouvernement une certaine légalité, en n'y admettant que des représentants déjà élus du peuple français. Paris fut représenté dans la liste définitive par MM. Emm. Arago, Crémieux, Jules Favre, Jules Ferry, Garnier-Pagès, Eugène Pelletan, la province par MM. Gambetta, J. Simon, Ernest Picard, qui, élus aussi dans le département de la Seine, avaient opté pour les Bouches-du-Rhône, la Gironde et l'Hérault, enfin par Glais-Bizoin, député de la Seine, mais ancien député des Côtes-du-Nord.

Deux incidents modifièrent la composition du gouvernement.

M. Glais-Bizoin, député de Paris, ancien député des Côtes-du-Nord, faisait également partie du gouvernement de la Défense nationale.

M. Rochefort, étant arrivé de Sainte-Pélagie à l'Hôtel de Ville, fut acclamé par la foule et son nom fut ainsi imposé à ses collègues de la Chambre, qui comptaient se servir de sa popularité. Enfin, MM. Glais-Bizoin et Steenackers ayant amené le général Trochu, les députés lui offrirent une place dans le gouvernement. Le gouverneur de Paris, après avoir rassuré sa conscience, en obtenant de ses futurs collègues une déclaration de principes en faveur des lois morales, qui lui semblaient indispensables à toute société, fit observer, tout en affirmant son peu d'ambition, qu'en les circonstances présentes il ne pouvait accepter que la présidence d'un gouvernement où toute préoccupation devait céder aux nécessités militaires. Les membres du gouvernement reconnurent de bonne grâce cette exigence des circonstances et Jules Favre, cédant la *présidence du gouvernement au général Trochu*, se contenta du titre de vice-président.

Nous donnerons ici, pour n'y plus revenir, la composition définitive du gouvernement de la Défense nationale.

Cinq membres du gouvernement lui-même devinrent ministres. Le ministère de la guerre fut donné à un général protestataire contre le coup d'État, le général Le Flô; la marine à l'amiral Fourichon, qui venait de commander la flotte française de la mer du Nord; l'agriculture et le commerce à un spécialiste, l'économiste Magnin, député de la Côte-d'Or; enfin, les travaux publics à un ingénieur connu à la fois par sa compétence et la fermeté de ses opinions républicaines, M. Dorian, député de la Loire.

Le ministère se trouva donc composé comme il suit :

AFFAIRES ÉTRANGÈRES	MM. Jules Favre.
INTÉRIEUR	Gambetta.
FINANCES	Ern. Picard.
JUSTICE	Crémieux.
INSTRUCTION PUBLIQUE	Jules Simon.
TRAVAUX PUBLICS	Dorian.
AGRICULTURE ET COMMERCE	Magnin.
GUERRE	Le Flô.
MARINE	Fourichon.

Les services accessoires étaient :

Le *secrétariat* du gouvernement, qui comprenait MM. Hérold, Dréo, Lavertujon, Laurier, jeunes avocats ou journalistes, qui s'étaient fait une place dans l'opposition.

La *mairie de Paris*. Le maire fut le vénérable M. Étienne Arago, frère du grand astronome, oncle de M. Emmanuel Arago, et connu, comme eux, par son long dévouement à la cause républicaine. Ses adjoints furent MM. Clamageran, Floquet, Brisson, qui comptaient depuis longtemps déjà parmi les chefs du parti avancé. On plaça à la *préfecture de police* M. de Kératry, député du Finistère, qui avait joué depuis le mois d'août un rôle considérable dans l'opposition ; à l'*administration des postes*, le docteur Rampont-Lechin, député de l'Yonne ; aux *télégraphes*, M. Steenackers, député de la Haute-Marne. Enfin, M. Tamisier, ancien capitaine d'artillerie, représentant du Jura en 1851, et l'une des victimes du coup d'État, fut nommé commandant supérieur de la garde nationale à la place du général de la Motte-Rouge, qui fut envoyé à l'armée de la Loire.

Dès le 4 septembre, quelques instants après que la liste des membres du gouvernement de la Défense nationale eut été arrêtée, Gambetta se chargea de lire l'acte de constitution du nouveau pouvoir. Il s'avança à la porte de la chambre des délibérations, où les députés de Paris s'étaient réunis et il dit :

RÉPUBLIQUE FRANÇAISE

« Il est constitué un gouvernement de la défense nationale. Ce « gouvernement est ainsi composé :

« MM. Emmanuel Arago, Crémieux, Jules Favre, Jules Ferry, « Gambetta, Garnier-Pagès, Glais-Bizoin, Eugène Pelletan, Ernest « Picard, Rochefort, Jules Simon. »

En quelques paroles Gambetta précisa les devoirs du nouveau gouvernement : diriger la défense nationale, puis disparaître.

Ces noms et ce programme qu'il lut ensuite à la foule, assemblée sur la place de Grève, furent en général acceptés avec faveur, bien que parmi les manifestants beaucoup d'esprits extrêmes eussent désiré une liste plus accentuée.

La situation était trop tendue pour que le gouvernement pût se dispenser de faire appel à l'opinion publique par voie de proclamations. On en compta un grand nombre, à l'armée, à la garde nationale, proclamation du préfet de police, proclamation du maire de Paris. Cette phraséologie, qui nous paraît aujourd'hui ampoulée et vague, avait alors une véritable influence sur les esprits. La flamme qui se faisait sentir dans celles qui furent rédigées par Gambetta n'en est pas encore absente aujourd'hui, tant la passion qui s'y révèle était alors sincère et dominante.

La première proclamation, adressée aux Français, eut d'ailleurs un caractère de simplicité qu'on voudrait voir dans tous les documents de cette nature :

« Français !

« Le peuple a devancé la Chambre qui hésitait. Pour sauver la « patrie en danger, il a demandé la République. Il a mis ses repré- « sentants non au pouvoir, mais au péril. La République a vaincu « l'invasion en 1792. La République est proclamée.

« La révolution est faite au nom du droit du salut public.

« Citoyens, veillez sur la cité qui vous est confiée ; demain vous « serez, avec l'armée, les vengeurs de la patrie. »

Par quel singulier phénomène de notre caractère national l'enthousiasme révolutionnaire fit-il taire ce jour-là les angoisses publiques, il serait difficile de le dire, mais tous les témoins de cette soirée du 4 septembre se souviennent qu'elle prit rapidement les allures d'une soirée de fête et que la grande majorité des Parisiens se réjouit, comme si la chute des Bonaparte devait faire disparaître les désastres et les Prussiens. On semblait n'avoir pas de préoccupation plus pressante que de débaptiser les rues, d'enlever les emblèmes impériaux et d'effacer le souvenir du régime politique qui avait encore trouvé, il n'y avait pas quatre mois, une majorité considérable d'adhérents, au plébiscite du 8 mai.

Cet enthousiasme républicain, cette conviction qu'on avait anéanti la cause de tant de défaites en chassant l'Empire, se communiquèrent rapidement aux villes de province. Si les paysans apprirent avec stupeur la chute de leur régime préféré, dont la puissance militaire leur semblait encore intacte même après l'échec de Wœrth, la démocratie urbaine devança Paris en quelques endroits dans la proclamation de la République : à Lyon, à Bordeaux, à Marseille, à Versailles. Le mouvement se communiqua rapidement à Montpellier, au Havre, à Rochefort, à Saint-Étienne, à Tarbes, à Valence, à Foix, à Nantes, à Lille, à Nîmes, à Perpignan, à Strasbourg.

La circulaire expédiée dès le 4 septembre par Gambetta, et qui annonçait le gouvernement de la Défense nationale, trouva donc la population des villes préparée à la prise de possession du pouvoir par le parti républicain ; les campagnes, terrifiées par le désastre de Sedan, ne firent même pas mine d'opposition. Les préfets impériaux se montrèrent tout disposés à céder la place aux administrateurs nommés immédiatement par Gambetta et dont quelques-uns devaient à différents titres acquérir une certaine notoriété pendant la guerre ; tels MM. Pierre Legrand et Paul Bert à Lille, Esquiros et Gent à Marseille, Challemel-Lacour à Lyon, Antonin Dubost à Alençon, Anatole de La Forge à Saint-Quentin (Laon étant déjà occupé par les Prussiens), Desseaux à Rouen, Guépin à Nantes, Pierre Lefranc à Perpignan. Enfin, un des plus énergiques ennemis du bonapartisme, Edmond Valentin, fut nommé préfet du Bas-Rhin et chargé de pénétrer à Strasbourg pour y porter les éloges et les encouragements du nouveau gouvernement.

Pour terminer la liste des principaux collaborateurs du gouvernement de la Défense nationale, il nous suffira de citer, parmi les maires et les adjoints choisis par M. Et. Arago, MM. Tirard, maire du 2ᵉ arrondissement ; Bonvalet, maire du 3ᵉ arrondissement ; Greppo, maire du 4ᵉ arrondissement ; Hérisson, maire du 6ᵉ arrondissement ; Carnot, maire du 8ᵉ arrondissement ; Ranc, G. Chaudey (adjoints au 9ᵉ arrondissement) ; le grand historien Henri Martin, maire du 16ᵉ arrondissement ; enfin, le docteur Clémenceau, maire du 18ᵉ arrondissement. Tous, républicains de la veille, avaient joué déjà un rôle politique, ou plus tard, en raison même de leur participation à la défense nationale, devinrent les chefs des partis qui se réclament de la République. Leur situation augmenta bientôt, lorsque Paris eut été bloqué.

IV. — MARCHE DES PRUSSIENS SUR PARIS

La journée du 4 septembre, si précipités qu'eussent été les événements, avait détourné l'attention de la situation critique où se trouvait alors la France, et cependant la rapidité, désormais connue, de l'ennemi donnait une grande importance même au simple retard d'un jour.

Le lendemain de la capitulation de Sedan, les Prussiens avaient repris leur marche sur Paris, où le grand état-major avait cru pouvoir, avant même le début des hostilités, fixer la fin de la guerre. Le prince de Saxe, avec l'armée de la Meuse, se dirigeait sur Saint-Denis entre la Marne et l'Aisne, laissant cependant le corps du général Vinoy revenir de Mézières à Paris. Commandant du 13ᵉ corps, que le général de Palikao avait dirigé, à peine formé, sur l'armée de Mac-Mahon, le général Vinoy s'était persuadé en arrivant à Mézières de l'impossibilité d'atteindre sa destination en temps utile. Dans la nuit du 1ᵉʳ au 2 septembre, il se déroba donc par la route de Laon, traversa rapidement Saulce-aux-Bois, évita Rethel, occupé par l'armée du Kronprinz depuis le 31 août, et précipitant sa marche par Novion-Porcien, Château-Porcien, Seraincourt, pénétra dans le département de l'Aisne à Montcornet, échappa à la poursuite du prince de Saxe, et sans avoir perdu beaucoup de traînards, en conservant tout son matériel et son artillerie, embarqua ses troupes sur la voie ferrée à Laon; à Paris, où ses soldats fatigués furent accueillis avec enthousiasme, il retrouva l'autre partie de son corps d'armée qui avait été envoyée à Reims. Le général Ducrot récemment échappé de Pont-à-Mousson, venait de recevoir le commandement d'un 14ᵉ corps en formation, et qui occupait déjà au sud de la Seine les positions de Meudon, de Châtillon et de Bagneux.

Dans le danger pressant où se trouvait la France, le gouvernement national devait essayer de faire appel à l'opinion de l'Europe. M. Jules Favre, en prenant possession du ministère des affaires étrangères, avait pu se convaincre que l'Empire n'avait jamais eu l'espérance d'une alliance sérieuse. Le nouveau ministre avait cru devoir cependant exposer à l'Europe la situation créée par la révolution du 4 septembre; il adressa aux représentants de la France à l'étranger une circulaire explicative dont voici les principaux passages: «Monsieur, les événements
« qui viennent de s'accomplir à Paris s'expliquent si bien par la logique
« inexorable des faits qu'il est inutile d'insister longuement sur leur sens
« et leur portée; en cédant à un élan irrésistible, la population de Paris
« a obéi à une nécessité supérieure, celle de son propre salut... Elle n'a
« pas prononcé la déchéance de Napoléon III et de sa dynastie, elle l'a
« enregistrée au nom du droit, de la justice et du salut public... Nous avons
« hautement condamné la guerre en protestant de notre respect pour le
« droit des peuples, nous avons demandé qu'on laissât l'Allemagne maî-
« tresse de ses destinées... Le gouvernement impérial, qui avait depuis
« longtemps séparé ses intérêts de ceux du pays, a repoussé cette poli-
« tique. Nous la reprenons, avec l'espoir qu'instruite par l'expérience, la
« France aura la sagesse de la pratiquer. — De son côté, le roi de Prusse
« a déclaré qu'il faisait la guerre, non à la France, mais à la dynastie
« impériale. La dynastie est à terre, la France libre se lève; le roi
« de Prusse veut-il continuer une lutte impie, qui lui sera au moins
« aussi fatale qu'à nous? Libre à lui! qu'il assume cette responsabilité
« devant le monde et devant l'histoire. Si c'est un défi, nous l'acceptons.

« *Nous ne céderons ni un pouce de notre territoire, ni une pierre*
« *de nos forteresses.* Une paix honteuse serait une guerre d'extermina-
« tion à courte échéance. Nous ne traiterons que pour une paix durable.
« Nous ne conserverions pas le pouvoir une minute, si nous ne trou-
« vions pas la population de Paris et la France entière décidées à par-
« tager nos résolutions. Je les résume d'un mot devant Dieu, qui nous

« entend, devant la postérité qui nous jugera. Nous ne voulons que la
« paix ; mais si l'on continue contre nous une guerre funeste, que nous
« avons condamnée, nous ferons notre devoir jusqu'au bout, et j'ai la
« ferme confiance que notre cause, qui est celle du droit et de la justice,
« finira par triompher. » L'éloquence sentimentale de ce document
ne pouvait avoir, et n'eut en effet que peu d'influence sur la politique
européenne. Dans le gouvernement même, quelques esprits avisés,
comme M. Ernest Picard, auraient voulu faire supprimer la phrase: « Nous
ne céderons ni un pouce de notre territoire, ni une pierre de nos forteresses » ; mais l'opinion, unanime alors, à Paris du moins, sur ce sujet,
l'approuva sans restriction.

Cependant les deux armées prussiennes se rapprochaient. Le 9 septembre, Jules Favre, effrayé de la lourde responsabilité de continuer la
guerre dans des conditions aussi difficiles, parlait d'obtenir, par l'intermédiaire de l'ambassadeur anglais, lord Lyons, un sauf-conduit pour
une entrevue avec M. de Bismarck. Ses collègues s'opposèrent à cette
démarche ; mais le gouvernement obtint que M. Thiers, après un jour
de réflexion, acceptât la mission officielle de se rendre en Angleterre,
en Russie, en Autriche et en Italie, pour provoquer soit la médiation
des grandes puissances, soit, au besoin, une intervention plus active;
dans le cas où il pourrait éveiller, contre la Prusse, les craintes des
autres pays, dont la situation, en Europe, pouvait être menacée par un
triomphe trop éclatant de l'Allemagne. Le 12 septembre, M. Thiers
partait pour Londres : il avait soixante-huit ans.

Le 11 septembre, la quatrième armée prussienne se portait de Soissons à Château-Thierry; et le général Reyau, qui commandait les troupes
françaises à Meaux, se rabattait sur Lagny. Le 13, la troisième armée
et le grand quartier général étaient à Provins; le 14, les deux armées coupaient en même temps les lignes du Nord et de l'Est; le 15, un mouvement parallèle amenait le prince de Saxe à Senlis et à Chantilly ; le
Kronprinz à Villeneuve-Saint-Georges, sur la Seine; le 17, la ligne
d'Orléans était coupée à Athis et à Choisy-le-Roi ; le 18, la ligne de
l'Ouest à Poissy.

A partir de ce jour, les communications de Paris et de la province
étaient définitivement interrompues; mais, dès le 15, le gouvernement
avait envoyé à Tours une délégation, composée de MM. Crémieux et
Glais-Bizoin, avec le ministre de la marine, l'amiral Fourichon, qui
devait prendre l'intérim du ministère de la guerre, et l'un des secrétaires, M. Clément Laurier, qui devait suppléer le ministre de l'intérieur.
On admet que le choix de MM. Crémieux et Glais-Bizoin, déjà avancés
en âge et peu préparés à leurs fonctions d'agitateurs militaires, retarda
d'un mois les préparatifs de la défense en province.

L'armée du prince royal de Saxe, maîtresse de tous les passages de la Seine, au-dessous de Paris, n'avait plus qu'à s'étendre de Saint-Denis à Croissy, dans un rayon assez étendu, pour choisir ses cantonnements au nord, sans avoir à craindre d'être troublée dans sa marche; il n'en était pas de même de l'armée du Kronprinz : pour s'étendre au sud de Villeneuve-Saint-Georges, à Versailles, il lui fallait s'avancer par Créteil, Vitry, Chevilly, Châtillon, Clamart, Bourg-la-Reine,

GÉNÉRAL VINOY.

Meudon, à portée des forts, qui pouvaient servir de base d'opérations aux troupes de Ducrot et de Vinoy, et leur permettre de refouler, tout au moins pour quelque temps, les têtes de colonne de l'ennemi. Déjà, le 17, la division d'Exéa avait réussi à disperser des coureurs ennemis.

Le 19, le général Ducrot, avec trois divisions et soixante-huit pièces de canon, fit une attaque en flanc, sur les premiers corps prussiens, au delà de la redoute de Châtillon, malheureusement inachevée, et qui ne pouvait prêter au mouvement des troupes de l'armée française qu'un appui insuffisant. Un bataillon de zouaves, nouvellement engagés, lâcha pied, entraîna avec lui la division d'infanterie du général

Caussade. Les fuyards rentrèrent dans la ville, pénétrant jusque dans les quartiers de la rive droite, et annonçant hautement la prochaine occupation de Paris. Mais la panique ne se communiqua pas à la population. Arrêtés, les soldats furent livrés à l'état-major, qui fit savoir officiellement que les coupables étaient livrés au conseil de guerre. Ils furent en effet condamnés à des peines plus ou moins sévères, et rachetèrent ce mouvement de lâcheté par leur conduite dans les autres opérations du siège. Le général Ducrot avait fait continuer quelque temps un combat d'artillerie, contre les Prussiens en marche ; mais il avait dû se retirer pour éviter un plus grand désastre, renoncer à inquiéter la marche de l'ennemi sur Versailles, et lui permettre d'occuper le plateau de Châtillon, la seule position dominante, qui menaçât utilement les quartiers de la rive gauche de Paris. Ce jour-là, les ponts de Saint-Cloud, de Sèvres et de Billancourt sautaient.

V. — ENTREVUE DE FERRIÈRES

Jules Favre n'était pas à Paris le jour du combat de Châtillon. Ne pouvant obtenir l'approbation de ses collègues pour une démarche auprès de M. de Bismarck, il avait résolu d'en prendre sur lui seul la responsabilité. Le général Trochu avait reçu la confidence du ministre des affaires étrangères. Il ne s'était pas opposé à son projet. Car, bien que, à plusieurs reprises, le président du gouvernement se soit laissé gagner par la confiance de la victoire, son expérience de militaire instruit lui représentait les difficultés de la résistance. Ne fallait-il pas trouver, en quelques mois, ce que l'ennemi avait préparé par quarante ans d'études approfondies : des cadres d'officiers, des troupes expérimentées, des armes perfectionnées ? Le général en chef, dont le chef d'état-major, le général Schmidt, entretenait les désillusions par ses convictions personnelles, ne pouvait donc qu'appeler les négociations de tous ses vœux ; le ministre de la guerre, le général Le Flô, fut aussi dans le secret, et donna à Jules Favre le sauf-conduit nécessaire pour traverser les lignes françaises. Le 18, le ministre pénétra jusqu'à Villeneuve-Saint-Georges, et écrivit à Meaux, où se trouvait le quartier général. M. de Bismarck lui donna rendez-vous à Meaux, pour le lendemain matin, 19. Mais, comme le chancelier se rendait au château de Ferrières, où le roi avait fait transporter le quartier général, il se croisa à Montry avec Jules Favre. Ils se rendirent au château voisin de la Haute-Maison, et les pourparlers commencèrent.

M. de Bismarck, comme à Donchery, se répandit en accusations contre la France, et annonça l'intention définitive d'exiger la cession de l'Alsace et, en Lorraine, des arrondissements de Sarrebourg, de

DE BISMARCK

Château-Salins, de Metz et de Thionville. M. Jules Favre, à qui la solennité du moment causait une cruelle émotion, essaya de faire valoir les ressources qui restaient encore à la Défense, et de parler des dangers que la conquête d'un grand pays, déterminé à tout, pouvait encore réserver à l'Allemagne.

Le chancelier était peut-être persuadé, à tort, que la résistance était définitivement impossible. Peut-être aussi crut-il devoir employer des assertions grossièrement fausses, dans l'espoir d'intimider un homme de cœur tendre, qu'il voyait trembler devant lui, en pensant aux malheurs de sa patrie. Il répondit que, dans quatre jours, l'armée prussienne entrerait dans un fort de Paris, et, qu'en tous cas il serait facile d'affamer la grande ville. Il assurait de même que Metz, qui succomba quarante jours plus tard, que Strasbourg, dont la capitulation est de la fin d'octobre, que Toul, dont la résistance se prolongea jusqu'au 23 novembre, étaient sur le point d'ouvrir leurs portes. La conclusion, naturellement, était que la France n'avait qu'à se soumettre aux lois du vainqueur.

Mais telle était alors, du moins dans les grandes villes, l'exaltation de l'opinion, que Jules Favre ne se crut autorisé qu'à proposer une indemnité pécuniaire. Encore cette démarche patriotique devait-elle paraître plus tard, aux exagérés de bonne ou de mauvaise foi, une faiblesse déplorable.

M. de Bismarck ne s'arrêta pas, et, disons-le, étant donnée la politique allemande, inaugurée en 1864 par le démembrement du Danemark, ne pouvait pas s'arrêter à de pareilles propositions ; il se montra, d'abord, tout aussi catégorique dans son refus d'un armistice, nécessaire à l'élection d'une assemblée. C'était cependant la seule autorité capable de nommer un gouvernement en état de traiter légalement avec l'Allemagne. Toutefois, une nouvelle entrevue fut fixée, le soir même, pour neuf heures, à Ferrières. Le chancelier recommença l'entretien, selon le procédé que nous lui verrons toujours employer, par des objections, des difficultés, des exigences. Il insistait surtout sur l'instabilité du gouvernement de la Défense nationale. Imposé par une révolution de Paris, le nouveau régime pouvait être emporté par une seconde révolution, provoquée par les hommes du désordre. L'Allemagne ne trouverait donc pas de certitude dans des négociations commencées avec un gouvernement qui n'avait pour lui ni la légalité, ni l'avenir. Néanmoins, le chancelier n'était plus éloigné de consentir à un armistice, sauf pour Metz, Strasbourg et les Vosges. Les élections auraient lieu avec toute la liberté possible, mais ne s'étendraient pas à l'Alsace et à la Lorraine ; les députés recevraient un sauf-conduit et Paris serait ravitaillé.

Il y avait là un espoir sérieux de négociations ; les arrangements définitifs furent remis au lendemain matin, 20 septembre, et le ministre des affaires étrangères put croire, en se retirant, que la journée suivante serait plus favorable à la mission qu'il avait assumée.

Le 20 septembre, l'entretien reprit à onze heures et demie du matin. Fidèle à ses habitudes d'intimidation, M. de Bismarck montra à Jules Favre une photographie d'Hastings, où le prince impérial avait écrit quelques mots, adressés à Napoléon III. Le fils de l'Empereur avait remis cette manière de lettre de créance à un aventurier du nom de Régnier, qui s'était introduit auprès de M. de Bismarck, et s'était présenté comme pouvant servir d'intermédiaire entre les Prussiens, le maréchal Bazaine et les bonapartistes. Bien que le chancelier, comme l'événement le prouva, n'était pas disposé à prendre au sérieux de telles ouvertures, il laissa entendre que son gouvernement était assez porté à traiter avec l'Empire. M. Jules Favre ayant manifesté l'indignation que lui causait une telle menace, M. de Bismarck aborda alors le côté pratique de la question. Le roi accordait l'armistice nécessaire à la convocation d'une Assemblée nationale, mais il exigeait que la garnison de Strasbourg se rendît prisonnière, et que les Allemands occupassent un fort de Paris. Cette dernière clause n'était pas compatible avec la réunion de l'Assemblée à Paris. M. de Bismarck se déclarait donc prêt à demander au roi que l'Assemblée pût se tenir à Tours. Il consentait aussi à faire part à son souverain de l'impossibilité dans laquelle le gouvernement de la Défense nationale se trouvait de livrer, pour un simple armistice, la garnison de Strasbourg et les villes de Toul et de Phalsbourg, qui se défendaient encore, ce qui, d'après les lois de la guerre, eût été un déshonneur ineffaçable pour les républicains qui avaient pris le pouvoir. M. de Bismarck ne laissa pas ignorer à M. Jules Favre que cette dernière réclamation n'avait aucune chance d'être acceptée.

En effet, après avoir été trouver le roi, le chancelier revint, annonçant que son souverain admettait la convocation de l'Assemblée à Tours, mais qu'il exigeait, sauf à rompre toute négociation, que la garnison de Strasbourg se rendît prisonnière. Cette exigence indiquait une volonté arrêtée, non seulement de rechercher toutes les conditions qu'un vainqueur peut prétendre imposer à une nation entièrement écrasée, mais encore de ne lui épargner aucune de ces humiliations qui marquent un peuple et un parti politique d'une tache indélébile. En acceptant de livrer un fort de Paris à l'ennemi, comme gage de négociations sincères, Jules Favre avait été jusqu'à la limite extrême des concessions; il fut douloureusement affecté de la profondeur de haine que décelait une demande aussi injurieuse de la part d'un souverain que dix ans d'un règne glorieux, que des prospérités inouïes auraient pu rendre clément sans danger, d'un homme que son caractère personnel et que sa vie privée devaient faire accessible aux sentiments de pitié et d'humanité.

La nature généreuse et un peu chimérique de Jules Favre était peu faite pour la diplomatie; il fut atterré par cette réponse inexorable. Il se détourna et pleura. Il pleura non pas sur son dévouement inutile, sur l'humiliation dont il avait pris seul la responsabilité, mais sur les maux déjà soufferts, sur les malheurs nouveaux dont l'ambition et le ressentiment du peuple et des hommes d'État allemands menaçaient la France. Bien que M. de Bismarck, bien que même chez nous des gens trop spirituels aient pu s'égayer sur cette douleur si respectable, nous ne saurions cependant que nous y montrer sympathiques. Mais le temps de ces candeurs politiques est passé, et nous devons savoir que, plus que jamais, depuis l'établissement de la suprématie allemande, il ne peut y avoir entre les peuples d'Europe d'autres relations que celles des intérêts.

Jules Favre fut donc obligé de rompre l'entretien, il se rendait compte qu'il n'oserait demander à la France de subir les humiliations que l'ennemi exigeait d'elle; il prévint cependant le chancelier que, si le gouvernement se décidait à accepter les conditions de l'Allemagne, il reviendrait à Ferrières dès le 21.

Le ministre des affaires étrangères rentra à Paris, où il apprit la nouvelle de l'affaire de Châtillon; il rendit compte de sa mission à ses collègues, dont l'avis unanime fut de repousser les conditions que M. de Bismarck prétendait imposer, pour un simple armistice. On crut devoir expliquer à l'Europe que la responsabilité de la guerre pesait désormais tout entière sur l'Allemagne. Jules Favre rédigea le récit de son entrevue à Ferrières, sous forme de rapport présenté au gouvernement. Ce document, où la sincérité émue du négociateur a trouvé des accents aussi simples qu'éloquents, avait surtout pour but d'édifier les puissances étrangères sur la modération du roi Guillaume. Il semble qu'il y ait eu alors un léger mouvement en Europe, défavorable à l'écrasement définitif de la France. Mais les intérêts étaient trop divergents, l'attitude et les victoires des Prussiens trop menaçantes, pour qu'il se produisît une intervention européenne réellement utile à la cause française. M. de Bismarck se contenta de contester dans une circulaire quelques-unes des assertions de Jules Favre; mais il ne put que confirmer son récit sur tous les points principaux, et ses dénégations ne portèrent en réalité que sur le choix du fort demandé par M. de Moltke. Jules Favre avait parlé du Mont-Valérien; le chancelier prétendit n'avoir pas désigné celui-là plutôt qu'un autre. Au fond, la circulaire allemande avait pour but d'indiquer que le vainqueur ne supporterait pas la moindre médiation.

Nous croyons donc qu'il faut compter au nombre des chimères, dont la France devait se repaître jusqu'à la capitulation de Paris, la sympathie qu'on prêta à l'Europe pour les Français, à partir de l'entrevue de Ferrières. En dehors de la Suisse, il n'est pas, à ce moment, une seule des puissances, capables de servir utilement la France, qui ait songé à autre chose qu'à profiter de notre ruine au mieux de ses intérêts présents, sans calculer la situation que l'hégémonie de l'Allemagne pouvait préparer à l'Europe dans l'avenir. Les États-Unis, l'Italie, l'Espagne, la Suisse, le Portugal, l'Angleterre, l'Autriche, la Russie même, reconnurent successivement la République française. Leurs représentants restèrent à Paris, ou se transportèrent auprès de la délégation de Tours ; mais, sauf des conseils plus ou moins désintéressés, ils se montrèrent généralement réservés dans l'expression de leur sympathie. L'Italie et l'Autriche, qu'on pouvait supposer, soit par reconnaissance, soit par esprit de représailles, désireuses d'aider efficacement la France, exigèrent pour se prononcer la coopération impossible de la Russie et de l'Angleterre. Cette véritable complicité fut payée argent comptant, d'abord à l'Italie, qui, après le rappel des troupes françaises, occupa Rome le 13 septembre 1870; plus tard à la Russie, qui dénonça à la fin de cette même année le traité de 1856[1] et reconquit sa suprématie dans la mer Noire.

La France, après l'échec des négociations de Ferrières, ne pouvait donc plus compter que sur elle-même; une note parue le 22 septembre, au *Journal officiel*, fut l'expression de cette résolution. En voici le texte :

« Avant que le siège de Paris commençât, le ministre des affaires
« étrangères a voulu connaître les intentions de la Prusse, jusque-là
« silencieuse.

« Nous avions proclamé hautement les nôtres au lendemain de la
« révolution du 4 septembre. Sans haine contre l'Allemagne, ayant
« toujours condamné la guerre que l'empereur lui a faite dans un
« intérêt exclusivement dynastique, nous avons dit : Arrêtons cette
« lutte barbare, qui décime les peuples au profit de quelques ambi-
« tieux. Nous acceptons des conditions équitables. Nous ne cédons ni
« un pouce de notre territoire, ni une pierre de nos forteresses. La
« Prusse répond à ces ouvertures en demandant à garder l'Alsace et
« la Lorraine par droit de conquête.

« Elle ne consentirait même pas à consulter les populations ; elle

---

1. Le traité de Paris, en 1856, qui termina la guerre de Crimée, interdit à la Russie d'entretenir des flottes de guerre dans la mer Noire, et de relever les établissements militaires de Sébastopol. Le chancelier russe, M. de Gortschakoff, avait conservé contre la France une haine profonde pour la part qu'elle avait prise à cette humiliation de la Russie, et en 1870 il fit contre elle ce qu'on appela la politique de rancunes.

« veut en disposer, comme d'un troupeau. Et quand elle est en pré-
« sence de la convocation d'une Assemblée, qui constituera un pouvoir
« définitif et votera la paix ou la guerre, la Prusse demande, comme
« condition préalable d'un armistice, l'occupation des places assiégées,
« le fort du Mont-Valérien, et la garnison de Strasbourg prisonnière
« de guerre. Que l'Europe soit juge! Pour nous, l'ennemi s'est dévoilé.
« Il nous place entre le devoir et le déshonneur; notre choix est
« fait; Paris résistera jusqu'à la dernière extrémité. Les départements
« viendront à son secours; et, Dieu aidant, la France sera sau-
« vée. »

Il ne fallait plus, désormais, songer qu'à la défense et à la guerre. Les préoccupations et les nécessités électorales auraient pu entraver l'élan des préparatifs militaires. D'ailleurs, près de quinze départements étaient en partie occupés par l'ennemi, et les élections y étaient impossibles. Les élections générales avaient été fixées au 16 octobre, puis au 2 octobre, les élections municipales au 25 septembre. Le gouvernement rapporta les décrets, au grand mécontentement des partis exagérés, qui, peu favorables à la convocation d'une Assemblée nationale, espéraient, par des élections municipales, mettre la main sur le gouvernement de Paris, et diriger la ville selon les principes de la Commune de 1793, organisation plus politique que communale, et qui faisait de Paris une véritable république indépendante au milieu de la France.

En province, la remise des élections générales était fort impopulaire; la majorité de la population rurale désirant la constitution d'un pouvoir élu, soit par défiance de la République, soit dans l'espérance d'imposer une paix, que réclamaient les paysans, convaincus de l'inutilité de nouveaux efforts dans les circonstances actuelles.

La délégation de Tours subissait l'influence de cet état des esprits et persista, par un décret du 1ᵉʳ octobre, à indiquer des élections générales pour le 16. Il pouvait y avoir là une cause de conflit, et c'est alors que l'on songea à envoyer en province un des membres les plus jeunes et les plus actifs du gouvernement, pour pousser énergiquement les préparatifs militaires, et forcer la délégation à subordonner toute préoccupation politique à cette exigence de la situation.

VI. — LE BLOCUS DE PARIS

A Paris, les besoins de la défense étaient urgents. Il fallait tout organiser et improviser, les hommes et les fortifications. Le ministère Palikao, soit pour les travaux, soit pour les approvisionnements, avait montré une certaine activité; mais, au moment du désastre de Sedan, rien n'était terminé. Quant aux troupes, il n'y avait, en fait de régiments réguliers, que ceux qui avaient été conservés à Paris, et qui

MOBILES BRETONS.

devaient fournir les éléments d'un nouveau corps. Le général Ducrot en avait reçu le commandement, à son arrivée de Pont-à-Mousson. Avec le corps de Vinoy, grossi d'un certain nombre de traînards de Sedan, on avait obtenu ainsi deux corps formés de régiments de ligne, et s'élevant à peu près à soixante-quinze ou quatre-vingt mille hommes. Empruntés surtout à la réserve et aux dépôts, ces soldats étaient encore sous le coup de la démoralisation, causée par tant de défaites, mais ils reprirent rapidement l'esprit militaire ; et il fallut tout l'énervement d'un long siège pour abattre leurs sentiments de résistance.

Il y avait à Paris cent quinze mille hommes de gardes mobiles, Parisiens, Bretons, Bourguignons, Auvergnats, Dauphinois; ces troupes, formées de jeunes gens à peine exercés, acquirent assez vite une véritable solidité et s'illustrèrent dans la défense de Paris. Leurs officiers montrèrent un dévouement qui ne se démentit pas et payèrent largement l'impôt du sang.

La défense avait reçu un secours inappréciable dans l'arrivée de quatorze mille marins, canonniers habiles, d'une intrépidité invincible, soumis aveuglément à l'habile direction de leurs officiers, qui furent chargés de la défense des six principaux forts, et qui, à Saint-Denis, jouèrent un rôle considérable sous les ordres de leur chef supérieur, le vice-amiral La Roncière Le Noury.

FRANCS-TIREURS.

Les corps francs fournirent aussi un contingent de quinze mille hommes, recrutés dans les professions où l'usage des armes à feu était habituel. Ils rendirent de grands services, et, comme les éclaireurs de la Seine, et les éclaireurs de la Presse, donnèrent le plus souvent des preuves de courage.

La défense disposait donc ainsi de deux cent vingt mille hommes immédiatement disponibles, malheureusement, de valeur différente, puisque, à côté de vieux régiments d'une fermeté inébranlable, comme le 34ᵉ et le 35ᵉ de ligne du corps de Vinoy, on trouvait des troupes encore incapables de supporter le feu, comme l'infanterie de la division Caussade.

Il y avait deux cent soixante-six bataillons de garde nationale, dont les chefs furent élus par les soldats eux-mêmes, dès le mois d'octobre. C'était une force apparente de près de deux cent quarante mille hommes. Mais il y avait bien des non-valeurs; certains bataillons, surtout à Belleville, à Ménilmontant, aux Batignolles, se préoccupaient plus de politique que d'organisation militaire. Un grand nombre de gardes nationaux, par leur âge, par leurs habitudes professionnelles, par leurs aptitudes physiques, étaient incapables de se plier rapidement

ÉCLAIREURS DE LA SEINE.

aux exercices nécessaires à des troupes qui doivent tenir campagne. En général, cependant, on cherchait à s'instruire avec zèle, et il eût été possible, en s'y prenant dès le début, comme on essaya de le faire plus tard, de tirer de cette masse les plus jeunes et les plus actifs, pour en faire une armée mobilisable, au bout de deux mois d'instruction sérieuse.

Il n'y avait pas de doute, en tous cas, qu'il fût possible de défendre Paris avec cette garnison; le point délicat était d'y créer à temps une armée capable de manœuvrer en campagne et de tenter de forcer l'investissement.

Le périmètre de Paris était défendu à l'extérieur par quinze forts. Au nord, ceux de la Grande-Couronne et de l'Est, autour de Saint-Denis;

à l'est, ceux d'Aubervilliers, de Pantin, de Noisy, de Rosny, de Vincennes, de Nogent-sur-Marne; au sud, ceux de Charenton, d'Ivry, de Bicêtre, de Montrouge, de Vanves, d'Issy; à l'ouest, celui du Mont-Valérien. Six redoutes avaient été armées rapidement : celle du nord, dans la presqu'île de Gennevilliers, et, au sud, celles de Créteil, du Moulin-Saquet et des Hautes-Bruyères contribuèrent efficacement à la défense. Malheureusement, les pièces d'acier à longue portée des Allemands devaient dépasser la ligne des forts.

GARDES NATIONAUX DU GÉNIE CIVIL.

L'enceinte même des fortifications de Paris, d'un périmètre de trente-quatre kilomètres, avait été divisée en neuf secteurs, commandés chacun par un officier supérieur ou général de la marine; il y avait six secteurs sur la rive droite, trois sur la rive gauche. Les assiégés disposaient de deux mille cinq cents pièces de canon, dont deux cents pièces de marine, d'une portée et d'une puissance extraordinaires, d'ailleurs admirablement servies par les matelots de la flotte.

Dans la zone militaire on avait rasé les maisons, élevé des barricades; des casemates blindées avaient été creusées, dans les fortifications, par le génie militaire, dirigé par le général de Chabaud La Tour, et avec l'aide du service des ponts et chaussées.

La question des approvisionnements était plus difficile à résoudre que celle des fortifications. On avait bien fait entrer un assez grand nombre de bestiaux, et beaucoup de grains, à Paris, soit en exécution des marchés passés par M. Clément Duvernois, soit par des conventions hâtives faites, dès les premiers jours de septembre ; par M. Magnin, mais, à l'origine, on ne songea pas à réquisitionner les farines et les denrées chez les particuliers, et d'ailleurs cette opération présentait des difficultés insurmontables, bien que certaines gens crussent à l'efficacité de visites domiciliaires répétées ; la consommation de la viande fut, d'abord, fixée à cent grammes par tête, et l'on fit usage dès l'origine de viande de cheval. Bientôt, le 25 octobre, le rationnement de la viande tomba à soixante grammes ; mais ces premières souffrances et la cherté des vivres devaient rapidement prendre des proportions plus graves.

L'état moral fut généralement bon ; la gaieté se soutint même longtemps, et, sauf le grand nombre d'uniformes, peu orthodoxes souvent, qu'on voyait dans les rues, le manque de lumière, lorsque la diminution de la provision de charbon força de mesurer le gaz, Paris aurait eu un aspect des plus paisibles, si la politique n'avait, à plusieurs reprises, troublé la ville et menacé la tranquillité intérieure.

L'organisation provisoire des Allemands autour de Paris s'était opérée facilement. Les deux armées, à partir du 20 septembre, s'étaient installées solidement dans leurs cantonnements, fortifiant avec soin plusieurs lignes de villages, dont ils barricadaient les rues et crénelaient les maisons. Ces redoutes improvisées offraient des obstacles très sérieux. A chaque tentative des assiégés, elles permirent aux troupes allemandes d'attendre les renforts que les différents corps, grâce à des communications bien établies, à la pose instantanée du télégraphe militaire, pouvaient s'envoyer les uns aux autres. Aussi le blocus put-il être établi par trois simples cordons de troupes, qui s'épaississaient par une rapide concentration, en cas de bataille. De cette façon, avec cent soixante mille soldats, cent quatre-vingt mille au plus, le général de Moltke, certain que les hommes de guerre qui commandaient à Paris n'oseraient risquer un effort persistant sur le même point, dans la crainte d'une capitulation nouvelle en rase campagne, put enserrer une ville de deux millions d'âmes, défendue par quatre cent mille hommes, dont cent cinquante mille au moins pouvaient agir sur un endroit unique du périmètre. Il poussa même l'audace et la sécurité jusqu'à détacher, à plusieurs reprises, des forces relativement considérables, soit au nord, soit à l'ouest.

Les Saxons et la garde prussienne, qui formaient la quatrième armée, s'étendirent à l'ouest, au nord-ouest et à l'est, depuis la Seine, à la naissance du coude de Saint-Germain, leur centre dominant la presqu'île de Gennevilliers, jusqu'à la rive droite de la Marne, bien au delà de l'action des forts de l'Est. Leurs principales positions étaient, sur la Seine, Croissy, Bezons, Argenteuil, Epinay ; autour de Saint-Denis, Pierrefitte, Stains, Dugny, le Bourget ; dans l'angle formé entre la route de Soissons et la Marne, Sevran, Livry et Chelles, d'où ils dominaient le plateau d'Avron, sur lequel la défense n'avait pu achever les fortifications projetées.

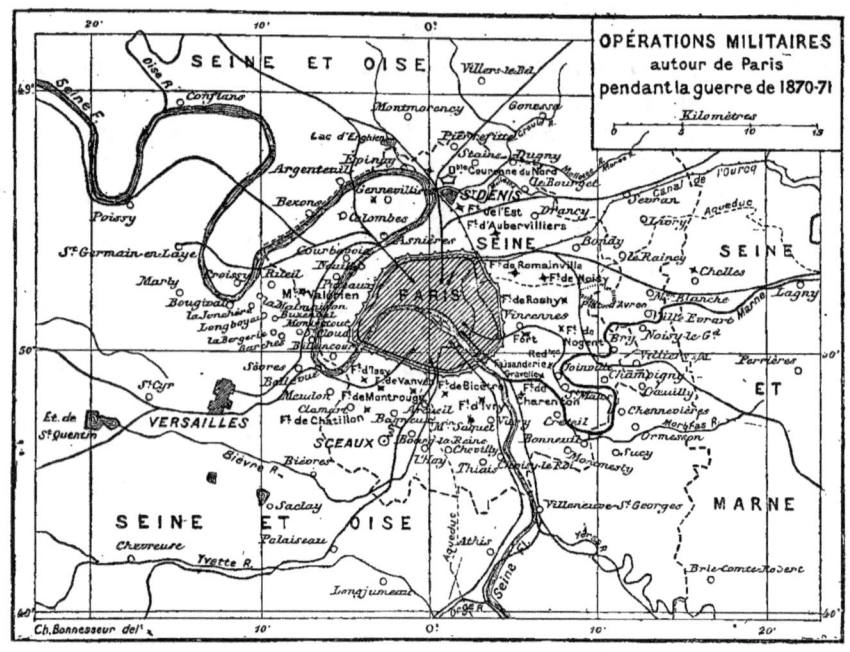

ENVIRONS DE PARIS.

Au sud-est, entre la Marne et la Seine, étaient les Wurtembergeois, chargés surtout de surveiller l'angle sortant formé par la Marne autour de la presqu'île de Saint-Maur. Ils s'étaient établis à Noisy-le-Grand, Villiers, Cœuilly, Champigny, s'abritant dans les parcs et les jardins des maisons de campagne de la ligne de Vincennes, qu'ils avaient fortifiés. Enfin, le grand segment, compris entre la Seine, à Villeneuve-Saint-Georges, et Versailles, sur tout le front sud de Paris, était surveillé par les Bavarois et les Prussiens ; leur position était pour ainsi dire inexpugnable, grâce à la possession du plateau de Châtillon.

Ils appuyaient les Wurtembergeois par les positions de Sucy et de Montmesly, comprises dans l'angle formé par le confluent de la Seine et de la Marne ; ils tenaient la route d'Orléans, par Choisy, Thiais, Chevilly, l'Hay, Bourg-la-Reine, Bagneux, Châtillon ; la route de Chartres et de l'ouest, par Clamart, Bellevue, Sèvres, Saint-Cloud, Garches et Bougival.

Le 5 octobre, le grand quartier général s'était établi à Versailles, d'où s'était retiré le préfet de la Défense nationale, M. Edouard Charton. Le roi s'était installé à la préfecture, l'administration du département avait été confiée à un préfet allemand, M. de Brauchitsch. La ville, dont l'état-major allemand avait fait une étude toute particulière, fut soumise immédiatement à des réquisitions de toute nature, et ne dut quelque repos qu'à l'initiative énergique de son maire, M. Rameau [1].

Quant à M. de Bismarck, il installa, 12, rue de Provence, à l'hôtel Jessé, la chancellerie et ses bureaux; ils comprenaient dix conseillers de légation ou secrétaires, et, parmi eux, le fameux docteur Moritz Busch, dont les indiscrétions sur *le chancelier et ses gens* nous ont permis de connaître combien l'orgueil de la victoire peut ramener à leur grossièreté native des hommes que leurs talents et leurs succès semblent devoir élever au-dessus de leurs contemporains.

A peine installé, M. de Bismarck rédigea une circulaire destinée plus encore à la France qu'aux nations européennes, auxquelles il semblait l'adresser; il s'apitoyait sur les malheurs que la résistance insensée du gouvernement de la Défense allait causer encore. C'était dire clairement que l'Allemagne était décidée à avoir raison de Paris, par tous les moyens, et menacer, dès le début, d'un bombardement qui ne pouvait encore être prêt, faute de routes pour amener le gros matériel de siège, la ville que toute l'Europe considérait comme un rendez-vous de plaisir, et une capitale intellectuelle.

Il semble d'ailleurs, quoique la tendresse de M. de Bismarck pour la civilisation française soit une plaisanterie, que le chancelier dût être poussé par le parti militaire dès l'origine du siège à laisser employer les moyens les plus violents. M. de Moltke, uniquement passionné pour les choses de la guerre, n'admettait pas qu'un obstacle sentimental entravât en rien les moyens dont il disposait.

En Allemagne, l'opinion publique s'impatientait de la prolongation de la campagne ; et la majorité de la nation n'était pas sans se promettre une certaine joie de la destruction possible de Paris. Et ce n'était pas là seulement le sentiment bestial d'une foule enivrée par une haine

---

1. M. Rameau est mort en septembre dernier (1887) entouré du respect et de la reconnaissance de tous les Versaillais.

séculaire, par le souvenir d'injures, vieilles de soixante-dix ans, et que nos malheurs de 1815 auraient dû expier. Au contraire, seuls quelques grands esprits, qui honorent le génie de leur patrie, savaient admirer chez nous les découvertes de la science et les beautés de notre littérature (je fais ici allusion au grand historien Waitz et au savant Wirchow). Mais beaucoup d'hommes à qui la France n'avait jamais marchandé son admiration, comme le physiologiste Du Boys Reymond, et l'illustre Mommsen, se faisaient gloire d'espérer l'abaissement définitif de cette civilisation française, qui n'avait d'autre tort que de faire concurrence à l'expansion de l'esprit allemand. Nous ne parlerons ici que pour souvenir des plaisanteries grossières du musicien Wagner. La mémoire de ce remarquable artiste, dont le talent original, les bizarreries d'exécution, la singularité des théories, feront toujours un maître discuté, ne souffrira que trop des inepties qu'il a cru devoir répandre sur notre patrie, où il avait trouvé, comme partout, autant d'admirateurs que d'adversaires.

Du numéro 12 de la rue de Provence, M. de Bismarck dirigea l'Allemagne avec autant d'autorité, que s'il avait été à Berlin. Sa diplomatie s'étendit sur l'Europe plus puissamment que jamais, et il fut entouré à Versailles d'ambassadeurs étrangers, et d'officiers américains, comme si le monde entier trouvait un singulier plaisir à assister à l'humiliation de la France.

Il organisait aussi, à sa façon, tous les pays occupés par l'armée allemande. La police, dirigée par M. de Stiehle, montrait une prudence qui paraissait quelquefois un peu exagérée. Il avait créé tout un système de réquisitions, de contributions, qui coûtèrent à la France 80 millions de francs en plus de sa rançon. L'administration militaire poussait la précaution jusqu'à indiquer la nature du logement, le genre de nourriture, le nombre des plats, la qualité des cigares exigés pour les officiers et les soldats.

Pour régulariser ces opérations financières, M. de Bismarck créa, dès le 21 août, un gouvernement général d'Alsace-Lorraine, qui fut occupé par le comte de Bismarck-Bohlen; le 29, un gouvernement de Lorraine pour les départements de Meuse, Meurthe, Moselle, Vosges, Haute-Marne, dont le gouverneur général, Von Bonin, restera à jamais célèbre pour avoir imposé 10 millions à la Lorraine, et fait incendier de fond en comble le village de Fontenoy (22 janvier 1871), à cause de la destruction du pont de la Moselle (à l'est de Toul). Le gouvernement de la Champagne (Aisne, Ardennes, Marne, Seine-et-Marne et Aube) eut pour chef-lieu Reims; il fut établi en septembre. Enfin, le 17 décembre, M. de Fabrice, ministre de la guerre en Saxe, reçut le gouvernement général du Nord (départements de Seine-et-Oise, Somme, Oise,

Seine-Inférieure, Eure-et-Loir, Loiret). Chaque gouverneur général eut sous ses ordres un commissaire de l'administration civile, des préfets et des sous-préfets allemands. Napoléon avait agi de même en Prusse en 1806.

VII. — PREMIÈRES OPÉRATIONS DU SIÈGE

Malgré la hâte que le grand état-major allemand avait d'en finir, les hostilités furent reprises, d'abord par le gouvernement français. La reconstitution des troupes de ligne avait été rapide. Le général Trochu voulait à la fois relever le moral des soldats, et reprendre, au sud, quelques positions, dont l'occupation par les Prussiens gênait les mouvements de l'armée. Le 22 septembre, la division Maud'huy s'empara du Moulin-Saquet et de Vitry; le 23, elle attaqua les Hautes-Bruyères et se logea dans Villejuif, que les Français gardèrent depuis. Les mitrailleuses, disposées par le commandant en chef de l'artillerie, général Guiod, avaient contribué au succès pour une grande part. Le même jour, les marins de l'amiral Saisset et les éclaireurs Lafont reprenaient, au nord, Drancy. Ce furent les deux premières de ces reconnaissances offensives que les chefs de la défense multiplièrent pendant le siège. Ces opérations avaient pour but d'aguerrir les troupes, et d'occuper des points stratégiques importants; mais, dans l'opinion des Parisiens, elles avaient le tort de ne pas être suivies d'actions définitives, où l'on tenterait ce qu'on appelait, dans un langage plus expressif que militaire, la trouée.

Le 30 septembre, une nouvelle sortie, soutenue par les forts d'Ivry, de Bicêtre et de Montrouge eut lieu dans la région du Sud. La brigade Blaise, de la division Maud'huy, pénétra dans Thiais. Le général Guilhem entra dans Chevilly, mais fut tué à la tête de ses soldats; le général d'Exéa fit une démonstration sur Créteil; mais les mobiles de la Vendée, malgré leur courage, furent arrêtés par les fortifications de l'Hay. Les Allemands purent concentrer des masses supérieures de combattants, et il fallut battre en retraite, sous la protection des chasseurs d'Afrique.

Cette seconde tentative, sans être aussi heureuse que la première, eut l'avantage de prouver, d'une manière irréfutable, le retour des troupes actives à la solidité, et le général Trochu, à l'enterrement du général Guilhem, put prononcer ces fortes paroles: « Messieurs, à l'heure « présente, l'appareil de la mort n'a rien qui doive nous effrayer. Notre « devoir, pour la plupart, notre avenir, pour tous, est là; les phrases « de convention et de convenance seraient déplacées; je ne dirai qu'un

Gambetta quitte Paris sur le ballon l'*Armand-Barbès*.

« mot devant ce cercueil : le général Guilhem a bien vécu ; il s'est
« bien battu, et il est mort en brave. Messieurs, je le recommande à
« votre souvenir. »

Le 7 octobre, le général Vinoy fit occuper Cachan et ce jour-là les marins de Montrouge enlevaient un convoi prussien. Ce fut aussi le 7 octobre que Gambetta s'embarqua sur le ballon l'*Armand-Barbès*, pour aller donner à l'organisation militaire de la province une impulsion que la délégation était impuissante à provoquer. Le 8, une reconnaissance fut dirigée sur Bondy et sur la Malmaison ; déjà, à cette époque, le général Ducrot pressentait, non sans raison, que les Prussiens, protégés par les deux courbes de la Seine qui forment les presqu'îles de Gennevilliers et de Saint-Germain, avaient dû se contenter de travaux moins importants qu'au sud et à l'est, et il méditait de tenter, vers l'ouest, l'effort dont on parlait dès l'origine pour rompre les lignes d'investissement. Le 12, les marins des forts de l'Est occupèrent le plateau d'Avron, et y établirent des batteries de siège ; mais la position, n'ayant pas été fortifiée comme il l'eût fallu, était menacée par les batteries prussiennes de Villiers, et, plus tard, lorsque le matériel de bombardement fut arrivé, par l'artillerie de Noisy-le-Grand et de Chelles.

Le 13 octobre, une affaire plus sérieuse eut lieu à Bagneux. Le général Vinoy fit un nouvel effort pour reprendre Châtillon ; mais les Prussiens en connaissaient toute l'importance ; et le général Susbielle, blessé en enlevant ses troupes, fut obligé de renoncer à l'attaque de cette position, et dut battre en retraite sous les feux d'une artillerie aussi nombreuse que bien dirigée ; le colonel de la Mariouse, soutenu par l'artillerie de la brigade Ladreyt de la Charrière, essaya un retour offensif sur Châtillon, mais fut obligé de se retirer à son tour ; à gauche, le combat était plus heureux pour la France. Clamart avait été emporté, et le commandant de Dampierre avait lancé ses hommes (les mobiles de la Côte-d'Or) avec un élan magnifique sur Bagneux ; mais il fut tué, et l'insuccès de la tentative principale sur Châtillon amena une retraite générale ; Clamart même fut évacué. Ce combat glorieux eut une grande influence sur l'esprit militaire des troupes. Le 14, les Prussiens demandèrent un armistice pour l'enlèvement des morts ; et leurs pertes avaient été assez sensibles pour que M. de Bismarck, dans une conversation qu'il eut, le 21 octobre, avec le maire de Versailles, crût devoir avec insistance en nier l'importance, que les Prussiens avouèrent plus tard.

Le 21 octobre, une opération plus considérable fut tentée par le général Ducrot ; elle se rattachait évidemment au plan auquel nous avons fait allusion plus haut. Pendant que le commandant supérieur de la garde nationale, général Tamisier, faisait, avec quelques bataillons

Batterie prussienne sur le plateau de Châtillon.

d'élite, une reconnaissance au nord du côté de Villemomble ; que les francs-tireurs d'Arnauld de Vresse attiraient l'attention de l'ennemi au sud, sur Joinville-le-Pont, le général Ducrot faisait une tentative sur les positions prussiennes situées en avant de Versailles, entre le chemin de fer de l'Ouest et la Seine. Il voulait à la fois se rendre compte des forces de l'ennemi, et dégager entièrement la presqu'île de Gennevilliers, dont il avait besoin pour les mouvements des troupes. Cette fois, on mit en ligne un peu plus de dix mille hommes. A droite, la division Berthaut devait occuper Rueil ; le général Noël, commandant supérieur du Mont-Valérien, avait pour objectif la Malmaison et Bougival. Ils étaient reliés entre eux par la colonne de Cholleton (dix-huit cents hommes) ; enfin, sur la gauche, une réserve de quatre mille hommes était commandée par les généraux Martenot et Paturel. L'artillerie française comprenait quatre-vingt-dix pièces.

A une heure, après un combat assez vif d'artillerie, les généraux Berthaut et Noël, profitant de la surprise des Prussiens, habitués à n'avoir sur les bras que des effectifs moins puissants, gravirent les pentes de la Jonchère et enlevèrent le parc de la Malmaison. Les zouaves du commandant Jacquot, réparant leur panique de Châtillon, furent entraînés trop loin par leur élan, et, sur le point d'être entourés, furent dégagés par les mobiles de Seine-et-Marne ; à gauche, le général Martenot occupa la position élevée de Montretout ; les francs-tireurs entrèrent dans Buzenval.

Ce succès imprévu causa quelque inquiétude au quartier général de Versailles, et montra qu'en effet les Allemands avaient assez compté, du côté de l'ouest, sur la position pour ne pas accumuler des forces considérables entre Versailles et Paris. Ils prirent certaines précautions pour mettre la ville à l'abri d'un coup de main et firent occuper par des troupes les issues des avenues de Paris et de Saint-Cloud. Le général de Moltke et le prince royal se rendirent à proximité du champ de bataille. Le chef d'état-major de la troisième armée, général Blumenthal, lança trois régiments au secours du général Von Kirchbach, qui, profitant des travaux faits dans le parc de Longboyau, résistait encore à la brigade Cholleton. Les Français furent donc obligés de se retirer ; ils gardèrent cependant quelques positions de la presqu'île de Gennevilliers. Il semblait que l'affaire de la Malmaison dût indiquer à la défense la faiblesse du rideau des troupes du blocus, et il se forma désormais, dans le public, l'opinion qu'un effort considérable et persévérant aurait pu permettre de forcer en un point les lignes prussiennes.

Les combats du mois d'octobre n'étaient pas encore finis : dans la nuit du 27 au 28, le général Carrey de Bellemare, qui s'était échappé après la capitulation de Sedan, avait reçu le commandement supérieur de Saint-Denis, obtint l'autorisation d'occuper le Bourget, position importante, qui rendait faciles les communications entre les Prussiens, placés à Epinay-sur-Seine, et les Saxons, placés à Chelles, sur la Marne. Les mobiles de la Seine et les francs-tireurs de la Presse s'emparèrent de ce village sans grands obstacles. Il eût fallu, pour le conserver, passer la journée du 29 à le fortifier et y envoyer des renforts ; on n'en fit rien. Le 30, neuf bataillons prussiens se jetèrent sur le Bourget ; pendant toute la journée, les Français se défendirent vaillamment, mais, ne recevant aucun secours, ils furent repoussés sur la place de l'Église, et le commandant des mobiles de la Seine, Baroche, fut tué en combattant héroïquement. Sous les ordres du commandant Brasseur, ce qui restait de défenseurs du Bourget s'enferma dans l'église et résista à un siège en règle jusqu'à la dernière extrémité. Ce ne fut que lorsque les Prussiens se furent emparés de toutes les issues, au prix de grands sacrifices d'hommes, que le commandant Brasseur[1], à bout de forces, rendit son épée. Les Français perdaient douze cents hommes, les Prussiens presque autant, et trois

LE COMMANDANT BAROCHE, DES MOBILES DE LA SEINE.

officiers supérieurs. Le gouvernement essaya d'atténuer l'importance de la perte du Bourget ; d'ailleurs, la plus grosse part de responsabilité dans cet échec retombait sur le général Carrey de Bellemare, dont la conduite cependant n'était pas sans excuses, car il paraît avoir eu des difficultés sérieuses à envoyer des renforts. Les ennemis du gouvernement de la Défense nationale attribuèrent aux hommes de l'Hôtel de Ville les conséquences de ce malheur, d'autant plus sensible à la population parisienne que les mobiles de la Seine lui tenaient de plus près.

1. Le commandant Brasseur, mort en 1888, a légué par testament son épée à la commune du Bourget.

VIII. — LE 31 OCTOBRE

Les auteurs du 4 Septembre étaient loin en effet d'avoir conservé la popularité qu'ils avaient eue jusqu'à la chute de l'Empire. Deux raisons principales expliquent ce revirement de l'opinion des républicains avancés. D'abord, les nouveaux chefs de la France avaient cru devoir faire passer les besoins de la défense nationale avant la satisfaction de leurs rancunes politiques, et ils avaient écarté du pouvoir, pour rallier autour d'eux le plus grand nombre de bonnes volontés, les conspirateurs compromis dans les complots et dans les émeutes de la fin de l'Empire : les exagérés ne leur pardonnaient pas cette exclusion. Ensuite le gouvernement de la Défense nationale, bien qu'issu d'une révolution, était composé d'hommes instruits des choses de leur temps, et ils ne croyaient pas à l'efficacité de la levée en masse, des enrôlements publics, et surtout à la nécessité de rétablir la commune révolutionnaire de 1793. Or, les partisans d'une république jacobine et socialiste, les uns par ambition, les autres par conviction, se voyaient avec colère refuser la *Commune*. Ils avaient espéré, grâce à la tendance qu'a toujours eue le suffrage universel à se déclarer, à Paris, en faveur des opinions extrêmes, les uns, y faire dominer leur idéal politique et social, les autres, délivrer la France par la simple vertu des procédés révolutionnaires.

Cependant les partisans de la politique des barricades ne pouvaient ouvertement, et en face de l'ennemi, avant d'avoir vu le nouveau gouvernement à l'œuvre, condamner sa conduite et son origine. Ils se réservèrent du moins la satisfaction de le contrôler, de l'exciter et surtout de dénoncer, comme autant de preuves d'incapacité et même de trahison, les hésitations, les démarches malheureuses, les insuccès, inévitables dans une aussi terrible situation.

De tous les anciens ennemis de l'Empire, celui qui s'était vu avec le plus d'amertume exclu du gouvernement républicain, était Charles Delescluze, jacobin de 1793 égaré au XIX° siècle, connu par l'austérité de son républicanisme et par sa haine contre les bonapartistes. De nombreuses années de persécutions, un esprit naturellement porté aux solutions violentes, avaient fait de sa foi politique une véritable religion, dont il était devenu rapidement le prophète, aussi fanatique qu'intolérant. Il était dans ce singulier état d'esprit qu'on pourrait appeler le délire religieux ; il en était arrivé à considérer quiconque ne partageait pas ses convictions et ses idées comme hors d'état de grâce et véritablement excommunié du parti républicain. D'ailleurs sincère et scrupuleusement intègre, modeste au fond, il était irrité de n'être rien dans la République, quand il était persuadé que seul il possédait la véritable tradition républicaine.

Son journal, le *Réveil*, autrefois si cruellement frappé dans la lutte, prit, dès le début, une attitude d'exigence et de défiance à l'égard du gouvernement. Ce fut, d'abord, une sommation de publier les noms, qu'on savait avoir été trouvés aux Tuileries, des journalistes payés par l'Empire. Les hommes du 4 Septembre craignaient de s'engager dans cette voie de vengeance et de dénonciations qui, en temps de révolution, avec une population aussi nerveuse que celle de Paris, pouvaient provoquer une excitation dangereuse. Ils refusèrent donc de jouer ce rôle de policiers. Toutefois, avec cette crainte si terrible, que notre tempérament national ne justifie que trop, d'être accusé de trahison, le gouvernement prit un moyen terme : il nomma une commission chargée de rechercher, dans les papiers trouvés aux Tuileries, ceux qu'on pouvait publier pour satisfaire l'opinion, sans céder, à tout prix, à ce besoin de scandale rétrospectif, qui perça trop souvent pendant le siège. Cette commission fut composée de

DELESCLUZE.

MM. Lavertujon, Gagneur, Taxile Delord, Ludovic Lalanne, Laurent Pichat, Édouard Lockroy, Camille Pelletan, et de MM. de Kératry, Estancelin, André Cochut, Jules Claretie ; ces deux derniers crurent devoir se retirer, lorsque la publication des premières livraisons eut compromis des personnages considérables, qu'ils auraient préféré ne pas voir nommer. MM. Estancelin et de Kératry partirent, plus tard, en mission militaire pour la province.

Cette concession aux partis extrêmes ne semble pas les avoir touchés. Du reste, leur siège était fait, et, à partir du 5 septembre, ils ne songèrent qu'à utiliser contre le gouvernement le répit forcé qu'il fallait bien lui accorder. Ils s'ingénièrent dès le début à préparer une organisation politique et militaire assez puissante pour disperser, par la force, l'administration républicaine, dont ils ne partageaient ni le pouvoir, ni les idées. Caché depuis sa tentative d'août, M. Blanqui, le plus ancien des représentants du parti révolutionnaire, avait reparu au 4 septembre. Son nom avait été prononcé à l'Hôtel de Ville et écarté. Ses idées politiques, bien qu'entourées de certaines théories mystiques, se résumaient surtout dans la nécessité de détruire la société existante, inique à l'égard du peuple, et dans une nouvelle distribution des forces productives de la nation. Cependant des adeptes ont pu constituer, avec les articles de M. Blanqui, un corps de doctrine socialiste, qu'on appelle aujourd'hui le *Blanquisme*. Son journal, la *Patrie en danger*, tout en prêchant la suppression des cultes, la levée en masse et la communauté des subsistances, n'attaquait pas d'abord les hommes au pouvoir, il parlait d'union et de paix publique devant l'ennemi, et prétendait sauver la Patrie « avec eux, sans eux, ou, s'il le fallait, contre eux ». L'autre journal qui, avec le *Réveil* et la *Patrie en danger*, croyait devoir ruiner l'autorité du nouveau gouvernement était le *Combat*, de M. Félix Pyat, écrivain dramatique, qui avait porté au théâtre les revendications des ouvriers. Sur la scène comme dans la rue, il s'était toujours montré partisan des moyens violents; apologiste de l'assassinat politique, il avait été forcé sans cesse par ses opinions, et sous tous les gouvernements, à se dérober aux recherches de la police.

La *Patrie en danger* et le *Combat* se firent l'écho de toutes les plaintes, qui devaient s'élever dans une grande ville comme Paris contre le gouvernement. C'est là qu'on gourmandait son inaction, qu'on niait son républicanisme et son patriotisme. On y donnait asile à tous les projets de sortie en masse, que bien des gens élaboraient sur la carte; on y accueillait les plaintes de tous les chimistes évincés, auxquels le gouvernement avait refusé d'expérimenter leurs produits explosibles, dont l'emploi, disait-on, devait assurer la perte des armées allemandes.

Ces journaux auraient peut-être été peu dangereux pour le gouvernement de la Défense nationale, tant la majorité de la population avait compris la nécessité d'une étroite discipline, mais les partisans des doctrines extrêmes avaient trouvé deux moyens d'organisation, qui leur fournirent les cadres et les chefs, si nécessaires aux insurrections: ce furent l'*Internationale* et le *Comité central*.

L'association internationale des travailleurs avait été obligée de disparaître à la fin de l'Empire. Cette société cosmopolite, organisée par l'Allemand Karl Marx, poursuivait avant tout le triomphe de la classe ouvrière, de ceux que, par une erreur de mots, on s'habituait alors à appeler exclusivement les travailleurs. Son but utile eût été de faire rendre justice, dans la mesure du possible, aux salariés qui n'ont d'autre mise de fonds que le travail par les possesseurs du capital qui les emploient. Mais bientôt, à ces revendications légitimes, s'ajoutèrent des aspirations de domination politique. L'Internationale ressuscita les luttes de classe, et dressa, en face de la bourgeoisie, à laquelle les fonctions dirigeantes appartenaient depuis cinquante ans, une nouvelle classe désireuse d'arriver au pouvoir, et qu'on a appelée quelquefois le *quatrième état*, par opposition au tiers état, parvenu à la vie publique depuis 1789.

Par son origine, l'Internationale ne pouvait se préoccuper beaucoup de la lutte qui se poursuivait entre la France et l'Allemagne; mais son organisation, toute faite, pouvait servir de point d'appui aux hommes nouveaux, qui comptèrent, en se servant des aspirations naturelles de la majorité ouvrière de Paris, se substituer aux hommes du 4 Septembre. Bien qu'on ait pu dire que cette association n'ait pas été vue d'un très mauvais œil par Napoléon III, elle avait eu une part assez importante dans les rigueurs impériales pour que le gouvernement ne pût songer à interdire sa réapparition; mais il savait que ce devait être là le quartier général de ses ennemis les plus dangereux.

Le rôle de l'Internationale ne fut pas cependant encore le plus considérable dans les émeutes du siège. Le 20 septembre, une délibération, prise à l'Alcazar en faveur de la guerre à outrance et de l'élection de la commune de Paris, révéla l'existence d'un *comité central de vigilance et d'armement de la garde nationale;* on y trouvait les noms de journalistes et d'écrivains révolutionnaires connus par leur talent, comme MM. Jules Vallès, Ch.-L. Chassin, Vermorel; d'autres journalistes comme MM. Lefrançais, Longuet; un vieux républicain honoré par la dignité de sa vie, Beslay père; enfin, des hommes alors moins en vue, comme MM. Camélinat, Ranvier, Duval.

Après une nouvelle séance, qui se tint le 22 septembre, le *Comité central*, dont l'origine est encore aujourd'hui assez obscure, décida, au sujet de prétendues négociations pour la paix, dont on attribuait l'intention au gouvernement, d'aller demander des explications à l'Hôtel de Ville. Les délégués furent reçus, le 26, à l'Hôtel de Ville, par M. Jules Ferry. Il affirma qu'il n'était pas question de traiter avec la Prusse, mais il refusa de prendre un engagement en faveur de la suppression de la préfecture de police, et ne laissa pas espérer que l'on ferait des élections municipales immédiates.

Cette réponse causa un grand mécontentement à Belleville. Les bataillons de la garde nationale de ce quartier s'y étaient formés en une espèce de corps militaire à part, sous le commandement de Flourens. Depuis la révolution du 4 septembre, Flourens était tourmenté du besoin d'agir et de jouer un rôle décisif dans la défense nationale. Son exaltation croissait chaque jour, et, avec elle, sa conviction qu'il fallait, pour sauver la patrie, mettre immédiatement à contribution son enthousiasme et celui de ses gardes nationaux. L'énergie de sa parole, l'ardeur de toute sa personne, la précision apparente de ses projets militaires due aux nombreuses connaissances qu'il avait accumulées un peu au hasard dans sa mémoire, avaient persuadé à ses troupes qu'il était l'homme providentiel. Le gouvernement, désireux d'éviter toutes causes de conflit, lui avait conféré le titre un peu étrange de major de rempart ; en cette qualité, il se croyait fondé à se faire le porte-paroles officiel de ses hommes. Or, les bataillons de Belleville trouvaient fort mal qu'on refusât de les armer de fusils à tir rapide et de les employer à la *trouée*; ils résolurent de manifester à leur tour.

Cette manifestation en armes eut lieu le 5 octobre 1870; Flourens vint avec les Bellevillois demander la sortie en masse, les élections et la distribution à la garde nationale des dix mille chassepots qu'on savait en réserve. Introduit à l'Hôtel de Ville, il reçut des explications du général Trochu, de Gambetta, de Garnier-Pagès, de Pelletan, de MM. Etienne Arago et Jules Ferry. Dorian se donna la peine de lui expliquer que les dix mille chassepots en réserve étaient nécessaires pour remplacer ceux qui seraient mis hors d'usage dans l'armée active. Il ajouta qu'on fabriquait avec activité des canons, pour permettre à la garde nationale de prendre part activement à la défense. Mais ce n'était pas la trouée : Flourens donna sa démission. Le 7, Blanqui essaya d'entraîner son bataillon à l'Hôtel de Ville ; il ne réussit pas, fut cassé de son grade de commandant, ne fut pas réélu, et le gouvernement se crut assez fort pour ajourner définitivement les élections. — Le 8, le 146° bataillon refusa à son commandant, M. Sapia, de reprendre la manifestation. Le 84°, il est vrai, vint réclamer la Commune. Le général Trochu, qui aimait à montrer l'influence de sa parole habile et abondante, parvint à donner à cette manifestation l'allure d'une revue toute pacifique, et Jules Favre, après une improvisation émue, renvoya les manifestants dûment confessés et repentants.

Ces démonstrations n'allaient pas sans jeter quelque ridicule sur leurs promoteurs qui restaient isolés, M. Rochefort refusant de se séparer du gouvernement, au profit de Flourens et autres. On gagna ainsi les derniers jours du mois d'octobre, sans nouvelle alerte.

Mais le bruit d'un malheur irréparable vint tomber si inopinément sur Paris, que les partisans de la Commune crurent avoir enfin cause gagnée. Le 27, le gouvernement apprit, par des rumeurs vagues, qu'il était question de la capitulation de Metz. Mais cette rumeur parut d'abord sans consistance et comme une tentative d'intimidation de la part des Allemands. Toutefois, une indiscrétion commise livra le secret de cette inquiétude à Flourens. Il en fit part à M. Félix Pyat. Le 28, M. Félix Pyat annonça la capitulation de Metz dans le *Combat*; il prétendit que le gouvernement cachait cette nouvelle, que Flourens

FLOURENS.

tenait de M. Rochefort. Le gouvernement répondit par une note officielle, dans laquelle il repoussait la nouvelle de la capitulation de Metz comme injurieuse pour Bazaine et sa glorieuse armée ; en même temps Flourens, tout en maintenant l'exactitude de son renseignement, assurait qu'il ne le tenait pas de M. Rochefort.

Mais, le 29 au soir, Thiers, de retour de son voyage à travers l'Europe, ayant obtenu un laisser-passer, pour rendre compte de sa mission au gouvernement de Paris, apporta la nouvelle certaine de la capitulation du maréchal Bazaine. Il fallut donc à la fois, le lendemain 30, avouer le fait qu'on venait de démentir, apprendre au peuple les négociations entamées en vue d'un armistice. Pour comble de malheur, ce jour-là eut lieu la déplorable affaire du Bourget, et, quelles que fussent les précautions de style employées par le gouvernement, il ne put effacer l'impression produite par toutes ces circonstances fâcheuses. Ce n'était plus le moment où, Gambetta annonçant la capitulation de Strasbourg, trouvait le moyen de faire de cette nouvelle un aliment nouveau pour l'enthousiasme.

Le 31 octobre menaçait au contraire d'être ce qu'on appelle, en style révolutionnaire, une journée. Les maires, bien qu'en majorité partisans du gouvernement, avaient vu avec peine l'annonce de négociations succédant à l'aveu de la capitulation de Metz et à l'affaire du Bourget; ils auraient voulu que leur autorité fût consacrée par l'élection, et, dès le matin du 31 octobre, ils firent une démarche en ce sens auprès de M. Etienne Arago. Le maire de Paris entra dans leurs vues et les convoqua; leur délibération eut lieu à l'Hôtel de Ville, et ils se prononcèrent en faveur des élections immédiates; ce fut M. Tirard qui fut chargé de porter la parole au nom de ses collègues.

Mais, avant que le gouvernement eût eu le temps de discuter sur la conduite à tenir, les manifestations commencèrent à affluer sur la place de l'Hôtel-de-Ville, pacifiques encore, parce que les plus bruyants des bataillons de la garde nationale, déterminés, dès la veille, à agir contre le gouvernement, se concentraient alors et recevaient les ordres des chefs du mouvement.

La première députation, conduite par un M. Maurice Joly, fut reçue par MM. Trochu, Pelletan, Jules Simon, Jules Ferry. Elle adressa au gouvernement un réquisitoire et une sommation. En ce moment, Jules Favre, alors absent de l'Hôtel de Ville, vint se joindre à ses collègues; son arrivée fut mal accueillie par la foule, pressée sur la place de Grève, et ce fut le dernier jour de sa popularité. Le peuple, qui s'irritait de ne pas être admis en masse dans l'Hôtel de Ville, menaçait d'y pénétrer violemment, et le gouvernement se voyant incapable de résister, et ne voulant pas prendre la responsabilité d'une guerre civile, avait résolu de céder. Il fit prévenir les maires qu'il était prêt à fixer une date prochaine pour les élections. Mais cette concession était tardive, et le général Tamisier vint annoncer que la garde nationale était généralement mal disposée pour le gouvernement. En effet, vers trois heures de l'après-midi, les bataillons de

La salle du Conseil est envahie pendant une délibération des membres du gouvernement de la Défense nationale.

Belleville, de Ménilmontant, de Montmartre et des Batignolles débouchèrent sur la place de Grève, occupèrent toutes les issues de l'Hôtel de Ville et menacèrent d'enfoncer, à coups de hache, la porte principale. Le gouvernement était désormais cerné et séparé des mobiles, qui eussent pu le défendre et qui occupaient la caserne Lobau.

Plusieurs d'entre les maires et les adjoints, MM. Tirard, Carnot, Henri Martin, Gustave Chaudey, essayèrent de s'opposer à l'envahissement; mais ils furent écartés par la garde nationale, et, à quatre heures, l'Hôtel de Ville était entre les mains de la Commune. MM. Delescluze et Félix Pyat prirent la direction du mouvement, firent évacuer l'endroit où les maires délibéraient encore, puis les tirailleurs de Flourens s'accumulèrent à la porte de la salle, où se tenait le gouvernement. Aussitôt un concert d'injures s'éleva contre les hommes qui avaient assumé la tâche de résister à l'ennemi. M. Rochefort voulut en vain se faire entendre; il renonça à dominer les cris qui l'accueillirent, et rentra auprès de ses collègues. Les scènes de confusion, qui suivirent, prirent un tel caractère, qu'un des chefs du parti exalté, Millière, crut devoir laisser à Flourens la responsabilité des rapports avec le gouvernement. Flourens essaya, vainement, d'obtenir la démission volontaire des représentants de la Défense nationale. Il se heurta à une résolution inébranlable, à une fermeté invincible. Alors, dans une salle voisine, de sa propre autorité, il fit écrire sur des papiers, qu'on jeta ensuite par les fenêtres, les noms des membres d'un nouveau gouvernement. C'étaient : Flourens, Mottu, Victor Hugo, Louis Blanc, Delescluze, Blanqui, Avrial, Raspail, Félix Pyat, Millière, Ledru-Rollin, Ranvier, Rochefort, Dorian. A la lecture de ces noms, la foule sembla approuver difficilement le sentiment qui avait amené Flourens à se donner la première place. Le nom de Dorian, dont l'activité était fort admirée à Paris, fut, au contraire, acclamé; mais le ministre des travaux publics refusa obstinément d'acquiescer aux volontés populaires. Pendant ce temps, le gouvernement était toujours gardé à vue; les menaces prenaient d'instant en instant plus de violence. Les fusils étaient parfois abaissés sur les représentants du pouvoir légal, qui n'eurent, ni les uns ni les autres, aucun moment de faiblesse.

Cependant, vers les six heures, l'insurrection avait changé de maître. Blanqui s'était installé, non loin de la salle du gouvernement, et avait paru vouloir prendre en main la direction des affaires; mais, au moment décisif, le chef reconnu des partisans de la Commune n'avait pas trouvé des moyens pratiques pour consolider l'autorité qu'il venait de surprendre. Pendant un espace de temps relativement considérable, l'action de cet homme, qu'on croyait expert en matière de révolution, se borna à écrire des ordres et des contre-ordres, à paperasser. Aussi les plus sérieux partisans d'un changement de gouvernement, prévoyant les conséquences de ces retards inexplicables, commencèrent à penser à la conciliation, et s'abstinrent de rien signer qui pût les compromettre davantage; ainsi firent Millière, Mottu, Delescluze. Quant à M. Félix Pyat, il n'était plus là.

Ce désarroi de l'insurrection coïncidait avec une première tentative préparée pour dégager le gouvernement. Le commandant Ibos, du 106° de la garde nationale, amena quatre cent cinquante de ses hommes au quartier général de la place Vendôme, où il se rencontra avec M. Charles Ferry, qui pensait aussi à la délivrance des collègues de son frère M. Jules Ferry. Les hommes du commandant Ibos pénétrèrent par une porte de derrière de l'Hôtel de Ville, mirent deux heures à se glisser jusqu'à la salle où le gouvernement était prisonnier, et purent faire prévenir le général Trochu. Les membres du gouvernement se levèrent brusquement et se dirigèrent vers la porte; les gardes nationaux du 106° les entourèrent, mais ne purent entraîner au dehors que MM. Trochu, Jules Ferry et Emmanuel Arago; MM. Garnier-Pagès, Tamisier, Jules Simon, Jules Favre, restèrent prisonniers, obtenant avec peine la faculté de se retirer dans une embrasure de fenêtre, pour échapper un peu à la pression de la foule.

Cependant, la situation était changée; l'évasion de la majorité du gouvernement faisait prévoir que la tranquillité des vainqueurs ne serait pas longue. La Commune s'organisait difficilement, et l'on apprenait que, si le général Trochu avait refusé le concours des troupes du général Ducrot, il s'était occupé de faire cerner l'Hôtel de Ville; avec Ernest Picard, qui, n'ayant pas été présent au conseil, était resté libre, enfin, M. Jules Ferry amenait la garde nationale du commandant Roger du Nord et les mobiles bretons du commandant de Legge. Les partisans de la Commune essayèrent alors de se sauver par la conciliation. MM. Etienne Arago, Dorian, Floquet, Brisson, Schœlcher, promirent, à la prière de Millière, que l'on ferait promptement les élections. Mais Jules Favre refusa de s'engager en rien. Il était prisonnier, et il faisait valoir qu'il n'avait par conséquent aucune autorité pour parler au nom du gouvernement. En ce moment, les mobiles bretons pénétraient dans l'Hôtel de Ville par des souterrains ignorés de la foule. Un conflit sanglant allait s'engager entre eux et les tirailleurs de Flourens, lorsque M. Jules Ferry arriva. Un compromis tacite intervint; les partisans de la Commune se retirèrent, les membres du gouvernement, dont la vie dans ces derniers instants n'avait tenu qu'à un fil, furent délivrés, mais Blanqui et Flourens, qui avaient été faits prisonniers, purent s'échapper sans opposition.

Bien que cette entente de la dernière heure eût dû atténuer, en partie, les souvenirs de cette déplorable émeute, le gouvernement ne crut pas devoir, devant les menaces dont il avait été l'objet, s'exposer au danger toujours renouvelé d'avoir affaire à des révolutions répétées. Le 1er novembre, se fondant sur la violence dont il avait été victime, il se refusa de nouveau aux élections; en effet, il était à présumer que, tout en obtenant dans une municipalité élue une majorité favorable, il aurait eu à compter avec un certain nombre d'adversaires, prompts à profiter de la comparaison qui s'établirait naturellement entre une autorité qui ne tenait son mandat que d'elle-même et un conseil régulièrement élu par le suffrage universel.

Les partisans de la Commune, quoique déçus par la conclusion de la journée du 31 octobre et par le rejet des élections, ne cachaient pas d'ailleurs que leur but était encore de renverser le gouvernement de la Défense nationale, et les chefs du pouvoir se virent obligés, par de nouveaux appels à l'insurrection, de faire rechercher les principaux coupables; il y eut vingt-trois personnes poursuivies et quatorze furent arrêtées.

Ces différents actes provoquèrent des démissions : celle de Edmond Adam, le nouveau préfet de police, successeur de M. de Kératry, celle de M. Rochefort, celle des deux adjoints au maire de Paris MM. Floquet et Brisson. Le gouvernement décida aussi la suppression de la Mairie de Paris, suppression qui écarta M. Étienne Arago de toute fonction officielle. M. Jules Ferry fut délégué dans les fonctions de préfet de la Seine, avec Jules Mahias et Gustave Chaudey pour secrétaires généraux; enfin, M. Tamisier donna sa démission dans un ordre du jour, aussi patriotique que désintéressé, et fut remplacé par un ancien officier républicain, Clément-Thomas, dont on connaissait l'énergie et les convictions.

Cependant le gouvernement voulut remédier à son vice d'origine, et, malgré l'opposition des journaux extrêmes, se soumit, le 3 novembre, à un plébiscite parisien, par oui ou par non. La population lui donna une majorité de trois cent vingt et un mille *oui*, contre cinquante-trois mille *non;* l'armée, deux cent trente-six mille *oui* sur neuf mille *non*. Soit cinq cent cinquante-sept mille partisans du gouvernement de la Défense nationale, et soixante-deux mille opposants.

Le succès du pouvoir du 4 Septembre s'augmenta encore, un peu après, lorsqu'il eut soumis les maires à la réélection. Il ne rencontra de véritable opposition que dans le 11e arrondissement, où le maire, M. Mottu, était un partisan de la Commune; dans le 19e, où Delescluze fut élu; enfin, dans le 20e, dont les officiers municipaux,

MM. Ranvier, maire, et Millière, Flourens et Lefrançais, adjoints, appartenaient tous à l'opinion la plus exagérée.

IX. — LES NÉGOCIATIONS DE THIERS.

Pendant que Paris était sur le point de se donner le spectacle d'une seconde révolution, sous le canon prussien, des négociations, un moment sérieuses, échouaient définitivement, à cause des exigences de M. de Bismarck, et, un peu aussi, par la faute de l'insurrection parisienne. Surpris de la résolution évidente que Paris manifestait de résister sérieusement, M. de Bismarck avait pensé à faire savoir au gouvernement de la Défense nationale les concessions extrêmes qu'il pouvait faire, pour arrêter la guerre. Les opérations prussiennes étaient suivies par plusieurs officiers américains, entre autres par les généraux Burnside et Sherman, le premier assez bien disposé pour la France, le second décidément hostile. Le 8 octobre, le général Burnside apporta les conditions suivantes à Jules Favre : le gouvernement convoquerait les électeurs, sauf en Alsace et en Lorraine ; les communications politiques auraient lieu entre Tours et Paris, sous la surveillance prussienne ; Paris serait ravitaillé pendant quinze jours au plus ; l'armée de Metz serait comprise dans l'armistice. Ces conditions, plus douces que celles de Ferrières, furent repoussées, parce qu'elles contenaient implicitement la cession préalable de l'Alsace et de la Lorraine, et qu'elles étaient conçues en termes vagues, qui pouvaient coûter à la France Nancy aussi bien que Metz. Le gouvernement comptait d'ailleurs sur la province, où Gambetta venait d'arriver, et sur la mission que Thiers achevait hors de France.

Thiers avait parcouru l'Europe, accompagné de deux secrétaires, MM. Cochery et Paul de Rémusat, sans obtenir de résultat important. A Londres, le grand ministre Gladstone, en sa qualité de chef du parti whig, était acquis au principe de non-intervention ; le ministère des affaires étrangères (*Foreign-Office*) (lord Granville) était loin d'être favorable à la France. Thiers fut donc écarté poliment.

Il espérait davantage dans la Russie ; il avait reçu une invitation de la part du chancelier Gortschakov, pour se rendre à Saint-Pétersbourg. Il y fut reçu avec sympathie et cordialité ; mais il eût pu voir que les hommes d'État russes étaient favorables à la Prusse. Au fond, les victoires de Guillaume Ier justifiaient à leurs yeux l'étendue de ses exigences. Le temps n'était pas venu où la Russie se montrerait inquiète de l'extension territoriale et de la puissance militaire de l'Allemagne. D'ailleurs, les liens de famille entre Alexandre II et Guillaume Ier étaient autre chose qu'une fiction diplomatique. Fils d'une sœur bien-aimée du roi de Prusse, le tzar avait, pour son oncle, de véritables sentiments d'affection, et, pendant toute la campagne de 1870-71, il donna des preuves non équivoques de la joie que lui causaient les triomphes de l'Allemagne.

Néanmoins, le chancelier Gortschakov promit de faire des démarches en faveur d'un armistice, d'accord avec l'Angleterre, l'Italie et l'Autriche.

Thiers se rendit donc à Vienne. L'empereur François-Joseph gardait encore l'amertume de Sadowa; il avait alors pour chancelier le comte de Beust, ancien premier ministre de Saxe, qui, en 1866, avait été le principal instigateur du soulèvement de l'Allemagne méridionale et occidentale contre la Prusse. Mais, tenus en respect par l'attitude de la Russie, obligés à la prudence par les essais de réorganisation qui avaient été la conséquence de la création de l'empire dualiste d'Autriche-Hongrie, depuis la Constitution de 1867, l'empereur d'Autriche et son chancelier ne purent accorder à Thiers que de stériles expressions de condoléances.

En Italie, à Florence, Thiers parvint à faire une profonde impression sur Victor-Emmanuel; il lui avait montré combien l'intervention d'une armée de cent mille Italiens, vers Lyon, pourrait avoir d'influence sur les destinées de la guerre. Le roi, désormais maître de Rome, était peu favorable à la politique germanophile de son ministère; il fût peut-être entré dans les idées que lui exposait l'illustre envoyé de la République française. Il l'introduisit même au conseil des ministres, pour faire valoir devant eux ses arguments en faveur d'une intervention armée de l'Italie dans le conflit franco-prussien. Mais Thiers se heurta à la volonté froidement arrêtée du président du conseil, le général Menabrea. Depuis 1859, le général Menabrea avait été le chef du parti antifrançais, qui reprochait à la France d'avoir retardé l'occupation de la Toscane et de Naples, d'avoir empêché l'occupation de Rome. La majorité du peuple italien voyait avec plaisir l'abaissement de notre pays, et pensait déjà à réclamer ce qu'on appelle majestueusement, l'hégémonie sur les nations latines. Thiers ne put donc obtenir que des protestations, comme à Vienne, et l'assurance que l'Italie se joindrait aux puissances pour demander un armistice.

La délégation de Tours, bien que décidée à une offensive vigoureuse depuis l'arrivée de Gambetta, avait aidé, dans la mesure de son pouvoir, à la mission de Thiers. M. de Chaudordy, diplomate expérimenté, et qui, avant la guerre, était directeur au ministère des affaires étrangères, représentait Jules Favre à Tours. A son instigation, lord

Granville, sortant de sa réserve, avait demandé à la Russie si les puissances neutres ne pourraient obtenir de la Prusse des conditions acceptables par la France. M. de Chaudordy avait, en effet, éveillé les inquiétudes de l'Angleterre en représentant au Foreign-Office que la présence de la France dans le concert européen, mais de la France capable encore de se faire entendre, pourrait être indispensable aux intérêts anglais, dans le cas prévu où la Russie dénoncerait le traité de 1856. Le prince Gortschakov se garda de tomber dans le piège; il répondit qu'il se faisait fort d'obtenir un armistice de quarante jours pour les élections, et son opposition inébranlable arrêta les efforts du cabinet anglais en faveur d'une médiation. Lord Granville fut obligé de faire appel aux sentiments de modération de l'Allemagne : « La gloire « des Allemands, disait-il dans ses instructions à l'ambassadeur an- « glais, lord Lyons, sera plus grande encore si l'histoire peut dire « que le roi de Prusse a épuisé tous les moyens d'amener la paix, « avant que l'ordre d'attaquer Paris ait été donné, et que les con- « ditions de paix étaient justes, modérées, d'accord avec la véritable « politique et les sentiments de notre siècle. »

Cet appel sentimental devait rester sans réponse. Était-il sérieux? On peut en douter. En tous cas, lorsque Thiers vint rendre compte de sa mission à Saint-Pétersbourg, à Vienne et à Florence, le 21 octobre 1870, comme il était déjà revenu (19 septembre) de Londres pour exposer le résultat de ses premières démarches, on ne connaissait rien des intentions de M. de Bismarck, sinon qu'il considérait les négociations pour un armistice comme la limite extrême des moyens de conciliation.

La délégation, tout en montrant la plus grande considération à Thiers, avait accueilli son retour comme se produisant dans des circonstances fâcheuses. A force d'activité, Gambetta et le général d'Aurelle de Paladines avaient mis des forces considérables en état de marcher en avant. L'arrivée de Thiers et l'espérance de démarches utiles pour la paix parurent causer quelque ralentissement dans les préparatifs, et suggérer au général en chef l'idée de retarder quelque peu des opérations, qu'il trouvait hasardeuses et insuffisamment préparées.

La délégation avait donc grand'hâte d'éloigner Thiers, de le mettre en rapport avec le gouvernement de Paris. Selon les résolutions prises par la majorité du conseil, on commencerait des négociations sérieuses, ou, la continuation de la guerre étant décidée, on y apporterait l'énergie nécessaire, en dehors de toute autre préoccupation.

Tel était aussi l'avis de Thiers, qui, dès le 21, demanda, par l'entremise de M. de Gortschakov, un sauf-conduit pour se rendre à Paris. M. de Bismarck, qui espérait alors la capitulation de Metz, fit attendre deux jours sa réponse ; il répandait le bruit qu'il traitait de la paix définitive avec l'Empire. Il n'est pas besoin de faire remarquer une fois de plus que c'était un système.

Le laisser-passer n'arriva que le 25, et encore, sur des sollicitations nouvelles de lord Granville ; de plus, il n'autorisait Thiers qu'à se rendre à Versailles. Sur la réclamation de la délégation, appuyée par lord Granville, l'ambassadeur de Russie à Tours reçut une dépêche, qui assurait que le roi Guillaume autoriserait le voyage de Thiers à Paris.

Le 27, un sauf-conduit régulier pour Paris arriva à Tours, et, au moment où Thiers se disposait à partir, on apprit la capitulation de Metz. C'était cet événement que M. de Bismarck attendait pour commencer les négociations. Il avait désormais entre les mains le second des gages qu'il prétendait garder. Car, s'il fut un instant question de ne pas exiger Metz dans les pourparlers du 1er novembre, dont nous allons parler, c'est que le chancelier prussien savait la paix impossible alors, et voulait se donner, aux yeux de l'Europe, l'apparence de la modération.

En effet, dans la proclamation impériale du 30 octobre, au sujet de la capitulation de Metz, le gouvernement allemand se félicitait officiellement d'avoir acquis « le plus fort boulevard pour la défense future « de l'Allemagne, du côté de l'ouest, et la plus sûre garantie du main- « tien de la paix ».

Telles furent les circonstances dans lesquelles Thiers arriva à Versailles, le 30 octobre. Il refusa d'entrer en conversation avec M. de Bismarck, traversa, le soir, la Seine à Sèvres, et fut introduit à l'Hôtel de Ville au milieu du gouvernement, qui ne devait siéger au Louvre qu'après l'insurrection du 31. Thiers fit espérer à ses auditeurs que l'intervention de la Russie serait plus active qu'elle ne le fut ; il insista sur l'inexpérience de l'armée de la Loire, et adjura les collègues de Gambetta de ne compter en rien sur ces troupes improvisées. Il ne voyait de salut possible que dans un armistice suivi d'une prompte paix. Il avait en même temps apporté la nouvelle certaine de la capitulation de Metz, et c'était à l'issue de cette conférence que le gouvernement avait fait afficher, dès le 30, les proclamations qui provoquèrent l'insurrection du 31.

Thiers passa la nuit du 30 au 31 à Paris, au ministère des affaires étrangères. Dès le matin il repartit pour Versailles sa conviction avait passé dans l'esprit des membres du gouvernement, et il était chargé officiellement de négocier un armistice.

M. de Bismarck ne reçut l'envoyé français que le 1er novembre à midi. Il débuta naturellement par parler de négocier avec le seul gouvernement reconnu de la France, l'Empire. Mais Thiers avait trop d'expérience politique pour s'indigner de ce préambule, comme pour s'y arrêter. Il écarta d'un mot l'objection du chancelier, et, ce jour-là, crut emporter en se retirant l'espérance de la paix.

Le 2, on entra dans les détails. M. de Bismarck finit par accorder vingt-huit jours d'armistice, ne sembla pas opposé au principe du ravitaillement, admit que l'Alsace et la Lorraine fussent représentées à la nouvelle Assemblée; quant aux conditions d'une paix définitive, elles n'avaient pas été abordées d'une manière précise; mais Thiers avait conçu l'espoir de sauver Metz.

Aussi ce fut pour lui une vive déception lorsqu'il remarqua, le lendemain, 3 novembre, que l'accueil de M. de Bismarck était entièrement changé. Le chancelier aborda Thiers avec la nouvelle de l'insurrection du 31 octobre. Il fit des difficultés pour traiter avec un gouvernement qui peut-être n'existait plus au moment même où il parlait.

Le négociateur français répondit qu'il s'agissait sans doute d'une simple émeute, et qu'en tous cas le gouvernement de la Défense nationale saurait rétablir son autorité. L'arrivée de M. Cochery, l'un des deux conseillers de légation qui avaient accompagné Thiers en Europe, confirma cette manière de voir.

Mais, M. de Bismarck ne changea pas pour cela sa nouvelle attitude. Il revint sur sa promesse de ravitaillement, auquel, disait-il, M. de Moltke s'opposait, comme trop désavantageux à l'Allemagne. Il prétendit que la proclamation de Gambetta contre Bazaine prouvait que le gouvernement ne voulait pas sérieusement la paix. A titre de concession, et c'est probablement à quoi il voulait en venir par tout ce préambule, il acceptait l'armistice avec ravitaillement, à condition que la France livrerait un des forts de Paris, ou bien encore, un armistice de quinze jours, sans ravitaillement, ou, enfin, la convocation des électeurs, l'élection et la réunion des députés, sans armistice, opération politique qui s'opérerait sous la protection bienveillante et désintéressée de la Prusse.

Thiers ne pouvait accepter à aucun prix de telles conditions, et il dut s'apercevoir que le gouvernement allemand se réservait de n'accorder un armistice qu'à condition d'obtenir toutes les clauses avantageuses qui lui permissent de recommencer la guerre ou d'empêcher la reprise des hostilités à son gré. C'était, dégagée de toutes les formules diplomatiques, l'affirmation du droit absolu du plus fort. Le seul tort des négociateurs français était d'avoir espéré autre chose.

Mais Thiers comptait encore sur l'intervention active de la Russie. M. de Bismarck, employant un des moyens qui lui ont si souvent réussi, la franchise la plus brutale, lui mit sous les yeux la correspondance entre la Russie et l'Allemagne au sujet de l'armistice ; et le représentant de la France put se convaincre que la sympathie du chancelier Gortschakov n'était qu'une comédie décente. La Russie avait intérêt à occuper l'Europe de la détresse de la France ; elle ne se réjouissait pas ostensiblement de ses malheurs, mais elle devait trop en profiter pour ne pas assurer à l'Allemagne, par sa neutralité, les moyens d'achever la ruine de notre patrie. C'était une politique de courte vue, comme l'événement l'a prouvé, depuis que l'Allemagne, désormais toute-puissante, tient en échec la politique russe en Orient.

Le 4, Thiers resta à Versailles, sans que rien vînt modifier la situation. Le 5 novembre, il dut se résigner à faire connaître au gouvernement les exigences du vainqueur. Il ne fallait pas songer à mener ces négociations dans Paris, encore tout frémissant de la journée du 31 octobre. Jules Favre et le général Ducrot, représentant le général Trochu, vinrent trouver Thiers dans une maison abandonnée du bois de Boulogne. Quoiqu'il eût voulu éviter une rupture définitive des négociations, M. de Bismarck lui ayant vaguement promis, en cas de paix rapide, de restreindre ses exigences à l'Alsace, à la Lorraine allemande, moins Metz, et à une indemnité de 5 milliards, il comprit bientôt le premier que les conditions de l'armistice étaient aussi injurieuses qu'iniques. Le général Ducrot s'opposa à ce qu'on discutât sur un armistice sans ravitaillement, qui équivalait à une capitulation, et le négociateur français rentra à Versailles avec la douleur de voir continuer une guerre qu'il jugeait devoir finir, comme elle avait commencé, « par une série de malheurs ».

Enfin, le 6 novembre, il reçut avis que les propositions de la Prusse avaient été définitivement rejetées par le gouvernement de la Défense nationale, et il partit pour Tours, rendre compte de sa mission. M. de Bismarck rédigea une circulaire dans laquelle, avec une tranquillité parfaite, il attribuait aux conditions inacceptables du gouvernement français la rupture des négociations. La Russie, malgré le rapport publié par Thiers le 9 novembre, rapport qui établissait nettement la bonne volonté des chefs de la France, répondit à l'étonnante communication du chancelier par des congratulations. L'Autriche et l'Italie se faisaient petites ; et l'Angleterre, préoccupée naturellement de ses affaires, résolut de les faire seule ; elle envoya au quartier général prussien un agent spécial, M. Odo Russell, qui, laissant de côté la situation de la France, devait traiter exclusivement la question de la dénonciation du traité de 1856.

Ainsi se terminèrent les négociations qui s'engagèrent du 22 octobre au 5 novembre 1870. Il est douteux que les Français en eussent retiré les grands avantages que M. de Bismarck avait fait espérer,

car depuis longtemps il avait affirmé, sous différentes formes, et depuis il assura souvent que, dès l'origine, « l'Allemagne devait garder Stras-
« bourg et aussi Metz, si ses armes étaient victorieuses ». La France eût sans doute épargné le sang de beaucoup de ses enfants ; et c'était une considération bien puissante. Peut-être eût-elle perdu davantage dans l'avenir, si elle se fût dérobée au devoir national, qui lui ordonnait de lutter, tant qu'il lui restait le moyen de le faire.

CHAPITRE V

LA DÉLÉGATION DE TOURS. — METZ

I. La Délégation de Tours. — II. Organisation des armées de province. — III. L'emprunt Morgan. — IV. Capitulation de Strasbourg. — V. Derniers combats sous Metz. — VI. Négociations du général Boyer. — VII. La capitulation de Metz. — VIII. La proclamation de Gambetta.

I. — LA DÉLÉGATION DE TOURS

Gambetta, lorsqu'il arriva à Tours, le 9 octobre, apportait avec lui ce sentiment de l'honneur national, poussé jusqu'à l'exaspération. Sa nature méridionale, la vivacité de son esprit, l'ardeur de ses opinions républicaines, le poussaient à croire qu'avec un pays comme la France, dont les ressources étaient immenses, on pouvait tout espérer de la surexcitation du patriotisme. Le jeune ministre ne pensait pas d'ailleurs qu'il suffirait de décréter la levée en masse, et il est utile de présenter un tableau d'ensemble de l'organisation qu'il réussit à faire fonctionner, pour que le lecteur puisse se rendre compte de l'œuvre accomplie.

La délégation de Tours, installée dans cette ville le 26 septembre, se composait de Crémieux, membre du gouvernement et ministre de la justice, et de Glais-Bizoin ; il faut y ajouter l'amiral Fourichon, ministre de la marine, qui prit d'abord aussi le portefeuille de la guerre ; M. Clément Laurier, représentant du ministre de l'intérieur ; M. de Chaudordy, délégué du ministre des affaires étrangères. L'organisation militaire n'était pas même commencée. Elle était réservée au général Lefort ; et il avait tout à faire : former des bataillons, des régiments, des divisions avec les soldats des dépôts, avec les troupes appelées d'Algérie, trouver des officiers, réunir et faire fabriquer des armes et des canons.

On trouva assez rapidement vingt-cinq mille hommes qui furent postés en avant d'Orléans, sous les ordres du général de La Motte-Rouge, qui, remplacé à Paris dans le commandement supérieur de la garde nationale, avait été appelé à la tête du 15° corps. Cette force militaire, organisée à la hâte, n'avait pas fait trop mauvaise figure dans les reconnaissances où elle avait rencontré les coureurs allemands, qui s'écartaient déjà de Paris pour tâter la route du sud-ouest. Toutefois, il ne fallait pas songer à tenir contre des groupes sérieux d'ennemis, et dès le 27, le 15° corps, menacé par la cavalerie du prince Albrecht de Prusse, se préparait à quitter Orléans. Dans l'Est, aussi, la délégation avait réussi à fournir quelques troupes au général Cambriels.

Mais la direction suprême manquait : la délégation prétendait faire procéder aux élections, malgré le décret du gouvernement de Paris, qui les avait reculées indéfiniment. Elle se savait au-dessous de sa tâche, incapable d'arrêter la panique qui sembla s'emparer un instant des généraux. Crémieux qui, depuis son arrivée, le 13 septembre, était resté seul chef du gouvernement jusqu'à l'arrivée, le 18, de MM. Glais-Bizoin et Fourichon, ne pouvait faire face à tant de difficultés. A Lyon, à Marseille, où l'on n'avait pas encore vu la guerre de près, les partis exagérés prétendaient s'emparer de l'administration, et de ces manifestations à une tentative de démembrement en face de l'ennemi, il n'y avait qu'un pas. L'acte le plus énergique de la délégation fut le décret du 29 septembre, qui appelait à l'activité tous les gardes nationaux de vingt et un à quarante ans :

« Article premier. — Les préfets organiseront immédiatement en
« compagnie de gardes nationaux mobilisés :
« 1° Tous les volontaires, qui n'appartiennent ni à l'armée régu-
« lière, ni à la garde nationale mobile ;
« 2° Tous les Français de vingt et un à quarante ans, non mariés,
« ou veufs sans enfants, résidant dans le département.

« Art. 2. — Ceux qui sont appelés à faire partie de l'armée active
« appartiendront à la garde nationale mobilisée, jusqu'au jour où le
« ministre de la guerre les réclamera pour le service de l'armée.

« Art. 3. — Les préfets soumettront immédiatement les gardes
« nationaux mobilisés aux exercices militaires.

« Art. 4. — Les compagnies de gardes nationaux mobilisés pour-
« ront, leur organisation faite, être mises à la disposition du ministre
« de la guerre.

« Art. 5. — Les préfets pourront, si les armes manquent,

« employer l'armement des gardes nationaux sédentaires, et, au
« besoin, requérir toutes armes de chasse et autres. »

La délégation accepta aussi le concours de MM. de Charette et de
Cathelineau, qui lui proposaient de lever en Vendée et en Bretagne des

AMIRAL FOURICHON.

corps francs composés des zouaves pontificaux, qui avaient fait autrefois
au service de Pie IX l'apprentissage de la guerre contre les troupes
italiennes. MM. de Charette et Cathelineau réunirent assez rapidement
quelques milliers d'hommes, et les préfets républicains de la Loire-
Inférieure et de la Vendée eurent un moment d'inquiétude, lorsqu'ils
apprirent que les enrôlements paraissaient faits au nom du principe
monarchique. Mais Crémieux insista pour que l'on acceptât un

concours militaire, que la bravoure et l'expérience des officiers catholiques rendirent précieux.

Il y eut donc alors une certaine activité, et le général Lefort put entamer la formation d'un 16° corps. Mais on n'avait pas la foi. L'amiral Fourichon considérait comme peu utile l'appel à l'activité d'hommes ignorant le maniement des armes et non habitués au feu. Il admettait peu l'efficacité des procédés révolutionnaires. Il refusait d'autre part de se prêter aux nécessités politiques du moment. Le préfet du Rhône, M. Challemel-Lacour, dans l'état d'effervescence où se trouvait alors Lyon, craignant un conflit entre la population et l'armée, demandait qu'on lui subordonnât le général qui commandait la place. L'amiral préféra quitter le ministère de la guerre, plutôt que de sanctionner, par son approbation, une décision si contraire aux précédents. Crémieux fut donc ministre de la guerre à partir du 5 octobre ; heureusement ce ne fut pas pour longtemps, et une volonté plus énergique et plus jeune allait enfin se faire sentir.

Emporté, avec M. Spuller, son secrétaire, dans le ballon l'*Armand-Barbès*, jusqu'à Épineuse, près de Montdidier, Gambetta s'était rendu à Amiens, puis était entré triomphalement à Rouen. Le 9, il arrivait à Tours, quelques heures après le général italien Garibaldi, auquel la délégation se préparait à confier un commandement.

Le ministre s'empressa, pour indiquer la voie qu'il entendait suivre, de publier la proclamation suivante, que nous citerons intégralement, parce qu'elle peut servir de programme à l'œuvre accomplie, du 9 octobre 1870 au 9 février 1871 :

« Tours, 9 octobre 1870. »

« Citoyens des départements,

« Par ordre du gouvernement de la République, j'ai quitté Paris
« pour venir vous apporter, avec les espérances du peuple renfermé
« dans ses murs, les instructions et les ordres de ceux qui ont accepté
« la mission de délivrer la France de l'étranger.

« Paris, depuis dix-sept jours, étroitement investi, a donné au
« monde un spectacle unique, le spectacle de plus de deux millions
« d'hommes, qui, oubliant leurs préférences, leurs dissidences anté-
« rieures, pour se serrer autour du drapeau de la République, ont
« déjoué les calculs de l'envahisseur, qui comptait sur la discorde civile
« pour lui ouvrir les portes de la capitale.

« La Révolution avait trouvé Paris sans canons et sans armes.
« A l'heure qu'il est, on a armé quatre cent mille hommes de garde
« nationale, appelé cent mille mobiles, groupé soixante mille hommes

« de troupes régulières ; les ateliers fondent des canons, les femmes
« fabriquent un million de cartouches par jour ; la garde nationale est
« pourvue de deux mitrailleuses par bataillon : on lui fait des canons
« de campagne, pour qu'elle puisse opérer bientôt des sorties contre
« les assiégeants ; les forts, occupés par la marine, ressemblent à autant
« de vaisseaux de haut bord, immobiles, garnis d'une artillerie mer-
« veilleuse et servie par les premiers pointeurs du monde. Jusqu'à
« présent, sous le feu de ces forts, l'ennemi a été impuissant à établir
« le moindre ouvrage.

« L'enceinte elle-même, qui n'avait que cinq cents canons le
« 4 septembre, en compte aujourd'hui trois mille huit cents ; à la même
« date, il y avait trente coups de canon à tirer par pièces ; aujourd'hui,
« il y en a quatre cents, et l'on continue à fondre des projectiles avec
« une fureur qui tient du vertige. Tout le monde a son poste marqué
« dans la cité et sa place au combat. L'enceinte est perpétuellement
« couverte par la garde nationale, qui, de l'aube à la nuit, se livre à
« tous les exercices de la guerre avec l'application du patriotisme, et
« on sent tous les jours grandir la solidité et l'expérience de ces soldats
« improvisés.

« Derrière cette enceinte, ainsi gardée, s'élève une troisième
« enceinte, construite sous la direction du comité des barricades ;
« derrière ces pavés, savamment disposés, l'enfant de Paris a retrouvé,
« pour la défense des institutions républicaines, le génie même du
« combat des rues.

« Toutes ces choses, partout ailleurs impossibles, se sont exécutées
« au milieu du calme, de l'ordre, et grâce au concours enthousiaste qui
« a été donné aux hommes qui représentent la République. Ce n'est
« point une illusion, ce n'est point non plus une vaine formule : Paris
« est inexpugnable ; il ne peut être pris ni surpris.

« Restaient aux Prussiens deux autres moyens d'entrer dans la
« capitale, la sédition et la faim. La sédition, elle ne viendra pas, car
« les suppôts et les complices du gouvernement déchu, ou bien ils ont
« fui, ou bien ils se cachent ; quant aux serviteurs de la République,
« les ardents comme les tièdes, ils trouvent dans le gouvernement de
« l'Hôtel de Ville d'incorruptibles otages de la cause républicaine et
« de l'honneur national. — La famine ! Prêt aux dernières privations,
« le peuple de Paris se rationne volontairement tous les jours, et il a
« devant lui, grâce aux accumulations de vivres, de quoi défier l'ennemi
« pendant de longs mois encore. Il supportera avec une mâle constance
« la gêne et la disette, pour donner à ses frères des départements le
« temps d'accourir et de le ravitailler. — Telle est, sans déguisements
« ni détours, la situation de la capitale de la France.

« Citoyens des départements,

« Cette situation vous impose de grands devoirs. Le premier de
« tous, c'est de ne vous laisser divertir par aucune préoccupation, qui
« ne soit pas la guerre, le combat à outrance ; le second, c'est jusqu'à
« la paix, d'accepter fraternellement le commandement du pouvoir
« républicain, sorti de la nécessité et du droit. Ce pouvoir, d'ailleurs, ne
« saurait, sans déchoir, s'exercer au profit d'aucune ambition. Il n'a
« qu'une passion et qu'un titre : arracher la France à l'abîme où la
« monarchie l'a plongée. Cela fait, la République sera fondée et à l'abri
« des conspirateurs et des réactionnaires.

« Donc, toutes autres affaires cessantes, j'ai mandat, sans tenir
« compte ni des difficultés, ni des résistances, de remédier, avec le con-
« cours de toutes les libres énergies, aux vices de notre situation, et,
« quoique le temps manque, de suppléer à force d'activité à l'insuffi-
« sance des délais. Les hommes ne manquent pas. Ce qui a fait défaut,
« c'est la résolution, la décision et la suite dans l'exécution des
« projets.

« Ce qui a fait défaut, après la honteuse capitulation de Sedan, ce
« sont les armes. Tous nos approvisionnements de cette nature avaient
« été dirigés sur Sedan, Metz et Strasbourg ; et l'on dirait que, par une
« dernière et criminelle combinaison, l'auteur de tous nos désastres a
« voulu, en tombant, nous enlever tous les moyens de réparer nos
« ruines. Maintenant, grâce à l'intervention d'hommes spéciaux, des
« marchés ont été conclus, qui ont pour but et pour effet d'accaparer
« tous les fusils disponibles à l'étranger. La difficulté était grande de se
« procurer la réalisation de ces marchés : elle est aujourd'hui sur-
« montée.

« Quant à l'équipement et à l'habillement, on va multiplier les
« ateliers et requérir les matières premières, si besoin est ; ni les bras,
« ni le zèle des travailleurs ne manquent ; l'argent ne manquera pas
« non plus. Il faut enfin mettre en œuvre toutes nos ressources, qui
« sont immenses, secouer la torpeur de nos campagnes, réagir contre
« de folles paniques, multiplier la guerre de partisans, et, à un ennemi
« si fécond en embûches et en surprises, opposer des pièges, harceler
« ses flancs, surprendre ses derrières, et, enfin, inaugurer la guerre
« nationale.

« La République fait appel au courage de tous ; son gouvernement
« se fera un devoir d'utiliser tous les courages et d'employer toutes
« les capacités. C'est sa mission, à elle, d'armer les jeunes chefs, nous

« en ferons! le ciel lui-même cessera d'être clément pour nos adver-
« saires, les pluies d'automne viendront; et, retenus, contenus par la
« capitale, les Prussiens, si éloignés de chez eux, inquiétés, troublés,
« pourchassés par nos populations réveillées, seront décimés pièce à
« pièce par nos armes, par la faim, par la nature.

« Non, il n'est pas possible que le génie de la France se soit voilé
« pour toujours, que la grande nation se laisse prendre sa place dans
« le monde par une invasion de cinq cent mille hommes. Levons-
« nous donc en masse, et mourons plutôt que de subir la honte du
« démembrement. A travers tous nos désastres, et sous les coups de
« la mauvaise fortune, il nous reste encore le sentiment de l'unité
« française, l'indivisibilité de la République. Paris cerné affirme plus
« glorieusement encore son immortelle devise, qui dictera aussi celle
« de toute la France.

« Vive la nation! Vive la République, une et indivisible!

« Le membre du gouvernement de la Défense nationale, ministre
« de l'intérieur.

« Léon Gambetta. »

Débarrassé de la rhétorique, inhérente au style des proclamations, cet appel du jeune ministre de l'intérieur à la France, par le
mélange de l'enthousiasme et du raisonnement, des indications précises et techniques et des sentiments les plus élevés, traçait à la province le devoir austère, et auquel on ne pouvait se dérober sans honte,
qui lui était indiqué par la défense résolue des Parisiens.

II. — ORGANISATION DES ARMÉES DE PROVINCE

Voyons comment l'homme qui parlait ce langage énergique à ses
concitoyens se mit en mesure de réaliser l'organisation dont il avait
esquissé les traits. Gambetta, dès son arrivée à Tours, avait communiqué à la délégation le décret du gouvernement de Paris, qui ajour-
nait les élections; il n'avait obtenu qu'à grand'peine l'approbation de
ses collègues, soutenus en cette occasion par plusieurs membres considérables du parti républicain. Ils prévoyaient les difficultés et les
accusations que la République aurait plus tard à supporter pour avoir
assumé sur elle la responsabilité d'un pouvoir non consacré par l'élection. Nous avons dit plus haut pour quelles raisons les élections sans
armistice paraissaient chimériques à la majorité des membres du gouvernement de la Défense nationale. Crémieux et Glais-Bizoin se lais-

sèrent donc convaincre sur ce sujet. Mais ils votèrent résolument contre Gambetta, lorsqu'il réclama, outre le ministère de l'intérieur, celui de la guerre. Il avait, il est vrai, reçu double voix du gouvernement de Paris; mais il n'eût pas triomphé dans sa revendication, si l'amiral Fourichon, refusant de reprendre le ministère de la guerre, n'avait voté pour le nouveau venu.

Gambetta eut donc en réalité tous les pouvoirs; il dirigeait la

DE FREYCINET.

France, comme ministre de l'intérieur; la guerre et la diplomatie, comme ministre de la guerre. C'est ce qu'on a appelé, non sans quelque raison, sa dictature. Il reste à se demander ce qui serait arrivé, s'il ne s'était trouvé un homme capable, dans les circonstances, de prendre l'initiative qu'il s'attribua.

Devenu ministre de la guerre, Gambetta s'occupa immédiatement de créer l'organisme nécessaire aux institutions provisoires, qu'il fallait établir. La retraite du général Lefort ayant eu lieu le 10 octobre, le même jour, le ministre nommait délégué au ministère de la guerre

M. Charles de Saulces de Freycinet. C'était, alors, un homme de quarante-deux ans, hautement apprécié (il était déjà officier de la Légion d'honneur) pour ses capacités techniques et ses talents d'administrateur. Il avait été l'un des organisateurs les plus actifs de la Compagnie des chemins de fer du Midi; originaire du département de Tarn-et-Garonne, il en fut préfet quelques jours, depuis le 7 septembre; mais il renonça à ses fonctions, et il rentrait à Tours, lorsque Gambetta lui persuada d'être son collaborateur dans la terrible tâche qu'il entreprenait.

La nouvelle administration de la guerre comprit :

1° *Le Cabinet du ministre*. — On s'y occupait surtout des *transports par les chemins de fer*, dirigés par un spécialiste, M. Byse; du *Service des cartes*, conduit par un officier d'infanterie de marine, M. Jusselain, avec la coopération de jeunes ingénieurs, MM. Rabel, Sadi Carnot, Lavollée, de Serres, qui apportèrent à M. de Freycinet un concours précieux et dévoué, bien que M. de Serres ait été mêlé, dans la campagne de l'Est, à des incidents fâcheux. Le service des cartes était entièrement à créer; le gouvernement impérial avait apporté dans cette partie si considérable de l'organisation militaire une négligence inexplicable. L'administration nouvelle imagina de faire reproduire, par la photographie, quinze cents cartes de l'état-major au $\frac{1}{80.000}$, et quinze mille cartes du théâtre des hostilités autographiées. Le troisième service dépendant exclusivement du cabinet du ministre, était celui des *Reconnaissances*, dirigé par un ingénieur distingué, M. Cuvinot. Ajoutons enfin un *Comité d'études et des moyens de défense*, dans lequel un chimiste, aujourd'hui sénateur, M. Alfred Naquet, joua un rôle considérable.

Le cabinet du ministre se réservait au besoin la direction et le mouvement des armées, responsabilité dangereuse, mais dont Gambetta et M. de Freycinet n'abusèrent pas autant qu'on l'a pu croire, comme nous le verrons dans la suite des faits.

2° *Direction de l'infanterie et de la cavalerie*. — La direction de l'infanterie et de la cavalerie, c'est-à-dire la formation de l'effectif, resta sous les ordres du colonel, bientôt général, de Loverdo. Il suffit d'énumérer les forces réunies et équipées en trois mois pour montrer combien l'activité déployée de ce côté fut immense :

208 bataillons d'infanterie de ligne. . .	230.000	hommes
31 régiments de garde mobile de 3.600 h.	111.000	—
Garde mobilisée.	180.000	—
Cavalerie, 54 régiments.	32.000	—
Francs-tireurs.	30.000	—
	583.000	hommes

3° *Direction de l'artillerie.* — Dirigée par le colonel, puis général, Thoumas, puissamment aidé par le colonel de Reffye et le général Demolon.

4° *Direction du génie.* — Faute d'officiers spéciaux, elle fut confiée sous le nom de corps du génie civil à un ingénieur des ponts et chaussées, M. Dupuy, qui utilisa habilement le concours de ses collègues ou des ingénieurs des mines, et, parmi eux, MM. Bruniquel, Fargues et Lebleu.

5° *Intendance générale.* — Ce service, faute encore d'officiers d'administration, fut placé sous la direction d'un ancien administrateur supérieur de la Compagnie de l'Est, M. Férot, qui, avec l'aide d'un autre fonctionnaire des chemins de fer, M. Lejeune, parvint, dans l'état de dénûment où l'on se trouvait, à réunir les quantités d'approvisionnements et d'équipements en apparence suffisants pour la masse considérable d'hommes que le gouvernement appelait chaque jour à la mobilisation. Disons ici, pour n'y plus revenir, que, si les fonctionnaires de la délégation apportèrent un zèle qui doubla leurs forces dans ce service si difficile de l'intendance, que si, en bien des circonstances, l'industrie privée se mit au service de nos armées avec un dévouement et un désintéressement qu'on ne saurait trop louer, il y eut des défaillances déplorables, et que nos armées de l'Ouest et du Mans durent une partie de leurs malheurs aux fournitures de mauvaise qualité, soumissionnées imprudemment ou sans bonne foi.

Les intendants généraux qui dirigèrent les services des armées furent : MM. Bouché, à Orléans, Friant, dans le Nord, Richard, dans l'Est. Enfin, la direction générale des ambulances appartint au Dr Robin.

Telle fut l'organisation centrale du ministère de la guerre à Tours et à Bordeaux; mais la question la plus grave n'était pas de trouver des administrateurs et des hommes, c'était de créer, en quelques mois, des soldats, capables de tenir tête aux Allemands, tous habitués aux manœuvres, aux marches et aux batailles ; c'était, surtout, pour discipliner et instruire tous ces hommes, appelés de toute la France et sans connaissances militaires, de trouver des chefs improvisés, puisque près de vingt mille de nos officiers étaient ou prisonniers en Allemagne, ou blessés, ou ensevelis dans les champs de bataille. Comme toujours, c'était la faiblesse des cadres, c'est-à-dire le manque d'officiers, qui allait créer à la délégation de Tours une difficulté presque insurmontable.

Les principaux décrets destinés à remédier à cette situation furent :

1° *Le décret sur la nomination des officiers par les généraux* ;

2° *La suspension de l'ordre ordinaire d'avancement*, qui permettait de nommer des lieutenants-colonels généraux provisoirement et même commandants de corps d'armée, de faire, avec des sous-officiers, des officiers provisoires, de donner aux officiers de marine des grades supérieurs dans l'armée de terre (décrets du 13 octobre 1870 et du 3 novembre) ;

3° *Le doublement du chiffre des compagnies*, ce qui autorisait le gouvernement à ne trouver que la moitié des officiers nécessaires en temps régulier ;

4° *Création de l'armée auxiliaire*, entièrement placée sous la dépendance du ministère de l'intérieur, qui pouvait appeler au commandement des compagnies, des régiments, des divisions, de l'armée enfin, des civils désignés par leur capacité et leur nom (décrets du 14 octobre 1870 et du 2 novembre 1870) ;

5° *Pour compléter l'organisation de l'armée auxiliaire*, il fut créé quinze camps d'instruction pour les mobilisés, qui devaient former le principal contingent de cette armée, à Saint-Omer, Cherbourg, La Rochelle, les Alpines (près d'Aix), Nevers, Bordeaux, Clermont-Ferrand, Toulouse, Montpellier, Sathonay (près de Lyon), Conlie (près du Mans).

Ceux de La Rochelle et de Conlie furent commandés, le premier par un journaliste, M. Léonce Détroyat, ancien officier de marine, général de division auxiliaire (10 octobre 1870), le second par le préfet de police démissionnaire, M. de Kératry, récemment sorti de Paris en ballon, et de retour d'une mission inutile en Espagne, général de division à titre auxiliaire (22 octobre 1870) (décrets des 22 octobre, 12 novembre, 25 novembre) ;

6° *Organisation d'une commission d'armement*, sous la direction de

M. Lecesne. Elle se heurta à de grandes difficultés, qui consistaient surtout dans la différence des armes. La production des chassepots étant insuffisante, il fallut acheter des fusils et des carabines de toute forme et de tout calibre à l'étranger ; et cette diversité causa souvent des méprises déplorables, qui privaient parfois tout un régiment, au moment décisif, des projectiles nécessaires pour l'arme dont il faisait usage.

L'artificier militaire qui connût, seul alors, la fabrication des capsules, M. Châtenay, fut chargé d'établir une manufacture à Bourges ; mais cette ville était trop près du théâtre de la guerre, et la fabrique de capsules fut transportée à Bayonne, sous la direction de MM. Marqfoy et Mascart, deux chimistes de talent. Enfin, la grande maison d'Angoulême Laroche-Joubert fournit les papiers nécessaires à la confection des cartouches.

Rappelons ici que le gouvernement trouva moyen d'acheter six cent mille fusils ou carabines, et que le général Thoumas put livrer aux différents corps d'armée jusqu'à quatorze cents pièces de canon ;

7° *Décret du 14 octobre*, qui déclarait en état de guerre tout département situé à moins de cent kilomètres du théâtre de la guerre, et ordonnait, dans chacun de ces départements, la formation d'un comité de défense, où devaient entrer les principales autorités militaires et civiles de la localité ; le service de ces comités dépendait, au ministère, du commandant du génie Frogier de Ponlevoy (décret du 14 octobre 1870).

Gambetta et ses collaborateurs ont donc pu armer et mettre sur pied de guerre douze corps d'armée en quatre mois[1] : les 15°, 16°, 17°, 18°, 20°, 21°, qui composèrent d'abord l'armée de la Loire, puis se séparèrent : les 16°, 17° et 21° pour former la seconde armée de la Loire, au début du mois de décembre ; les 15°, 18°, 19° et 20°, auxquels il faut ajouter le 24°, formèrent la première armée, qui devait manœuvrer dans l'Est ; le 22° et le 24° formèrent l'armée du Nord ; enfin, le 26° était en état de prendre l'offensive, et le 27°, en formation à Poitiers, au moment de la capitulation de Paris. Le 19° se composait des troupes du camp de Cherbourg.

---

1. Le 15° corps eut pour chefs les généraux La Mothe-Rouge, d'Aurelle, des Pallières, Martineau ; le 16°, le général Chanzy ; le 17°, le général de Sonis et l'amiral Jauréguiberry ; le 18°, les généraux Crouzat et Billot ; le 19°, le général Briand ; le 20°, le général Clinchant ; le 21°, l'amiral Jaurès ; le 22°, le général Lecointe ; le 23°, le général Paulze-d'Ivoy ; le 24°, le général Bressoles ; le 25°, le général Pourcet.

III. — L'EMPRUNT MORGAN [1]

La question financière, bien qu'à distance elle puisse paraître secondaire, était cependant, pour la délégation, une question vitale. Les ressources normales étaient nulles, les impôts rendaient peu, même aux Prussiens, qui avaient cependant le secret d'ouvrir la bourse des contribuables. Pour faire face à des dépenses qui se tenaient dans une moyenne de 8 à 12 millions par jour, une émission de bons du Trésor, la frappe des pièces divisionnaires de 2 et de 5 francs en argent, dans un atelier ouvert à Bordeaux, un emprunt de 10 millions à la Banque d'Algérie, de 100 millions à la Banque de France, qui mettait en circulation des coupures de 25 et de 20 francs, tous ces moyens dilatoires étaient insuffisants. Aussi, après avoir fait pressentir les banquiers de Londres, d'Amsterdam et de Bruxelles, le gouvernement de Tours chargea MM. Clément Laurier et de Germiny, régent de la Banque de France, de contracter, avec le concours de la banque Morgan et Cie de Londres, un emprunt de 250 millions de francs.

La banque s'engageait à fournir elle-même une première somme de 62.500.000 francs, soit cent vingt-cinq mille actions, remboursables à 500 francs, par voie de tirage au sort, à partir du 1er avril 1873, quoique le gouvernement français se réservât le droit d'anticiper sur les remboursements. La maison Morgan recevait, sur cette première opération, d'abord une commission de 1 fr. 25 0/0; puis, pour faire face aux risques de placement et à la prime nécessaire pour attirer les souscripteurs, elle retenait 20 0/0 sur la somme fournie. Donc, par action, le gouvernement ne recevait que 393 fr. 75, puisque la maison Morgan gardait, par devers elle, premièrement : cinq fois 20 francs ou 100 fr., puis cinq fois 1 fr. 25 ou 6 fr. 25. Mais elle faisait l'émission à 425 francs, accordant ainsi une prime de 75 francs aux souscripteurs; elle gardait donc pour elle 31 fr. 25 par action. Chaque action rapportait aux preneurs 6 0/0 sur 500 francs; mais, émises à 393 fr. 75, elles entraînaient, en réalité, un intérêt de 7 fr. 61 0/0. Cette première opération mit à la disposition de la délégation de Tours une somme de 49.200.000 francs en chiffres ronds, et valut à la maison Morgan une commission de 3.900.000 francs.

Une seconde opération consistait à mettre en souscription publique les 187.500.000 francs qui complétaient l'emprunt de 250 millions. La

---

[1]. Les éléments de ce paragraphe ont été empruntés aux documents réunis par M. Benoit Lévy dans son *Histoire de quinze ans* (Paris 1887).

France souscrivit cent quatre-vingt-sept mille huit cent quarante-deux actions, l'Angleterre cent trente-neuf mille six cent trente-cinq, soit, en tout, trois cent vingt-sept mille quatre cent soixante-dix-sept actions, remboursables, comme ci-dessus et dans les mêmes conditions, à 500 francs, avec un intérêt de 6 0/0. Cette souscription fournissait un capital apparent de 163 738 500 francs.

Mais la commission de la maison Morgan à 3 fr. 25 0/0 par action, sans autre garantie d'ailleurs, et une prime de 75 francs aux preneurs réduisaient la part de l'État par action à 408 fr. 75, rapportant un intérêt de 30 francs, ce qui mettait cette nouvelle opération à 7 fr. 34 0/0. Le gouvernement recueillit donc de cette émission publique de trois cent vingt-sept mille quatre cent soixante-dix-sept actions libérées à 408 fr. 75 une somme ronde de 133 856 223 francs. La part de la maison Morgan s'éleva à 5 321 000 francs.

Ce traité avait été signé le 24 octobre 1870.

La maison Morgan, chargée de toutes les négociations pour l'emprunt, avait eu recours, selon l'usage anglais, pour empêcher le trafic sur les actions souscrites sans argent pour être revendues immédiatement à prime, à une répartition préventive qui laissa non placées quarante-sept mille cinq cent vingt-trois actions.

Par un second traité, du 5 décembre 1870, la banque Morgan s'engagea à les remettre sur le marché : soit quarante-sept mille deux cent vingt-trois actions, mises en vente, remboursables à 500 francs, dans les conditions déjà connues. Cette fois, les banquiers ne retenaient que 1 fr. 25 0/0 de commission, mais, pour assurer la souscription, offraient une prime de 85 francs par action. Le gouvernement français se trouvait encore ainsi toucher 408 fr. 75 par action, portant 5 0/0 d'intérêts sur 500 francs, soit encore à 7 fr. 34 0/0 d'intérêt. La somme produite était 23 761 500 francs; la somme livrée à la Délégation de 19 425 000 francs, la commission de la maison Morgan de 297 000 francs.

Pour résumer cette opération, et la justifier aux yeux de tous, il suffit de dire:

Premièrement, que l'intérêt moyen fut de 7 fr. 43 0/0.

Deuxièmement, que, jusqu'à remboursement, elle ne greva le budget que d'une rente flottante de 15 millions.

Troisièmement, que, pour un capital nominatif de 250 millions, elle produisit à l'État . . . . 202 500 000 francs
à la banque Morgan . . . . . . 9 500 000 —
aux souscripteurs en primes . . . 38 000 000 —
250 000 000 francs

Lorsqu'on songe à la modicité de cet intérêt, étant données les terribles circonstances où la France était obligée d'emprunter, et le peu d'importance des ressources, qui suffirent à un effort si immense, on se demande comment la calomnie a pu attaquer la probité des membres de la délégation? Est-on mieux fondé à accuser l'aveuglement de leurs illusions?

Il ne faudrait pas croire que, malgré la confiance que Gambetta affectait en public dans les moyens révolutionnaires, le ministre ne se rendît pas compte de l'infériorité de troupes formées aussi hâtivement; il s'attendait aux échecs, et aux échecs répétés. Mais en communiquant à la France l'indomptable volonté de ne pas céder, tant qu'un moyen de résistance resterait encore, si faible fût-il, il espérait lasser la fortune ennemie, aguerrir l'armée française, surexciter le patriotisme, et devoir le salut de la patrie à la persévérance obstinée de la défense. Ces principes guidaient Gambetta, même aux derniers jours de la lutte, lorsque, voulant à tout prix retarder une capitulation possible de Paris, il écrivait à Jules Favre, le 16 janvier 1871, ces belles paroles, qui nous montrent dans cet homme de trente-deux ans, non pas l'aveugle dictateur, dont on nous parle quelquefois, mais l'homme d'État qui avait pesé froidement le pour et le contre de la situation : « Le « caractère particulier des armées que nous formons, c'est de manquer « de solidité et d'haleine. Elles ne peuvent surtout supporter une série « de combats qui prennent plusieurs semaines, entremêlés de succès, « mais qui n'ont pas encore amené une grande victoire de nature à les « enflammer pour longtemps. C'est ce qui vous explique que, depuis « le commencement de la guerre, nos diverses armées ont eu, tour à « tour, au bout d'une certaine période de combats, besoin de se refaire « et de se reconstituer.

« C'est un mécanisme trop hâtivement fabriqué et appareillé, qui « ne peut marcher qu'un certain nombre de jours, et qu'il est néces- « saire de remonter d'une façon chronique ; mais, ces intermittences ne « doivent ni vous affaiblir, ni vous abattre, elles sont dans la nature « des choses ; il faut simplement être résolu à ne jamais se lasser, et à « reprendre patiemment, après chaque échec, le travail de réorgani- « sation et de résistance à outrance. »

IV. — CAPITULATION DE STRASBOURG

Une première désillusion avait éprouvé, avant même le départ de Gambetta pour Tours, la fermeté du gouvernement de la Défense nationale.

La situation de Strasbourg était devenue très difficile dès le lendemain de la bataille de Wœrth ; les fuyards y avaient apporté le trouble et la panique. Tout en grossissant la garnison, ils étaient devenus les agents d'une démoralisation funeste dans une place forte, déjà mal pourvue de tout ce qui était nécessaire pour soutenir un long siège. Il s'y trouvait quatre bataillons d'infanterie, quelques dépôts des doua-

GÉNÉRAL UHRICH.

niers, des mobiles, des canonniers de la marine, en tout près de vingt et un mille hommes. Les chefs militaires supérieurs étaient le général de division Uhrich, qui avait quitté le cadre de réserve pour reprendre du service actif à la guerre, et le général du génie du Barral. Les autorités civiles étaient le préfet, baron Pron, et le maire de Strasbourg, le docteur Küss, aussi estimable que populaire, à cause de son courage et de son patriotisme.

Les troupes du blocus appartenaient au contingent badois et à la landwehr ; d'abord commandées par le général de Beyer, elles passèrent ensuite sous les ordres supérieurs d'un des officiers généraux les plus énergiques et les plus inflexibles de l'Allemagne, le Prussien Von Werder. L'ennemi s'installa solidement au nord de la ville, dans les positions de Schiltigheim et de Hausbergen, et plaça à l'est, du côté de la citadelle de puissantes batteries dans l'île Desaix, en avant de la ville badoise de Kehl.

Les opérations actives commencèrent le 13 août; le premier obus prussien tomba sur la porte de Saverne, c'est-à-dire au nord-est; en même temps, les batteries de l'île Desaix battirent la citadelle. Le 16, le général Uhrich essaya d'arrêter les progrès de l'investissement en attaquant les colonnes ennemies au sud, sur l'Ill, à Ostwald, mais il fut rejeté sur la ville; néanmoins, on répondit par un refus catégorique à la première sommation du général de Werder. Le 19, la place gênée par le tir des artilleurs prussiens dans l'île Desaix, dirigea ses coups sur cette position, et atteignit Kehl, ville ouverte, il est vrai; mais en s'abritant derrière l'usage, qui veut qu'on épargne les lieux découverts et habités par la population civile, les assiégeants s'étaient donné un avantage peu loyal, et que le général Uhrich, pour accomplir son devoir, ne pouvait respecter. Ce fut le prétexte que prit le général Von Werder pour faire porter plus tard le bombardement, non pas seulement sur les fortifications, mais sur les maisons de Strasbourg. Le 21, l'artillerie de siège fut mise en position. Dès le 23, le bombardement commença sur la ville. Du 24 au 25, les obus prussiens atteignirent le Temple neuf, le musée, la bibliothèque, qui fut presque entièrement détruite; le 26, ce fut le tour de la cathédrale; une démarche, tentée par l'évêque de la ville, Mgr Roess, ne produisit aucun résultat; le théâtre et la préfecture furent incendiés. Ce fut seulement alors que le bombardement fut dirigé sur les fortifications, qui furent surtout éprouvées au nord, à la porte de Pierres, du côté de Schiltigheim.

Un moment ralenti, devant les protestations unanimes de l'Europe, le bombardement reprit plus violemment dans la nuit du 27 au 28 août; le général de Werder se refusa obstinément à laisser sortir les femmes, les enfants et les vieillards, et la seule concession qu'il voulut bien faire, ce fut d'épargner désormais la cathédrale, dans laquelle une grande partie de la population civile se réfugia. Le général Uhrich, le 29 août, essaya de mettre fin à cette situation par une vigoureuse sortie, qui ne fut pas plus heureuse que celle du 16. Le 30, les Prussiens entouraient la ville de vingt batteries, comptant quatre-vingt huit pièces de gros calibre; (le 9 septembre, ce chiffre s'élevait à quatre-vingt-seize). Les batteries des assiégés étaient tour à tour éteintes par l'artillerie allemande, supérieure à Strasbourg, comme à Metz, comme à Paris, à l'artillerie française, par la qualité de la construction et l'expérience

BOMBARDEMENT DE STRASBOURG.

du tir. Le 31 août, la capitulation de Strasbourg n'était plus qu'une question de temps ; mais le général de Werder, destiné à agir en Bourgogne, prétendait hâter le dénouement. Il ouvrait donc les premiers travaux d'approche, et préparait l'assaut.

La ville était dans le plus pitoyable état. Les Bâlois étaient, depuis longtemps, liés à Strasbourg par de nombreuses relations de voisinage, de commerce et de famille. Leur qualité de Suisses, neutres par définition, leur permit de faire des démarches pressantes, et, après avoir réuni une souscription considérable, ils obtinrent l'autorisation d'emmener deux mille personnes. Ce furent les délégués bâlois qui apportèrent aux Strasbourgeois la nouvelle de la révolution du 4 septembre. Le baron Pron donna immédiatement sa démission, et le gouvernement de la Défense nationale s'empressa de nommer préfet du Bas-Rhin, un ancien officier, Edmond Valentin, représentant du peuple en 1848, républicain énergique, et qui parvint, à travers des péripéties émouvantes et des dangers sérieux, à pénétrer dans Strasbourg le 20 septembre ; mais il était trop tard. L'arrivée du nouveau préfet ne pouvait fournir un élément suffisant pour prolonger la défense. Il apportait même avec lui la nomination de M. Maurice Engelhardt, comme maire, nomination que les Strasbourgeois refusèrent de reconnaître, n'admettant pas d'autre administration que celle du docteur Küss. Bientôt le général Uhrich fut persuadé de l'impossibilité de continuer la défense ; la ville était couverte de ruines ; sur la demande des autorités civiles, il dut entrer en pourparlers avec l'ennemi, bien que la citadelle et les fortifications fussent encore en état de résister. La garnison de Strasbourg n'obtint que les conditions faites à l'armée à Sedan. Elle fut prisonnière de guerre. Elle livrait à l'ennemi douze cents canons et deux cent mille fusils. Elle avait eu deux mille neuf cents tués, dont trois cent quarante civils ; parmi les blessés on comptait mille sept cents habitants de la ville, il y avait plus de vingt-cinq mille personnes, ruinées par le bombardement, enfin, quatre cent-quatre maisons étaient détruites. Le gouvernement de la Défense nationale glorifia, dans une proclamation, la résistance de Strasbourg, ainsi que le général Uhrich, auquel on a pu reprocher quelque infraction à la législation militaire sur la défense des places, mais dont l'intrépidité est restée hors de tout soupçon.

Toutes les autres places fortes de l'est de la France étaient assiégées ; Toul, Verdun, Montmédy, Mézières, Phalsbourg, Bitche, Laon, Thionville, Soissons, Schelestadt, succombèrent successivement. Nous raconterons plus tard les principaux incidents de ces sièges.

V. — DERNIERS COMBATS SOUS METZ

Un malheur beaucoup plus considérable encore que la perte de Strasbourg devait tomber sur la France, au milieu des premiers résultats obtenus par Gambetta, pendant le mois d'octobre. Ce fut la capitulation de Metz.

Depuis la tentative de Noisseville, le maréchal Bazaine paraissait décidé à l'inaction. Il vivait retiré au Ban-Saint-Martin, peu abordable, et ne paraissant pas désirer communiquer, par sa présence, quelque enthousiasme aux soldats, et quelque espérance aux habitants de Metz. Il avait pour confident le plus intime, non pas le général Jarras, son chef d'état-major, mais le colonel puis général Boyer, qui a paru depuis avoir été entièrement dévoué aux projets de son chef.

Le maréchal était dans cet état d'esprit lorsqu'il apprit, à Metz, le 10 septembre, la révolution qui avait renversé l'Empire et élevé le gouvernement de la Défense nationale; le 12, il réunit ses commandants de corps, leur communiqua les nouvelles qui lui étaient parvenues. Il leur laissa entendre que, dès ce jour, commençait pour l'armée de Metz le devoir de se conserver, afin d'arracher la France à l'anarchie, que les hommes du 4 Septembre devaient, à son idée, déchaîner sur la patrie. Plus les années s'accumulent depuis cette funeste époque, plus l'histoire acquiert la conviction que le maréchal Bazaine, en se montrant défavorable en principe au nouveau gouvernement de la France, cédait à une arrière-pensée toute personnelle. Cependant sa méfiance à l'égard de la République trouva un écho presque général chez ses commandants de corps, profondément dévoués par leur origine, comme par la reconnaissance, à la dynastie impériale. Mais il n'en était aucun qui ne fût prêt à sacrifier ses préférences au devoir strict, qui commandait de tout subordonner à la défense de Metz et à la prolongation de la résistance de l'armée. Seul le général Changarnier bien que soucieux de son honneur militaire et des nécessités de la guerre, croyait à la ruine de la France par la république, et il était disposé, abandonnant ses vieilles convictions légitimistes, à conseiller, en cas de capitulation finale, de réserver une clause favorable au rétablissement de l'Empire.

Cependant, quoique aucun document précis ne fût venu confirmer la rumeur qui avait appris au maréchal la révolution du 4 septembre, des journaux de Reims avaient circulé dans la ville et répandu la nouvelle. Il fut dans l'impossibilité de paraître plus longtemps ignorer la situation. Il savait par le général Coffinières, gouverneur de la ville, que les Messins considéraient comme un heureux présage, la constitution d'un gouvernement républicain.

Il publia donc, le 16 septembre une proclamation conçue en ces termes :

« Généraux, officiers, et soldats de l'armée du Rhin. Un gouverne-
« ment s'est constitué à Paris, il est composé de MM. le général Trochu,
« Jules Favre, Léon Gambetta, Jules Ferry, Eugène Pelletan, Glais-
« Bizoin, Crémieux, Emmanuel Arago, Rochefort, Ernest Picard. Nos
« obligations envers la patrie en danger restent les mêmes. Conti-
« nuons donc à la servir avec dévouement et avec la même énergie,
« en défendant son territoire contre l'étranger, et l'ordre social contre
« les mauvaises passions. Je suis convaincu que votre moral, ainsi
« que vous en avez déjà donné tant de preuves, restera à la hauteur de
« toutes les circonstances, et que vous ajouterez de nouveaux titres à
« la reconnaissance et à l'admiration de la France. »

Malgré cette assurance de résistance prolongée, le maréchal Bazaine entamait, le jour même, des négociations irrégulières avec l'ennemi, et d'autant plus significatives, qu'un numéro récent de l'*Indépendant Remois*, journal officiel du commandant prussien du gouvernement général de Champagne, laissait entendre que l'Allemagne traiterait volontiers avec le chef de l'armée de Metz, comme représentant de l'empereur Napoléon III, ou de l'ancien Corps législatif, en dehors du gouvernement de la Défense nationale. Le maréchal écrivit au prince Frédéric-Charles pour lui demander des renseignements politiques sur l'état de la France. Naturellement, le généralissime de la seconde armée prussienne répondit avec empressement. Il mit sous les yeux du commandant en chef de l'armée française un tableau encore assombri des désastres qui accablaient alors notre patrie. Bazaine entra volontiers dans cette manière de voir, et il obtint un laisser-passer pour le colonel Boyer. Il voulait ainsi s'assurer à Versailles, des intentions de M. de Bismarck et du roi Guillaume, avant d'entamer des négociations sérieuses.

Le colonel allait partir pour cette étrange mission, lorsque, le 23 septembre, arriva à Metz, avec un sauf-conduit de la commandature allemande, un M. Régnier, qui se disait porteur d'instructions, pour le rapatriement des médecins d'origine luxembourgeoise.

L'histoire de la mission Régnier est encore et demeurera longtemps fort obscure. On est tenté d'y trouver la preuve morale de négociations plus honteuses encore que celles que peuvent expliquer le découragement moral et l'esprit d'intrigue ; mais il faut avouer aussi que la

LES CAMPS SOUS METZ.
1. Condé Northon. — 2. La Nied.

présence et les allées suspectes de ce personnage équivoque ne peuvent suffire à établir la certitude absolue d'une trahison, fondée sur les motifs les plus vils, qui puissent guider un homme de guerre. Cependant disons ici que pendant leur captivité à Hambourg, un grand nombre d'officiers de la garnison de Metz, ont posé les premiers le point d'interrogation terrible qui se trouve à la dernière ligne de l'histoire de la mission Régnier.

Tenons-nous-en donc aux faits avérés. Le 23 septembre, Régnier était à Metz. Originaire de Seine-et-Marne, il avait exercé toutes sortes de professions, puis s'était retiré en Angleterre, et s'était rendu à Hastings au moment où l'impératrice et le prince impérial y arrivaient. Il avait vainement sollicité une audience de l'impératrice. Mais il était parvenu à voir le prince impérial. Ne pouvant obtenir un mandat régulier par cette voie, il reçut une photographie de la ville d'Hastings, sur laquelle le prince avait signé quelques mots adressés à l'empereur, à Willemshohe.

Régnier, muni de ce pouvoir au moins singulier, eut l'audace de se présenter, le 19 septembre, à Ferrières, devant M. de Bismarck. Le chancelier qui a octroyé plus tard un brevet de patriotisme à ce personnage, ne le reçut pas officiellement; mais il se servit de sa présence pour se donner, auprès de Jules Favre, alors à Ferrières, l'apparence de s'entendre avec l'Empire. Naturellement après la rupture des pourparlers, il ne crut pas pouvoir négocier sérieusement, sur la foi d'une photographie; mais, au lieu de traiter Régnier, comme il eût été naturel, en aventurier effronté, il l'expédia à l'armée de blocus, à Metz. Régnier se rendit au Ban-Saint-Martin, et le maréchal Bazaine lui accorda une audience. Nous savons mal les confidences, qui furent alors échangées entre eux. Le maréchal aurait dit à son interlocuteur qu'il ne pouvait pas résister au delà du 18 octobre. En tous cas, il lui affirma, et il a cru pouvoir avouer hautement de pareilles propositions, qu'il considérerait comme heureuse une convention qui neutraliserait l'armée de Metz, au point de vue militaire, mais qui la mettrait au service de l'impératrice, pour rétablir l'Empire, par la force au besoin. Régnier obtint, pour preuve de ces dispositions du maréchal, sa signature sur la photographie, à côté de celle du prince impérial.

Il quitta Metz aussitôt et y revint dès le 24. Il apportait une communication de M. de Bismarck. Le chancelier demandait au maréchal s'il consentait à traiter, par l'entremise de Régnier, des conditions de la capitulation. Le maréchal Bazaine, embarrassé par cette question directe, répondit qu'il demanderait les honneurs de la guerre pour son armée, et qu'il n'entendait pas comprendre dans la convention la place de Metz, dont la situation était, en réalité, indépendante de celle des troupes d'opération. Pour traiter la question politique, M. de Bismarck offrait un sauf-conduit, soit au maréchal Canrobert, soit au général Bourbaki, qui irait prendre les ordres de l'impératrice. Le maréchal Canrobert refusa d'une manière absolue; quant au général Bourbaki, il n'accepta cette mission, qui lui déplaisait souverainement, que sur un ordre signé du maréchal Bazaine. Il se rendit donc à Hastings ; mais il trouva l'impératrice fort étonnée de son voyage, et déterminée à ne se prêter à aucune intrigue capable de paralyser la défense. Le général, profondément troublé d'avoir été mêlé à des démarches douteuses, et dont il ne pouvait saisir le fil, se présenta aux lignes prussiennes pour rentrer dans Metz ; il éprouva un refus obstiné, et fut obligé d'aller à Tours pour faire la lumière sur la mission qu'il avait subie ; il offrit ses services à la Délégation. Pour l'instant les communications furent interrompues entre le maréchal Bazaine et M. de Bismarck, et le commandant en chef de l'armée du Rhin dut, pour se justifier aux yeux de ses lieutenants, qui éprouvaient des doutes sur sa conduite, reprendre quelques opérations militaires.

Le jour même où Régnier apparaissait à Metz pour la première fois (23 septembre 1870), une série de combats d'avant-postes, sans grande importance d'ailleurs, avait été engagée sur la rive droite de la Moselle, de Lauvallier à Cheuilles, contre la première armée. Elle était alors commandée par le général de Manteuffel depuis que, le 9 septembre, le maréchal Steinmetz avait été disgracié, sur la plainte du prince Frédéric-Charles ; le 27, la brigade Lapasset fit une pointe audacieuse sur Peltre, au sud-est, et les fourrageurs français firent sentir leur présence dans la même direction, sur le bois de Colombey, à Mercy-le-Haut; au nord et sur la rive gauche, à la Grange-aux-Dames et à Woippy.

Le 2 octobre, une opération plus sérieuse fut entreprise ; le maréchal Bazaine occupa le château de Ladonchamps, qu'il garda ; le 7 octobre, il s'empara un instant, sur la route de Montmédy, des positions accessoires de la petite et de la grande Maxe, de Saint-Remy, des grandes et des petites Tapes. Ce fut un commencement de grande bataille, et l'on fit six cents prisonniers ; mais il avait évité de s'engager à fond, et, en réalité, il était trop tard pour songer à une action décisive. Non seulement l'armée était énervée par une longue et inexplicable inaction ; mais, avec le temps, les approvisionnements s'étaient faits rares ; la nourriture était devenue de jour en jour plus difficile à trouver. Les chevaux avaient été abattus, ou avaient perdu la force nécessaire pour traîner les attelages. Le moment d'avouer la situation était arrivé ; le maréchal fit savoir à ses lieutenants que l'heure de la famine avait sonné.

C'était indiquer la solution prochaine, que l'inaction du général en chef avait rendue inévitable. Saisi alors d'un scrupule tardif, et avec une prévoyance singulière, il demanda aux chefs de corps leur opinion par écrit. Le maréchal Le Bœuf (3ᵉ corps), d'ailleurs en antagonisme avec le commandant en chef, qui ne lui pardonnait pas sa situation supérieure au début de la guerre, opina pour une sortie quand même. Cette opinion s'accorde parfaitement avec le bruit persistant qui courut alors à l'armée de Metz, que le maréchal Le Bœuf cherchait, pendant tout le siège de Metz, l'occasion de se faire tuer, pour ne pas survivre à des désastres, dans lesquels il avait une part qui le désolait.

Mais ce sentiment, si honorable qu'il fût, ne pouvait pas être celui des autres chefs de corps, qui avaient charge d'âmes, et qui, dans l'état où le maréchal Bazaine avait laissé arriver les choses, devaient avoir des scrupules à faire massacrer sans profit pour la patrie, des hommes exténués par la maladie et les privations.

Le maréchal Canrobert (6ᵉ corps), le général de Ladmirault (4ᵉ corps) et le général Desvaux (garde impériale) se montrèrent partisans d'un effort suprême, mais à condition qu'on en établirait la nécessité et la possibilité. Cette opinion était aussi celle du général Coffinières, commandant de la place de Metz, qui connaissait mieux que personne, la situation dans laquelle on se trouvait. Tous ces généraux cependant n'appuyèrent leur avis que de considérations exclusivement militaires et patriotiques. Seul, le général Frossard, entraîné par son dévouement à la dynastie impériale, laissa entendre que l'armée devait être réservée à la tâche de rétablir l'Empire.

Le 10 octobre, un grand conseil fut tenu au Ban-Saint-Martin, sous la présidence du maréchal Bazaine. Les cinq chefs de corps y assistaient, les maréchaux Canrobert, Le Bœuf, les généraux Ladmirault, Desvaux, Frossard, le commandant de la place de Metz, général Coffinières, le commandant de l'artillerie, général Soleille, l'intendant général Lebrun.

On examina quatre éventualités : 1° la défense jusqu'à la dernière extrémité, qui fut décidée ; 2° la nécessité de frapper de nouveaux coups sur les lignes d'investissement, proposition qui fut repoussée ; 3° l'opportunité des négociations qui obtint l'unanimité ; 4° la possibilité d'une dernière bataille, mais dans le cas où l'ennemi refuserait une convention honorable. Les chefs de corps crurent devoir ajouter à cette demande de conditions acceptables, l'affirmation que l'armée de Metz désirerait contribuer au rétablissement de l'ordre en France, le maréchal Bazaine ayant insisté sur l'anarchie qui déchirait le pays, au dire de la commandature allemande.

VI. — NÉGOCIATIONS DU GÉNÉRAL BOYER

Le 12, le général Boyer, dont nous avons parlé plus haut, reçut donc les instructions du maréchal Bazaine, et partit pour Versailles, où il devait demander à M. de Bismarck les honneurs de la guerre pour l'armée de Metz et sa coopération pour renverser le gouvernement actuel de la France. En même temps, le général Coffinières était forcé d'avouer aux Messins la situation qui se préparait; les habitants de Metz, indignés de ces négociations, dont le bruit s'affirmait, sans qu'on en pût savoir rien de précis, insistèrent pour l'enlèvement des aigles et protestèrent d'avance contre toute tentative en faveur du régime impérial; néanmoins la ville laissa épuiser ses provisions, pour apporter quelque soulagement aux malheureux soldats, que décimait la maladie. Ces symptômes non équivoques du blâme général qu'entraînait la conduite du maréchal Bazaine, l'engagèrent à se tenir plus renfermé que jamais au Ban-Saint-Martin.

Le 14, le général Boyer arriva à Versailles. M. de Bismarck refusa toute convention qui accorderait à l'armée de Metz d'autres conditions qu'à l'armée de Sedan. Cependant il promettait d'obtenir de M. de Moltke les honneurs de la guerre, à condition que, dans un délai qui ne dépasserait pas dix jours, l'Impératrice régente signerait la paix, en acceptant les conditions de l'Allemagne. Alors le gouvernement serait rétabli tel qu'il était avant le 4 septembre. C'était proposer à l'armée de Metz de coopérer, avec l'Allemagne, à la destruction des autres armées françaises. Pour faire accepter au général Boyer ce morceau de dure digestion, le chancelier, se fondant sur quelques mouvements qui avaient eu lieu à Lyon et à Marseille, représentait la France du midi, comme prête à l'insurrection. Il laissait entendre que les grandes villes manufacturières du Nord, Lille, Rouen, craignaient le pillage, organisé par la populace, maîtresse de la situation, et demandaient de tous leurs vœux des garnisons allemandes.

Ce fut sous cette impression que le général Boyer rentra à Metz, le 17 octobre. Il avait encore dans l'esprit le tableau tracé par M. de Bismarck. Il ne paraît pas avoir cherché à trouver des renseignements plus désintéressés, et il semble d'ailleurs que la commandature allemande lui aurait enlevé tout autre moyen d'information.

Le 18, un nouveau conseil fut tenu pour délibérer sur les renseignements rapportés par le général Boyer. La majorité des commandants de corps pressentait un piège. Quoique, à cause de cette déplorable ignorance politique, qui est si commune en France, les noms de Gambetta et de Jules Favre leur parussent inséparables de l'idée d'anarchie et de communisme, quoique surtout ils eussent été offusqués de la présence de M. Rochefort dans un gouvernement régulier, ils se demandaient si, après Sedan, la France devait désirer ardemment le rétablissement des Bonaparte. De ce que l'ennemi l'acceptait volontiers, il semblait qu'il y eût dans cette circonstance une raison de plus pour s'abstenir. Seul le général Frossard, appuyé par le général Changarnier, qui assistait à ce conseil, persista à considérer, comme indispensable au salut public, le retour de la dynastie impériale. Le général Boyer, pour faire cesser les derniers scrupules, rappela alors l'entretien qu'il avait eu avec le chancelier allemand, au sujet de l'anarchie, que M. de Bismarck montrait toute puissante en France. Mais alors que, prudemment, et sachant que son langage était loin d'exprimer la réalité, le ministre allemand avait su adroitement ne pas affirmer et parler seulement de probabilités, le général Boyer se montra, au contraire, affirmatif. La Révolution sociale dominait à Lyon et à Marseille ; les Lillois et les Rouennais avaient appelé, les troupes prussiennes dans leurs murs, où elles avaient été accueillies avec satisfaction, pour assurer l'ordre, que le gouvernement de Tours se souciait peu de maintenir. Les chefs de corps, devant une affirmation semblable, autorisèrent donc des négociations avec l'impératrice, seulement ils demandaient à en référer à leurs officiers généraux.

Le général Coffinières, en sa qualité de gouverneur de Metz, et se fondant sur les lois militaires, qui interdisent tout rapport avec l'ennemi au chef d'une ville assiégée, sauf en cas de capitulation ou de convention, se refusa à la moindre compromission en cette circonstance.

Le 19, les généraux de division, consultés, reconnurent la nécessité de négociations en faveur de l'Empire. Il semble cependant, que si nous voulions faire appel à d'autres renseignements qu'aux documents officiels, nous trouverions, chez la plupart des commandants de corps et de leurs divisionnaires, une hésitation douloureuse, devant le chemin inconnu dans lequel ils se voyaient engagés. D'ailleurs, les généraux du 4ᵉ corps refusèrent de se prêter à toute combinaison d'apparence équivoque, et leur chef le général de Ladmirault, s'exposant, avec le général Coffinières, au mauvais vouloir du maréchal Bazaine, se faisait, le lendemain 19, dans un dernier conseil, l'écho résolu de leur protestation. La conversion du général Changarnier décida cependant la majorité à entamer des négociations ; mais lorsqu'il fallut passer aux voies et moyens, l'embarras recommença. Le maréchal Bazaine proposa d'envoyer le général Boyer à l'impératrice. Le général Coffinières persista encore dans son opposition, et, cette fois, fut soutenu par le maréchal

Le Bœuf. La mission nouvelle du général Boyer n'en fut pas moins résolue. On remarquera ici que le maréchal Bazaine s'abstint de signer la délibération.

Le négociateur partit immédiatement pour Hastings ; il emportait des lettres de Bazaine et de Frossard. On le fit passer par le Luxembourg et la Belgique, et il est singulier que ce bizarre itinéraire n'ait pas ouvert les yeux du général sur les renseignements de M. de Bismarck, lorsqu'il montrait la Flandre et la Normandie entièrement dans la main de l'Allemagne.

La maison impériale était alors fixée à Chislehurst, un peu au sud de Londres. Le général Boyer y arriva le 22 octobre. Il se mit aussitôt en rapport avec l'impératrice, qui télégraphia au quartier général prussien afin de demander pour Metz un armistice de quinze jours avec ravitaillement. Avant de poursuivre, elle tint conseil avec les chefs du bonapartisme, présents à Londres, MM. Rouher, de Persigny, Jérôme David, La Valette et Chevreau. On pensa à s'adresser à l'ambassadeur allemand à Londres, M. de Bernstorff, qui indiqua comme base de la négociation la cession de l'Alsace et de la Lorraine. L'impératrice comprit immédiatement que, dans la situation actuelle, lorsque plusieurs armées se formaient dans l'Ouest, il était impossible pour aucun gouvernement d'accepter une cession de territoire ; elle s'adressa donc encore une fois personnellement au roi Guillaume, qui refusa toute concession nouvelle. D'ailleurs, la délégation, de Tours par l'intermédiaire de l'ambassadeur français, M. Tissot, de M. de Metternich, et de lord Granville, avait fait exposer à Chislehurst l'état relativement florissant de l'armée de la Loire, et montré que l'on craignait que les négociations du général Boyer n'eussent pour effet d'arrêter l'élan militaire et de paralyser la défense. Le 26, l'impératrice fit prévenir M. Tissot qu'elle n'avait d'autre but que d'obtenir de meilleures conditions pour l'armée de Metz, sans prétendre entraver l'action militaire de la délégation, et, en effet, M. de Bismarck, se sentant déçu, dans son espoir de traiter définitivement avec l'Empire, s'il y avait toutefois jamais compté sérieusement, déclara les négociations rompues, et abandonna l'armée de Metz au quartier général du prince Frédéric-Charles.

GÉNÉRAL DE LADMIRAULT.

VII. — CAPITULATION DE METZ

Dès le 24 octobre, le maréchal Bazaine avait appris que l'impératrice avait refusé d'entrer dans ses combinaisons politiques; il avait donc envoyé le général Changarnier demander au prince Frédéric-Charles d'autoriser l'armée de Metz à se retirer dans le midi de la France et en Algérie, pour ne plus prendre part à la guerre. Cette proposition n'avait aucune chance d'être acceptée, et le général de Stiehle remit au général de Cissey, chargé de communications plus sérieuses, les conditions d'une capitulation pure et simple. Un conseil de guerre fut tenu pour la forme le 26. Il y avait alors vingt mille malades, les approvisionnements tiraient à leur fin, bien que les soldats eussent retrouvé, de leur propre mouvement, des farines qui avaient échappé à l'attention jusqu'alors; il n'y avait plus de chevaux; tout effort militaire, sérieux quinze jours plus tôt, n'était pas possible dans ces conditions.

Le général Jarras, chef d'état-major général, se rendit, le 27, au château de Frescaty, et signa avec le général de Stiehle la convention suivante :

« Entre les soussignés, le chef d'état-major général de l'armée
« française sous Metz, et le chef de l'état-major de l'armée prussienne
« devant Metz, tous deux munis des pleins pouvoirs de Son Altesse
« royale, le prince Frédéric-Charles de Prusse, la convention suivante
« a été conclue :

« *Article* 1er. — L'armée française placée sous les ordres du ma-
« réchal Bazaine est prisonnière de guerre.

« *Art.* 2. — La forteresse de la ville de Metz avec tous les forts,
« le matériel de guerre, les approvisionnements de toute espèce, et
« tout ce qui est propriété de l'État, seront rendus à l'armée prus-
« sienne dans l'état où tout cela se trouve au moment de la signature
« de la convention. Samedi, 29 octobre, à midi, les forts de Saint-
« Quentin, Plappeville, Saint-Julien, Queuleu et Saint-Privat, ainsi que
« la porte Mazelle (route de Strasbourg) seront remis aux troupes
« prussiennes.

« A dix heures du matin de ce même jour, des officiers d'artillerie
« et du génie, avec quelques sous-officiers, seront admis dans lesdits
« forts, pour occuper les magasins à poudre et pour éventer les
« mines.

« *Art.* 3. — Les armes, ainsi que tout le matériel de l'armée, « consistant en drapeaux, aigles, canons, mitrailleuses, chevaux, « caisses de guerre, équipages de l'armée, munitions, seront laissés, à « Metz et dans les forts, à des commissions militaires instituées par « M. le maréchal Bazaine, pour être remis immédiatement à des « commissaires prussiens. Les troupes, sans armes, seront conduites, « rangées d'après leurs régiments ou corps, et en ordre militaire, « aux lieux qui sont indiqués pour chaque corps.

« Les officiers rentreront alors librement dans l'intérieur du camp « retranché ou à Metz, sous la condition de s'engager sur l'honneur à « ne pas quitter la place sans l'ordre du commandant prussien ; les « troupes seront alors conduites par leurs sous-officiers aux emplace-« ments des bivouacs. Les soldats conserveront leurs sacs, leurs effets, « et leurs effets de campement.

« *Art.* 4. — Tous les généraux et officiers, ainsi que les em-« ployés militaires ayant rang d'officiers qui engageront leur parole « d'honneur, par écrit, de ne pas porter les armes contre l'Alle-« magne, et de n'agir d'aucune autre manière contre ses intérêts jus-« qu'à la fin de la guerre actuelle, ne seront pas faits prisonniers de « guerre ; les officiers et employés qui accepteront cette condition « conserveront leurs armes et les objets qui leur appartiennent per-« sonnellement. Pour reconnaître le courage dont ont fait preuve « pendant la durée de la campagne les troupes de l'armée et de la « garnison, il est, en outre, permis aux officiers qui opteront pour la « captivité, d'emporter avec eux leurs épées ou leurs sabres, ainsi que « tout ce qui leur appartient personnellement.

« *Art.* 5. — Les médecins militaires, sans exception, resteront « en arrière pour prendre soin des blessés ; ils seront traités d'après « la convention de Genève ; il en sera de même du personnel des « hôpitaux.

« *Art.* 6. — Des questions de détail concernant principalement les intérêts de la ville sont traités dans un appendice ci-annexé.....

« *Art.* 7. — Tout article qui pourra présenter des doutes sera toujours interprété en faveur de l'armée française. »

Telle fut cette convention, aussi dure dans le fond que la capitulation de Sedan, bien que mitigée par endroits dans la forme. On remarquera qu'un très grand nombre d'officiers ne se croyant pas le droit de se séparer de leurs soldats, préférèrent la captivité à l'engagement qu'on exigeait d'eux. Le bruit courut aussi que le maréchal Bazaine refusa les honneurs militaires pour ne pas avoir à se montrer à son armée, où il était, à cette époque, hautement honni, non seulement par les soldats, mais par des officiers supérieurs et généraux, comme le général Bisson, le général Lapasset, le général Clinchant, le général Boissonnet, le capitaine Rossel, le capitaine Cremer. A tout bien examiner aujourd'hui, à distance, il semble difficile d'admettre que le prince Frédéric-Charles, cet ennemi sans pitié et cet insulteur de la France, ait jamais pensé à accorder ce témoignage glorieux à l'armée de Metz, qui eût été légitime cependant, abstraction faite du maréchal Bazaine, lorsqu'on eut peine à se décider à l'accorder à la garnison de Belfort, qui n'a pas capitulé.

La convention du 27 octobre soulevait bien des questions délicates et douloureuses. L'article 3 forçait l'armée à conserver ses drapeaux pour les livrer à l'ennemi. C'était là une honte, à laquelle se refusaient les officiers et les soldats.

Déjà M. de Cissey, dans les négociations du 25 octobre et le général Jarras, dans une première entrevue avec le général de Stiehle, avaient fait pressentir que les drapeaux avaient été brûlés après le 4 septembre ; malgré l'incrédulité du négociateur prussien, il y avait là, en les faisant détruire dès le 26 septembre, avant la convention, un moyen d'éviter à une armée qui en était digne, la plus cruelle humiliation qui pût lui être réservée.

Il est indubitable qu'après le 27, le maréchal ne pouvait ouvertement autoriser la lacération des drapeaux et la disparition des aigles. Mais ce qui parut singulier, et ce qui contribua à persuader plus tard aux juges du maréchal Bazaine, que sa conduite s'expliquait non seulement par son incapacité physique et intellectuelle, mais par des raisons secrètes moins honorables, ce furent les précautions qu'il prit pour obtenir la livraison entière des drapeaux à l'arsenal, où l'ennemi n'avait plus qu'à les cueillir pour orner son triomphe.

On laissait entendre aux généraux que les drapeaux seraient brûlés par l'autorité supérieure, et cette même autorité supérieure donnait en même temps l'ordre au colonel de Girels, directeur de l'arsenal, de « les conserver intacts pour garder l'honneur de la parole donnée ».

Il a semblé qu'il y avait là un trop vif désir de complaire à l'ennemi, et qu'en fermant les yeux sur la disparition des drapeaux, le maréchal Bazaine aurait mieux servi sa réputation. Il se faisait un mérite de la bonne foi qu'il croyait devoir au prince Frédéric-Charles, et non à ses lieutenants. Il leur avait fait espérer cependant qu'on épargnerait à la généreuse armée de Metz, l'humiliation profonde de livrer intacts ses drapeaux, c'est-à-dire les emblèmes de son dévouement à la patrie. En tout cas, l'opinion, dans toute l'Europe, ne semble pas avoir tenu rigueur aux généraux Laveaucoupet, Lapasset et Jeanningros qui firent en sorte de brûler ceux de leurs régiments.

Cette question exaspéra les esprits. Dès le 26, lorsque les négociations avaient commencé sérieusement, de nombreux officiers, parmi lesquels le commandant de Villenois, le colonel Boissonnet, le commandant Leperche, le capitaine Rossel, le capitaine Chéry,

MANTEUFFEL.

dans une réunion à l'hôtel du Nord avaient signé une protestation. Ils pensaient se jeter sur la route de Thionville, sous les ordres du général Clinchant et essayer de se faire tuer ou de rentrer en France. On comptait sur vingt mille soldats. Le général Clinchant, qui devait bientôt s'échapper, pour rendre de nouveaux services à sa patrie, renonça à cette folie héroïque.

Les Messins, indignés d'avoir été livrés avec l'armée, excités par le patriotisme exaspéré du rédacteur en chef du *Journal de Metz*, Albert Collignon, songèrent un instant à se défendre dans les rues ; à tout le moins ils se donnèrent la suprême et navrante satisfaction de proclamer, le 28, la République, que le maréchal Bazaine avait refusé jusqu'alors de reconnaître. Ils voilèrent la statue de Fabert, cet illustre maréchal plébéien, qui, à une époque où la noblesse et la courtisanerie avaient autant de part à l'avancement que les talents et les vertus, sous le ministère de Mazarin, n'avait dû l'éclat de sa glorieuse carrière qu'à l'énergie de son patriotisme et à l'accomplissement de ses devoirs. Mais c'était une vengeance toute sentimentale que les Messins exerçaient contre l'homme dont l'incapacité et l'immoralité les abandonnaient à l'Allemagne. Il est peu probable qu'il en comprît la portée.

Le 29, les Allemands entrèrent bruyamment dans Metz, et les Français, sans armes, l'humiliation et la douleur sur le visage, se rendirent aux cantonnements indiqués par le vainqueur. La capitulation livrait à l'Allemagne trois maréchaux, cinquante généraux, six mille officiers, cent soixante mille hommes, seize cents canons, quatre cent vingt mille kilogrammes de poudre, treize mille chevaux, d'ailleurs exténués et dont on pouvait tirer peu de parti. Ce qui était plus grave encore, ce qui aurait dû inspirer au maréchal Bazaine l'indomptable résolution de prolonger la défense jusqu'à un assaut, s'il le fallait, c'est que, désormais, les cent quarante mille hommes du prince Frédéric-Charles, allaient pouvoir lancer contre les forces françaises de l'ouest leur masse irrésistible, et que l'armée de Manteuffel (soixante mille hommes) devenait disponible pour l'envahissement du Nord.

Aussi, alors que le maréchal, dans sa proclamation du 28 octobre, s'abritant derrière les souvenirs glorieux de Masséna, de Kléber et de Gouvion-Saint-Cyr, affirmait qu'il avait fait loyalement tout ce qu'il était possible de faire, tentait d'expliquer l'inutilité d'un effort sérieux, et insistait surtout pour que l'armée évitât la destruction des armes et du matériel, en assurant que Metz ferait retour à la France, le prince Frédéric-Charles adressait à ses soldats la proclamation, dont les Français ne pourront jamais oublier la phrase suivante :

« Le grand et mémorable succès, remporté aujourd'hui, a été
« préparé par les batailles livrées avant l'investissement de Metz;
« c'est ainsi qu'a été rendu possible le grand événement accompli
« aujourd'hui, avec l'aide de Dieu, l'anéantissement de la France... »

Cette pensée était dans l'esprit de trop d'Allemands pour que l'on puisse soutenir désormais que la Prusse n'avait pas de longue main médité le démembrement de la France. Bien souvent alors et depuis, le sentiment général de l'autre côté du Rhin s'est affirmé en ce sens, et cette haine persistante semble avoir inspiré, jusqu'au dernier moment, le vainqueur de Metz. Jamais chez le prince Frédéric-Charles cette passion violente contre les Français n'a sommeillé un instant, et il est resté l'inspirateur de la gallophobie la plus inexorable.

Tel était l'homme placé à la tête d'une des armées les mieux organisées que le monde eût encore connues. La capitulation du maréchal Bazaine lançait prématurément ce chef et ces soldats victorieux sur ces troupes nouvelles, à peine formées, auxquelles chaque journée de répit apportait une expérience et une solidité qui pouvait changer le sort de la campagne.

VIII. — PROCLAMATION DE GAMBETTA.

On comprend donc avec quel sentiment d'indignation irrépressible, Gambetta, qui avait mis précisément l'armée de la Loire en état de tenir tête aux Bavarois, apprit la reddition de Metz, et les négociations politiques, dirigées contre la République, qui l'avaient précédée. Froissé dans ses sentiments de patriote et de républicain, il prépara une véhémente proclamation contre Bazaine. Cependant autour de lui on s'opposa quelque peu la forme violente, qu'il donna à cet appel désespéré de la Défense nationale. Crémieux et Glais-Bizoin obtinrent que le jeune ministre modifiât quelques expressions, qui, en condamnant définitivement Bazaine, n'auraient fait que prévenir le jugement du conseil de guerre. L'amiral Fourichon insista surtout sur l'illégalité d'une condamnation préventive, et on adoucit quelques-unes des expressions de cet acte célèbre, qui remua profondément l'opinion. Il fut affiché le 30 octobre.

« Français, élevez vos âmes et vos résolutions à la hauteur des
« effroyables périls qui fondent sur la patrie ; il dépend encore de nous
« de lasser la mauvaise fortune, et de montrer à l'univers ce qu'est un
« grand peuple, qui ne veut pas périr, et dont le courage s'exalte au
« sein même des catastrophes.

« Metz a capitulé. Un général, sur qui la France comptait, même
« après le Mexique, vient d'enlever à la patrie en danger plus de cent
« mille de ses défenseurs. Le général Bazaine a trahi ; il s'est fait

« l'agent de l'homme de Sedan, le complice de l'envahisseur, et, au
« mépris de l'honneur de l'armée, dont il avait la garde, il a livré,
« sans même essayer un suprême effort, cent vingt mille combattants,
« vingt mille blessés, ses fusils, ses canons, ses drapeaux, et une des
« plus fortes citadelles de la France, Metz, vierge jusqu'à lui des souil-
« lures de l'étranger.

« Un tel crime est au-dessus même des châtiments de la Justice ; et
« maintenant, Français, mesurez la profondeur de l'abîme où nous a
« précipités l'Empire. Vingt ans la France a subi ce pouvoir corrup-
« teur, qui tarissait en elle toutes les sources de la grandeur et de la
« vie. L'armée de la France, dépouillée de son caractère national,
« devenue, sans le savoir, un instrument de règne et de servitude, est
« engloutie, malgré l'héroïsme de ses soldats, par la trahison des
« chefs, dans les désastres de la patrie.

« En moins de deux mois, deux cent vingt mille hommes ont été
« livrés à l'ennemi, sinistre épilogue du coup de main militaire de
« décembre ! Il est temps de nous ressaisir, citoyens, et, sous l'égide
« de la République, que nous sommes bien décidés à ne laisser capi-
« tuler ni au dedans ni au dehors, de puiser dans l'extrémité de nos
« malheurs le rajeunissement de notre moralité et de notre virilité
« politique et sociale. . . . .

« Oui, quelle que soit l'étendue du désastre, il ne nous trouve ni
« consternés, ni hésitants. Nous sommes prêts aux derniers sacri-
« fices, et en face d'ennemis que tout favorise, nous jurons de ne
« jamais nous rendre. Tant qu'il restera un pouce du sol sacré sous
« nos semelles, nous tiendrons ferme le glorieux drapeau de la Répu-
« blique française. Notre cause est celle de la Justice et du Droit.
« L'Europe le voit ; l'Europe le sent ; devant tant de malheurs immé-
« rités, spontanément, sans avoir reçu de nous ni invitation, ni adhésion,
« elle s'est émue, elle s'agite. Pas d'illusions ; ne nous laissons ni
« alanguir, ni énerver, et prouvons par des actes que nous voulons,
« que nous pouvons tenir de nous-mêmes l'honneur, l'indépendance,
« l'intégrité, tout ce qui fait la patrie libre et fière ! Vive la France !
« Vive la République une et indivisible !

« *Les membres du Gouvernement,*

« CRÉMIEUX, GLAIS-BIZOIN, GAMBETTA. »

Cette éloquente proclamation, si profondément sincère, fut, en général, bien accueillie en France, malgré les invectives lancées contre le maréchal Bazaine. L'avenir a montré que cette colère légitime n'avait pas égaré la clairvoyance de Gambetta, et il est bien peu des accusations portées contre l'ancien commandant en chef de l'armée du Rhin, qui n'aient été justifiées par ce qui nous a été révélé de sa conduite.

Cependant quelques consciences s'alarmèrent, dans l'armée, de cet acte d'accusation contre un absent; le commandant du 16ᵉ corps, qui devait plus tard, comme rapporteur, conclure par des considérants d'une extrême sévérité à la mise en accusation de Bazaine, le général Pourcet, demanda à être relevé de ses fonctions. Gambetta, dans une seconde proclamation à l'armée, protesta de son admiration pour les soldats de la France.

« Non, non, s'écriait-il, j'ai flétri, comme je le devais, la trahison
« de Sedan et le crime de Metz, et je vous appelle à venger notre
« propre honneur, qui est celui de la France. Vos frères d'armes de
« l'armée du Rhin ont déjà protesté contre ce lâche attentat, et retiré,
« avec horreur, leur main de cette capitulation maudite. »

CHAPITRE VI

AUTOUR D'ORLÉANS ET DE PARIS

I. Les Prussiens sur la Loire, Châteaudun. — II. Coulmiers. — III. Champigny. — IV. Opérations sous Paris en décembre 1870. — V. Le bombardement, Buzenval. — VI. Beaune la Rolande. — VII. Loigny. — VIII. Bataille d'Orléans.

I. — LES PRUSSIENS SUR LA LOIRE, CHATEAUDUN

Il fallait faire taire rapidement l'indignation la plus légitime pour parer à des nécessités impérieuses. L'action de Gambetta s'était imposée à tous, et l'armée de la Loire allait entrer en campagne. Par hasard le quartier général prussien avait été mal renseigné. Dès l'établissement des troupes allemandes autour de Paris, le corps d'armée bavarois, du général Von der Tann, avait été chargé de faire des pointes sur la Loire et de tâter les forces signalées entre Orléans et Fontainebleau. Ces tentatives de l'ennemi se produisirent au milieu des premiers essais de réorganisation, tentés par le général Lefort. Les coureurs ennemis atteignirent la Loire. Une expérience, chèrement achetée, avait appris aux officiers français combien les uhlans s'écartaient audacieusement de leurs corps; le général Boyer[1], n'en crut pas moins devoir quitter Chartres, le général Peytavin repasser la Loire à Orléans, que son successeur, le général Polhès, quitta presque aussitôt. La délégation fit, il est vrai, réoccuper un instant cette position indispensable. Un rideau de

---

1. Il ne faut point confondre cet officier général avec le général Boyer, agent du maréchal Bazaine à Metz.

troupes françaises, d'ailleurs incapables d'une résistance prolongée, rejoignait alors la Somme à la Loire par Amiens, Gournay, Neuchâtel, Évreux, Pithiviers, Artenay, Orléans. Malgré la faiblesse numérique des effectifs, le 15° corps avait pu se former cependant sous les ordres du général Lamotte-Rouge. Il se porta le 5 octobre, sur Toury, rejeta les forces prussiennes qui s'avançaient sur Orléans, comptant y entrer sans coup férir.

Le général Von der Tann, inquiet de cette manifestation imprévue d'une résistance sérieuse qu'il n'attendait pas, envoya des troupes nouvelles, qui rencontrèrent le 15° corps en avant d'Orléans (10 octobre 1870). Il y eut, ce jour-là, un combat assez vif entre Artenay et les Aubrays. Il se prolongea jusqu'à Saint-Jean-de-la-Ruelle et, aux portes de la ville, au faubourg des Aydes. L'effort de la bataille porta d'abord sur la brigade Longuerue et la division Reyau qui laissèrent deux mille prisonniers entre les mains des Allemands. Le 11, les mobiles de la Nièvre se défendirent aux Aydes, et le commandant Arago fut tué dans la lutte. Vingt-huit maisons furent brûlées par les obus prus-

GÉNÉRAL LAMOTTE-ROUGE.

siens. Le général Lamotte-Rouge jugea prudent de repasser la Loire et d'abriter les troupes en Sologne, à la Ferté-Saint-Aubin, derrière le Cosson, c'est là qu'il fut remplacé par le général d'Aurelle de Paladines, qui porta son camp un peu plus loin, à Salbris, sur la Sauldre.

Depuis la réoccupation d'Orléans, le 11 octobre, le général Von der Tann était préoccupé de sa situation du côté du nord-ouest, et semblait considérer le Mans comme le centre de la formation de l'armée de la Loire. Il est vrai que M. de Kératry organisait près de cette ville le camp de Conlie, où s'étaient réunis les mobiles des cinq départements bretons, auxquels on donnait parfois le nom, un peu ambitieux, d'armée de Bretagne. L'erreur du général bavarois, qui devait être funeste à la petite ville de Châteaudun, permit l'organisation définitive des 15° et 16° corps.

Le général prussien Von Wittich, chargé d'explorer la route d'Orléans au Mans, arriva près de Châteaudun dans la journée du 17 octobre. La certitude définitive que la délégation de Tours commençait à disposer de forces considérables, exaspérait les Allemands, déjà décidés à épuiser tous les droits de la guerre. L'ennemi redoutait surtout les francs-tireurs, dont l'action, souvent peu sérieuse, était cependant efficace lorsque les hommes avaient été choisis avec soin. Le 16ᵉ corps, qui venait de passer récemment sous le commandement du général Chanzy, était à Vendôme ; il était éclairé par les francs-tireurs de Paris, sous le commandement de MM. Lipowski, H. Chabrillat, journaliste déjà connu, et un professeur de l'école Turgot, M. Bazin. Ils occupaient quelques positions en avant de Châteaudun, à Varize et à Civry, au nombre de six cents ; ils avaient avec eux cent quinze francs-tireurs nantais, cent quinze francs-tireurs de Cannes et quelques volontaires de Loir-et-Cher. Le 15, le 16 et le 17, ils tirèrent plusieurs coups de feu contre la colonne expéditionnaire de Von Wittich, qui n'hésita pas à brûler les deux malheureux villages. La division qui s'avançait par la route d'Orléans comptait douze mille hommes et vingt-quatre pièces de canon ; on pensa donc, à Châteaudun, devoir ne pas se défendre. Cependant sous la direction du commandant des trois cents gardes nationaux de la ville, le capitaine Testanière, les rues avaient été obstruées par des barricades. L'arrivée des uhlans, le 17, changea ces dispositions pacifiques ; la population de Châteaudun refusa de se soumettre à quelques soldats isolés, et les accueillit à coups de fusil. Les francs-tireurs, qui se préparaient déjà à quitter la ville, y restèrent, et l'on fit guetter l'ennemi du haut du clocher de l'église Saint-Valérien. Ce fut seulement le 18 octobre que les Allemands abordèrent la position, il était à peu près midi ; le général prussien crut n'avoir à faire aucune tentative de conciliation, et commença immédiatement le bombardement de la ville. Repoussé au sud-est, il trouva moyen de tourner Châteaudun au nord-ouest. Après huit heures de combat, à la nuit, il refoula les défenseurs au centre de la grande place de l'hôtel de ville ; là, les balles allemandes firent encore de nombreuses victimes, bien qu'un certain nombre de francs-tireurs aient pu échapper. Lorsque le combat eut cessé, il fut accordé aux soldats prussiens deux heures de pillage et de sac. Plusieurs quartiers furent entièrement enduits de pétrole et deux cent trente-cinq maisons brûlées. Au mois de juin 1871, Châteaudun gardait encore l'apparence d'une ville détruite par une éruption volcanique, et des voyageurs, récemment arrivés d'Italie, comparaient plusieurs de ses rues, pleines de décombres, aux quartiers populaires que le déblaiement avait fait découvrir à Pompéi.

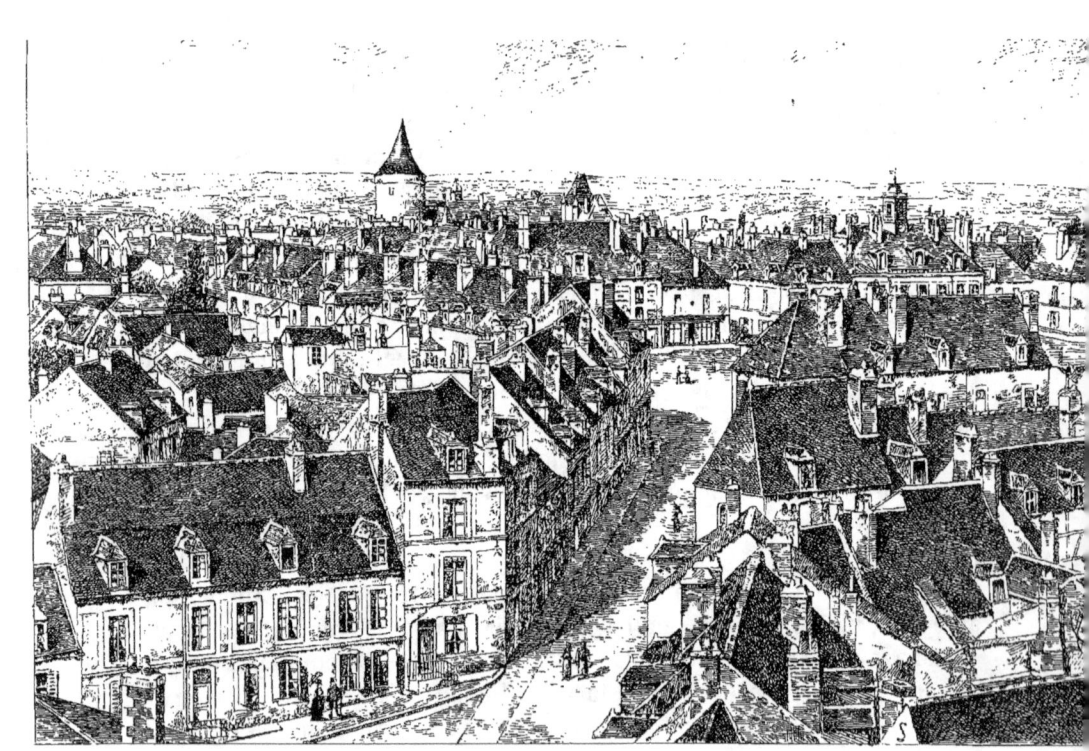

VUE DE CHATEAUDUN. (D'après une photographie.)

II. — COULMIERS

Pendant ce temps, le général d'Aurelle de Paladines formait une armée avec les éléments fournis par le ministre de la guerre et M. de Freycinet, au camp de Salbris. Le général était un vétéran des guerres de Crimée et d'Italie, rappelé récemment à l'activité. Il montra tout d'abord une grande énergie, prévint, dans un ordre du jour laconique, qu'il n'hésiterait devant aucun moyen pour établir la discipline, fit des exemples terribles, et, du 12 au 25 octobre, parvint à donner à ses troupes une apparence de solidité, une certaine habitude du maniement des armes et quelque expérience des manœuvres.

Dès le 24 octobre, dans un conseil de guerre tenu à Salbris, on avait résolu de faire une tentative sur Orléans, en partant de Blois, avec les 15° et 16° corps. Un nouveau conseil de guerre, tenu à Tours, le 26, affirma davantage cette intention. Thiers se trouvait alors dans les lignes françaises, au retour de son voyage d'Europe. Il vit à Blois, le 28, les troupes de Salbris, arrivées le jour même, pour faire leur jonction avec le 16° corps. Le général d'Aurelle de Paladines, malgré les résultats déjà obtenus, n'avait pas une confiance absolue dans l'avenir. Il espéra que la présence de Thiers coïnciderait avec de sérieuses négociations, et, se fondant sur le mauvais état des chemins, détrempés par la pluie, il demanda à remettre de quelques jours la marche en avant. Or, cela se passait le jour même de la capitulation de Metz. Quelques jours de retard devaient avoir des conséquences fâcheuses, et permettre au prince Frédéric-Charles de venir à temps au secours des Bavarois. Cependant, la délégation, quoique violemment tentée d'imposer un plan au général en chef, s'en remit à sa compétence indiscutable, non sans considérer les négociations entreprises par Thiers comme nuisibles aux opérations.

Cependant, des nouvelles récentes, arrivées de Paris, annonçaient un effort prochain et considérable du général Trochu. La délégation croyait devoir, dans cette éventualité, réoccuper à tout prix Orléans, pour s'en faire une base d'opérations à tout événement. Gambetta ne cessa donc de supplier le général d'Aurelle de se porter sur Von der Tann, qui, ne voyant rien venir à lui, se préparait à déborder Orléans, pour aller à l'armée française.

Le 6 novembre, la marche commença ; le 16° corps (Chanzy) tenait l'extrême gauche, débouchant de la forêt de Marchenoir, où il s'était dissimulé adroitement depuis l'affaire de Châteaudun. Il avait trente mille hommes. Le général d'Aurelle, avec la plus grande partie de son corps, (vingt mille hommes), suivait la rive droite de la Loire sur Beaugency. Une division laissée à Salbris avec le général Faye, marchait

GÉNÉRAL D'AURELLE DE PALADINES.

directement par la route de Vierzon sur Orléans, pour partager l'attention du général Von der Tann. Enfin, une partie considérable du 15ᵉ corps, sous les ordres d'un des héros de Bazeilles, le général Martin des Pallières, se portait, avec quinze mille hommes, d'Argent sur

Sauldre (Cher), à l'est de Salbris, et, se dirigeant rapidement sur Gien, devait se rabattre au nord d'Orléans, sur Toury, de manière à couper Von der Tann de la route de Chartres.

Le mouvement s'annonça heureusement; dès le 7 novembre, Chanzy rejeta en désordre les têtes de colonnes bavaroises, d'Ouzouer-le-Marché (Loir-et-Cher). Il fit refluer de même, de Saint-Laurent-des-Bois, sur Coulmiers (Loiret), un parti ennemi le 8 novembre. Le général d'Aurelle arrivait parallèlement le 9, devant la position de Baccon, un peu au nord de Beaugency.

La bataille s'engagea sur une étendue de douze kilomètres, le 9 novembre, de Baccon à Germigny. A droite, les généraux Peytavin, Barry, Borel, enlevèrent successivement, et avec un entrain admirable chez d'aussi jeunes troupes, Baccon, le Grand-Luz et enfin, Coulmiers. A gauche, l'un des divisionnaires de Chanzy, l'amiral Jauréguiberry, et Chanzy lui-même, après une lutte extrêmement vive, enlevèrent Germigny, qui commandait la gauche des Bavarois. Von der Tann était définitivement battu. Il eut la prudence de faire évacuer immédiatement Orléans, par les troupes qu'il y avait laissées, et de rappeler en arrière sur Artenay et Toury ses contingents engagés. Ce mouvement de retraite aurait pu lui être funeste, mais le général Reyau, qui commandait la cavalerie, à gauche, manqua de coup d'œil; il laissa passer l'instant précis pour prévenir l'ennemi sur la route de Chartres, et le rejeter sur l'infanterie victorieuse, à Coulmiers ; les troupes françaises ne s'en acharnèrent pas moins à la poursuite des fuyards et firent huit cents prisonniers. On espérait aussi que le général des Pallières aurait pu, du 6 au 9, atteindre Artenay; mais l'état des routes, l'inexpérience de ses soldats ne lui permirent que d'arriver le 10, à Chevilly, à l'issue de la forêt d'Orléans ; il vit défiler au loin les dernières colonnes bavaroises, se hâtant vers Toury, et il ne réussit qu'à enlever quelques canons et quelques traînards. Néanmoins, et, bien que le rapport officiel allemand ait atténué cet échec, la bataille de Coulmiers était bien une victoire française, la seule qu'il soit impossible de contester, puisqu'elle amenait les Français dans des positions gagnées, et leur donnait un résultat plus appréciable, la possession d'Orléans. L'effet moral devait être plus grand encore. A Paris, l'affiche qui annonçait la victoire de Coulmiers, fut accueillie avec enthousiasme. On se rendait assez peu compte de l'importance de ce succès, et on crut longtemps à une de ces victoires foudroyantes, dont on espérait le salut. En province, Gambetta n'hésita pas à en exagérer la portée, pour faire sur les troupes une impression salutaire. Il multiplia les récompenses et les avancements, et, dans une de ces proclamations, dont il avait seul le secret, il félicita les vainqueurs de Coulmiers en ces termes : « Sous la main

« de chefs vigilants, fidèles, dignes de vous, vous avez retrouvé la dis-
« cipline et la force ; vous nous avez rendu Orléans, enlevé avec l'en-
« train de vieilles troupes, depuis longtemps accoutumées à vaincre. »

III. — CHAMPIGNY

La nouvelle de la victoire de Coulmiers trouva Paris dans une période d'accalmie relative, et de travail militaire ; le gouvernement et le général Trochu avaient résolu une action décisive, qui nécessitait une réorganisation des forces militaires, réorganisation qui avait pris plus de temps qu'on n'avait cru. Il fallut donc retarder les opérations que la délégation attendait dans la première quinzaine de novembre.

Une première armée, commandée par le général Clément-Thomas, comprenait uniquement les deux cent soixante-six bataillons de la garde nationale. Une deuxième armée, désignée pour l'action principale, composée des 13e et 14e corps, des bataillons de mobiles les plus éprouvés, était placée sous les ordres du général Ducrot, et partagée en trois nouveaux corps, commandés par les généraux Blanchard, Renaud, Exea. Enfin, une troisième armée, composée en majorité des mobiles, était placée sous les ordres du général Vinoy. Elle était de six divisions non partagées en corps d'armée. L'objectif de la sortie projetée était d'abord la presqu'île de Gennevilliers, et la route de Rouen ; c'était un plan cher au général Ducrot, qui l'avait longtemps médité.

Lorsque, le 14 novembre, arriva la nouvelle du succès de Coulmiers, les plans furent naturellement changés. L'armée du général d'Aurelle de Paladines étant attendue par la vallée du Loing, Malesherbes et Fontainebleau, on décida de faire une tentative sur la Marne et sur la Seine, de manière à se rabattre, soit sur Villeneuve-Saint-Georges, soit sur Melun pour passer la Seine, et s'unir aux troupes d'Orléans sur la rive droite.

La base d'opération s'étendait depuis le plateau d'Avron, au nord de la Marne, elle touchait au fort de Nogent-sur-Marne, à la redoute de la Faisanderie près de Champigny, et côtoyait toute la presqu'île de Saint-Maur, véritable saillie au milieu des Wurtembergeois, pour aboutir, près de Saint-Maurice, à la redoute de Gravelle.

La gauche du général Ducrot longerait au nord la rive droite de la Marne, sous les ordres des généraux de Bellemare et d'Exea ; les positions du centre, Noisy-le-Grand, Villiers et Cœuilly, sur la rive

LE PLATEAU D'AVRON.

Noisy-le-Grand.   Avron.   Villemomble.   Fort de Rosny.

gauche, devaient être enlevées par les généraux Blanchard et Renaud ; enfin, à l'extrême droite, le général Susbielle était chargé d'interrompre les communications entre les Prussiens et les Wurtembergeois, en manœuvrant dans la presqu'île formée par le confluent de la Seine et de la Marne.

Dès le 27 novembre, de grands mouvements un peu trop bruyants et trop précipités amenèrent la deuxième armée dans le bois de Vincennes, où elle bivouaqua dans la nuit du 28. Pour passer la Marne, les ingénieurs Krantz et Ducros avaient préparé tout un équipage de ponts volants, qui, par le canal Saint-Maur, destiné à supprimer la boucle de la Marne, débouche près de la Faisanderie, à Joinville-le-Pont ; mais il y avait eu une crue considérable et, pendant toute la nuit du 28, on essaya vainement de franchir le pont de pierre de Joinville, et les ponts de campagne ne purent être en place dans la matinée du 29. On perdait ainsi l'espoir de n'avoir devant soi que les Wurtembergeois, et d'en finir avec eux avant l'arrivée des Saxons au nord, des Prussiens au sud.

Un conseil de guerre fut tenu immédiatement au fort de Rosny, et il fut décidé que les équipages de pont passeraient, à force de vapeur, dans la nuit du 29 au 30, mais qu'on laisserait le général Vinoy opérer dans la direction du sud, comme il avait été préalablement convenu, pour attirer l'attention de son côté. Ce jour-là, en effet, 29 novembre, le général Vinoy fit une démonstration vigoureuse sur l'Hay et Choisy-le-Roi ; les marins et les gardes nationaux mobilisés, qu'on employait alors pour la première fois, occupèrent, en avant de Choisy, la gare aux Bœufs, et s'y maintinrent pendant plusieurs heures.

Dans la nuit du 29 au 30, sept ponts furent établis entre Joinville et Nogent ; les troupes passèrent au centre sans obstacles, elles enlevèrent avec un entrain irrésistible Champigny et Bry-sur-Marne. Mais, lorsqu'elles se heurtèrent au parc de Villiers et à Cœuilly, elles trouvèrent une résistance plus sérieuse. Les murs avaient été crénelés, des épaulements construits avec soin, des abatis d'arbres rendaient les approches très difficiles. Le général Ducrot se prodiguait, pour faire honneur à sa célèbre proclamation, où il promettait de ne rentrer à Paris que mort ou victorieux ; mais il ne put enlever ces positions.

Il devait compter que la marche des généraux d'Exea et Bellemare parviendrait à les tourner. Malheureusement le passage du général d'Exea, entre Bry et Neuilly-sur-Marne, s'effectua beaucoup trop tard ; et cette partie du 3ᵉ corps n'arriva pas à temps pour prendre part à la bataille. Quant au général de Bellemare, il ne put se rendre à Noisy, derrière les positions ennemies : il marcha directement sur Villiers ; son rôle désormais n'était plus celui qui lui avait été destiné ; il abordait de front, comme le général Ducrot, une position fortifiée, au lieu de la tourner. Son action se produisait d'ailleurs trop tard pour en déterminer l'évacuation, dont la rapidité importait au gain définitif de la bataille.

La diversion du général Susbielle n'avait pas eu un meilleur résultat ; parti de Créteil, il avait brillamment occupé Montmesly, sur la route de Bonneuil, et dans la direction de Champigny ; mais le

GÉNÉRAL RENAUD.

quartier général allemand avait bientôt reçu la nouvelle du mouvement de la seconde armée, et par Noisy au nord, par Villeneuve-Saint-Georges au sud, M. de Moltke envoya des renforts considérables aux troupes qui défendaient Villiers et Cœuilly. Le général Susbielle se heurta à ces dernières masses, alors qu'il s'engageait dans la direction de Chennevières et d'Ormesson ; malgré les mitrailleuses, qui furent ce jour-là tout particulièrement meurtrières, il fut rejeté sur Créteil, sans avoir pu contribuer à la bataille, ni arrêter la concentration des Allemands.

Enfin, au nord, les marins, des mobiles, et quelques troupes de ligne, sous les ordres de l'amiral La Roncière Le Noury, occupèrent

GÉNÉRAL LADREYT DE LA CHARRIÈRE.

Epinay-sur-Seine, mais l'évacuèrent le soir ; il n'y avait du reste aucun intérêt à garder cette position.

Somme toute, sauf la possession de Bry et de Champigny, et malgré le brillant courage des troupes, la journée était manquée. Le succès était au prix de la rapidité, et puisque les Français n'étaient pas à Lagny, le soir du 30 novembre, il était à présumer que les Allemands auraient le temps d'amener des troupes fraîches en nombre assez considérable pour s'opposer à de nouvelles tentatives.

Le général Ducrot croyait avec raison devoir persévérer cependant. Cette énergie persistante pouvait amener d'heureux résultats si on en profitait immédiatement. Or, ces soldats récemment organisés, qu'on ne pouvait remplacer par des hommes dispos, étaient accablés par le froid, qui était rude, par la faim, qu'on avait pu difficilement satisfaire pendant une journée de combat, ils étaient décimés par un combat meurtrier, et avaient besoin de repos. L'armée française avait perdu le général Renaud, blessé à mort, en tentant de déborder Cœuilly par Chennevières. A la division Susbielle, le général de brigade Ladreyt de la Charrière était tombé dans la marche sur Ormesson.

Le 1er décembre on résolut donc de se reposer. Les Français bivouaquèrent sur les positions occupées entre Champigny et Cœuilly et passèrent la journée dans l'immobilité la plus complète. Pendant ce temps, les Allemands se massèrent derrière Villiers, et quatre-vingt mille hommes de troupes résolues se disposèrent à arrêter la reprise du mouvement. Cependant ce ne furent pas les Français qui reprirent l'offensive. Mais ils furent surpris par une attaque imprévue dans la matinée du 2 décembre à Cœuilly et à Champigny. Une première panique rejeta les lignes françaises jusque sur la Marne. Le général Ducrot, l'épée à la main, rétablit le combat, il chassa les Allemands de Bry qu'ils avaient occupé; mais on ne put leur enlever la partie nord de Champigny, dont ils s'étaient emparés dès la première heure, et où ils se maintinrent. Ce fut encore une journée glorieuse, par le courage déployé, mais aussi une journée aussi sanglante que sans résultat. Un officier distingué, aide de camp du général Trochu, M. de Neverlée, et le commandant des éclaireurs de la Seine, M. Franchetti, se firent tuer en repoussant les attaques de l'ennemi. La France perdait en ces deux journées treize mille hommes, et, ce qui était encore plus grave, quatre cent vingt-neuf officiers expérimentés, dont trente-quatre officiers supérieurs, impossibles à remplacer. La formation toute nouvelle des troupes exigeait des officiers un effort personnel plus actif, et ils s'étaient exposés avec intrépidité à tous les dangers de la bataille. Si l'on s'en tient à l'apparence, les Français furent victorieux dans les deux journées du 30 novembre et du 2 décembre 1870. En effet, ils conservaient presque entièrement les positions acquises, et la double bataille de Champigny avait prouvé que les Allemands n'étaient pas invincibles. Mais en réalité tout le résultat utile était pour l'ennemi. Il avait bien perdu six mille hommes, mais il avait empêché d'une manière définitive l'armée française de rompre les lignes prussiennes, il avait une fois de plus prouvé la force comme la souplesse de son organisation, et montré la sûreté des précautions minutieusement prises dès le début.

Le 3 décembre, le général Ducrot se décida à repasser la Marne. Il était imprudent de conserver les positions aventurées de Champigny et de Bry, que les Allemands, d'Ormesson et de Villiers, pouvaient à cha-

GÉNÉRAL DUCROT.

que instant prendre en écharpe. L'armée repassa donc dans le bois de Vincennes et dans la presqu'île de la Marne, au grand désappointement de l'opinion publique.

Dès le 3 décembre, le gouvernement tout entier, moins le général Trochu, qui avait assisté à la bataille, comme général en chef, et avait même contribué, le 2, à rétablir les affaires, avait appris à la population, par une proclamation solennelle, qu'une action décisive était engagée. Lorsque le gouverneur de Paris eut fait connaître le 2 décembre cette seconde, « dure et belle journée, qui faisait à la jeune république une page glorieuse dans l'histoire militaire du pays », le gouvernement avait fait encore afficher une adresse pleine d'effusion à son chef, « son très cher président ». Enfin dès la première heure la proclamation du général Ducrot avait été unanimement approuvée, et on pensait bien qu'il serait victorieux, l'autre éventualité, celle de sa mort, étant écartée par l'optimisme obstiné de l'opinion.

Qu'on songe donc au sentiment éprouvé par les Parisiens, lorsque, venant de se congratuler de deux victoires, ils lurent la proclamation suivante, signée du vainqueur (4 décembre 1870) :

« Soldats, après deux journées de glorieux combats, je vous ai « fait repasser la Marne, parce que j'étais convaincu que de nou- « veaux efforts, dans une direction où l'ennemi avait eu le temps de « concentrer toutes ses forces et de préparer tous ses moyens d'ac- « tion, seraient stériles. En nous obstinant dans cette voie, je sacrifiais « inutilement des milliers de braves, et, loin de servir l'œuvre de la « délivrance, je la compromettais sérieusement ; je pouvais même vous « conduire à un désastre irréparable. Mais, vous l'avez compris, la lutte « n'est suspendue que pour un instant, nous allons la reprendre avec « résolution ; soyez donc prêts, complétez en toute hâte vos munitions, « vos vivres, et surtout élevez vos cœurs à la hauteur des sacrifices « qu'exige la sainte cause pour laquelle nous ne devons pas hésiter à « donner notre vie.

« Le général en chef de la deuxième armée,

« Ducrot. »

IV. — OPÉRATIONS AUTOUR DE PARIS

EN DÉCEMBRE 1870

Le général Ducrot avait raison ; et si le ton belliqueux de sa première proclamation contraste complètement avec le sang-froid de celle du 4 décembre, il faut s'aveugler volontairement sur les défauts de notre caractère national pour ne pas comprendre qu'elles s'imposaient toutes deux. Il est déjà regrettable que notre sensibilité nerveuse demande, dans les circonstances solennelles, que les généraux ou les gouvernants se livrent à une rhétorique d'exhortations et d'explications, dont les unes devraient être inutiles, dont les autres sont souvent dangereuses. Il est plus fâcheux encore que les Français ne sachent point se contenter des faits, mais exigent qu'on leur habille la vérité. C'est à nous qu'il faut nous en prendre si bien des insuccès ont été travestis en victoires, si, connaissant notre esprit prompt à l'enthousiasme, plus prompt au découragement, les chefs ont dû trop souvent nous déguiser la réalité.

Le quartier général prussien comptait évidemment sur cette maladie toute française de la démoralisation, et il résolut d'en précipiter les effets. Le 5 décembre, le maréchal de Moltke faisait parvenir au général Ducrot la communication suivante :

« Versailles, 5 décembre 1870.

« Il pourrait être utile d'informer Votre Excellence que l'armée
« de la Loire a été défaite hier près d'Orléans et que cette ville est
« réoccupée par les troupes allemandes. Si toutefois Votre Excellence
« juge à propos de s'en convaincre par un de ses officiers, je ne
« manquerai pas de le munir d'un sauf-conduit pour aller et venir.

« Agréez, mon général, l'expression de la haute considération
« avec laquelle j'ai l'honneur d'être votre très humble et très obéissant
« serviteur.

« Le chef d'état-major.

« Comte DE MOLTKE. »

La nouvelle était exacte, mais, quoique le gouvernement n'en doutât pas, deux raisons s'opposaient à ce qu'il entrât en relations avec l'ennemi dans ces conditions : d'abord l'état de Paris, qui n'aurait pas supporté l'ouverture des négociations en ce sens, et ensuite le devoir militaire, que Bazaine avait précisément violé, et qui défend au commandant d'une place d'accepter de pareilles communications de l'ennemi. Le général Trochu répondit donc par un refus calme et poli, et le gouvernement, en faisant connaître les deux lettres à la population, affirma de nouveau qu'il ne connaissait d'autre devoir que de continuer la lutte.

Quelques plaisants de l'armée prussienne, ayant capturé des pigeons envoyés à la délégation par le ballon *le Daguerre*, essayèrent de rendre la nouvelle irrésistible en écrivant deux prétendues dépêches de Tours, où à la reprise d'Orléans on ajoutait des désastres imaginaires, mais le style trop germanique, comme la signature de M. Lavertujon, alors enfermé à Paris, trahit la provenance de cette correspondance facétieuse. Le 15 décembre on reçut enfin deux dépêches datées du 5 et du 11. Gambetta annonçait la reprise d'Orléans par les Prussiens, et, sans trop verser dans l'optimisme, il montrait les armées du Nord et de la Loire prêtes à rentrer en lutte, ce qui était vrai. Il expliquait le départ de la délégation de Tours pour Bordeaux par des considérations stratégiques. Il insistait pour savoir le terme probable du siège, et suppliait le gouvernement de frapper de nouveaux coups, en l'assurant que les troupes d'investissement étaient relativement peu considérables.

Pour tenir l'armée en haleine, et peut-être pour tâter la position au nord, dans la direction du général Faidherbe, le général Ducrot résolut de se porter sur la route de Soissons. Pendant que le général Vinoy occupait l'ennemi sur la Marne, une partie de la deuxième armée s'engageait au nord du Bourget, et parvenait jusqu'à la Molette et à la Morée, deux ruisseaux tributaires de la Seine qui défendent les approches de Gonesse, quartier général du prince de Saxe. Ducrot fut arrêté par une résistance acharnée, et dut attendre que les marins de Saint-Denis, sous la direction du capitaine Lamothe-Tenet, se fussent emparés du Bourget. Ils réussirent en effet à s'établir dans la plus grande partie de ce malheureux village; mais les Prussiens tinrent bon à l'extrémité, et, comme cela se produisit toujours, reçurent des renforts, qui rendaient inutile la tentative des assiégés. Le général Vinoy, sur la rive droite de la Marne, avait poussé une offensive vigoureuse qui l'avait amené au delà de Neuilly-sur-Marne, à la Ville-Evrard et à la Maison-Blanche. Les Saxons avaient été surpris et repoussés vigoureusement dans la direction de Chelles. Dans la nuit du 21 au 22 décembre, les troupes françaises occupèrent les positions conquises, mais, pressées de s'abriter dans les maisons abandonnées, et d'y faire du feu pour y combattre une température terrible, elles ne visitèrent pas les caves; et la nuit, des soldats saxons qui s'étaient réfugiés dans la maison où l'un des lieutenants du général Vinoy, le général Blaise, s'était retiré, sortirent brusquement. Dans la bagarre qui s'ensuivit, le général Blaise fut tué. L'insuccès de l'attaque du Bourget ne permettait pas de continuer à occuper des positions trop éloignées de la protection de Rosny et de Nogent, le général Vinoy regagna donc ses premiers cantonnements. Ce jour-là, le thermomètre marqua quatorze degrés au-dessous de zéro. Aux souffrances du froid dans la ville s'ajoutaient les difficultés désormais cruelles de l'approvisionnement, l'augmentation de la mortalité, qui, par une conséquence naturelle de la rareté des vivres, sévissait surtout sur les enfants en bas âge et sur les vieillards affaiblis. Le gaz manquait, la population devenait de plus en plus nerveuse et se laissait peu à peu dominer par l'impression terrible que produisait dans la nuit le bruit régulier des obusiers prussiens et des canons des forts.

LES MARINS AU BOURGET.

V. — LE BOMBARDEMENT. — BUZENVAL

Le bombardement commença le 27 décembre 1870. L'opinion allemande le réclamait à grands cris. Malgré leur esprit de patience et de persévérance, les Allemands trouvaient que la guerre se prolongeait. Ils avaient la mémoire toute récente de la campagne de Sadowa, qui en deux mois à peine avait donné des résultats si considé-

POSITIONS ENNEMIES.

1. Route d'Orléans. — 2. Batterie prussienne. — 3. Bagneux. — 4. Fontenay-aux-Roses.
5. Batterie prussienne. — 6. Châtillon. — 7. Fort de Montrouge.

rables. L'état-major allemand avait fait entrer le bombardement de Paris dans ses calculs du premier jour. Mais M. de Bismarck, engagé alors à Versailles, comme nous le verrons plus tard, dans des négociations fort délicates, hésitait à accomplir un acte qui pouvait entraîner une protestation générale en Europe. Néanmoins, depuis le rétablissement du tunnel de Toul, le matériel de bombardement s'était acheminé vers Paris, et à la fin de décembre il était en place. Le 27 décembre, le feu s'ouvrit sur les forts de l'est, de Noisy à Nogent ; on eut à déplorer de ce côté la mort du capitaine de vaisseau

Mallet, commandant le fort de Rosny. Le 5 janvier, les canons de Châtillon battirent sans relâche les forts d'Issy, de Vanves et de Montrouge. L'artillerie française riposta vigoureusement et les marins pointeurs obtinrent de merveilleux effets de leurs pièces de gros calibre. Bientôt les obus allemands atteignirent la rive gauche, sans jamais cependant dépasser la Seine. Le Jardin des Plantes, le Muséum, les Invalides, le Panthéon, le lycée Henri IV, furent successivement atteints par les projectiles. Encore les grands espaces vides qui se trouvaient dans cette région de Paris rendirent les catastrophes moins à craindre, bien qu'un grand nombre d'habitants aient été réduits à descendre dans

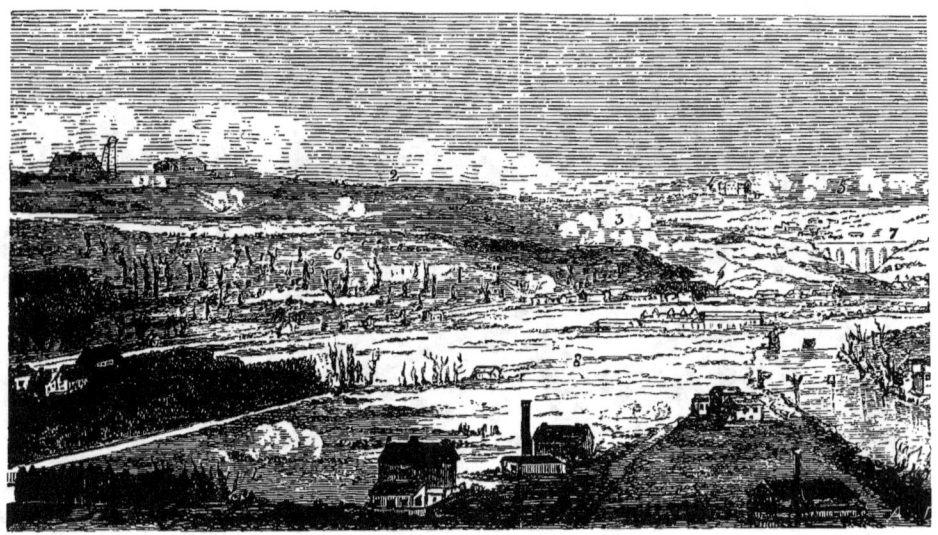

POSITIONS ENNEMIES.
2. Cimetière d'Issy. — 3. Bastion du parc de l'Epine. — 4. Château de Meudon. — 5. Batterie prussienne. — 6. Parc de l'Épine. — 7. Les Moulineaux. — 8. Plaine d'Issy.

les caves, et qu'il ait fallu enlever les malades et les blessés de l'ambulance, installée au lycée Henri IV. Le bombardement fit trois cent quatre-vingt-trois victimes, dont cent quinze femmes et soixante-sept enfants. Il semble avoir excité en Allemagne une satisfaction sans mélange, et les protestations des savants, inquiets pour les richesses du Muséum, la colère que les Parisiens ressentirent de voir victimes de la guerre des femmes et des enfants, furent des sujets de plaisanterie inépuisables pour la presse d'outre-Rhin. Le 31 janvier, une protestation timide fut présentée par le corps diplomatique en faveur des nationaux des puissances neutres. Dans une réponse toute juridique, M. de Bismarck affirma à la fois et le droit de l'Allemagne à détruire au besoin Paris, et sa douleur d'en arriver à cette extrémité. Il faisait retomber la responsabilité de cette rigueur sur ceux qui n'avaient pas évité « de faire de Paris une forteresse, ou de prolonger la défense « au delà d'un certain terme ».

Les vaincus ont mauvaise grâce à discuter des arguments de cette nature, ils n'ont qu'à se souvenir. D'ailleurs, le bombardement n'eut pas le résultat espéré par l'Allemagne. La population s'accoutuma vite à ce nouveau danger et n'en fut que plus désireuse de voir la lutte contre les Prussiens reprendre avec plus d'activité. L'inaction du gouvernement depuis le 22 décembre était jugée sévèrement non seulement par les partisans de la Commune, mais encore par des esprits plus modérés, comme le général Clément Thomas ou M. Tirard. Les partis extrêmes en profitaient pour recommencer des manifestations hostiles aux hommes de la Défense nationale. L'énervement d'un long siège, la rage de ne point arriver à un résultat utile, avaient causé une aigreur générale contre les dépositaires du pouvoir. Le plus impopulaire était le général Trochu, dont chacun se croyait le droit de tourner en ridicule l'éloquence verbeuse et d'attaquer les capacités militaires. Les collègues du général commençaient même à partager l'opinion défavorable qui grandissait contre lui, et dans ses lettres à Gambetta Jules Favre se plaignait avec amertume de l'inertie du gouverneur de Paris. Le jeune ministre répondait par des objurgations véhémentes et conseillait au gouvernement d'écarter résolument un homme jugé incapable, comme il le fit lui-même après Coulmiers pour le général Reyau, après Loigny pour le général d'Aurelle.

D'ailleurs, l'incertitude du général Trochu n'était que trop réelle. Elle était peut-être justifiée par les circonstances ; en tout cas, c'était une fatalité de plus. Dans la nuit du 28 au 29 décembre, le bombardement avait pris à l'est une telle violence, qu'il fallut évacuer le plateau d'Avron, réoccupé, au début du siège, bien que les travaux de défense y fussent fort peu avancés. Cette position, aussi inhabitable pour les Allemands que pour les Français, n'avait qu'une importance secondaire ; cet abandon fit cependant une impression profonde sur la foule et même sur le gouvernement.

Dans un conseil, tenu le 31 décembre, on mit le général Trochu au pied du mur, et il se décida à avouer qu'il considérait désormais comme inutile toute tentative pour rompre l'investissement, mais, contrairement à tous ses collègues de l'armée, il croyait devoir lutter à la circonférence jusqu'au dernier moment. Le général Clément Thomas proposa de faire au moins un dernier effort et d'y employer la partie de la garde nationale dont on pouvait espérer le plus de solidité. On avait essayé, dès le mois d'octobre, de former avec des volontaires, des compagnies de marche parmi les gardes nationaux. Mais il ne s'en était pas présenté un assez grand nombre. Au mois de novembre, on décida de prendre par bataillon quatre compagnies de mobilisés parmi les célibataires de vingt à quarante-cinq ans, avec une solde de 1 fr. 50 par jour. On forma ainsi cinquante-neuf régiments de marche, auxquels on donna pour lieutenants-colonels ceux des chefs de bataillon élus qu'on supposait plus particulièrement aptes à ces commandements. Les mobilisés furent souvent envoyés aux avant-postes, puis mêlés, avec l'armée active, afin de prendre, autant que possible, les habitudes militaires. Tel était l'élément nouveau avec lequel le général Clément Thomas conseillait de faire un effort suprême.

Le 18 janvier, un conseil de guerre examina le plan qui présenterait le plus de chances de réussite. Le général Trochu proposait une attaque sur le plateau de Châtillon ; le général Berthaut fit prévaloir une tentative sur les positions au nord de Versailles, entre Saint-Cloud et Marly. Peut-être par un effort considérable pouvait-on forcer les lignes du côté du nord-ouest. Cette sortie coïnciderait avec les opérations du général Faidherbe, qu'on savait prêt à marcher sur Saint-Quentin.

Il fut résolu qu'on mettrait en ligne dix-neuf régiments de ligne, trente-deux bataillons de mobiles, dix-neuf régiments de garde nationale, en tout quatre-vingts à quatre-vingt-cinq mille hommes. La base des opérations était le Mont-Valérien, dont le tir pouvait répondre à l'artillerie prussienne, dans le cas probable où la faiblesse et le petit nombre des chevaux ne permettraient pas aux troupes françaises de tirer grand parti de leur artillerie de campagne. Les troupes devaient sortir à droite et à gauche du Mont-Valérien. A gauche, le général Vinoy enlèverait les hauteurs de Saint-Cloud et de Montretout ; au centre, le général de Bellemare attaquerait la position de la Bergerie et le parc de Buzenval ; à droite, le général Ducrot occuperait la Malmaison, et, se rabattant sur le parc de Longboyau, tâcherait de se porter sur les hauteurs boisées qui dominent Versailles à l'ouest.

Dans la nuit du 18 au 19 janvier, des mouvements de troupes s'opérèrent pour porter l'armée en avant du Mont-Valérien, mais les dispositions avaient été mal prises. D'abord, malgré la prétention, trop hautement affichée, de dérober la marche en avant à l'ennemi, les gardes nationaux, animés par l'espoir de la victoire, se rendaient bruyamment au combat ; puis les convois d'artillerie et de munitions s'entassèrent aux portes, et s'espacèrent en longue file sur les routes. Cet encombrement retarda la marche des troupes, déjà difficile par un épais brouillard, qui permettait à peine de s'orienter, et qui, retombant en humidité sur le sol détrempé, le rendait glissant et dangereux pour des hommes relativement chargés.

Les généraux Vinoy et de Bellemare, au lieu de surprendre les Prussiens avant le jour, ne purent donc entrer en action qu'à sept heures et demie ; le général Ducrot ne parvint à se dégager des embarras qui obstruaient la route de Rueil qu'entre onze heures et midi.

Comme toujours, les premiers résultats parurent heureux. Vinoy occupa Montretout et les zouaves de son avant-garde s'élevèrent jusqu'à Garches. Le général de Bellemare emporta le premier mur de Buzenval ; mais le second avait été, comme nous l'avons vu plus haut, transformé en un véritable fort, et il dut s'arrêter, se contentant de faire occuper la partie conquise par les gardes nationaux, qui s'y montrèrent pleins de fermeté. On attendait l'artillerie pour forcer cet obstacle ; mais dans ces chemins montants, transformés en bourbiers gluants, il fut impossible de hisser, avec des chevaux épuisés par quatre mois de siège, les batteries nécessaires à cet effort décisif. Il fallut donc se contenter d'attendre le résultat des autres attaques. Or, celle du général Vinoy n'était pas achevée, et le général Ducrot, après avoir traversé heureusement la Malmaison, avait été arrêté par les fortifications de Longboyau et de Croissy. Cet arrêt était, comme à Champigny, la fin du succès. A dix heures les Prussiens mettaient en ligne leur artillerie. Le Mont-Valérien, qui avait d'abord tenu en respect les masses allemandes, ne pouvait plus agir efficacement, dans la crainte d'atteindre l'armée française, et le général Noël, qui le commandait, était obligé de rendre son feu plus rare. Le général Vinoy se tint obstinément à Montretout ; mais il semblait bien difficile de garder cette position, qu'il était impossible d'armer de canons. Tout progrès se trouvait donc interdit, et le général Trochu décida la retraite. Elle fut marquée par des incidents déplorables. Un bataillon de mobiles de la Seine-Inférieure, oublié à Saint-Cloud, fut fait prisonnier. A Buzenval, la garde nationale perdit le jeune peintre, déjà illustre, Henri Regnault, qui se fit tuer en se tenant à l'arrière-garde. D'autres victimes particulièrement intéressantes périrent dans les mêmes rangs : l'explorateur Gustave Lambert, le lieutenant-colonel Rochebrune, qui avait combattu dans la dernière insurrection polonaise de 1863. Seveste, de la Comédie-Française, le vieux marquis de Coriolis. D'ailleurs, la journée avait été meurtrière et coûtait trois mille tués à la France ; les Prussiens perdaient sept cents hommes.

Ce fut le dernier coup pour la population parisienne. Dès le début du combat, le général Trochu avait fait parvenir du Mont-Valérien des télégrammes peu précis, où il se plaignait surtout du brouillard ; cependant les optimistes, et ils étaient en majorité pendant chaque bataille, comptaient sur une vraie victoire ; la nouvelle de la retraite produisit le revirement accoutumé. C'était une véritable maladie. A la fièvre de l'espérance succédait l'abattement qui suit les grandes crises.

Le plus atteint était le général Trochu. Il avait jusqu'alors conservé beaucoup de sang-froid, bien qu'il sentît que l'opinion le rendait pres-

LE MONT-VALÉRIEN ET LA REDOUTE DE MONTRETOUT.

que seul responsable de l'impuissance, non pas de la défense, mais de l'armée d'opérations. Il avait eu, bien que peu rassuré pour l'avenir, la volonté d'espérer et avait essayé vainement de faire passer cette volonté dans le cœur de ses lieutenants. Il se reprochait amèrement de s'être laissé entraîner à la bataille du 19 ; et dès le 20 il laissa publier un télégramme, signé de lui, où il parlait d'un armistice et de l'organisation d'un service exceptionnel de brancardiers pour enlever les morts de la journée de Buzenval.

La population de Paris, les collègues du gouverneur de Paris, ne résistèrent pas au besoin malsain de faire porter toute la responsabilité sur l'homme qu'ils avaient acclamé quatre mois auparavant. Il n'avait pas, il est vrai, répondu aux espérances que ses talents avaient permis de concevoir, mais il avait fait son devoir et rendu possible une résistance à laquelle on croyait peu à l'origine. Le général Trochu

HENRI REGNAULT.

supporta avec dignité ce déchaînement de l'opinion, qu'explique notre caractère national.

Les maires, convoqués le 20 au ministère des affaires étrangères, protestèrent contre son maintien à la tête de l'armée. Ils insistèrent principalement sur le danger que présenterait, au point de vue de la sécurité publique, le refus que ferait le gouvernement d'obtempérer à cette véritable sommation. Le général Trochu consentit à s'effacer, et, sur le refus du général de Bellemare, le général Vinoy fut désigné pour commander en chef. Le choix n'était pas très heureux. Le général Vinoy était, il est vrai, un chef de corps fort énergique, mais il était connu pour ses opinions bonapartistes et sa présence ne pouvait avoir pour effet de calmer les passions prêtes à s'enflammer. Il n'accepta d'ailleurs que sur l'ordre du général Le Flô, et le 21 parut le décret suivant :

« Le gouvernement de la Défense nationale a décidé que le com-
« mandement en chef de l'armée de Paris serait désormais séparé
« de la présidence du gouvernement.

« M. le général de division Vinoy est nommé commandant en
« chef de l'armée de Paris. Le titre et les fonctions de gouverneur de
« Paris sont supprimés.

« M. le général Trochu conserve la présidence du gouvernement. »

La veille, le *Journal officiel* avait publié des dépêches récemment arrivées de province, où les défaites du général Chanzy étaient annoncées, bien que dans un style encore encourageant, et qui laissait espérer la reprise prochaine des hostilités au nord, à l'ouest, à l'est. Mais les illusions avaient définitivement disparu, faisant place à la colère et au désir de la vengeance, alors que la délégation de Bordeaux pensait encore à préparer de nouveaux combats.

VI. — BEAUNE-LA-ROLANDE

Après un moment d'espérance, la situation, pour Gambetta et pour ses collègues, était rapidement redevenue difficile. L'enthousiasme de la bataille de Coulmiers avait fait place à des préoccupations nouvelles, et la délégation de Tours avait dû pourvoir aux nécessités de trois armées : l'armée de la Loire, l'armée du Nord et l'armée de l'Est.

Après la bataille de Coulmiers, dès le 12 novembre, un conseil fut tenu à Orléans sur la conduite à suivre. Le chef d'état-major, le général Borel, parlait de continuer la marche en avant et le général Chanzy semblait au moins penser qu'il ne fallait pas abandonner l'offensive. Mais telle n'était pas l'opinion du général d'Aurelle de Paladines. Il regardait le succès de Coulmiers comme inespéré, et se considérait comme trop aventuré à Orléans. Gambetta et M. de Freycinet se trouvaient embarrassés entre les avis différents d'hommes compétents; leur désir était de ne pas quitter Orléans, et ils n'osaient pas non plus, avec une armée à peine formée, s'abandonner aux plans plus audacieux, qui leur souriaient cependant davantage.

On s'arrêta à un moyen terme, que le général Chanzy trouva trop timide. On fit de la forêt d'Orléans un véritable camp retranché, que le capitaine de frégate Ribourt arma de cent cinquante pièces de marine.

Mais ce premier délai fut mis à profit par les Allemands. Le général Von Wittich, la cavalerie du prince Albrecht, neveu du roi Guillaume, enfin le corps du duc de Mecklembourg, qui prit le commandement en chef, vinrent renforcer à Toury les troupes du général Von der Tann. Le général d'Aurelle crut ne pouvoir rien faire pour empêcher ces mouvements de troupes. Il n'y eut guère d'autres engagements que quelques escarmouches d'avant-postes en avant de Chevilly et de Neuville-aux-Bois.

Le prince Frédéric-Charles, après avoir envoyé des renforts au général de Werder devant Belfort, suivait lentement une longue courbe au sud de Paris, de Metz à Pithiviers, par Bar-le-Duc, Chaumont, Troyes, Sens, où il n'arriva de sa personne que le 1er décembre, mais déjà précédé par la plus grande partie de ses troupes. Ce répit de plus de vingt jours ne fut utilisé du côté de la France que pour la formation de l'effectif; le 17e corps d'armée fut bientôt prêt à marcher sous les ordres du général de Sonis, derrière la forêt de Marchenoir; le 18e, commandé provisoirement par le colonel Billot, qui en devint plus tard le chef définitif, avec le titre de général, était réuni entre Bourges et Orléans; enfin, avec un noyau de soldats, amenés de l'Est, le général Crouzat arrivait à Gien le 16 novembre et prenait le commandement du 20e corps; le 21e hâtait son organisation au Mans sous les ordres du contre-amiral Jaurès.

Cependant Frédéric-Charles quittait l'Yonne pour se porter sur le Loing à Nemours, et de là, par Puiseaux, gagner Pithiviers. Ses soixante-dix mille hommes étaient destinés à former la gauche des troupes qui opéraient sur Orléans, le centre étant placé sous les ordres de Von der Tann à Étampes; la droite, avec le duc de Mecklembourg, à Chartres.

La délégation voyait avec désespoir qu'on laissât s'amonceler ainsi les forces allemandes, sans rien tenter pour les attaquer isolément. Le 20, le général d'Aurelle refusait d'une manière définitive de prendre la responsabilité d'un mouvement sur Paris; et certes, cette offensive déterminée n'était pas sans risques. Mais Gambetta, qui avait mis à la disposition du général, nommé dès le lendemain de Coulmiers général en chef de l'armée de la Loire, cinq corps d'armée, soit au bas mot, cent cinquante mille hommes, ne pouvait comprendre cette hésitation d'un chef dont il avait pu apprécier, sinon la décision, au moins l'énergie. Le ministre s'épuisait avec M. de Freycinet, dans la supposition d'une victoire de l'armée de Paris, dont on annonçait une prochaine tentative, en plans et en projets, pour tendre la main au général Trochu. Quoique le sentiment de leur incompétence technique les empêchât de prendre sur eux d'imposer violemment leur opinion, ils voulaient, à force d'instances, amener le général d'Aurelle de Paladines à partager leurs convictions et leurs espoirs. Gambetta songeait surtout à une marche sur Fontainebleau, qui aurait été rendue plus facile, si l'on avait pu prévenir l'arrivée du prince Frédéric-Charles.

L'ennemi ne semblait pas préparé de ce côté à l'offensive de l'armée française ; le duc de Mecklembourg débordait insensiblement de l'Eure sur la Sarthe. Châteaudun ayant été réoccupé par les Français, il prétendait tourner la position du Mans, que le grand quartier général jugeait capitale, par Voves, Illiers, Nogent-le-Rotrou, Mortagne et Alençon.

Ce mouvement pouvait être dangereux, non seulement pour le Mans, mais pour Tours. Le 21 novembre, le duc de Mecklembourg battait un corps isolé de Chanzy, et le rejetait de Nogent-le-Rotrou ; il fallait arrêter sa marche et même ramener le duc en arrière par une démonstration rapide. Le 17e corps, qui s'appuyait à la forêt de Marchenoir, fut chargé d'opérer la diversion nécessaire. Le général de Sonis se porta dans la direction de Saint-Lyé, pour se mettre en communication, par sa cavalerie, avec le 15e corps, qui était à Orléans. Il vint occuper dans le sud du département d'Eure-et-Loir la ligne de la Conie, affluent du Loir, et par ce mouvement en avant refoula les Allemands de Yèvres, sur Brou (25 novembre 1870). D'ailleurs satisfait d'avoir inquiété la gauche du duc de Mecklembourg, il se retira en Loir-et-Cher ; mais c'était en réalité un commencement d'opérations.

Elles avaient été entreprises sur l'indication et sous la responsabilité du ministre de la guerre, et ne s'arrêtèrent plus. Le lendemain en effet (26 novembre), les 18e et 20e corps (généraux Billot et Crouzat) recevaient l'ordre de se porter du Loing et de la Loire par Pithiviers et Malesherbes sur la route de Fontainebleau. Ils allaient avoir devant eux l'armée du prince Frédéric-Charles, à peine remise, il est vrai, de la marche qu'elle venait d'achever, mais maîtresse de la route de Sens à Pithiviers. Ce mouvement circulaire des deux corps français placés à la droite extrême de l'armée de la Loire devait précéder à peine l'attaque par les généraux d'Aurelle, Chanzy et de Sonis des positions du duc de Mecklembourg et du général Von der Tann.

Les généraux Billot et Crouzat remportèrent d'abord quelques succès préparatoires. Se portant rapidement du Loing sur son affluent le Fusain, ils occupèrent cette ligne, le 26 novembre, après le combat de Lorcy, le 27 ils enlevèrent les positions de Ladon et de Juranville. Cette offensive heureuse dégagea Montargis et força l'armée de Frédéric-Charles à se concentrer entre Beaune-la-Rolande et Pithiviers. Le 28, le 18ᵉ et le 20ᵉ corps attaquèrent cette position, ils pénétrèrent dans Beaune-la-Rolande, sans pouvoir chasser les Prussiens de l'extrémité de cette petite ville. Le général Crouzat fit de vains efforts jusqu'à la nuit, pour forcer les Prussiens à se retirer. Découragé, il recula sur la forêt d'Orléans à Saint-Loup, puis rétrograda jusqu'à Jargeau. L'ennemi de son côté, inquiet de la vigueur déployée à cette bataille de Beaune-la-Rolande, évacua cette position et se massa à Pithiviers, dans l'intention de profiter de la dislocation inévitable qu'une action prochaine devait imposer à l'armée française dont il supposait avec raison la cohésion très imparfaite. Il se préparait à jeter sur ces corps hésitants le poids irrésistible d'une armée considérable, animée par la victoire et abondamment pourvue de tout.

VII. — COMBAT DE LOIGNY

La concentration allemande, cependant, n'était pas chose faite. La deuxième armée, sous le commandement du prince Frédéric-Charles, n'avait pas encore achevé de défiler sur Pithiviers par Nemours (Seine-et-Marne) et Puiseaux (Loiret); elle ne pouvait risquer l'attaque d'Orléans. Le duc de Mecklembourg, que sa position excentrique à Nogent-le-Rotrou mettait en péril, revenait sur ses pas le 29 novembre rejetant au sud sur son passage, dans la direction de Patay, les francs-tireurs de MM. Digard et Lipowski; mais il pouvait être attaqué dans sa marche et écrasé avant d'avoir rejoint Von der Tann, dont le corps formait le point d'attraction, auquel les deux armées de gauche et de droite devaient se souder pour une commune action contre le général d'Aurelle et ses lieutenants.

Le 30, arriva à Tours la nouvelle de la sortie du général Ducrot sur la Marne, sortie fixée pour le 29 novembre et qui avait pour objectif Fontainebleau. Le ballon, qui portait la dépêche, parti le 24, avait été enlevé jusqu'en Norvège, et il n'y avait plus un moment à perdre, si l'on jugeait devoir coopérer à l'effort de l'armée de Paris, qu'on croyait commencé.

Le 30, en effet, M. de Freycinet se rendit au quartier général de Saint-Jean-de-la-Ruelle, à Orléans, et communiqua au général d'Aurelle de Paladines, la dépêche qui venait d'arriver. Il y eut un conseil de guerre solennel auquel assistèrent les généraux Borel, Chanzy, M. de Freycinet et l'un de ses secrétaires, M. de Serres. M. de Freycinet insista, en l'état actuel des choses, pour la marche immédiate sur Pithiviers, Nemours, Fontainebleau. Les généraux Chanzy et d'Aurelle, firent remarquer combien la disposition des troupes françaises était

AMIRAL JAURÉGUIBERRY.

divergente, le 18ᵉ corps étant à Gien, le 20ᵉ à Jargeau, le 15ᵉ à Orléans, le 17ᵉ à Coulmiers, le 16ᵉ à Boulay, près de Patay. Le 21ᵉ, qu'on prétendait faire au besoin coopérer à une bataille, était à peine formé, et placé à Vendôme. Les généraux eussent préféré obtenir le temps de réunir les cinq corps d'armée dans la forêt d'Orléans et de déboucher en une masse profonde sur Pithiviers. M. de Freycinet insista pour une action immédiate ; il fallait au besoin tout sacrifier au salut de l'armée du général Ducrot, et d'ailleurs le ministère de la guerre avait de fortes raisons pour admettre que la concentration de l'armée du prince Frédéric-Charles était loin d'être terminée, par conséquent on trouverait à Pithiviers une résistance encore mal préparée. Ce calcul ne manquait pas d'une certaine justesse, mais exigeait qu'on vînt rapidement à bout des Bavarois et du duc de Mecklembourg. Le conseil de guerre, enfin, fortement préoccupé de la situation possible du général Ducrot, décida que le 16e corps commencerait l'attaque dès le lendemain et que le plan du ministère de la guerre serait adopté.

Les deux divisions du 16e corps étaient placées, l'une (amiral Jauréguiberry) à Saint-Peravy ; l'autre (général Morandy) à Boulay. Le 1er décembre, à six heures du matin, les troupes s'ébranlèrent dans la direction de Patay et de Toury. Les généraux Chanzy, Barry, Morandy et l'amiral Jauréguiberry, dont l'intrépidité était fort populaire, enlevèrent leurs troupes, qui occupèrent à la suite de brillants combats soutenus jusqu'à la nuit, les positions de Guyonville, de Terminiers et de Villepion, par lesquelles on pouvait tourner Toury à gauche. A la fin de cette bataille, qu'on appelle la bataille de Villepion, le 17e corps (de Sonis) s'était avancé sur la droite dans la direction de Patay et de Sougy, de manière à être tout porté pour continuer l'effort en avant dès le lendemain, 2 décembre. Le 16e corps était fatigué, mais plein d'enthousiasme ; le général Chanzy, en faisant coucher ses troupes sur les positions conquises, avait pu leur faire savoir le résultat de la bataille livrée par le général Ducrot à Champigny. Un ballon parti le 30 de Paris, et tombé à Belle-Isle-en-Mer, avait fait parvenir un rapport sur les résultats obtenus le 30 novembre au soir par la deuxième armée de Paris.

Le général d'Aurelle, lui-même, malgré ses inquiétudes, en annonçant pour le 2 la reprise de la marche en avant, adressait à l'armée de la Loire la proclamation suivante :

« Officiers, sous-officiers et soldats de l'armée de la Loire,

« Paris, par un sublime effort de courage et de patriotisme, a
« rompu les lignes prussiennes. Le général Ducrot, à la tête de son
« armée, marche vers nous. Marchons vers lui avec l'élan dont l'armée
« de Paris nous donne l'exemple. Je fais appel aux sentiments de tous
« des généraux, comme des soldats ; nous pouvons sauver la France ;
« vous avez devant vous cette armée prussienne que vous venez de
« vaincre sous Orléans ; vous la vaincrez encore. Marchons donc avec
« résolution et confiance en avant, sans calculer le danger. Dieu
« protégera la France.

« Quartier général de Saint-Jean.
1er décembre 1870, 5 heures 35 du soir. »

Le général d'Aurelle s'était laissé entraîner à prendre l'espoir de tous pour une réalité démontrée. Gambetta lui-même, dans sa proclamation, qu'il fit paraître le 2 décembre, exagéra encore cette note d'un optimisme qu'on ne peut aujourd'hui rappeler sans une profonde tristesse, alors qu'à ce moment il était sans doute une nécessité de la situation.

La proclamation couvrait d'éloges le général Trochu et le général Ducrot. Elle contenait une phrase restée célèbre, parce qu'elle contribua à faire considérer le succès de l'armée de Paris comme définitif. La dépêche, en annonçant l'occupation d'Epinay par les marins de l'amiral La Roncière n'avait pas précisé la situation de cette position. Gambetta, tout à son idée d'une marche sur Fontainebleau, crut que l'avant-garde de l'armée de Paris était parvenue à *Epinay-sur-Orge*, ce qui indiquait une marche rapide vers le sud-ouest. Or, nous le savons, il s'agissait d'Epinay-sur-Seine, près de Saint-Denis, au nord.

Sur cette grande espérance, qu'une indication plus précise eût permis de ne pas concevoir, le ministre s'écriait :

« Grâce aux efforts du pays tout entier, la victoire nous revient,
« et, comme pour nous faire oublier la longue série de nos infortunes,
« elle nous favorise sur presque tous les points. En effet, notre armée
« de la Loire a déconcerté depuis trois semaines les plans des Prus-
« siens et repoussé toutes leurs attaques. Leur tactique a été impuis-
« sante sur la solidité de nos troupes, à l'aile droite, comme à l'aile
« gauche.

« Etrepagny a été enlevé aux Prussiens, et Amiens évacué à la
« suite de la bataille de Paris.

« Nos troupes d'Orléans sont vigoureusement lancées en avant.
« Nos deux grandes armées marchent à la rencontre l'une de l'autre.
« Dans leurs rangs chaque officier, chaque soldat, sait qu'il tient dans
« ses mains le sort même de la patrie. Cela seul les rend invincibles.
« Qui donc douterait désormais de l'issue finale de cette lutte
« gigantesque ?

« Les Prussiens peuvent mesurer aujourd'hui la différence qui
« existe entre un despote qui se bat pour satisfaire ses caprices et un
« peuple armé qui ne veut pas périr. Ce sera l'éternel honneur de la
« République d'avoir rendu à la France le sentiment d'elle-même, et
« l'ayant trouvée abaissée, désarmée, trahie, occupée par l'étranger,
« de lui avoir ramené l'honneur, la discipline, les armes, la victoire. »

« Léon Gambetta. »

Publiée le matin du 2 décembre, commentée avec avidité par les officiers et les soldats, cette proclamation devait être dès le jour même démentie par l'événement. Il n'en faut pas moins respecter cette énergie, qui refusait d'accepter comme définitifs les échecs d'autrefois, qui comptait tenir le salut de la persévérance, du patriotisme, et du sentiment le plus noble auquel un gouvernement puisse faire appel, le sentiment de la responsabilité et du devoir librement acceptés.

Le 2 décembre, l'action s'engagea au delà de Villepion, pour la conquête de la position de Loigny, qui seule sauvegardait encore l'ennemi dans sa position centrale de Toury. Il devait y rester attaché avec opiniâtreté, parce qu'elle commandait la route de Chartres et de Pithiviers, et rendait possible la concentration des trois armées dont l'union donnait aux Allemands une supériorité irrésistible.

Les positions occupées par les Français s'étendaient en cercle du nord au sud par Nonneville, Terminiers, Patay, Artenay et Bucy-le-Roy. Les positions à emporter étaient Loigny, le Château-Goury, Lumeau et Poupry, formant la seconde ligne bavaroise, qui n'avait pas été conquise le 1er décembre. Ces points emportés, le général Chanzy, placé à l'extrême gauche, prévenait les Bavarois sur la route de Chartres. Mais il était nécessaire d'agir vite, pour éviter l'arrivée des renforts, soit du sud, venant de l'armée de Frédéric-Charles, soit du nord, le duc de Mecklembourg de sa personne à Loigny, hâtant l'arrivée de ses troupes. Le général de Sonis (17e corps) était placé au centre; à droite le général Peytavin (avec une partie seulement du 15e corps) devait enlever Poupry; enfin le général en chef se tenait à Bucy-le-Roy et à Artenay, avec la division Martineau, du 15e corps.

Le grand-duc de Mecklembourg, qui commandait en chef, avait résolu de faire un effort au centre vers Lumeau et Patay, pour couper le général Chanzy du général d'Aurelle. Il avait donc l'intention d'amener dans cette direction deux divisions prussiennes, commandées par les généraux Hermann de Tresckow (17e division prussienne) et Von Wittich. Mais, dans la crainte d'être tourné sur sa droite par le 16e corps de Chanzy, au nord de Loigny, il avait échelonné la cavalerie du prince Albrecht entre Orgères et Cormainville.

A sept heures du matin la bataille s'engagea et le général Barry s'étant rendu maître de Loigny, attaqua le Château-Goury où les Bavarois se défendirent courageusement, mais en faisant des pertes cruelles. L'arrivée du contre-amiral Jauréguiberry par la Maladrerie, au nord, les mit dans la position la plus critique. La journée s'avançait, il était une heure de l'après-midi. La position du Château-Goury allait être enlevée, lorsque la 17e division prussienne, débouchant d'Allaines par la route de Chartres, vint se jeter sur les troupes des généraux Barry et Jauréguiberry. L'arrivée de ces renforts détermina un mouvement de recul parmi les Français; la division Morandy fut rejetée de Lumeau sur Terminiers. La cavalerie du général Michel, tenue en respect par la cavalerie prussienne, ne put décider une nouvelle marche en avant. Cependant les mobiles de la Sarthe arrêtèrent les Bavarois à Villepion

GÉNÉRAL DE SONIS.

et permirent au général de Sonis d'arriver avec le 17ᵉ corps; mais le jour baissait rapidement, l'artillerie était insuffisante. Les Bavarois, délivrés à Château-Goury, s'étaient emparés de Loigny avec les Prussiens de Tresckow. Le général de Sonis lança alors les zouaves pontificaux commandés par Charette, de Patay sur Loigny, qu'on reprit. A ce moment le général eut la cuisse fracassée, le général Bouillié et le colonel de Verthamon furent tués, M. de Charette fut blessé. Le général de Tresckow profita de cette confusion pour rejeter le 17° corps sur Patay. Néanmoins le 16° parvint à réoccuper Loigny une troisième fois ; le malheureux village était tout en flammes ; les Français ne pouvaient en rester maîtres qu'à condition de marcher en avant. Or, la situation de l'ennemi était devenue trop formidable pour qu'on pût tenter de parvenir jusqu'à la route de Chartres. Cependant en apparence le résultat de la journée était aux Français puisque Loigny semblait leur rester, et que le général Peytavin se maintenait devant Poupry sans avoir reculé. Mais d'abord, les Français avaient perdu sept mille hommes, et les Allemands cinq mille. Ce terrible combat de Loigny avait fatigué l'armée du général d'Aurelle d'autant plus qu'il suivait le combat de Villepion ; ces troupes nouvellement formées s'étaient battues avec ardeur, mais la nullité du résultat les décourageait, parce qu'elles étaient peu habituées aux choses de la guerre ; l'ennemi, tout éprouvé qu'il fût, avait une réserve de troupes fraîches, qui lui donnait, dans le cas assuré d'une reprise, une supériorité certaine ; enfin, à la faveur du combat de Loigny, Frédéric-Charles, froidement, sans se préoccuper de l'armée du duc de Mecklembourg avait, la troisième fraction du 15° corps étant restée en avant d'Orléans avec le général des Pallières, recueilli et concentré toutes ses divisions, dont la marche était enfin achevée au nord de la forêt.

Dans la soirée du 2 décembre, sa ligne s'étendait de Mareau aux Bois à Toury, c'est-à-dire de la route d'Orléans à Pithiviers jusqu'au chemin de fer de Paris à Orléans, et il donnait la main au duc de Mecklembourg. Deux cent mille hommes et plus de cinq cents canons se trouvaient donc concentrés devant cette ville, et, pesaient de tout leur poids sur le 15° corps seul qui, malgré la réunion des divisions Martineau et Peytavin était encore partagé en deux fractions sensiblement éloignées l'une de l'autre. Le 18° et le 20° étaient trop éloignés pour prendre leur part du choc inévitable qui se préparait ; le 21° encore à Vendôme, le 16° et le 17° exténués, ne se reliaient plus que difficilement au 15°. Dans cette situation, l'armée de Frédéric-Charles pouvait déborder ces trois derniers corps étendus jusqu'à Patay et les faire capituler en rase campagne, s'ils prétendaient conserver leurs positions du 2 décembre. Dans le cas contraire, brisant le lien fragile qui les unissait entre Orléans et Patay, le prince faisait de l'armée française deux tronçons sans valeur.

VIII. — BATAILLE D'ORLÉANS

Pour éviter d'être entouré, le général d'Aurelle décida de reporter ses positions un peu en arrière à Artenay, Sougy, Douzy, Huetre et Chevilly. A dix heures du matin, le 3 décembre, une troisième bataille s'engagea à Artenay. L'artillerie prussienne eut bientôt imposé silence aux canons français et devant un bombardement effroyable, deux divisions du 15ᵉ corps durent évacuer Artenay sur le midi. Soixante mille Allemands appuyés par vingt-quatre batteries d'artillerie s'engagèrent à leur suite sur la route d'Orléans, enlevant le hameau de la Croix-Briquet, le moulin d'Auvilliers, et deux fermes fortifiées, où la division Martineau se défendit héroïquement. Enfin, les Prussiens abordèrent Chevilly, à l'entrée de la forêt, et ils en délogèrent les défenseurs par une canonnade terrible. L'armée ennemie parvint ainsi jusqu'à Cercottes, et le 15ᵉ corps rétrograda un peu à gauche, à Gidy, et au sud, à Saran, où le général d'Aurelle établit son quartier général. On profita peu des travaux amoncelés aux issues de la forêt d'Orléans; le général des Pallières sur la droite livra un combat à Chilleurs-aux-Bois, mais il fut battu et rejeté sur la ville. Le général Chanzy avait été reporté, dès la matinée du 3, à Boulay et à Coulmiers. Une seule de ses divisions, la division Barry, avait pris part à l'engagement de Cercottes; mais dans la journée du 4 décembre l'arrivée rapide de l'armée prussienne sur Orléans interrompit toutes ses communications avec le général d'Aurelle de Paladines.

Ce jour-là, les Prussiens occupèrent Cercottes, où ils soutinrent un combat sanglant. La ferme attitude de la division Martineau, qui se retira en bon ordre sous la mitraille, les empêcha de surprendre le 15ᵉ corps à Orléans, au milieu du désarroi, occasionné par l'arrivée à la débandade des divisions Peytavin et des Pallières. La division Peytavin avait été coupée en deux à Cercottes et la division des Pallières se retirait en désordre après l'affaire de Chilleurs-aux-Bois.

Depuis la nuit du 3, jusqu'au 4 décembre à quatre heures trente-cinq du soir, quatorze dépêches furent échangées entre l'armée de la Loire et le ministre de la guerre. La première, du général d'Aurelle, était un rapport sur la défaite éprouvée le matin à Artenay et à Chevilly par les Français et une proposition de retraite immédiate, sans s'arrêter à défendre Orléans, proposition qui scindait l'armée de la Loire en deux parties, consacrant ainsi le résultat cherché par les Allemands.

Supplié quelques instants plus tard par un télégramme de Tours d'appeler à lui les 16ᵉ, 17ᵉ corps et le 18ᵉ et le 20ᵉ, alors placés sous le commandement supérieur du général Bourbaki, le général d'Aurelle répondait immédiatement par un refus, se fondant sur l'impossibilité d'une concentration en face d'un ennemi si proche et maître de toutes les routes, et sur la nécessité de partir immédiatement, si l'on voulait éviter l'encombrement. La délégation tout entière signa une dépêche en réponse à la précédente, où, reconnaissant que le général d'Aurelle était mieux placé pour juger les mesures à prendre, elle l'autorisait à la retraite, et le prévenait qu'elle venait de retirer les ordres de concentration envoyés au général Bourbaki. Mais une dépêche, qui se croisa avec le télégramme de la délégation, et datée du 4 décembre, onze heures cinquante-cinq, apprenait à Gambetta que le général d'Aurelle, changeant d'idée, appelait à lui les cinq corps d'armée placés sous ses ordres et se résolvait à défendre Orléans. La délégation envoya immédiatement ses félicitations au général d'Aurelle, lui annonçant qu'elle était prête à mettre de nouvelles troupes à sa disposition, et que Gambetta se rendait à Orléans. Lorsque le ministre de la guerre arriva à La Chapelle aux portes de la ville, il trouva la voie ferrée coupée par les Prussiens, et il apprit que l'armée française avait évacué Orléans. En effet le général d'Aurelle avait envoyé sa dernière dépêche à cinq heures quinze, le 4, datée d'Orléans. Elle était conçue en ces termes :

« J'avais espéré jusqu'au dernier moment pouvoir me dispenser
« d'évacuer la ville d'Orléans. Tous mes efforts ont été impuissants.
« Cette nuit la ville sera évacuée. »

La division des Pallières, après son échec de Chilleurs-aux-Bois, avait été saisie par la panique et était rentrée en désordre dans la ville, dont sa retraite livrait les approches. Les Prussiens arrivèrent presque sans obstacle au faubourg des Aydes, où ils ne rencontrèrent que la résistance, d'ailleurs sérieuse, mais impuissante, des zouaves pontificaux.

Aussi, malgré l'opposition du préfet, M. Perreyra, le général des Pallières au nom du général en chef, conclut une convention d'évacuation qui reçut son exécution le 4 décembre à onze heures et demie du soir. Le général d'Aurelle dirigeait la retraite sur la route de Vierzon. Elle se changea rapidement en débandade, et elle ne s'arrêta qu'à Bourges. qui fut le point de réunion *du 18ᵉ corps*, dont l'un des divisionnaires, le général Billot soutint à Gien un combat d'arrière-garde, le 7 décembre, *du 20ᵉ corps*, qui arrivait de Jargeau, *du 15ᵉ corps* enfin qui resta commandé par des Pallières, bien que se sentant rendu responsable de la défaite du 4 par le ministère, il eut offert sa démission. Il ne fut remplacé que le 8 à Bourges par le général Martineau.

Quant aux 17° et 16° corps, ils s'acheminèrent de Coulmiers sur Beaugency sans être inquiétés par l'ennemi et s'appuyèrent à la forêt de Marchenoir, cette position leur permettait de communiquer avec le 21° corps, qui, désormais en état de prendre part à la lutte, arrivait par la route de Vendôme à Beaugency. Dans la journée du 4, les Français avaient perdu deux mille tués et dix mille prisonniers. Le 5 décembre, le duc de Mecklembourg entra à Orléans, où il se passa plusieurs faits de pillage, qui ne furent pas réprimés, la prolongation de la guerre augmentant chaque jour l'exaspération des troupes allemandes.

CHAPITRE VII

LE MANS — BAPAUME — VILLERSEXEL

I. Combats de Marchenoir, bataille du Mans. — II. Les Allemands en Normandie. — III. Le général Faidherbe, batailles de Bapaume et de Saint-Quentin. — IV. L'armée de l'Est, bataille de Nuits. — V. L'armée de l'Est, marche de Bourbaki. — VI. L'armée de l'Est, batailles de Villersexel et d'Héricourt. — VII. La retraite en Suisse. — VIII. Les places fortes de l'Est, Belfort.

I. — COMBATS DE MARCHENOIR — BATAILLE DU MANS

Il semblait que la défense fût définitivement paralysée en province. Il n'en fut rien ; après avoir repoussé le projet désespéré de marcher sur Fontainebleau, Gambetta résolut de former avec les deux tronçons de l'ancienne armée, deux armées indépendantes : la première armée de la Loire sous les ordres du général Bourbaki, qui nommé à Lille, mais mal accueilli dans le Nord, venait de recevoir le commandement du 18ᵉ corps. Cette armée comprit le 20ᵉ corps (général Crouzat, puis Clinchant), le 18ᵉ (général Billot), le 25ᵉ (général Martineau).

La deuxième armée fut placée sous le commandement du général Chanzy : 16ᵉ corps (général de Colomb, successeur de Sonis, blessé à Loigny), 21ᵉ corps (amiral Jaurès).

Dans cette combinaison, le général d'Aurelle se trouvait écarté. Le gouvernement, qui l'avait jugé inférieur à sa tâche, lui offrit le commandement du camp de Cherbourg, il refusa sous prétexte de santé : il avoua publiquement plus tard qu'il n'avait pas cru digne de lui d'accepter un commandement secondaire.

Depuis le 4 septembre, les Prussiens avaient eu cinquante mille hommes hors de combat, ils avaient rencontré partout une résistance imprévue ; ils voulaient en finir. Le quartier général, s'étant assuré, par des coureurs qui arrivèrent jusqu'à Sully-sur-Loire, Gien et Vierzon, de l'état de décomposition des troupes réunies à Bourges, envoya l'ordre au duc de Mecklembourg d'écraser le général Chanzy, qu'on supposait avec raison plus dangereux. Il fallait aussi prendre Tours.

Le général Chanzy et son armée, après avoir donné le 1er et le 2 décembre, avaient pris une part moindre aux journées du 3 et du 4. Il se voyait donc obligé de se retirer sur Vendôme, par la forêt de Marchenoir, poursuivi par cinquante mille hommes de troupes excellentes et appuyées sur une base d'opérations d'où elles pouvaient attendre tous les renforts nécessaires. La deuxième armée de la Loire devait être anéantie dans cette lutte inégale ; Gambetta resta auprès d'elle, pour suivre de près les opérations.

Dès le 6, pour se rapprocher insensiblement de la forêt de Marchenoir, et s'y abriter, le général Chanzy quitta Beaugency et s'établit entre Meung-sur-Loire et Josnes à l'extrémité est du département de Loir-et-Cher, position qui commande deux routes, l'une sur Vendôme, l'autre sur Blois.

Le 7 décembre, le duc de Mecklembourg commença à assaillir les positions françaises et fut arrêté dans sa marche par la brigade du général Camon, au-dessus de Meung-sur-Loire. Le 8, les Allemands essayèrent de tourner la deuxième armée de la Loire sur sa droite, et attaquèrent toutes ses positions à Josnes, Ourcelles, Villejouan, Villorceau, Cravant, Poisly, Saint-Laurent-des-Bois : le général Chanzy se maintint sans faiblir, et il réussit à rejeter l'ennemi sur Beaugency, après avoir encore décimé les Bavarois, qui cependant enlevèrent la position d'Origny, en avant de Josnes. Le 9, les Allemands, qui n'avaient fait jusqu'alors que traverser Beaugency, s'y établirent au milieu d'une épouvantable canonnade qui foudroya cette pauvre ville, de cinq heures du matin à huit heures du soir. Jamais la guerre n'avait présenté un plus effroyable spectacle, que celui des rues et des maisons de Beaugency où étaient entassés presque sans secours les blessés français. Ce jour même, M. Gambetta annonçait à Josnes que la délégation, craignant d'être exposée à un coup de main de l'ennemi, partait pour Bordeaux.

Le 10, Chanzy, quoique déterminé à se retirer sur Vendôme, pour imposer le respect à l'ennemi, se jeta sur Origny ; il parvint à reprendre ce village après un combat très vif. Depuis onze jours, la deuxième armée, attaquée par des forces considérables, gardait ses positions sans reculer d'une semelle, et le général Chanzy a pu parler avec un légitime orgueil de ces opérations qu'on appelle tantôt la bataille de Josnes, tantôt la bataille d'Origny.

Mais il était inquiet. Les coureurs prussiens repoussés de Blois sur la rive gauche étaient descendus jusqu'à Amboise pour passer la Loire, et le général Manstein avait fait une courte apparition sur la rive droite; le 12, Blois était occupé par un détachement prussien. Le général Chanzy, pour se dégager sur sa droite, aurait désiré attirer à lui la première armée de la Loire, commandée par le général Bourbaki. Le ministère de la guerre avait eu un moment l'idée de cette jonction; mais l'état peu avancé de l'organisation de l'armée de Bourbaki y fit renoncer. La première armée se contenta de faire un mouvement dans la direction de Romorantin.

Le général Chanzy fut donc obligé d'accentuer sa retraite. Les froids les plus rigoureux de l'hiver commençaient, les troupes étaient harassées, les fournitures n'étaient pas toujours régulières, les vêtements étaient souvent insuffisants. Le 12, la marche en arrière commença définitivement.

Malgré tant de difficultés, la neige, la glace, l'encombrement des routes, l'armée réussit à se dérober avec assez de rapidité derrière la forêt de Marchenoir. Craignant d'être prévenu par la route directe sur Vendôme, Chanzy gagna la ligne du Loir, au nord, il atteignit Morée le 14 décembre. Il reprit immédiatement sa marche, mais dut livrer à l'avant-garde du duc de Mecklembourg un combat assez vif à Freteval.

Le 15, il arriva sans grande difficulté à Vendôme; mais il se sentait entouré d'ennemis. Les uhlans avaient apparu au delà de la ville, à Épuisay et à Mondoubleau, essayant de couper la route du Mans par le nord, sur la Braye. Les Prussiens étaient à Blois au sud; il fallait donc quitter Vendôme, dès le 16, pour chercher un abri plus solide. Cette dernière opération s'accomplit assez heureusement, grâce à la protection du 21e corps, qui entrait enfin en ligne. La Braye fut passée sans encombre et le 19 Chanzy, entra au Mans. Il avait sauvé son armée, soit à peu près soixante mille hommes, et avec le corps de l'amiral Jaurès quatre-vingt mille hommes, chiffre véritable, bien que le chiffre officiel de la deuxième armée de la Loire fût de cent et même de cent vingt mille hommes. Pendant les quinze jours de réorganisation qu'il passa au Mans, le général en chef tira du camp de Conlie trente mille mobilisés (capitaine de vaisseau Gougeard) et éleva le nombre de ses canons à trois cent cinquante. Le seul incident regrettable, qui suivit son arrivée au Mans, fut l'échec du général Ferri-Pisani, qui fut séparé du gros de l'armée et rejeté par les Prussiens, avec sa division, sur Tours (20 décembre). Le jour même, les mobiles angevins essayaient de défendre cette ville, mais étaient forcés de se retirer sur Langeais. Tours fut occupé le 21.

Le général Chanzy, bien que la délégation fût alors plus spéciale-

GÉNÉRAL CHANZY

ment préoccupée des armées du Nord et de l'Est, sur lesquelles elle avait fondé de nouvelles espérances, ne resta pas inactif, pendant sa période de réorganisation.

Dès les derniers jours de décembre, il avait chargé le général

Jouffroy d'éclairer la forêt de Châteaurenault pour surveiller les Prussiens à Tours, et le général Rousseau de se porter à Nogent-le-Rotrou, pour balayer la route et le chemin de fer, du Mans à Paris,

Le général Jouffroy, après avoir repoussé des partis ennemis de Châteaurenault, envoya le général de Curten dans la direction de Vendôme, et au 6 janvier les Français occupaient de nouveau en avant du Loir les positions de Saint-Cyr-du-Gault, Saint-Amand, Villeporcher, Villechauve et Auton (Loir et Cher, au sud de Vendôme). C'était la première tentative d'un mouvement projeté par le général Chanzy sur Versailles par Chartres. La délégation avait approuvé, et avait remis le début de cette opération considérable après la formation du 19° corps, qui se réunissait alors sous les ordres du général Briand, entre Cherbourg et Carentan, et du 25° corps, qui se formait à Bourges avec le général Pourcet.

Mais le prince Frédéric-Charles, dont l'armée disponible, renforcée de quelques corps, arrivés de Paris, comptait cent cinquante mille hommes, décida une attaque générale. Il aborda d'abord les positions prises récemment par les Français sur le Loir. Le colonel Jobey fut délogé de Neuville (Indre-et-Loire), mais les généraux de Curten et Jouffroy se maintinrent d'abord à Saint-Amand; une nouvelle attaque rejeta le général Jouffroy sur Savigny, et de là sur Saint-Calais. Le 8, Frédéric-Charles lança entre Savigny et Châteaurenault une colonne, qui sépara définitivement le général Jouffroy du général de Curten, et, se mettant à la poursuite de ce dernier dans la direction de Château-du-Loir, menaça le Mans au sud. Un autre succès, remporté à l'autre extrémité sur le général Rousseau, le 8 janvier, acheva le mouvement enveloppant des Prussiens; surpris à Nogent-le-Rotrou, le général Rousseau dut abandonner le Theil, et se retirer sur le Mans, ce qui permettait à l'ennemi de faire des démonstrations sur le département de l'Orne, d'occuper Bellême et d'inquiéter ainsi la gauche du général Chanzy.

Le 9, toutes les dispositions préparatoires du prince Frédéric-Charles étaient achevées, il ne lui restait plus qu'à faire un effort direct avec ses forces principales, sur les 16° et 17° corps placés en avant du Mans. Il disposa ses troupes sur deux routes. L'une va directement de Vendôme au Mans, par Saint-Calais; l'autre (la route de Paris), va de Nogent-le-Rotrou au Mans. Elles se réunissent à quelques kilomètres du Mans, près de Saint-Mars-la-Brière. Frédéric-Charles, victorieux des généraux de Curten et Jouffroy, prit la première. Le duc de Mecklembourg, poussant devant lui le général Rousseau, prit la seconde.

Le général Chanzy était alors malade des suites de la campagne de décembre. Le 9, cependant, il dut surmonter ses fatigues physiques, et disposer ses troupes en avant du Mans, la présence du corps de Frédéric-Charles, au delà de Saint-Calais, à Bouloire, étant signalée. Le 10, une première bataille s'engagea.

Le prince se porta vers la rive gauche de l'Huisne, sur les positions de Parigné-l'Evêque, Ardenay, Champagné, Ivré-l'Evêque et Changé, qui défendaient le secteur compris, au sud, entre le confluent de l'Huisne et la Sarthe. Le 16° et le 17° corps, soutenus en arrière par les mobilisés de l'armée de Bretagne, venus du camp de Conlie, arrêtèrent d'abord le choc ; mais il y eut une panique à Ivré-l'Evêque, et, à six heures du soir, la brigade Ribel quitta la position de Changé, qui donnait accès sur le plateau d'Auvours, défense naturelle du Mans au sud.

Dans le secteur-nord, compris entre les deux rivières, le 21° corps d'armée, d'ailleurs tout fraîchement entré en campagne, et commandé par un officier d'une rare énergie, le contre-amiral Jaurès, se maintint dans ses positions entre Montfort et Lombron, malgré tous les efforts du duc de Mecklembourg.

La journée du 10 était donc encore indécise. Mais dans la nuit, le prince Frédéric-Charles amena, en face des positions françaises, trois corps d'armée à quatre divisions chacune, dont trois divisions de cavalerie. Chanzy se concentra autour du Mans, à cheval sur l'Huisne. Le 21° corps d'armée fut maintenu sur la rive droite de cette rivière, de Pont de Gesnes et de Montfort à Sargé ; le général de Colomb et le 17° corps, de Pontlieue à Changé. L'amiral Jauréguiberry disposa le 16° corps de façon à rejoindre la Sarthe au-dessous du Mans, de Changé à Arnage sur la rive gauche de l'Huisne. Enfin, en arrière-garde, et comptant que l'ennemi ne porterait point ses efforts sur l'extrême gauche, le général Chanzy disposa les mobilisés du camp de Conlie sous les ordres du capitaine de vaisseau Gougeard, à la Tuilerie.

Les débuts de la journée furent heureux pour la France, grâce aux dispositions habiles du général en chef de l'armée de la Loire. L'amiral Jaurès resta inébranlable dans sa position de Montfort. Au centre, les Français réoccupèrent Ivré-l'Evêque, lorsqu'à deux heures, une panique nouvelle s'empara de la division Paris, qui fut rejetée sur le Mans, laissant Champagné en possession de l'ennemi ; mais le capitaine de vaisseau Gougeard, prenant la direction des troupes, en ramena une partie, et réoccupa à la nuit Champagné.

Les Allemands n'étaient pas plus heureux au sud, contre le général de Colomb et l'amiral Jauréguiberry ; ils se maintenaient au plateau d'Auvours et à Changé, qui avait été repris. La journée semblait donc tout au moins douteuse et terminée, lorsque le prince Frédéric-Charles, changeant brusquement de direction, appuya le gros de ses forces sur la Sarthe, au-dessous du Mans, et tomba inopinément sur les mobilisés de la Tuilerie. Ce fut un sauve-qui-peut général ; les fuyards allèrent porter le trouble non seulement dans les rues du Mans, mais encore dans le corps d'armée du général de Colomb. Le commandant du 17° corps essaya vainement d'obtenir de ses soldats un dernier effort pour repousser le mouvement tournant des Prussiens ; la fatigue et le découragement les avaient terrassés ; les hommes n'avaient plus la force de se servir de leur fusil, et il fallut abandonner le plateau pour rentrer en ville.

Et ce n'était pas tout : on dut partir immédiatement pour Laval, afin de gagner de vitesse l'ennemi derrière les lignes de la Mayenne ; le 16° et le 17° corps étaient dans le plus grand désordre. Cependant on put expédier, par le chemin de fer, la plus grande partie de douze cents wagons d'approvisionnements, alors en gare du Mans. Le 12, les deux corps s'acheminèrent sur Conlie, perdant trente mille fuyards. Le 13, le général de Vhoigts-Rheitz, du corps de Frédéric-Charles, entrait au Mans, mais le duc de Mecklembourg, chargé de couper par le nord l'armée française, était arrêté à Souligné par un vigoureux combat du 21° corps ; le 14, une tentative de l'ennemi sur Alençon était repoussée grâce à l'initiative du préfet, M. Antonin Dubost. L'amiral Jaurès, put donc passer la Sarthe à Beaumont, et reprendre la route de Laval ; il y trouva le 16° corps, engagé avec les coureurs ennemis, à Saint-Georges-sur-Èvre (Mayenne), et le 17° sur le point d'être coupé dans sa marche ; le 16° s'étant dégagé, l'amiral Jaurès livra, le 15, à Sillé-le-Guillaume, un combat qui permit au 17° corps de continuer sa marche sur Laval. Le général Chanzy y établissait son état-major le même jour. Outre les fuyards, il avait perdu 15 000 prisonniers et 4 000 tués ; mais il était désormais à l'abri des entreprises de l'ennemi.

Le 18 janvier, Gambetta, à peine de retour de Besançon, où il avait été se rendre compte des opérations dans l'Est, arrivait à Laval, se préparait à combler les vides de l'armée de la Loire en appelant le 19° corps de Carentan à Flers, et décidait la réorganisation du camp de Conlie, avec trois généraux à titre auxiliaire : MM. Bérenger, Cathelineau et Charette. Le 17° corps y était joint pour former l'armée de Bretagne. A la fin de janvier, la deuxième armée de la Loire eût pu, au besoin, reprendre la campagne.

II. — LES ALLEMANDS EN NORMANDIE.

De Laval, Gambetta avait gagné Lille, par mer, de Cherbourg à Dunkerque. Le nord de la France avait paru d'abord échapper à l'invasion. Les Prussiens semblaient s'arrêter à Mézières et aux places de l'Aisne. Mais, la guerre se prolongeant, il devint clair que l'ennemi chercherait à occuper la Normandie, la Picardie et l'Artois, pays de réquisitions faciles, et d'une richesse inépuisable. Le gouvernement de la Défense nationale avait donc songé à y préparer la résistance. Toutefois, ne croyant pas encore à l'invasion directe du Nord, il s'était contenté de placer à Rouen le général Briand, pour organiser les mobiles, les mobilisés et les gardes nationaux dans la haute Normandie. Il avait nommé un républicain d'ancienne date, M. Testelin, délégué pour les départements du Pas-de-Calais, de l'Aisne, du Nord et de la Somme. Deux des préfets républicains du Nord et de l'Aisne, MM. P. Legrand et Anatole de la Forge étaient des hommes dévoués et énergiques. Laon ayant été occupée le 8 octobre, M. de la Forge avait transporté le siège de son administration à Saint-Quentin. Les Prussiens commençaient déjà à fourrager dans la direction de la Somme; le préfet résolut de préparer à Saint-Quentin une première lutte destinée à provoquer un mouvement général de défense, parmi les villes ouvertes, qui trop souvent acceptaient prématurément les lois de quelques uhlans, ouvrant ainsi une voie facile à l'invasion. M. de la Forge trouva, parmi les bourgeois et les ouvriers de Saint-Quentin, gardes nationaux et pompiers, un grand esprit de patriotisme, barricada les rues de la ville, et résista à un détachement prussien pendant la journée du 8 octobre ; il fut blessé assez gravement en dirigeant la défense qui fut heureuse, ce jour-là. Mais, le 21 octobre, les Mecklembourgeois du colonel Van Khalden entraient dans la ville, qu'ils écrasèrent de réquisitions, et dont on emmena plusieurs habitants en ôtage.

Le 15 octobre, M. Testelin demanda, pour le directeur du génie à Lille, le colonel Farre, le grade de général de brigade ; le nouveau général devait commencer, sous les ordres du général Bourbaki, commandant en chef de l'armée du Nord, l'organisation d'un 22° corps ; il fallait procéder à la formation de ces nouvelles troupes avec des éléments divers et peu favorables. Il ne restait guère de soldats dans la région du Nord ; huit mille hommes des dépôts avaient été appelés à l'armée de la Loire. Les variations dans le commandement en chef retardèrent encore l'organisation. Le général Bourbaki, le 19 octobre, fut appelé à Gien, au commandement du 18ᵉ corps, et le général Farre fit l'intérim, en attendant l'arrivée du nouveau commanadnt en chef, qui, nommé le 17 novembre, ne devait arriver à l'armée du Nord que le 3 décembre. C'était le général Faidherbe, ancien gouverneur du Sénégal, connu par ses qualités d'organisateur et sa valeur scientifique, et qui commandait alors la subdivision de Constantine. Le général Farre et son collaborateur, le commandant de Villenoisy, parvinrent à réunir vingt-cinq mille hommes.

Il s'agissait d'agir rapidement et d'empêcher les troupes allemandes, avant-garde de la première armée (Manteuffel), de pousser une pointe entre Amiens et Rouen, pour s'emparer des côtes de la Normandie. Un premier engagement eut lieu le 28 octobre, à Formery dans l'Aisne ; les mobiles du Nord et quelques bataillons de soldats tirés des garnisons repoussèrent les Prussiens. Un peu plus tard, le prince Albrecht de Prusse, poussa des reconnaissances dans le département de l'Eure ; il fut accueilli par une résistance sérieuse à Etrépagny, à Gisors, à Bazincourt, à Gournay. La première de ces petites villes réussit même à infliger un échec sérieux à l'ennemi, qui s'en vengea en la détruisant un peu plus tard ; Bazincourt fut aussi brûlé.

Ce fut dans l'intention de mettre fin à ces incursions que le général Farre se porta au delà d'Amiens, au-devant du corps de Von Gœben, qui s'avançait sur la Somme, par la route de Mézières (Somme). Il y eut, le 23 novembre, une affaire très vive en avant de Corbie, au Quesnel ; le 25 et le 26, l'ennemi se rapprocha des cantonnements français, et il y eut un nouvel engagement à Gentelles, et un autre plus sanglant sur l'Avre, à Boves.

Le 27, les deux armées furent aux prises à Villers-Bretonneux, au sud-ouest de la Somme. Le général Farre avait choisi cette position de façon à couvrir Corbie et Amiens, et à tirer parti, pour la sécurité du 22ᵉ corps, de la ligne de l'Avre, et de la protection des forêts de Cachy et de Blanzy. Dès le matin de la journée, le général Von Gœben commença l'attaque par les positions de l'Avre, qui le rapprochaient d'Amiens. Le général Lecointe, récemment échappé de Metz, arrivant de ce côté, rejeta l'ennemi de Gentelles et de Domart, et put couvrir Amiens en se retirant, sans être inquiété, à Longeau, le faubourg méridional de la ville. Mais, à la gauche, les Prussiens furent plus heureux ; ils réussirent d'abord à occuper Cachy, après un combat acharné. Le village fut repris, il est vrai, mais l'ennemi ne s'en porta pas moins sur Villers-Bretonneux, qui interceptait d'Amiens, le gros de l'armée du général Farre. La ligne française ayant fléchi de ce côté, le général ordonna la retraite sur Longeau et sur Corbie. Le général Von Gœben, avait fait des pertes sérieuses, et ne le poursuivit pas. Enfin, à l'extrême droite, le général Paulze d'Ivoy, se retira de Boive, de Cagny et de Saleux sur Longeau. Rentrés à Amiens, les généraux Lecointe et Paulze d'Ivoy reconnurent l'impossibilité de défendre la ville, et, après avoir reçu du général Farre, l'ordre de l'évacuer se dirigèrent sur Doullens, tandis que le commandant en chef gagnait le Pas-de-Calais par Albert et Achiet. Il y eut dans la retraite quelques désordres parmi les gardes mobiles; mais les troupes rentrèrent sans grave accident sous la protection de Lille.

La ville d'Amiens fut abandonnée avec une garnison de quatre cent cinquante hommes, dont cent cinquante artilleurs et trois cents mobiles, qui se retirèrent dans la citadelle sous le commandement du capitaine du génie Vogel, et d'un commandant des mobiles du Nord, M. Wœrhaye. Les Prussiens occupèrent, le 28, la ville et sommèrent les défenseurs de la citadelle de se rendre. Sur le refus du capitaine Vogel, ils ouvrirent le feu, en s'embusquant dans les maisons et dans les édifices, dont la position favorisait leur tir. Le capitaine Vogel fut tué dans une ronde, et le commandant Wœrhaye fit canonner l'église Saint-Pierre, d'où partait surtout la fusillade ennemie ; mais les habitants d'Amiens, lui ayant fait porter des observations sur les dangers que la garnison de la citadelle faisait courir à la ville, il se résigna à capituler, dans la matinée du 29 novembre.

La bataille de Villers-Bretonneux, qu'on appelle aussi bataille d'Amiens, coûta à la France deux cent soixante-quatre tués et cent dix-sept blessés.

L'occupation d'Amiens permit aux Prussiens de reprendre leur mouvement d'extension vers la Normandie. Cette fois, le général de Manteuffel résolut de prendre Rouen. Cette ville était défendue par le général Briand, dont les forces consistaient surtout en francs-tireurs, quelques bataillons de gardes mobiles et de gardes nationaux ; il avait, auprès de lui, un ancien député, M. Estancelin, que la Défense nationale avait nommé commandant supérieur des gardes nationales de la Seine-Inférieure. L'attaque des Prussiens fut divergente. Un détachement se dirigea sur Évreux, qui fut abandonné précipitamment par le colonel de Kersalaün. Le gros de l'armée, manœuvrant entre la Somme et la Seine, marcha en deux colonnes, au sud, par l'Eure, où le général Briand remporta un léger succès à Etrépagny ; au nord, en trois colonnes, par Neuchatel, Forges (Seine-Inférieure), et Lyons (Eure). Le point de concentration était Buchy, à l'est de Rouen. Le général Briand, avec les éclaireurs Mocquard, des mobiles et des marins, avait improvisé une petite armée de vingt mille hommes, qui se posta à Buchy. Ces troupes inexpérimentées tinrent jusqu'à cinq heures du soir ; mais alors elles rentrèrent en débandade à Rouen. L'émotion fut grande dans toute la ville. Le conseil de défense se réunit à la hâte et, à la suite d'une délibération très confuse, où les avis furent très partagés, le général Briand décida qu'il se retirerait sur le Havre ; Rouen fut donc abandonné à lui-même (4 décembre 1870). Le général Manteuffel y entra, le 5, imposa de lourdes contributions à la ville, et fit poursuivre la petite colonne du général Briand. Les mobiles de l'Ardèche défendirent l'arrière-garde. Il fallut les débusquer successivement de la forêt de la Londe (Seine-Inférieure), de Bourgthéroulde et les rejeter sur Honfleur et Pont-l'Evêque, par l'occupation de Pont-Audemer, sur la Rille. Au nord, la poursuite continua jusqu'à Duclair, où les balles prussiennes atteignirent plusieurs vaisseaux anglais. Mais le général Manteuffel ne jugea pas à propos d'attaquer le Havre, dont les défenses étaient considérables et avaient été commencées par le général Gudin, employé depuis à l'armée de la Loire ; l'esprit patriotique de la ville était d'ailleurs bien connu ; le général allemand se contenta de faire occuper Dieppe. Le général Briand, trouva au Havre, sa nomination comme commandant du camp de Cherbourg : c'était une disgrâce. Il fut remplacé provisoirement par le capitaine de vaisseau Mouchez, qui continua d'armer la place, et accepta l'aide de M. Estancelin, qui avait suivi la retraite après l'occupation de Rouen. Le commandant définitif fut le colonel bientôt général Loysel. Échappé d'Allemagne, où il avait été emmené prisonnier après la capitulation de Metz, il avait été attaché d'abord à l'armée du Nord ; puis, chargé de défendre le pays de Caux ; il reçut en décembre le commandement supérieur des forces françaises dans la région du Havre.

II. — LE GÉNÉRAL FAIDHERBE

BATAILLES DE BAPAUME ET DE SAINT-QUENTIN

Les Allemands ne se maintinrent pas longtemps en nombre dans la Normandie. L'armée du général de Manteuffel avait, en effet, pour objectif à la fois Lille et le Havre. Toute marche en avant des Français, de Lille sur la Somme, exigeait donc un déplacement des forces ennemies, de Rouen sur Amiens et Saint-Quentin.

Ce fut le rôle que s'imposa le nouveau général de l'armée du Nord, le général Faidherbe ; appeler à soi, par des menaces constantes, la plus grande partie des troupes de Manteuffel, sans s'engager à fond dans une action définitive, qui aurait ruiné ses moyens d'intervenir, assez considérables pour le rendre redoutable, insuffisants pour lui assurer le gain d'une victoire décisive.

Nommé le 18 novembre, promu général de division le 23, le général Faidherbe arriva le 3 décembre à Lille. Il donna au 22ᵉ corps, qui s'était recruté de nouveaux contingents, l'organisation suivante. Il avait trente mille hommes, dont dix mille vieux soldats des dépôts

GÉNÉRAL FAIDHERBE.

ou fusiliers de la marine; il en forma trois divisions, l'une sous le commandement du général Lecointe, dont les deux brigades eurent pour chefs les colonels Derroja et Pittié; l'autre eut pour chef le général Paulze d'Ivoy, dont les deux commandants de brigade furent les colonels de Bessol et de Gislain; la troisième, composée d'infanterie de marine eut pour général de division, l'amiral Moulac, pour brigadiers le capitaine de vaisseau Payen et le capitaine de frégate Lagrange. Les gardes mobiles avaient gagné en solidité depuis que M. Testelin avait fait procéder à de nouvelles élections d'officiers après la bataille de Villers-Bretonneux, et lorsque le général Faidherbe eut attaché à son état-major, ceux qui, malgré leurs aptitudes spéciales, n'avaient pas été réélus. Il faut remarquer ici que l'armée du Nord n'eut jamais de cavalerie, sauf quelques centaines de chasseurs. Enfin l'artillerie ne posséda jamais beaucoup plus de soixante canons, mais elle fut généralement utile, et les batteries de la garde mobile, servies par des tireurs exercés du département du Nord, se distinguèrent particulièrement. Le général Farre et le lieutenant-colonel de Villenois furent maintenus chef et sous-chef d'état-major.

Le général Faidherbe résolut d'agir immédiatement avec ces moyens, relativement modestes. Le 8 décembre, profitant de l'éloignement du général Manteuffel, il lança la division Lecointe sur la Somme. Les Prussiens, qui avaient occupé Ham dès le mois d'octobre, furent surpris dans cette place, et signèrent, le 10 décembre, la seule capitulation que l'Allemagne ait subie pendant toute la campagne.

La division Lecointe continua immédiatement sa marche sur Roye et la Fère, mais cette dernière place, mise en état de défense avec soin, résista aux efforts des Français, et le général Lecointe dut se reporter en arrière, pour soutenir avec toute l'armée du Nord, le choc du général de Manteuffel, qui avait quitté précipitamment Rouen, se dirigeant sur la Somme (14 décembre 1870), et rallié, au-dessous d'Amiens, la garnison prussienne de cette ville, qui l'avait évacuée.

L'armée française était alors réunie entre Corbie, sur la Somme, et Pont-Noyelles, sur la route d'Arras à Amiens; ses principales positions étaient sur le ruisseau de l'Hallue. Son organisation avait déjà été modifiée. Elle formait alors deux corps d'armée, le 22º, avec le général Paulze d'Ivoy, promu général de division; ses deux divisions étaient commandées par les colonels Derroja et de Bessol, qui recevaient le grade de général de brigade; le général Lecointe commandait le 23º corps, dont les divisionnaires étaient l'amiral Moulac et le général Robin. Le 20, un premier combat, à Querrieux, empêcha les Prussiens de traverser l'Hallue et de marcher sur Pont-Noyelles. Le 23, un vigoureux effort des Français fit encore échouer une attaque directe sur Pont-Noyelles, et, en enlevant aux Prussiens le village de Daours, les rejeta au delà de la Somme. Les quarante mille hommes du général Faidherbe s'étaient bien battus, et ils restèrent, le lendemain 24, sur leurs positions jusqu'à deux heures de l'après-midi.

Mais le général en chef savait fort bien que, dans les circonstances actuelles, la situation lui interdisait les conséquences ordinaires d'un succès ; il devait se borner à aguerrir ses troupes et à retenir l'ennemi loin de Paris et de la Loire.

Il se retira donc entre Douai et Arras, sans avoir à craindre la poursuite de l'ennemi ; il s'y cantonna, pour les dix derniers jours de décembre, dans une double ligne où il se sentait inexpugnable ; ses premières positions, Fampoux, Vitry, Brobières, reliaient les deux forteresses le long de la Scarpe, les secondes, d'Oppy (Pas-de-Calais) à Esquerchin (Nord), lui assuraient sa retraite vers Lille.

Dès le 1er janvier, le général Faidherbe dessina un second mouvement d'offensive. Il vint se placer en avant d'Arras, à Rivière et à Tilloy. Son intention était de dégager Péronne, alors bombardée par les Prussiens, et dont la position couvrait, au sud, les opérations de l'armée du Nord.

Le 2, l'armée du Nord marcha donc sur la Somme, le 22e corps par la route d'Amiens, le 23e par la route de Bapaume, qui mène directement à Péronne. Ce jour-là, le capitaine de vaisseau Payen, qui commandait une division du 22e, en remplacement de l'amiral Moulac, enleva les positions de Bucquoy, d'Achiet-le-Grand, de Bihucourt, et rejeta l'ennemi sur Biefvilliers, au sud de Bapaume. Le 23e corps, dans sa marche directe sur cette ville, rencontra plus de résistance et fut arrêté par la position de Behaignies ; mais les Prussiens, ne se sentant pas en force, l'évacuèrent dans la nuit, et, le 3 janvier, la bataille se concentra dans les environs immédiats de Bapaume.

Le 22e corps, continuant le mouvement de la veille, dépassa Bapaume au sud, emporta les positions de Biefvilliers, de Grevilliers et de Tilloy ; le soir, il arriva à Avesnes-lès-Bapaume, séparé de cette ville par la route de Péronne ; le 23e s'emparait de Favienne et de Sapignies. A onze heures, les principales positions avaient été acquises, et les Prussiens essayèrent vainement, à plusieurs reprises, de les reconquérir ; ils furent repoussés et se retirèrent dans la direction de Ligny, sur la route de Péronne. Les troupes françaises couchèrent dans les villages occupés ; mais le général en chef ne crut pas prudent d'entrer dans Bapaume. La diversion n'avait pas empêché la continuation du blocus de Péronne, et l'armée du Nord n'était pas dans les conditions nécessaires pour pousser une pointe trop audacieuse vers le sud. Le résultat du combat de Bapaume fut donc perdu, et l'armée française ne garda pas ses positions. Cette bataille coûta deux mille cinq cents hommes à la France.

Cependant, après la bataille de Bapaume, le général Faidherbe n'avait pas renoncé à délivrer Péronne. Il n'était pas rentré dans ses cantonnements d'Arras, mais il avait maintenu son armée à Boileux, non loin des Prussiens.

Or, en ce moment, l'armée du général Manteuffel devait suffire à des tâches différentes. Il recevait mission de laisser le général Von Gœben, avec les généraux Von Kummer, Von der Gœben, Von Barnekow devant le général Faidherbe, et de se porter contre le général Bourbaki, au secours du général de Werder, menacé à Belfort. On savait aussi que la défense de Paris préparait un effort considérable pour le 19 ou le 20 janvier.

Le général Faidherbe reprit donc l'offensive dès le 10 janvier. Les Français réoccupèrent presque sans difficultés les positions au nord de Bapaume, et entrèrent même, le 11, dans cette ville, évacuée par l'ennemi. Ce mouvement de recul s'explique par la diminution et la désorganisation des forces allemandes, causées par le départ de Manteuffel.

Le général Von Gœben avait l'intention de se porter vers La Fère, à portée de la voie ferrée, qui lui amènerait des secours de Paris, et de ne reprendre l'offensive qu'à coup sûr. Le général Faidherbe, au contraire, préoccupé d'attirer à lui le plus possible les forces prussiennes, s'avança rapidement vers la Somme.

Le 14 janvier, il était à Albert (Somme), au nord de Corbie, marchant alors parallèlement à la rive droite de la Somme, de façon à passer au nord de Péronne, dont il venait d'apprendre avec chagrin la capitulation ; il traversa, sans rencontrer d'opposition sérieuse, Combles, Templeux, et pénétra dans le département de l'Aisne. Le 17 janvier, le colonel Isnard, parti de Cambrai, après quelques combats autour de Bohain (Aisne), entra à Saint-Quentin, que les Prussiens évacuèrent après une démonstration de défense qui n'eut pas de suites.

Le général Faidherbe, de son côté, soutint, le 18, un combat sérieux autour de Vermand et rejeta les Prussiens dans la direction de Caulaincourt et de Roupy. Le général Von Gœben, décidé à n'attaquer l'armée du Nord qu'après la réunion de toutes ses forces, entre l'Oise et la Somme, et comptant sur des renforts que la voie ferrée pouvait amener jusqu'à La Fère, résolut de remettre l'attaque de Saint-Quentin, au 19 janvier.

Au sud du canal de Saint-Quentin, et sur la rive gauche de la Somme, le général Faidherbe avait fait occuper, à gauche, Neuville-Saint-Amand ; au centre, la gare du faubourg de l'Isle ; à droite, le village de Cauchy. Sur la rive droite de la Somme et au nord du canal, pour s'assurer les deux routes de retraite du Catelet et de Cambrai, il confia aux colonels Pittié et Tramond les positions de Rocourt et de Fayet.

Les Allemands formaient un demi-cercle autour de Saint-Quentin par Seraucourt, Urvillers, Itancourt. Après un combat d'artillerie qui dura jusqu'à trois heures, et où les Français eurent quelque temps l'avantage, les Prussiens débordèrent d'Itancourt sur Neuville, et forcèrent ainsi l'armée du Nord à évacuer la gare de l'Isle ; ils passèrent, sur leur gauche, la Somme et le canal de Crozat, occupèrent la position de Savy, malgré l'artillerie française placée à Rocourt et à Fayet. Cette dernière position fut même occupée par les Allemands vers le soir, et les Prussiens ayant reçu, à ce moment, des renforts de la Fère, à la nuit, la retraite des Français commença par le faubourg Saint-Jean. Elle fut bientôt transformée en panique ; les mobilisés se débandèrent et se cachèrent dans les maisons ; les Prussiens firent ainsi six mille prisonniers, dont un grand nombre cependant s'échappèrent plus tard. La perte en tués était de deux mille hommes ; mais l'ennemi avait été lui-même très éprouvé, et ne songea pas à poursuivre le général Faidherbe, qui se retira sous Cambrai, Valenciennes, Arras et Lille. Ces positions étaient assez bonnes pour que le général Von Gœben fût obligé de renoncer à envahir le département du Nord, après deux vaines tentatives sur Landrecies et Cambrai.

L'insuccès final de cette nouvelle bataille, sans abattre le général Faidherbe, qui procéda immédiatement à la reconstitution de son armée, avait eu pour effet de disposer, dans le Nord, les esprits à appeler de tous leurs vœux la fin de la lutte.

C'est dans ces circonstances que Gambetta arriva à Lille, poursuivi par cette accusation de dictature que tous les partisans de la paix lançaient contre lui. Pour répondre à ces accusations, il prononça à Lille un discours important, dont voici la péroraison :

« Pas de faiblesse, ô mes chers concitoyens, si nous ne désespérons pas, nous sauverons la France ; faisons-nous un cœur et un front d'airain, le pays sera sauvé par lui-même, et la République libératrice sera fondée........ On verra alors si nous sommes des dictateurs, et si notre plus grande passion ne sera pas de rentrer dans la foule dont nous sommes sortis ; de cette foule, réservoir inépuisable de toutes les grandes, de toutes les nobles pensées, où chacun de nous doit se retremper. On verra enfin que, si je suis possédé de la passion démocratique, qui ne souffre pas l'invasion étrangère, je suis profondément animé de la foi républicaine, qui a horreur de la dictature. »

Mais le temps des exhortations était passé ; la guerre semblait désormais impossible. Le général Faidherbe, adressa, il est vrai, une proclamation de félicitations et d'encouragement à ses soldats ; mais interrogé, après la publication de l'armistice, signé à Paris le 27 janvier 1871, sur les moyens de continuer au besoin la guerre dans le Nord, il répondit en envoyant le 5 février, un tableau très sombre de la situation, et en représentant les mobilisés et les gardes nationaux comme peu disposés à la reprise des hostilités. Les Allemands avaient d'ailleurs rendu la situation plus difficile encore, en se faisant attribuer des points stratégiques importants, comme Abbeville, que le général Von Gœben n'avait pas encore occupé à la fin de janvier, et autour du Havre, malgré les protestations du général Loysel.

L'armée du Nord fut dissoute le 7 février, le 22° corps envoyé à Cherbourg et le 23° répandu dans les places fortes.

IV. — L'ARMÉE DE L'EST, BATAILLE DE NUITS

Ainsi, comme au Mans le 11 janvier, la défense était paralysée, le 19 janvier, du côté d'Amiens. Dans l'Est, où quelques succès avaient fait mieux augurer de l'événement, il ne s'agissait plus d'une simple retraite, mais d'un désastre, dont le récit est la page la plus affligeante de cette triste époque.

Les combats dans l'Est remontent au mois d'octobre 1870. Jusqu'alors, les opérations de ce côté avaient été réduites à l'Alsace et à la Lorraine. Pressés de détruire les armées de Metz et de Châlons, les Allemands n'avaient porté leurs reconnaissances que dans le nord du département des Vosges, se contentant de s'assurer le passage de la Moselle, au-dessous de Toul, c'est-à-dire dans le département de la Meurthe.

Mais lorsque le siège de Strasbourg fut sur le point de se terminer, le général de Werder songea à disperser les rassemblements de francs-tireurs, de mobiles et de mobilisés, que le gouvernement de la Défense nationale venait de provoquer, sous le commandement du général Dupré, dans l'arrondissement de Saint-Dié (Vosges). Le général allemand Dagenfeld, passant les montagnes au col de Schirmeck, réussit à refouler les Français de Raon-l'Etape sur la position de la Burgonce, en avant de la forêt de Mortagne, mais il trouva un parti considérable de gardes nationaux à Rambervilliers, et dut rétrograder (6 octobre). Cependant le général Peytavin essaya vainement d'empêcher Dagenfeld de prendre Bruyères, et dut se retirer, lorsque les Allemands eurent reçu des renforts considérables d'Alsace.

En effet, Strasbourg ayant été occupé, le général de Werder dirigea le gros de son armée sur le département des Vosges et prit la direction d'Epinal.

Le gouvernement de la Défense venait de donner le commandement de ce qu'on appelait un peu ambitieusement l'armée de l'Est, à un héroïque soldat, échappé de Sedan, malgré deux graves blessures, dont une à la tête, le général Cambriels.

Le nouveau commandant en chef, après avoir tenté de rejeter Werder et Dagenfeld sur Saint-Dié, au combat de Brouvelieures (8 octobre), et de défendre, en avant d'Épinal, la position de la Roche-du-Jarry, abandonna le département des Vosges et recula lentement, du 9 au 20, dans la direction de la Haute-Saône. Ce progrès si lent de l'ennemi, devant des troupes pour ainsi dire sans aucune organisation, s'explique par les dispositions naturelles des populations de l'Est pour les choses de la guerre, et l'exaltation de leur patriotisme.

Du 21 au 23, Cambriels essaya de s'arrêter sur la ligne de l'Ognon, qui sépare la Haute-Saône du Doubs. Il s'établit entre Rioz et Étain, de manière à barrer la route de Besançon. Le 19 octobre, Werder entré à Vesoul, reprenait sa marche aussitôt. Le général Cambriels soutint d'abord le choc de son avant-garde commandée par le général Dagenfeld ; mais ses troupes furent ébranlées par l'arrivée de la brigade badoise de Keller, et, pour échapper au mouvement tournant de la cavalerie du prince Guillaume de Bade, le général français s'empressa de gagner la position d'Auxon-Dessus (Doubs), sous la protection de Besançon. Le 24, il entrait dans cette ville, où il trouvait la population franc-comtoise, soulevée et prête à la guerre, grâce à l'initiative énergique d'un député de la gauche, M. Ordinaire, et de M. Albert Grévy, frère d'un des chefs du parti républicain, M. Jules Grévy.

Le général Cambriels fut mal accueilli ; avant de reprendre la campagne, il désirait procéder à une réorganisation générale de toutes les forces de l'Est, et il se trouva en conflit d'autorité avec le général Garibaldi, qui venait d'arriver à son quartier général d'Autun. Calomnié à cette occasion par la presse exagérée, qui considérait l'arrivée du général Garibaldi comme le seul gage de salut qui restât à la France, attaqué dans son honneur de soldat, le général Cambriels sentit ses blessures se rouvrir ; la gravité de cet accident le força à garder le lit, et il fut alors remplacé par le général Michel (3 novembre 1870). Le général Michel eut bientôt sous ses ordres, avec les dépôts de la région de l'Est, quarante mille hommes échelonnés de Besançon à Chagny ; mais le général Michel, célèbre par sa charge de cavalerie à Wœrth, et qui, lui-même, s'était échappé après la capitulation de Sedan, céda bientôt la place au général Crouzat, qui reçut l'ordre de laisser dix mille hommes à Besançon, pour former le noyau d'un 24° corps, de faire garder Nevers par une brigade, et de se porter à Gien, avec vingt-cinq mille hommes, pour former, à l'armée de la Loire, le 20° corps.

Le général Cambriels, au milieu de ses souffrances, poursuivi par l'obsession des calomnies répandues contre lui, écrivit à Gambetta pour lui demander de soumettre sa conduite à un conseil de guerre. Le ministre, qui avait vu le général à Besançon, lui répondit par cette lettre, qui vengeait le général des bruits malveillants répandus contre lui :

« Je ne puis convoquer le conseil de guerre que vous réclamez avec
« une insistance qui vous fait le plus grand honneur à mes yeux. Vous
« ne pouvez ni ne devez oublier les termes dans lesquels nous nous
« sommes quittés, non plus que les divers télégrammes que je vous ai
« adressés et qui sont de nature à vous couvrir suffisamment devant
« l'opinion publique. Je compte, général, que cette nouvelle lettre de
« moi, dont je vous autorise à faire l'usage qui vous semblera bon,
« vous suffira pour confondre vos accusateurs et pour vous rendre le
« repos et la tranquillité d'esprit auxquels vous donnent droit les
« fatigues que vous avez endurées au service de la France et de la
« République (19 novembre 1870). »

Les blessures du général Cambriels furent assez graves pour qu'on dût lui réserver (2 décembre 1870) le commandement du camp d'instruction de Bordeaux. Plus tard même (27 janvier 1871), il fut obligé de suspendre encore tout service.

Après avoir rejeté les troupes des Vosges sur Besançon, le général de Werder, abandonnant cette direction, prit la route de Vesoul à Dijon. Le 24 octobre, il entra à Gray, épuisant le pays sur son passage. Il n'avait à craindre que la résistance des forces irrégulières réunies sous le commandement de Garibaldi.

Seul en Italie, et malgré le mécontentement que lui avait inspiré la politique française, après le traité de Zurich (1860), qui limitait les acquisitions du nouveau royaume, Garibaldi croyait les Italiens obligés de témoigner leur reconnaissance à la France. Il avait réussi à éviter la surveillance qui le retenait dans son île de Caprera, et il avait débarqué à Marseille (le 7 octobre 1870) ; il y fut accueilli en triomphe. Il se rendit à Tours, où l'on était prévenu de son arrivée, et bien qu'on eût accepté ses offres de service, il y rencontra plus de froideur ; Gambetta lui-même, arrivé quelques heures après lui, prévit les difficultés qu'on rencontrerait, soit en soumettant le général italien à l'autorité d'un chef français, soit en lui donnant la direction de troupes régulières habituées à l'autorité de leurs officiers ordinaires. On lui réserva donc le commandement des francs-tireurs, des volontaires et des mobiles, réunis entre Autun et les Vosges. Le général Garibaldi arriva à Dôle le 13 octobre ; ce fut quelques jours plus tard, du 21 au 23, que se produisirent des difficultés avec le général Cambriels et les officiers français. Garibaldi reçut un accueil malveillant; il était d'ailleurs lui-même fort malade et disposé à agir en France, selon les procédés révolutionnaires employés autrefois, soit dans les montagnes du Tyrol, soit en Sicile et à Naples. Enfin il était entouré d'officiers braves et déterminés, mais qui se préoccupaient un peu trop de faire dominer leurs idées et leurs procédés. Le chef d'état-major, M. Bordone, ancien par-

GARIBALDI

tisan de Garibaldi dans son expédition de Sicile, le colonel Canzio, habile cavalier et gendre du général, ses deux fils, Menotti et Ricciotti Garibaldi, le général polonais Bosak-Hauke, avaient, à défaut de grands talents militaires de l'intrépidité et l'habitude des guerres d'escarmouches. Mais ils avaient dû accepter pour soldats bien des aventuriers de toute nature : Génois, Polonais et Français, dont il était difficile de vérifier l'état civil, et dont les mains ne furent pas toujours nettes. Il suffira de donner les noms de quelques-unes de ces compagnies de volontaires, pour qu'on se rende compte des singuliers auxiliaires que Garibaldi devait accepter, et faire vivre à côté des mobiles, des mobilisés et des gardes nationaux. C'étaient les éclaireurs égyptiens, les bataillons de l'Égalité, les guerillas de Marseille, les guerillas d'Orient, éclaireurs de la brigade Corse, francs-tireurs de la Mort, compagnie de la Revanche, bataillon des enfants perdus de Paris, carabiniers de Gênes, compagnie franco-hispanienne.

On comprend donc en partie le mauvais vouloir d'officiers, habitués à commander des soldats exercés et soumis à la discipline, lorsqu'ils virent Garibaldi, dans son campement du Mont-Rolland, en avant de Dôle, essayer d'introduire des éléments aussi disparates dans une armée destinée à opérer sérieusement.

Les Prussiens profitèrent d'ailleurs rapidement de ces difficultés de toute nature, qui retardaient la mise en campagne des forces françaises dans l'Est.

Tandis que le général de Tresckow avec une partie des forces destinées à bloquer Belfort, s'emparait, de Montbéliard, à l'entrée de la trouée de Valdieu, au confluent de la Savoureuse et de la Lisaine, le général Von Beyer quitta Gray, et arriva le 30 devant Dijon. Le préfet et le colonel Fauconnet avaient appelé à la hâte quelques troupes de Beaune, d'Auxonne et de Langres, des mobilisés et des mobiles de la Côte-d'Or ; ils avaient fait barricader les faubourgs de l'Est, Saint-Nicolas et Saint-Pierre. Après deux engagements sur la route de Gray à Magny-Saint-Médard, et à Saint-Appollinaire, les troupes de Dijon se défendirent derrière les barricades des faubourgs, mais le bombardement ayant été entrepris par les Prussiens, avec leur décision accoutumée, la ville dut capituler, le 31 octobre ; elle paya sa résistance d'une contribution de 500 000 francs, immédiatement exigible.

Aussitôt après la prise de Dijon, pour tâter les forces françaises qui se réunissaient à Chagny, les Allemands s'engagèrent sur la route de Dijon à Autun ; ils occupèrent Nuits, et Bligny-sur-Ouche, dans les premiers jours de novembre. Garibaldi résolut alors de se rendre à Autun, avec ses troupes, pour couvrir Mâcon et Chagny. Le 9, il arriva à Autun, incapable de marcher et abattu par la maladie, mais résolu à profiter de la nature accidentée du sol pour interdire aux Prussiens le département de Saône-et-Loire. Le 19 novembre, l'un de ses fils, Ricciotti, se porta brusquement sur Châtillon-sur-Seine, bien au-delà de Dijon, au nord de la Côte-d'Or. Cette course audacieuse surprit les Prussiens, qui évacuèrent la ville ; mais le résultat de cette aventure ne pouvait être durable ; la brigade de Ricciotti Garibaldi dut regagner Autun, les troupes allemandes réoccupèrent Châtillon, qui fut pillé. La résolution de Garibaldi de marcher sur Dijon se justifiait davantage. Il reçut l'autorisation du général Bressolles, qui commandait alors à Lyon, où il activait la formation du 25ᵉ corps. Le général italien devait être appuyé par une division indépendante de neuf mille hommes, qui se réunissait, entre Chagny et Beaune, avec un jeune capitaine d'état-major, M. Cremer, bientôt général de brigade à titre provisoire, et sous le commandement apparent du général Cerisier. Mais, soit par esprit d'indépendance, soit pour ne pas risquer une opération qu'il jugeait imprudente, le général Cremer n'agit pas en cette occasion. Garibaldi fut donc réduit à ses propres forces, et, profitant habilement des bois qui couvrent la partie méridionale de la Côte-d'Or, tournant la position de Dijon par le nord, il livra des combats heureux à Lantenay, à Pasques, Prenon, Talant, et pénétra même jusque sur la place Daras, à Dijon; la supériorité de l'ennemi était trop grande pour que le succès fût durable. Les troupes de Werder (quinze mille hommes) se jetèrent sur les Garibaldiens, peu nombreux, et les rejetèrent, sur Autun. La brigade Keller, chargée de la poursuite, pénétra jusque sous Autun, mais elle fut repoussée, le 1ᵉʳ décembre, sur Arnay-le-Duc, pendant que le général Cremer, prenant l'offensive (3 décembre), repoussait les Prussiens sur Bligny et sur le Clos-Vougeot.

C'était le moment où l'on préparait la grande marche de Bourbaki sur Belfort. Le général Cremer devait retenir le général de Werder le plus longtemps possible à Dijon; il reprit donc sa marche en avant le 15 décembre et vint occuper Nuits. Il avait alors douze mille hommes, bien qu'il eût refusé la coopération des volontaires du commandant Bourras, que lui envoyait Garibaldi. Il fut attaqué par le général de Werder lui-même, avec la moitié de son armée (vingt-cinq mille hommes). Maître de la position de la Chaux, au sud et de la gare de Nuits, le général Cremer ne put gagner du terrain au nord, et occuper la position de Boncourt. Après douze heures de combat, où se distinguèrent les mobiles de la Gironde et les mobilisés de Lyon, ne pouvant forcer les lignes prussiennes et manquant de munitions, il dut se rejeter au sud. La division se mit en retraite sur Auxonne, sans être sérieusement compromise, et prit plus tard une part considérable aux batailles de la première armée de la Loire dans l'Est. Quant à Garibaldi, lorsque le général de Werder, appelé en toute hâte au secours des troupes d'investissement de Belfort, eut évacué Dijon (28 décembre) pour Gray et Vesoul, il réoccupa cette ville, le 6 janvier, et reçut l'ordre de s'y fortifier et de couvrir l'armée du général Bourbaki contre les ennemis qui pourraient le menacer du côté du Nord.

V. — L'ARMÉE DE L'EST, MARCHE DE BOURBAKI

Dans l'hypothèse où l'une des armées de la Loire, après leur séparation définitive, le 6 décembre, le surlendemain de la seconde évacuation d'Orléans, devait être employée à débloquer Belfort, qui se défendait heureusement depuis le mois d'octobre, et à couper la route d'Allemagne aux envahisseurs, il fallait d'abord procéder à une réorganisation complète des trois corps, placés comme nous l'avons dit plus haut, sous les ordres du général Bourbaki.

Gambetta était resté quelque temps à Bourges, pour relever l'énergie de ces troupes si éprouvées, surtout celles du 15° corps, dans les derniers combats autour d'Orléans. Le 15 décembre, la deuxième armée de la Loire était à peu près reformée; elle comprenait les trois corps : Général Billot (18° corps), général Clinchant, récemment échappé d'Allemagne (20° corps); général Martineau (15° corps). Dans un conseil de guerre tenu le 18 décembre, M. de Freycinet fit rejeter la proposition d'une marche en avant sur Montargis, opération indiquée par le général Bourbaki, appuyée par Gambetta et conseillée par Chanzy. On pouvait ainsi gagner et descendre la vallée de la Seine. M. de Freycinet, objectant la masse de troupes aguerries qu'on rencontrerait devant soi, soit près d'Orléans, soit près de Paris, fit adopter le plan d'opération sur Belfort, plan qui exigeait un transport long et difficile, et qui rappelait, en quelque chose, la marche de Châlons sur Sedan, mais qui, conduit raisonnablement, et avec assez de rapidité, dégageait Belfort et peut-être provoquait un mouvement de recul dans les armées de l'Allemagne, menacée à son tour de l'invasion.

Le plan définitivement adopté fut le suivant : le 15° corps serait laissé à Bourges, pour achever de se reposer et pour surveiller Orléans; le 20° et le 18° partiraient de Nevers, au nombre de cinquante mille hommes, rallieraient, à Beaune, la division Cremer, et le 5, à Besançon, recevraient le 24° corps, amené de Lyon par le général Bressolles. L'armée ainsi composée compterait cent mille hommes avec trois cents canons. Malheureusement, il y avait à peine, au milieu de cette foule de soldats improvisés, dix mille hommes éprouvés; l'intendance, prise à l'improviste, et mal servie par l'administration des chemins de fer, se montra, en cette occasion, moins prévoyante encore que dans le reste de la campagne. Enfin les soldats, mal chaussés, mal couverts, mal nourris, accablés par un froid rigoureux, et affaiblis par l'irrégularité des distributions, prirent dès le début des habitudes de désordre et de débandade, dont le spectacle déplorable faisait prévoir une catastrophe nouvelle.

L'exécution commença le 20 décembre 1870; les chemins de fer transportèrent les 18ᵉ et 20ᵉ corps jusqu'à Chagny, où le général Cremer prit l'extrême gauche de l'armée, et à Châlon-sur-Saône. Il fallut alors changer de train, ce qui causa de nouveaux retards. Avec une organisation suffisante, le parcours aurait été accompli en deux jours au plus; mais la Compagnie Paris-Lyon-Méditerranée n'était pas préparée au transport des troupes, ni décidée à tout entreprendre pour suppléer à l'expérience qui lui manquait. Il se produisit donc des encombrements inextricables, des arrêts de plusieurs heures, à la fois démoralisants pour des troupes, qui connaissaient le prix de la célérité, et dangereux, par la rigueur du froid. Le 18ᵉ et le 20ᵉ corps n'occupèrent leurs bases d'opérations, Auxonne, sur la Saône, et Dampierre,

GÉNÉRAL BOURBAKI

sur le Doubs, que le 5 janvier; seize jours après la mise en mouvement. Mais ce n'était pas encore tout, le 24ᵉ corps arrivait à peine à Besançon, et, pour prendre part à la marche, il dut se tenir à quelque distance des deux autres corps; enfin, on avait craint de n'être pas en force, et le général Bourbaki obtint du ministère que le 15ᵉ corps lui serait envoyé. Dans la crainte qu'il n'arrivât trop tard, on lui fit faire tout le trajet en chemin de fer. L'encombrement persistait; le trajet dura douze jours, du 31 janvier au 11 février; et le 15ᵉ corps ne parvint en entier à Clerval, près de Villersexel, que pour trouver de nouvelles difficultés dans le débarquement faute de quais, de sorte qu'il ne put prendre part qu'à la deuxième bataille livrée par l'armée de l'Est.

Le 5 janvier, le quartier du général Bourbaki était à Besançon. Le plan définitif de la campagne fut alors arrêté. M. Gambetta eût désiré que l'armée se gardât contre un ennemi qui pouvait venir du Nord, en faisant occuper Chaumont et Langres; d'autres, parmi lesquels le colonel d'état-major de Bigot, proposaient une marche brusque et directe sur Belfort, sans se préoccuper du général de Werder, alors à Vesoul, de manière à surprendre le général de Tresckow, réduit devant la place à ses propres forces. Mais le général Bourbaki fit adopter un moyen terme ; il consistait à suivre la ligne de l'Oignon, qui sépare le Doubs de la Haute-Saône, à prévenir le général de Werder sur les deux routes, qui conduisent de Vesoul à Belfort par Villersexel et par Lure, et à marcher sur Tresckow, après avoir dispersé l'armée qui avait occupé Dijon. Le général Garibaldi devait couvrir l'extrême gauche de l'armée en occupant cette dernière ville ; mais, par un malentendu, il n'y arriva que le 6, le général Cremer dut remonter jusque-là, pour remplir son office et ne put fournir une véritable coopération à l'opération principale qu'à partir du 7 janvier.

VI. — L'ARMÉE DE L'EST, BATAILLES DE VILLERSEXEL
ET D'HÉRICOURT

L'armée de Bourbaki s'ébranla dans l'ordre suivant : à gauche, le général Billot, parti d'Auxonne (18° corps), passa l'Ognon, sur la glace, à Pesmes ; le 20° corps (général Clinchant), parti de Dampierre, traversa cette rivière plus haut, à Voray. Les deux corps continuèrent leur route par la rive droite en traversant Rioz, Montbozon et Esprels. Le 24° corps (général Bressolles) suivit la rive gauche dans le département du Doubs jusqu'à Montbozon. Enfin le 15° corps, qui arriva plus tard à Clerval, fut considéré comme la réserve générale de l'armée, tandis que, sur la gauche, le capitaine de vaisseau, Pallu de la Barrière, commandait une réserve de neuf mille hommes, immédiatement disponible. Le général Cremer devait aussi jouer un rôle analogue.

Cependant le général de Werder avait hâté sa marche pour se joindre au général Udo de Tresckow ; le 8, il arrivait à Villersexel, au croisement de la route de Lure et de la route directe de Belfort par Héricourt. Le temps était beau, mais il y avait beaucoup de neige. Le 20° corps et le général Clinchant se précipitèrent sur Villersexel ; le général Bourbaki, dont la douceur et la facilité d'humeur étaient proverbiales à l'armée, se transfigura pendant le combat, qui dura jusqu'à sept heures du soir; il enleva lui-même les soldats, les animant par son attitude militaire, et les lança sur la position principale, qui fut emportée. Malheureusement, ni le général Cremer, trop éloigné, ni le général Billot, dont le corps soutenait l'attaque, dirigée par le 20°, ne purent se porter à gauche de manière à intercepter la route de Lure. Le général de Werder, qui n'avait avec lui que vingt-huit mille hommes, ne s'obstina pas à résister à la masse qui l'attaquait; et, se dérobant sur Lure, prit à marches forcées la route circulaire qui, par Lure, Champagney et Frahier, devait lui permettre de rejoindre Tresckow. Celui-ci laissant un corps d'observation devant Belfort, venait de se porter à Héricourt, où il improvisait des fortifications, qu'il réussit à armer de pièces de siège (9 janvier 1871).

Cette manœuvre des Allemands fut rendue plus facile par des accidents fâcheux, qui se sont trop souvent reproduits pendant cette malheureuse campagne. Le général Bourbaki fut obligé de suspendre la marche en avant pendant la journée du 10, pour attendre les approvisionnements qui n'arrivaient pas, et permettre la jonction du 15° corps, qui débouchait seulement alors à la gare de Clerval (Doubs). Werder put donc se joindre aux vingt mille hommes de Tresckow, sur la Lisaine, d'Héricourt à Montbéliard, au sud, et à Frahier au nord, et réunir cinquante mille hommes pour s'opposer à la marche du général Bourbaki. La qualité des troupes, l'organisation, la position, les fortifications entreprises par le général de Tresckow, lui donnaient donc une véritable supériorité sur l'armée française.

La situation d'Héricourt avait une importance particulière; elle était à peine à dix kilomètres de Belfort. Franchie, elle découvrait complètement la ville; et l'armée de Tresckow et de Werder ne pouvait plus empêcher sa délivrance. Le 11, le général Bourbaki refoula les partis ennemis, échelonnés sur la route.

Le 24° et le 18° corps prirent la route directe d'Héricourt, livrant, le 12 et le 13, des combats heureux, à Arcey, Aigre-sur-le-Doubs et à Tremouis, dans la Haute-Saône. A droite, le 15° corps, prenant enfin une part active aux opérations, se dirigeait de Lisle à Audincourt, de manière à tourner avec les corps francs la position de Montbéliard. Enfin, à gauche, le général Billot s'élevait au nord, pour se joindre au général Cremer, enfin arrivé à Lure, et tourner Héricourt. Le 18° corps occupa sans difficulté Altresans, Faymont, et ne rencontra de résistance sérieuse qu'en abordant la Lisaine, à Chagey. Cremer ne trouva pas plus de résistance à Magny et à Beverne, dans la direction du Chénebier, qui était la position d'extrême droite du général de Werder devant la Lisaine; mais les chemins étaient fort étroits et glissants; la marche des soldats français, fort mal chaussés, était lente, et il se produisit, le 14 et le 15, une confusion regrettable, la division du général Cremer ayant été coupée par le défilé du 18ᵉ corps.

Malgré tous ces contre-temps, le 15 janvier, l'armée du général Bourbaki abordait définivement les lignes du général de Werder. Au centre, le 20ᵉ corps attaqua Héricourt, le 24ᵉ corps (général Bressolles)

GÉNÉRAL CREMER

occupa Bussurel et Bethoncourt, positions intermédiaires entre Héricourt et Montbéliard; le général Martineau (15ᵉ corps) profita de cette opération pour s'emparer de Montbéliard, mais ne put chasser du château le général Zimmermann; enfin, à gauche, le général Billot s'empara de Chagey, et déborda du côté du Chénebier; mais le général Cremer ne put arriver en ligne qu'à trois heures, à cause de l'encombrement; il chassa les Prussiens d'Etobon, l'une des positions ennemies en avant de la Lisaine; les deux généraux réunis ne purent forcer le Chénebier, ce jour-là. La nuit interrompit le combat. Le général Bourbaki avait espéré une journée décisive. Cet arrêt dans sa marche lui parut de mauvais augure. Pendant ce temps, les défenseurs de Belfort entendaient le canon français et se prenaient à espérer une prompte délivrance.

La nuit du 15 au 16 fut épouvantable; malgré la proximité de l'ennemi, on fut forcé d'allumer des feux de bivouacs près desquels, confondant les rangs, officiers et soldats essayaient de combattre un froid terrible, qui devait être une cause de plus de démoralisation pour des malheureux à peine vêtus. Les chevaux eux-mêmes essayaient de se rapprocher du feu. Pour comble de désespoir, l'intendance fut encore prise au dépourvu pendant cette affreuse nuit, et bien des soldats durent se contenter d'un morceau de pain à moitié gelé.

Le 16, cependant, l'armée française recommença l'attaque sur la gauche; les généraux Cremer et Billot réussirent à enlever le Chénebier, et l'amiral Penhoat repoussa une tentative des Prussiens pour réoccuper Etobon; mais le mouvement tournant fut définitivement arrêté par la résistance invincible du général allemand Keller à Frahier. Un moment, cependant, l'armée française occupa quelques maisons d'Héricourt; la formidable artillerie prussienne ne lui permit pas de les conserver.

Le 17, une dernière tentative ne fut pas plus heureuse, le Chénebier fut repris, le général Bressolles repoussé des positions acquises au sud d'Héricourt, et le général Bourbaki fut désormais persuadé de l'inutilité de nouveaux efforts. Le 18, il annonçait au gouvernement de Tours la nécessité d'une retraite sur Besançon. Elle commença immédiatement dans les plus déplorables conditions, les soldats désorganisés par trois jours de combats incessants, mourant de faim et de froid, se traînant à peine sur la terre glacée, avec des chaussures qui tombaient en lambeaux, étaient saisis d'un engourdissement physique et moral, qui montrait trop clairement l'impossibilité d'improviser des armées dans l'état de progrès où se trouvait alors l'art militaire. Les chevaux mouraient de faim, et il fallait prévoir le moment où on devrait laisser en route l'artillerie de campagne. Ce spectacle était tout particulièrement douloureux pour le général Bourbaki, qui ressentait amèrement l'échec de cette dernière espérance.

VII — LA RETRAITE EN SUISSE

La retraite avait lieu sur Besançon ; mais, tandis que les 20e, 24e et 15e corps s'engageaient sur la route directe de Montbéliard au chef-lieu du Doubs, les généraux Billot et Cremer, plus éloignés, étaient obligés de se contenter de la route d'Héricourt, longeant la rive gauche de l'Oignon ; ils furent ainsi obligés de livrer des combats d'arrière-garde à Villargent, à Villers-la-Ville, montrant une énergie indomptable, qui permit au général Bourbaki de ramener son armée à Besançon, le 22 janvier 1871.

Il devait y trouver de nouveaux dangers. Le mouvement de la première armée de la Loire n'avait été réellement connu du grand quartier général prussien que le 9 janvier. On avait alors conçu à Versailles de grandes inquiétudes, au sujet des généraux de Werder et de Tresckow. Mais en laissant au général de Manteuffel le soin de tenir tête au général Faidherbe, et d'occuper la Normandie, avec la plus grande partie de la 1re armée, le maréchal de Moltke se réservait de le faire intervenir dans les dangers imprévus. Aussi, lorsque l'objectif de Bourbaki fut définitivement connu, le général Manteuffel (10 janvier 1871) reçut l'ordre de laisser Von Gœben devant le général Faidherbe, et de se porter de Saint-Quentin à Dôle, par Reims, Châlons-sur-Marne, Troyes, Châtillon-sur-Seine, Auxonne, Dôle, en débordant Besançon par Salins.

La rapidité de cette manœuvre fut telle que, le 12 janvier, l'armée de Manteuffel était à Châtillon-sur-Seine. Mais il lui fut impossible de précipiter sa marche en gardant la vitesse acquise. En effet, depuis le 6 janvier, Garibaldi occupait Dijon ; il s'y était fortifié et avait reçu un grand nombre de mobilisés, commandés par un officier en retraite, promu au grade de général de brigade à titre provisoire, M. Pellissier. Les forces françaises réunies à Dijon se montaient ainsi à trente mille hommes. Elles auraient pu au besoin recevoir des secours des troupes des généraux de Gévigny et du Temple, du 25e corps, qui se trouvaient entre Nevers et Auxerre. Le général de Manteuffel résolut donc de masquer sa marche ; il envoya vingt mille hommes, sous les ordres du général de Keller, attaquer Dijon. Le 20, un premier engagement eut lieu à Daix et à Asnières ; le 21, les garibaldiens soutinrent encore un brillant combat à Saint-Apollinaire. Enfin, le 22, une bataille plus sérieuse s'engagea à Pouilly ; Ricciotti Garibaldi repoussa les Allemands. Les Français eurent à déplorer la mort de l'intrépide officier polonais Bossak-Hauké.

Ce fut une glorieuse bataille ; mais, pendant ce temps, le général Manteuffel ouvrait par Gray ses communications avec Werder, et le général de Zastrow, filant par Pontaillier et Auxonne, occupait Dôle le 21 janvier, et s'empressait de se porter sur Salins, pour couper de Lyon, le général Bourbaki.

Le général Bourbaki était, à Besançon, dans une situation d'esprit effrayante. Il se sentait entouré, et avec une armée dénuée de tout, débandée et profondément atteinte par le découragement ; il se croyait voué à une capitulation prochaine. Il avait auprès de lui un agent de la délégation, M. de Serres, et il se croyait exposé aux soupçons du gouvernement. Lors de son départ de Metz, il avait été engagé, à son insu, dans une intrigue qu'il avait désapprouvée ; mais il avait, à plusieurs reprises, cru voir qu'un reste de défiance s'était attaché à lui, en raison de cette malheureuse affaire. Il ne savait donc à quoi se résoudre, pour mettre sa loyauté à couvert, et les instants étaient cruellement précieux. Jusqu'au 24, cependant, il songea à se défendre devant Besançon, et fit occuper dans la direction de Dôle, les positions de Saint-Vit, de Velesmes, de Frasnois et de Dannemarie, où se livra un combat assez vif ; mais, le 23, le général de Zastrow arriva à Mouchard, coupant la voie ferrée de Besançon à Lons-le-Saunier. Le 15ᵉ corps, effrayé, se retira de Quingey et de Busy sur Besançon ; le général Bourbaki crut alors qu'il n'avait plus sa liberté que du côté de l'Est, il fit repasser le 18ᵉ corps et la division Cremer sur la rive gauche du Doubs, abandonnant les positions occupées la veille, et laissa les coureurs ennemis menacer les ponts des faubourgs. A ce moment, les 18ᵉ, 20ᵉ et 15ᵉ corps se trouvaient entassés dans la presqu'île de Besançon. Le 25, on tint conseil au château Farine, et les généraux se prononcèrent pour une retraite sur Pontarlier. Or, la délégation de Tours savait que les généraux Werder et Udo de Tresckow, laissant au général Manteuffel le soin de rejeter la première armée de la Loire sur les montagnes du Jura, s'étaient attachés au 24ᵉ corps, resté entre Montbéliard et Besançon, près de Baume-les-Dames, et l'avaient repoussé de Lomont, pour se glisser sur la route de Baume-les-Dames à Ornans, interceptant ainsi la route de Besançon à Pontarlier. L'armée du général Bourbaki, dans une retraite vers l'Est, se trouvait donc prise dans une souricière ; tout au plus, en admettant que le général de Werder ne pourrait pas avancer rapidement, elle était forcée de se jeter en Suisse, et perdue pour la défense nationale. Cette situation explique les dépêches qui furent échangées, dans la journée du 25, entre le général Bourbaki et la délégation de Bordeaux.

A une dépêche du 24, où le général faisait pressentir sa marche sur Pontarlier, en se montrant entouré par le 2° et le 7° corps prussiens, et n'ayant plus que trente mille hommes en état de combattre, l'administration de la guerre répondit par une première dépêche, le 25. Elle marquait d'abord un profond désappointement de la conclusion de la marche sur Belfort, puis elle ajoutait : « Je ne « puis que vous manifester énergiquement mon opinion, mais je « n'ai pas le droit de me substituer à vous-même, et la décision en « dernier lieu vous appartient..... Il me paraît impossible que votre « armée soit réduite au point que vous dites..... Je crois donc que, « sous l'impression de votre dernier insuccès, vous voyez la situation « autrement qu'elle n'est. En second lieu, je crois fermement que « votre marche sur Pontarlier vous prépare un désastre inévitable. « Vous n'en sortirez pas, vous serez obligé de capituler, ou vous serez « rejeté en Suisse....... Ma conviction bien arrêtée, c'est qu'en réu« nissant tous vos corps, et vous concertant au besoin avec Garibaldi, « vous seriez pleinement en force pour passer soit par Dôle, soit par « Gray, soit par Pontaillier. »

Deux heures plus tard, une seconde dépêche de Bordeaux se terminait par le mot suivant. « A tout prix, il faut faire une trouée ; « hors de là vous vous perdez. »

La délégation avait vu avec beaucoup de clairvoyance le danger qui menaçait l'armée, dans une retraite vers l'Est ; mais le général Bourbaki voyait aussi de plus près l'état de son armée, il sentait que l'effort en faveur de la trouée ne pourrait être obtenu que d'un très petit nombre d'hommes, et les vieux généraux partageaient cet avis ; seuls de jeunes officiers, comme MM. Billot et Cremer, pouvaient espérer enlever leurs soldats dans la direction d'Auxonne.

Le général Bourbaki devait donc persister et persista dans sa résolution de marcher sur Pontarlier ; mais le ton très vif des deux dépêches ministérielles avaient achevé le déplorable travail qui, depuis le 17 janvier, se faisait dans son esprit. Il y crut saisir encore des traces de soupçon, alors qu'il n'y avait entre lui et le ministère qu'une divergence d'opinion, qu'expliquent la distance et la diversité des caractères. Il résolut donc de se soustraire à une accusation de trahison, à laquelle personne ne songeait. Il envoya, dans la nuit du 25, une dépêche découragée à Bordeaux, laissant entrevoir qu'il se considérait comme incapable désormais de conduire l'armée. Gambetta répondit par une dépêche qui investissait le général Clinchant du commandement en chef ; lorsqu'elle arriva, dans la nuit du 26 au 27, le général, quoiqu'il ignorât encore la nomination du général Clinchant, trompant la surveillance d'un ami, s'était retiré dans l'appartement qu'il occupait à Besançon, et avait tenté de se faire sauter la cervelle. La blessure, heureusement, ne fut pas mortelle. La France n'avait pas trop d'officiers du courage et de l'expérience du général Bourbaki, pour que, épargné par le feu, il fût la victime de cette catastrophe terrible, dont on ne songeait pas, et dont on ne songe pas davantage aujourd'hui à lui faire porter la responsabilité exclusive. Qu'il y ait eu des fautes commises dans l'expédition de l'Est, comme il y en eut partout à cette époque de malheurs répétés, ce serait s'aveugler volontairement que de le nier. Mais Gambetta, M. de Freycinet et le général Bourbaki luttaient alors au milieu de telles difficultés, que les Français doivent désormais cesser de chercher ce qui aurait pu être et ce qui n'a pas été, pour conserver un souvenir reconnaissant à tous ceux qui se sont dévoués à la Patrie.

GÉNÉRAL CLINCHANT

Pendant toute la journée du 26, le général Bourbaki avait veillé, avec une sollicitude pleine de tristesse, à l'évacuation de Besançon. Le général Clinchant qui prit le lendemain le commandement en chef, ne put que continuer un mouvement devenu inévitable. Dès le 27, l'avant-garde atteignit Ornans, sur la Loue, se trouvant ainsi exposée à une attaque de flanc du général de Werder. La retraite prenait d'ailleurs les allures d'une véritable fuite; plus de vingt mille traînards s'écartèrent; il n'y avait plus aucune cohésion dans cette foule qui se précipitait sur la route de Pontarlier : les armes, les régiments, les grades, tout était mêlé. A l'arrière-garde, les généraux Billot, Cremer et Robert réussirent à maintenir un certain ordre, indispensable pour éviter des malheurs plus grands encore et la capitulation d'une partie de l'armée.

Dans l'espérance de retarder la marche du général Manteuffel, le ministère ordonna à Garibaldi de se porter sur Dôle ; il avait placé sous ses ordres toutes les forces militaires disponibles de la région, ce qui lui composait une armée de près de cinquante mille hommes avec quatre-vingt-dix canons ; le général arriva, le 29 au soir, en face de Dôle, au Mont-Rolland.

Mais la poursuite ne fut pas retardée. Le général Manteuffel n'hésita pas à dégarnir Dôle et Gray, et à se précipiter sur le 18ᵉ corps et sur le général Cremer. L'armée du général Clinchant fut poussée en avant, avec une vitesse irrésistible, pendant la journée du 28, d'Ornans à Pontarlier. L'arrière-garde se retourna cependant, et, dans une lutte acharnée entre Sombacourt et Chaffois, perdit quatre mille hommes. Le général Clinchant put entrer à Pontarlier le 28. Il était alors dans une situation terrible : menacé au nord, par les routes de Morteau et d'Ornans, qu'occupaient les troupes de Werder, tandis que le quartier général de Manteuffel était porté à Frasne. Les avant-gardes ennemies touchaient les Planches-en-Montagne (Jura), surveillant la route qui longe la Suisse de Pontarlier à Saint-Claude, par Mouthe. Elles atteignaient même le défilé de Saint-Laurent (Jura) dominé à Foncine-le-Haut et à Foncine-le-Bas, par les positions prussiennes, qui n'étaient occupées, il est vrai, le 29 au matin, que par de faibles détachements ennemis. Le général Clinchant y avait déjà engagé le général Cremer et les troupes du capitaine de vaisseau Pallu de la Barrière, se réservant de ne se réfugier en Suisse que si l'ennemi arrivait en force à Mouthe ou aux Planches, lorsqu'il reçut, dans l'après-midi du 29, la dépêche suivante de Bordeaux :

Bordeaux, 29 janvier, 2 heures du soir.

« Un armistice de vingt et un jours vient d'être conclu par le
« gouvernement de Paris ; veuillez, en conséquence, suspendre immé-
« diatement les hostilités en vous concertant avec le chef des forces
« ennemies, en présence desquelles vous pouvez vous trouver..... »

Suivaient quelques indications techniques.

Le général Garibaldi avait reçu au Mont-Rolland, au moment de tenter une attaque sur Dôle, une dépêche semblable. Les deux généraux français suspendirent tout mouvement. Pour Garibaldi, c'était un arrêt fâcheux ; pour le général Clinchant, c'était le salut. A Dôle, les Prussiens refusèrent d'entrer en pourparlers, faute d'instructions et profitèrent de l'immobilité de Garibaldi pour augmenter la garnison de la ville ; du côté de Pontarlier, le général Clinchant fit porter à Frasne la nouvelle de l'armistice, dès le 30 au matin. La conférence fut longue au quartier général prussien, et, à cinq heures vingt-cinq du soir, le général Clinchant en télégraphia le résultat à Gambetta.

« Je n'ai pas encore reçu de réponse officielle du général Man-
« teuffel, mais d'après une lettre apportée par un parlementaire prus-
« sien, pendant une conférence près de Frasne, il paraîtrait que le
« général Manteuffel ne voudrait pas reconnaître cet armistice pour
« l'armée de l'Est, disant qu'il ne concerne que les armées du Nord et
« de Paris. »

La réponse définitive parvint le soir même à Pontarlier, et le général Manteuffel continua le mouvement qui devait cerner l'armée française. Gambetta ne connaissait l'armistice que par une dépêche de M. Jules Favre, datée du 28, arrivée à neuf heures à Bordeaux. Cette dépêche n'indiquait aucune restriction, s'appliquant à l'armée de l'Est. A une demande d'explication datée du 30, il n'avait pas été répondu de Paris, lorsque la délégation reçut la dépêche du général Clinchant. Ce fut M. de Bismarck qui, ayant intercepté la dépêche de Gambetta à Paris, lui répondit en ces termes :

Versailles, 31 janvier, 12 h. 15 matin.

« Votre télégramme à M. Jules Favre, qui vient de quitter Ver-
« sailles, lui sera remis demain matin, à Paris, sous titre de rensei-
« gnements. J'ai l'honneur de vous communiquer ce qui suit »... Puis suivent des indications, marquant les positions que les Prussiens avaient su se faire donner par l'armistice. M. de Bismarck disait ensuite : « Les hostilités continuent devant Belfort et dans le Doubs, le Jura et « la Côte-d'Or, jusqu'à entente. » Il achevait, enfin, en insistant sur les élections, et sur la détresse dans laquelle se trouvait Paris.

Gambetta recevait, en même temps, par le général Chanzy, qui le tenait du prince Frédéric-Charles, le texte de la convention. Le dernier alinéa de l'article 1er portait bien les réserves contenues dans la dépêche de M. de Bismarck. L'administration de la guerre fit donc passer au général Clinchant, dans la matinée du 31 janvier, une première dépêche lui annonçant la nécessité de continuer les hostilités, et, à deux heures la copie d'une dépêche de Gambetta à Jules Favre, où la délégation de Bordeaux apprenait au gouvernement de Paris qu'elle autorisait les généraux à conclure des conventions provisoires avec l'ennemi. Le général Manteuffel se refusa à toute négociation, et repoussa énergiquement une suspension d'armes pour trente-six heures. Pendant ce temps, le général de Werder menaçait la position de la Cluse, qui coupe la route de Pontarlier à Verrières (Suisse).

Dans une telle situation, le général Clinchant conclut une convention avec le général suisse Herzog. Son armée devait passer dans le canton de Neufchâtel pour y être désarmée. Le défilé commença aussitôt de Pontarlier sur la Cluse et Verrières (frontière française) ; l'avantgarde du général de Werder se jeta sur la réserve générale, commandée par le capitaine de vaisseau Pallu de la Barrière, et une partie du 18ᵉ corps. Le général Billot soutint avec intrépidité ce dernier combat de la Cluse, où se distinguèrent deux héros, le colonel Achilli et le général Robert. Le premier, quelques instants avant d'être frappé à mort, répondait à ses soldats qui se plaignaient de cette dernière épreuve : Qu'avez-vous donc, les autres passent en Suisse, et vous restez en France. Et comme ils ajoutaient : « Mais nous allons tous être tués », le colonel Achilli reprit : « C'est ce que je vous disais, nous resterons en France ». Le général Robert, qui survécut à cette catastrophe, adressait au même instant à un parlementaire prussien, qui le montrait enveloppé de toutes parts, cette simple phrase : « Il nous reste « au moins à mourir honorablement pour notre pays ».

Attaqués au nord, à la Cluse, les malheureux soldats français furent aussi aux prises avec l'ennemi, au sud, du côté de Bonnevaux et de Jougne, et furent rejetés en désordre sur les chemins de Verrières (Suisse). Quinze mille hommes avec Cremer, et neuf mille avec le commandant Pallu de la Barrière, parvinrent au delà des montagnes, dans le département de l'Ain, et se rendirent à Lyon dans l'état le plus pitoyable. Les autres entrèrent en Suisse, au nombre de huit mille et furent désarmés immédiatement par les troupes du général Herzog. Ils furent dirigés sur l'intérieur, et surtout dans les villes du canton de Vaud, dont le climat, plus doux, semblait nécessaire à ces pauvres gens, épuisés par le froid, par la toux, par la bronchite, par la pleurésie. Le gouvernement suisse trouva, en quelques heures, un emprunt de quinze millions, destiné à subvenir aux premiers besoins de l'armée française. Les particuliers rivalisèrent de bonté et de charité envers tous ces hommes mourant de faim et déguenillés, et dont la conduite d'ailleurs fut irréprochable ; la République Française contracta, ce jour-là envers la Suisse; une dette dont elle ne pourra jamais s'acquitter.

VIII. — LES PLACES FORTES DE L'EST, BELFORT

La perte de l'armée de l'Est ne permettait plus d'espérer le salut de Belfort, ni de couvrir la vallée du Rhône. Or, avec Bitche, qui était restée imprenable, c'était la seule place forte importante qui

Accueil sympathique de la population suisse en faveur des réfugiés de l'armée de l'Est.

fût encore française. Dès le 9 septembre, après la capitulation de Sedan, Laon s'était rendu ; mais la folie d'un sous-officier du génie avait fait sauter la citadelle. Le général Thérémine fut tué parmi un grand nombre de Français et de nombreux soldats du duc de Mecklembourg. Ce sous-officier exposait ainsi la ville à une exécution militaire, que la bonne foi évidente des officiers français eut grand peine à empêcher. A partir du mois d'octobre, les Prussiens résolurent d'en finir le plus vite possible avec les sièges, et prirent pour règle, le tir non pas sur les fortifications, mais sur les maisons des villes assiégées.

Le 16 septembre, Soissons, défendue par les mobiles de l'Aisne, capitula, après avoir utilement employé son artillerie, pour prolonger une résistance dans laquelle l'insuffisance des provisions et des munitions, et la nature de la place ne permettaient pas de persister plus longtemps. Le 23, Toul se rendit, après avoir repoussé l'ennemi une première fois, le 17 août, avec une garnison de quelques centaines d'hommes, dont plusieurs compagnies de mobiles de la Meurthe, sous le commandement du major Itak. La ville avait subi un bombardement terrible, dirigé du haut du mont Saint-Michel ; le faubourg de l'Étape avait été brûlé, et les défenseurs, par leur résistance vigoureuse avaient irrité l'ennemi, indigné d'être arrêté par une poignée d'hommes. Plus tard les francs-tireurs de la Meurthe, en faisant sauter le tunnel de Fontenoy, retardèrent l'arrivée des pièces de siège destinées au bombardement de Paris. Le 29 septembre, Montmédy capitula, malgré la protestation de son conseil municipal.

Le 9 novembre ce fut le tour de Verdun ; mais cette ville défendue par une garnison solide, sous les ordres d'un chef intrépide, le général Guérin de Waldersbach, habitée par une population patriotique entre toutes, supporta sans se plaindre un effroyable bombardement. La garnison rendit coup pour coup à l'ennemi, dans les deux sorties du 24 août et du 20 octobre. Elle parvint même à enclouer les batteries allemandes. Il fallut que les assiégeants convertissent le siège en blocus. Mais après la capitulation de Metz, Verdun ne pouvait plus se défendre utilement. Le général de Waldersbach obtint les honneurs de la guerre, et l'armée allemande prit silencieusement possession de la ville. Le 24 novembre le colonel Turnier dut livrer Thionville, le commandant du siège, le général Von Kamecke, ayant dirigé le bombardement sur la ville et refusé de laisser sortir les femmes et les enfants. La place de La Fère, défendue par l'artillerie de marine, tomba entre les mains des Prussiens, le 27 ; la ville ne présentait plus, aucune sûreté, et les fortifications elles-mêmes étaient en ruines. Le 12 décembre, à Phalsbourg, après dix semaines de bombardement, le commandant Taillant, détruisant les armes et les munitions, enclouant les canons, ouvrit les

VUE DE VERDUN. — La Porte-Chaussée.

portes à l'ennemi sans solliciter aucune convention. Le 1er janvier, Mézières capitula ; le 30 décembre, une grande partie des maisons s'étaient écroulées sous les obus ennemis, et Charleville, faubourg ouvert et indépendant, situé au delà de la Meuse, avait été impitoyablement ruiné, le 31. Le 5 janvier, Rocroy, bombardé, céda; malgré l'autorité civile. Le 10 janvier, Péronne, après avoir subi toutes les horreurs de la destruction; se rendit; le général Faidherbe blâma le commandant de place, Garnier, qui avait cru devoir faire des concessions imprudentes à l'humanité. Enfin Longwy; ravitaillé par le Luxembourg n'ouvrit ses portes que le 2 janvier 1871.

Ainsi, au moment du désastre de l'armée de Bourbaki, il ne restait plus que deux villes fortes qui résistassent à l'ennemi. L'une était la petite place de Bitche, qui eut le bonheur d'échapper, par sa position et grâce aux approvisionnements laissés par le corps de de Failly, à la destruction et à la famine, et qui dut à la vigilance de sa garnison, commandée par le colonel Tessier, de n'ouvrir ses portes que le 12 mars, sur l'ordre du gouvernement français.

La place de Belfort, dont l'importance égalait presque celle de Strasbourg, eut aussi l'honneur de conserver sa garnison jusqu'au 18 février, et de ne cesser la défense que sur l'injonction du gouvernement.

Belfort, qui commande la trouée de Valdieu, est située sur la Savoureuse, affluent du Doubs. Ses anciennes fortifications, étant donnés les progrès de l'artillerie, étaient devenues très insuffisantes, et ne défendaient la ville que du côté de l'est. C'était la Miotte, le fort de la Justice et le château de Belfort, qu'on appelle aussi la Roche.

Le lieutenant-colonel du génie, Denfert-Rochereau, avait commencé en 1863 la construction des Hautes et Basses-Perches, qui regardent la vallée méridionale de l'Ill en Alsace, et au nord le fort des Barres, destiné à annuler la hauteur du Salbert, qui domine la ville de ce côté. Les Perches, les Barres, ainsi que la redoute de Bellevue sur la Savoureuse, étaient inachevées en 1870. Depuis que le 7e corps s'y était formé, on n'avait pris aucune précaution pour mettre la ville en état de défense; mais, quelques jours avant la capitulation de Strasbourg, le gouvernement de la Défense nationale nomma commandant supérieur de Belfort le lieutenant-colonel Denfert-Rochereau, promu colonel à cette occasion (19 octobre 1870).

La garnison comptait seize mille hommes de troupes très bigarrées; peu de ligne, beaucoup de garde nationale et de garde mobile, entre autres, les mobiles du Rhône. D'ailleurs, quelques brillants officiers, parmi lesquels le capitaine Thiers, se firent les collaborateurs dévoués de leur chef. Le 3 novembre, l'un des com-

VUE DE BELFORT PENDANT LE SIÈGE.

mandants du siège de Strasbourg, le général de Tresckow, se présenta devant Belfort, et adressa une sommation au colonel Denfert au nom de l'humanité. Cette tentative n'ayant pas été accueillie, les Prussiens investirent la ville; mais, le colonel Denfert ayant fait occuper fortement les villages de Danjoutin et de Pérouse au sud et à l'est, l'ennemi ne put s'établir qu'à une distance de quatre kilomètres (10 novembre).

COLONEL DENFERT-ROCHEREAU.

Dans la nuit du 16 au 17 novembre, une première sortie bouleversa les travaux des Prussiens. Mais les parallèles furent ouvertes vers le 30 novembre et le 3 décembre, le bombardement s'ouvrit du haut du Salbert sur la redoute de Bellevue, en avant des Barres. Ce premier essai ne produisit pas l'effet attendu. Il en fut de même du bombardement des Perches. Les Prussiens changèrent alors de tactique. Le 7 janvier ils s'emparèrent de Danjoutin, le 20 de Pérouse, et rejetèrent les Français sur le corps de place; la marche du général Bourbaki, en appelant de Tresckow à Héricourt, explique les treize jours d'inertie pendant lesquels la garnison de Belfort crut tenir enfin sa délivrance. Le 26 janvier, un assaut général fut repoussé; mais les Perches, étant devenues intenables, furent évacuées le 3 février. Le 13, après soixante-huit jours de bombardement, le feu cessa sur l'ordre du gouvernement, qui obtenait la prolongation de l'armistice, en laissant l'ennemi entrer dans la ville. Le 18, la garnison sortit avec armes et bagages, et se rendit à Besançon et de là à Lyon; ses troupes, n'ayant pas capitulé, n'étaient pas prisonnières.

CHAPITRE VIII

PROCLAMATION DE L'EMPIRE D'ALLEMAGNE. — L'ARMISTICE

I. Les rigueurs prussiennes. — II. La conférence de Londres. — III. L'Empire d'Allemagne. — IV. La misère à Paris, le 22 janvier. — V. Négociations pour l'armistice. — VI. Situation politique de la délégation de Bordeaux. — VII. Les actes administratifs de la délégation. — VIII. — Le décret des incompatibilités, retraite de Gambetta.

I. — LES RIGUEURS PRUSSIENNES

Ainsi toutes les défenses de la France tombaient les unes après les autres ; vingt-deux places fortes devaient être conquises par l'ennemi, et cependant il n'était pas satisfait. Bien qu'au début de la campagne la nation et l'état-major allemands eussent éprouvé quelque surprise de la rapidité inouïe de leurs succès, on s'était fait bien vite de l'autre côté du Rhin à cette fortune extraordinaire. Après Sedan, on espéra que la guerre était terminée. M. de Moltke paraît seul avoir obstinément considéré que la campagne ne finirait qu'avec la prise de Paris. Lorsqu'on comprit en Allemagne que la guerre allait se prolonger, le peuple fut pris de colère et d'inquiétude. Les soldats allemands crurent pouvoir se dédommager des dangers et des fatigues nouvelles qui les attendaient en usant, dans toute sa rigueur, du droit de la force et de la conquête.

A partir de ce moment, tout acte de patriotisme de la part des Français fut considéré comme un crime contre la « civilisation », et les Allemands n'hésitèrent pas à traiter « de brigands » et « de canailles » les malheureux soldats improvisés qui défendirent leur patrie. En même temps, sans parler des contributions régulières levées par les chefs sur le pays conquis, on multiplia les réquisitions, dont on essayait d'assurer les services par des menaces, en prenant des otages, quelquefois par des exécutions. Chaque soldat devint propriétaire des objets qu'il put s'approprier, pourvu que la maraude n'apportât pas de trouble dans la discipline intérieure de l'armée. De là ces longues lignes de voitures, que des entrepreneurs intelligents avaient envoyées à la suite de l'armée envahissante. Les convoyeurs achetaient aux soldats les objets pillés, qui prenaient aussitôt le chemin de l'Allemagne. Les Français, qui se payent trop souvent d'une plaisanterie, prétendirent que les Germains montrèrent alors pour les pendules un goût tout spécial. Les exigences des troupes ennemies prirent aussi un caractère singulier; dès l'arrivée à une étape, un ordre rédigé en un français, pas toujours très correct, mais très suffisamment clair, fixait la nature de l'hospitalité exigée par la commandature pour les soldats et les officiers. Les officiers étaient généralement bien renseignés, sinon par un système d'espionnage domestique qu'on a un peu exagéré, au moins grâce à de patients et lointains renseignements, accumulés pendant plus d'un demi-siècle avec une prévoyance de haine incroyable. Ils se contentaient généralement de mettre à sec le pays occupé en faisant donner aux soldats leurs quatre plats, des liqueurs fortes et du vin, ainsi que les indispensables cigares. Quelquefois aussi ils se trompaient dans leurs appréciations et se fâchaient sérieusement de ne pas trouver tel village aussi riche qu'ils le croyaient d'après leur cote préventive. Les actes de brutalité allèrent en augmentant, même dans l'Ouest, où le paysan se montra parfois plus hospitalier qu'il n'eût été nécessaire. Les chefs étaient généralement opposés aux violences excessives; mais au fond ils étaient inflexibles, et ne se considéraient pas comme obligés d'humanité envers les Français. Lorsqu'ils s'adoucissaient par hasard, ils étaient fort surpris de rencontrer, ce qui arriva souvent, près de ceux auxquels ils voulaient bien faire des avances, une froideur et un ressentiment, qui leur semblaient au moins ridicules devant la supériorité incontestable de leur force. Mais les officiers, même les plus polis, les plus désireux de se montrer par la distinction de leurs manières d'une caste supérieure aux soldats, devenaient féroces lorsqu'un incident quelconque pouvait leur faire supposer qu'un soulèvement furieux allait secouer la France. Alors ils n'épargnaient plus personne. Les enfants, les vieillards, les femmes, tous y passaient. Les francs-tireurs, les gardes nationaux, n'étaient plus des belligérants. C'était un crime que de prendre un fusil pour défendre sa patrie, et jamais une parole de clémence ou d'excuse n'était prononcée en faveur de ce patriotisme, que les Allemands n'admettaient pas.

La prise de Bazeilles avait, dès le 2 septembre, inauguré cette manière de faire la guerre. Les habitants de la ville avaient été soupçonnés d'avoir défendu leur pays de concert avec le 12° corps du général Lebrun. Les Bavarois, fort éprouvés de ce côté, se chargèrent de l'exécution d'une sentence officielle prononcée contre ce malheureux village. Ils mirent le feu aux débris de Bazeilles. Ce qui fut plus triste, onze habitants furent fusillés sur les bords de la Meuse.

Dans sa marche sur Paris, la première armée, commandée par le prince, aujourd'hui roi de Saxe, rencontra le 22 septembre au petit village de Parmain-sur-Oise, près de l'Isle-Adam, la résistance de vingt-huit habitants, dirigés par M. Capron. Les uhlans, s'étant retirés, revinrent plus nombreux le 27 et furent encore repoussés par les francs-tireurs; enfin le 29 le village fut cerné, et un vieillard de soixante et onze ans, M. Desmortiers, pris les armes à la main, fut fusillé. Parmain fut brûlé.

Le 11 octobre, le général Von der Tann et ses Bavarois, déjà célèbres par l'incendie de Bazeilles, mirent fin à la défense d'Orléans en brûlant des maisons des Aydes et en lançant des obus sur le centre de la ville. La ville fut imposée immédiatement à cinq millions.

Le 9 octobre, trente-deux uhlans marchant sur Dreux réclamèrent au village de Chérizy une réquisition de grains et de bestiaux, qui leur fut enlevée par des mobiles et des francs-tireurs. L'officier qui commandait à Houdan reçut l'ordre de brûler le village. Pour aller plus vite, les Prussiens enduisirent de pétrole les meubles et les boiseries d'un certain nombre de maisons, et, mis en train par cet horrible incendie, brûlèrent aussi des maisons isolées et une ferme dont ils s'amusèrent à effrayer et rassurer tour à tour le fermier. Ils fusillèrent par la même occasion deux gardes nationaux, dont l'un avait le tort d'avoir des cartouches dans ses poches.

Dans leur marche sur Châteaudun, les Prussiens de la 22° division brûlèrent les villages de Civry et de Varize, parce que les francs-tireurs de Lipowski avaient fait le coup de fusil aux environs. Nous savons déjà ce qui se passa à Châteaudun le 18 octobre. Le 31, ce fut Dijon qui fut pillé, puis en novembre Étrépagny et Bazancourt, qui furent brûlés pour leur résistance; le 4 décembre, Rouen fut rançonné et traité en pays conquis; le même jour, un commencement de pillage avait lieu à la reprise d'Orléans; le 26, le général Chanzy protestait contre le pillage de Saint-Calais. Le 22, en Lorraine, le roi de Prusse condamnait l'arrondissement de Toul à *dix millions* d'imposition, à cause de la destruction du tunnel de Fontenoy. Ce malheureux village était incendié et des ouvriers réquisitionnés à Nancy pour reconstruire ce travail, sous peine d'être fusillés. Tels sont les faits principaux qui expliquent l'impression de terreur laissée par les Allemands en 1870-1871, comme aussi le ressentiment profond qui ne semble pas pouvoir s'éteindre au fond de nos cœurs.

Le 29 novembre, dans une circulaire adressée aux agents diplomatiques de la France, le directeur des affaires étrangères à Tours, M. de Chaudordy, avait protesté en ces termes contre les faits de sauvagerie déjà fréquents :

DE CHAUDORDY.

« Monsieur, depuis deux mois environ, l'Europe épouvantée ne
« peut comprendre la prolongation d'une guerre sans exemple et qui
« est devenue aussi inutile que désastreuse. Les ruines qui en sont la
« conséquence s'étendent sur le monde entier, et l'on se demande à
« la fois quelle peut être la cause d'une telle lutte, et quel en est le
« but..... Que faut-il croire ?..... Serait-il vrai que nos ennemis veulent
« réellement nous détruire ?..... Y a-t-il un droit quelconque qui
« permette à un peuple d'en détruire un autre et de vouloir l'effacer ? »

Puis M. de Chaudordy, entrant dans le détail terminait ainsi : « Il

« faut qu'on le sache bien, ces faits sont le résultat d'un système
« réfléchi, dont les états-majors ont poursuivi l'application avec
« une rigueur scientifique. Ces arrestations arbitraires ont été décré-
« tées au quartier général, ces cruautés résolues comme un moyen
« d'intimidation, ces réquisitions étudiées d'avance, ces incendies
« allumés froidement, avec des ingrédients chimiques soigneusement
« apportés, ces bombardements contre les habitants inoffensifs ordon-
« nés. Tout a donc été voulu et prémédité. C'est le caractère propre
« aux horreurs qui font de cette guerre l'horreur de notre siècle. La
« Prusse a non seulement méconnu les lois les plus sacrées de l'hu-
« manité, elle a manqué à ses engagements personnels. Elle s'ho-
« norait de mener un peuple en armes à une guerre nationale. Elle
« prenait le monde civilisé à témoin de son bon droit. Elle conduit
« maintenant à une guerre d'extermination ses troupes transformées
« en hordes de pillards. Elle n'a profité de la civilisation moderne que
« pour perfectionner l'art de la destruction. »

La circulaire de M. de Chaudordy portait à faux, si éloquente fût-
elle. C'était une protestation générale contre la guerre, et les diplomates allemands pouvaient rappeler que leur pays, soixante-quatre ans
auparavant et jusqu'en 1813, avait subi l'invasion française, qui ne fut
pas toujours clémente, quoique moins inexorablement odieuse, étant
donné notre tempérament. Il eût mieux valu ne pas exprimer une indignation toute platonique contre des procédés révoltants, que nous souhaitons voir abandonner, par la nation victorieuse de demain, sans
espérer que les hommes se fassent dans des temps prochains plus
humains les uns pour les autres.

Les Allemands étaient d'ailleurs résolus à employer la terreur
pour en finir plus vite, parce que, pendant la prolongation inattendue
de la guerre, il pouvait surgir tel événement européen qui changeât
la situation diplomatique et donnât à la France des amis intéressés.

II. — LA CONFÉRENCE DE LONDRES

Or, à Versailles, le chancelier eut justement à se tirer d'une
difficulté de cette nature, et fort délicate. Quoique, sous l'influence
des souvenirs de la guerre de 1856, le chancelier du tzar Alexandre II,
le prince Gortschakov, eût fait en 1870 de la politique de rancune, au
profit des Allemands, et eût agréablement raillé M. Thiers, dans son
voyage à Saint-Pétersbourg, il n'en avait pas moins à compter avec

l'opinion russe, qui, au point de vue des intérêts slaves, s'élève au-dessus de l'autocratie impériale. Or, les Russes ont tout à craindre de l'extension allemande, et d'une puissance dont la tendance évidente est de grouper tous les peuples d'origine germanique. Il y a en Russie quinze cent mille Allemands, qui forment des groupes considérables, surtout dans les provinces baltiques. Le prince Gortschakov fit donc accepter à la Prusse une véritable alliance sous le nom de neutralité, en obtenant d'avance de M. de Bismarck son appui pour dénoncer le traité de Paris. Nous avons dit plus haut que ce traité interdisait aux Russes tout établissement militaire dans la mer Noire.

Le ministre russe avait prudemment attendu que le succès de la Prusse fût définitivement assuré. Il lança la circulaire de dénonciation le 22 octobre 1870. La Russie déclarait « ne pas se considérer plus « longtemps comme liée aux obligations du traité du 30 mars 1856, « en tant qu'elles restreignent ses droits de souveraineté sur la mer « Noire ».

Quoique les victoires de la France en Crimée eussent contribué principalement à la signature du traité, sa dénonciation intéressait surtout l'Angleterre, dont la situation en Orient exigeait la sécurité de Constantinople, établie par le traité de 1856, aux dépens des Russes. Il devenait regrettable pour les Anglais que la France fût devenue impuissante. Car l'Italie, qui avait pris part aussi à la guerre de Crimée, était liée à la Prusse, grâce à laquelle, depuis la retraite des troupes françaises, elle venait de s'emparer de Rome (septembre 1870).

Telle est la raison pour laquelle lord Granville conseilla la modération, au 31 octobre, à M. de Bismarck. Lorsque le Foreign-Office comprit que l'Allemagne ne voulait pas lâcher la France, il changea de tactique et résolut d'obtenir au moins, en servant toutes les passions prussiennes, des garanties sérieuses. Lord Granville envoya à Versailles M. Odo Russell, l'un des partisans de l'alliance allemande en Angleterre. Le chancelier ne reçut le négociateur anglais que le 21 novembre. Il voulait à tout prix empêcher une guerre européenne, qui aurait pu détourner une partie des forces de l'Allemagne. Il obtint donc le jour même et télégraphiquement l'adhésion de la Russie à la réunion d'une conférence, qui se réunirait à Londres sous la médiation de la Prusse, la France devant y être invitée par l'Angleterre. M. de Bismarck enleva ainsi aux Anglais tout prétexte de guerre, et il resta acquis que le gouvernement français ne serait convoqué que pour la forme. Mais ni M. Gambetta, ni M. de Chaudordy n'entendaient laisser passer l'occasion d'attirer l'attention de l'Europe sur la situation de leur patrie.

Prévenue par une dépêche de Vienne, la délégation de Tours réussit à informer M. Jules Favre de la complication européenne qui allait se produire. Le ministre des affaires étrangères reçut, le 17 novembre, deux dépêches, qui le mettaient au courant de cette question. M. Jules Favre crut voir dans ces circonstances imprévues une nouvelle occasion de rouvrir des négociations en vue d'un armistice et de la réunion d'une Assemblée, seule capable de donner à des diplomates français l'autorité indispensable pour siéger à la conférence de Londres. Le ministre comptait sans M. de Bismarck, qui n'admettait pas que la participation de la France pût lui enlever rien des garanties obtenues par les victoires prussiennes. En effet, on parut mettre un certain délai à prévenir officiellement le gouvernement français de la réunion définitive de la conférence. Cependant le chargé d'affaires russe, pensant que son pays trouverait plus de garanties dans la présence des représentants de toutes les nations, signataires du traité de 1856, insista auprès de la délégation de Tours pour qu'elle accréditât immédiatement un de ses diplomates à Londres. La chancellerie russe faisait miroiter aux yeux de Gambetta la possibilité d'obtenir une médiation sérieuse de la part de la conférence.

M. de Chaudordy pénétra facilement les motifs de la Russie, et pour l'engager d'une manière irrévocable fit présenter comme représentant de la France M. Jules Favre; il demanda que le chargé d'affaires russe obtînt pour lui un sauf-conduit. Le départ de Jules Favre de Paris pour Londres aurait eu de grands avantages. Il aurait, par son caractère même, donné du relief au gouvernement. Il aurait pu exposer la situation de Paris, enfin faire la lumière sur les dangers que les exigences de l'Allemagne vis-à-vis de la France faisaient courir à toute l'Europe. Sa présence à Londres aurait aussi montré que la Prusse ne se croyait pas assez forte pour se refuser aux exigences de l'Angleterre. Il était bien difficile qu'un homme tel que M. de Bismarck ne devinât pas un piège si facile à découvrir, et, pour qu'il se crût obligé de se prêter à cette manœuvre, il eût fallu que l'Angleterre et la Russie eussent un intérêt extraordinaire à la participation de la France à la conférence. Or, grâce à la mission de M. Odo Russell, le Foreign-Office espérait au besoin obtenir quelque compensation, s'il se trouvait en minorité à la réunion qui se préparait. Quant à la Russie, elle ne tenait pas autrement à la présence de la France. Sa signature serait en moins; c'était un fait regrettable; mais le succès de sa démarche restait inévitable. Rien ne lui conseillait de se compromettre pour les Français, dont les Russes aiment l'esprit et les fêtes, dont ils haïssent les souvenirs glorieux et les tendances politiques.

Le 2 décembre, une dépêche de M. de Chaudordy expliqua tous ces détails à M. Jules Favre et le prévint que la délégation le désignerait pour représenter la France à la conférence, dont l'ouverture était fixée au 28 novembre. M. Jules Favre (et son patriotisme obstiné lui tint lieu cette fois de clairvoyance), répondit que son départ était subordonné à l'obtention d'un armistice. Cette exigence semblait peu politique, et en effet lord Granville et le prince Gortschakov ne cachèrent pas aux représentants de la France que l'espérance d'obtenir un armistice était un leurre (10 décembre 1870).

M. de Chaudordy le comprenait aussi, et aurait voulu que M. Jules Favre se rendît sans conditions à Londres, quitte à soulever ensuite un incident. Le refus du ministre des affaires étrangères força la délégation à chercher un autre expédient. M. de Chaudordy, profitant de quelques menaces de la Prusse contre la neutralité des Luxembourgeois, qu'elle accusait d'avoir ravitaillé Longwy, demanda la réunion d'un congrès, qui traiterait à la fois la question du traité de Paris et de la paix entre la France et la Prusse. M. de Bismarck ne pouvait davantage accepter une pareille solution. L'Italie avait fait savoir officiellement qu'elle conseillerait de respecter le territoire actuel de la France. Ce pouvait être le point de départ d'un mouvement irrésistible d'opinion en Europe; et qui était capable de prévoir où il s'arrêterait? Le 19 décembre, M. de Bismarck écarta résolument toute proposition de congrès. Ce serait, disait-il, une abdication.

La délégation de Tours avait prévu cet échec et avait encore insisté auprès de M. Jules Favre pour qu'il acceptât sans conditions la mission de représenter la France à Londres. Gambetta et M. de Chaudordy conservaient d'ailleurs une arrière-pensée, qui ne pouvait échapper à M. de Bismarck.

Le gouvernement de Paris se laissa convaincre, et dans une délibération du 17 décembre il fut décidé que M. Jules Favre partirait pour Londres. Mais le ministre des affaires étrangères de la France ne voulait pas se rendre à une conférence européenne, où sa présence paraissait nécessaire, en partant en ballon, ou en sollicitant un sauf-conduit de l'ennemi. M. de Chaudordy pria donc lord Granville d'obtenir, au nom de l'Angleterre, un laisser-passer pour M. Jules Favre.

La réponse de M. de Bismarck se fit attendre. Elle arriva le 27 décembre et était conçue en ces termes : « Le sauf-conduit sera « accordé aussitôt que M. Jules Favre le réclamera par un parlemen- « taire au commandant en chef de l'état de siège. Les Prussiens ne « peuvent envoyer un parlementaire avant que satisfaction leur soit « donnée pour le fait qu'on a tiré sur un parlementaire qu'ils ont « envoyé tout récemment. »

Le général Trochu, qui avait reçu cette dernière réclamation sans connaître l'usage diplomatique qu'en devait faire le chancelier, procédait alors à une enquête, pour obtenir que les relations pussent être reprises en temps utile et que M. Jules Favre pût assister à la conférence dont on ignorait à Paris la date précise. La délégation jugeait plus que jamais la présence du ministre indispensable à Londres. Dans une dépêche du 31 décembre, qui n'arriva d'ailleurs que le 9 janvier, Gambetta s'attachait surtout à mettre en relief deux arguments puissants. Le vice-président de la Défense nationale était seul capable, par sa notoriété et le respect personnel qu'il inspirait, d'imposer à l'Europe la reconnaissance officielle de la République, et d'obtenir la médiation des grandes puissances. Enfin, Gambetta, qui se sentait alors fortement battu en brèche par le parti grossissant de la paix, représentait à Jules Favre qu'il avait besoin de s'appuyer sur son autorité « pour l'aider à soutenir le sentiment national et à poursuivre la « guerre jusqu'à la victoire, même après la chute de Paris, si un tel « malheur ne peut être évité ».

Le gouvernement de Paris résolut de laisser partir M. Jules Favre, qui attendait toujours son sauf-conduit. Le 30 décembre, lord Granville écrivit, sous le couvert du ministre des États-Unis, M. Washburne, à M. Jules Favre pour lui envoyer une invitation officielle. Mais le courrier de M. Washburne fut retenu à Versailles. Le ministre des États-Unis, mis verbalement au courant, prévint le 1er janvier M. Jules Favre qu'il recevrait un laisser-passer, sur demande adressée au commandant de la troisième armée. Le diplomate américain ne se crut pas autorisé à indiquer au ministre des affaires étrangères que la conférence devait s'ouvrir le 3 janvier. N'ayant pas reçu l'invitation officielle, qui était dans la valise de M. Washburne à Versailles, M. Jules Favre, ne voulut pas abandonner Paris sur des indications indirectes, et ne se crut pas, par l'échange de simples paroles, autorisé à quitter son poste actuel. M. Washburne prévint M. de Bismarck, qui fit parvenir, sans commentaires, le refus de M. Jules Favre à lord Granville. On retarda l'ouverture de la conférence au 10 janvier, pour que M. de Chaudordy pût désigner un autre plénipotentiaire. Dans ces circonstances, la France n'avait qu'à s'abstenir ; M. de Chaudordy refusa, la conférence s'ouvrit, sauf à obtenir plus tard l'assentiment de la puissance absente. En ce moment, après une enquête sérieuse, le gouvernement de la Défense nationale avait acquis la certitude qu'aucun fait ne justifiait l'accusation portée contre les avant-postes français par M. de Bismarck. Le résultat de l'enquête ayant été envoyé à Versailles, M. de Bismarck consentit à faire parvenir à M. Jules Favre, le 10 janvier, la lettre de lord Granville arrivée le 30 décembre.

Le ministre des affaires étrangères apprit donc alors seulement officiellement qu'il pouvait solliciter un laisser-passer de l'armée allemande et qu'il était officiellement invité à la conférence. Mais cette conférence, fixée au 10, était déjà entamée. Le représentant de la France arriverait sans doute pour apposer sa signature, sans pouvoir soulever aucune question nouvelle. M. Jules Favre se sentit donc confirmé dans sa répugnance à quitter Paris. Il croyait son honneur engagé à partager les souffrances des Parisiens. Jusqu'au bout il se croyait surtout tenu de porter la responsabilité des négociations prochaines que la fin probable de la défense de Paris allait l'obliger à provoquer.

Néanmoins l'insistance de la délégation lui fit écrire à M. de Bismarck la lettre suivante :

« Monsieur le comte, lord Granville m'annonce que Votre Excel-
« lence tient à ma disposition un sauf-conduit nécessaire au passage à
« travers les lignes prussiennes du représentant de la France à la con-
« férence de Londres. Ayant été désigné en cette qualité, j'ai l'honneur
« de réclamer de Votre Excellence l'envoi de ce sauf-conduit en mon
« nom dans le plus bref délai possible. »

Mais Jules Favre savait que le chancelier ne le laisserait pas partir, malgré l'insistance de l'Angleterre, qui avait prescrit à M. Odo Russell de prendre une attitude légèrement mécontente. Le seul résultat fut d'inquiéter et d'irriter M. de Bismarck, qui répondit le 16 janvier par cette lettre, qui est un chef-d'œuvre d'habileté diplomatique et qui peut se passer de commentaires.

« Monsieur le ministre, en répondant aux deux missives du 13 cou-
« rant, je demande à Votre Excellence la permission de faire disparaître
« un malentendu. Votre Excellence suppose que, sur la demande du
« gouvernement britannique, un sauf-conduit est prêt chez moi pour
« vous permettre de prendre part à la conférence de Londres. Cette sup-
« position est inexacte. Je n'aurais pu entrer dans une négociation
« officielle, qui aurait eu pour base la présomption que le gouvernement
« de la Défense nationale fût, selon le droit des gens, en état d'agir au
« nom de la France, tant qu'il ne serait pas reconnu au moins par la
« nation française.

« Je suppose que les avant-gardes auraient accordé à Votre Excel-
« lence la permission de traverser les lignes allemandes si Votre
« Excellence l'avait demandée au quartier général de l'armée assiégeante.
« Celui-ci n'aurait pas eu à considérer la position politique de Votre
« Excellence, ni le but de votre voyage, et le sauf-conduit accordé par
« les chefs militaires aurait laissé l'Ambassadeur de Sa Majesté à Londres
« libre de prendre son parti sur la question de savoir si, d'après le droit
« des gens, les déclarations de Votre Excellence à Londres pouvaient
« être considérées comme les déclarations de la France.

« Ce chemin, Votre Excellence me l'a coupé, en m'adressant une
« demande officielle, où elle indiquait officiellement le but du voyage.
« Les considérations politiques, que je viens d'indiquer et qui sont con-
« firmées par la circulaire officielle de Votre Excellence, en date du 12,
« me défendent de déférer à votre désir. En vous faisant cette commu-
« nication, je ne puis que vous laisser le soin de réfléchir pour vous et
« votre gouvernement s'il y a moyen de trouver un autre chemin..... »

A toutes les tentatives faites désormais de Londres pour obtenir le sauf-conduit, le chancelier opposa un refus obstiné, et Jules Favre accepta volontiers cette situation. La conférence s'ouvrit donc le 17 janvier. La France n'y prit pas part et M. de Bismarck put, sans craindre aucune intervention, achever deux entreprises considérables, la proclamation de l'Empire d'Allemagne, qui eut lieu le 18 janvier 1871, et la capitulation de Paris, dont les négociations commencèrent le 22.

III. — L'EMPIRE D'ALLEMAGNE.

L'unité de l'Allemagne avait jusqu'au dernier moment rencontré de véritables difficultés. L'un des collaborateurs les plus utiles de M. de Bismarck, M. Delbrück président de la chancellerie fédérale, avait dû parcourir l'Allemagne du Sud pendant tout le mois de novembre pour vaincre les idées particularistes surtout en Wurtemberg, en Bavière, et dans la Hesse-Darmstadt. Seul, le grand-duc de Bade tenait à singulier honneur de s'inféoder à la Prusse. M. de Bismarck, réussit cependant à vaincre cette opposition par des prières et des menaces ; les dernières résistances furent anéanties après les traités du 25 novembre et dans les séances du Parlement allemand, le 5 et le 7 décembre, l'empire d'Allemagne fut rétabli au profit de la maison de Hohenzollern. Le roi Louis II de Bavière, par une lettre du 6 décembre engagea le roi Guillaume à accepter le nouveau titre et les nouvelles institutions. La proclamation solennelle de l'Empire eut lieu le 18 janvier 1871 dans la galerie des Glaces de Versailles, jour anniversaire du couronnement du premier roi de Prusse, Frédéric, en 1701. Sur l'estrade élevée au fond de la galerie, en face d'un autel dressé pour la cérémonie religieuse, se trouvait le roi, entouré de son fils, le prince Frédéric, de son frère aîné, le prince Charles, père du général Frédéric-Charles, de son cousin germain, le prince Adalbert, du grand-duc de Saxe-Weimar, du grand-duc d'Oldenbourg, du grand-duc de Bade, du grand-duc de Cobourg, des grands-ducs de Saxe-Meiningen et de

Saxe-Altenbourg, des princes bavarois Luitpold et Otton, des princes Guillaume et Eugène de Wurtemberg, du prince Léopold de Hohenzollern.

Parmi les principaux acteurs du drame qui se jouait alors, on voyait aussi auprès du roi, MM. de Bismarck, de Moltke et Delbrück. Le roi s'exprima ainsi :

« Illustres princes et alliés,

« D'accord avec tous les princes allemands et les villes libres, vous
« vous êtes associés à la
« demande qui m'a été
« adressée par Sa Majesté
« le roi de Bavière de
« rattacher à la couronne
« de Prusse, en rétablis-
« sant l'Empire d'Alle-
« magne, la dignité im-
« périale allemande pour
« moi et mes succes-
« seurs. Je vous ai déjà,
« illustres princes, ainsi
« qu'à mes nobles alliés,
« exprimé par écrit mes
« remerciements pour la
« confiance que vous
« m'avez manifestée et
« je vous ai fait part de
« la résolution que j'ai
« prise de me rendre à
« votre demande. J'ai

GUILLAUME, ROI DE PRUSSE.

« pris cette décision dans l'espoir qu'avec l'aide de Dieu je réussirai à
« rétablir le bonheur de l'Allemagne et à accomplir les devoirs attachés
« à la dignité impériale. Je fais part de ma résolution au peuple alle-
« mand par une proclamation, en date d'aujourd'hui, que j'ordonne
« à mon chancelier de lire. »

De cette proclamation, qui fut lue par M. de Bismarck, nous devons surtout retenir ce passage, qui prouve une fois de plus que l'unité de l'Allemagne a été faite contre la France. « Nous acceptons la dignité
« impériale avec la conscience que nous accomplirons notre devoir, en
« protégeant, avec la bonne foi allemande, les droits de l'Empire et de
« ses membres, en sauvegardant la paix, en défendant l'indépendance

« de l'Allemagne, fondée désormais sur la concentration des forces du
« peuple allemand. Nous l'acceptons dans l'espoir qu'il sera permis à
« l'Allemagne de jouir de la récompense de ses luttes ardentes et
« héroïques, au sein d'une paix durable. Nous la conserverons, grâce à
« des frontières capables d'assurer à notre patrie des garanties contre
« de nouvelles agressions de la France, garanties dont elle a été privée
« depuis des siècles. »

Rien ne peut paraître plus amer à un Français que ces acclamations qui saluèrent à Versailles, au milieu de nos ruines et de nos désastres, la proclamation de l'Empire d'Allemagne, dont la création était considérée hautement comme devant entraîner l'anéantissement de notre patrie. Mais alors, l'Europe tout entière applaudissait à cette fortune inouïe, et toutes les grandes puissances se réjouissaient, avec la Prusse, de la grandeur allemande et de notre décadence.

La joie du vainqueur, le triomphe de M. de Bismarck, qui éclataient sans pitié sous nos yeux, ont creusé dans nos cœurs une plaie que rien ne pourra fermer ; et cependant une fortune plus grande encore était réservée aux Allemands. Ils avaient à peine goûté cette immense satisfaction de proclamer l'Empire d'Allemagne, au centre même du pays qu'ils foulaient en conquérants, de faire servir les monuments témoins de notre magnificence passée, à la glorification de leurs victoires, et déjà la ville dont la résistance retardait encore le démembrement de la nation si profondément haïe, en était réduite à demander à négocier faute de vivres. Le 24 janvier, M. de Bismarck reçut une demande d'entrevue de la part de Jules Favre.

IV. — LA MISÈRE A PARIS, LE 22 JANVIER.

Paris était à bout. En prenant le commandement militaire, le 20 janvier, le général Vinoy était persuadé qu'il n'y avait plus rien à tenter. C'était aussi l'opinion du général Clément-Thomas. C'était l'opinion du général Le Flô, le ministre de la guerre. Ce dernier, pourtant, se déclarait prêt à faire un suprême effort ; mais en assurant que la seule chance était de se faire tuer, sans avoir la moindre espérance d'obtenir un résultat utile.

Le peuple ne savait pas précisément à quoi s'en tenir sur l'opinion des généraux, mais il sentait vaguement que la fin de la résistance approchait ; ce sentiment de rage impuissante retombait sur le gouvernement. Ses partisans, les plus dévoués jusqu'alors, commençaient à s'éloigner. La majorité des maires, dont le pouvoir avait reçu la même sanction que les hommes du 4 Septembre, parlait d'incapacité et de mollesse. On pense, par conséquent, ce que les républicains extrêmes, les utopistes et les adhérents de la Commune devaient dire de l'autorité légale. Depuis leur défaite du 31 octobre, ils étaient restés tranquilles, en apparence tout au moins. Mais le comité central de la garde nationale travaillait silencieusement les quartiers populeux et excentriques. La reculade qui suivit la bataille de Champigny permit aux malveillants de faire quelques recrues parmi des citoyens généralement bien intentionnés, mais exaspérés par cette longue suite de soi-disant victoires qui se terminaient toujours en désastres. L'hésitation évidente des chefs, l'espace considérable que le gouvernement mit entre l'affaire du 2 décembre et la bataille de Buzenval, rendirent toute leur hardiesse aux agitateurs, qui croyaient trouver, les uns la satisfaction de leur ambition, les autres le salut de la patrie dans le renversement du pouvoir actuel.

M. Delescluze s'était fait, comme toujours, le porte-voix de ce parti. Dans les deux réunions du 30 décembre et du 4 janvier, il proposait à ses collègues les maires de Paris de provoquer une agitation, légale et sans violences, pour obtenir le renvoi et, au besoin, la mise en accusation des généraux Trochu, Clément-Thomas et Le Flô, dont le crime, disait-il, était de décourager la défense. Il demandait encore la prédominance de l'élément civil sur l'élément militaire dans la direction de la guerre, la mobilisation graduelle, mais bientôt générale de la garde nationale; l'emploi de tous les moyens de salut public, pour assurer l'égale répartition des matières alimentaires, enfin l'élection d'une municipalité appelée à partager la responsabilité et l'autorité. Les maires écartèrent résolument ces propositions, qui parurent cependant trop modérées à toute une catégorie de citoyens. Ceux-ci, sous le nom de délégués des vingt arrondissements de Paris, firent placarder, le 6 janvier, l'affiche rouge qui devait désigner, deux mois d'avance, les principes et les hommes qui dirigèrent la Commune.

Au peuple de Paris.

Les délégués des vingt arrondissements de Paris.

« Le gouvernement qui, le 4 septembre, s'est chargé de la défense
« nationale, a-t-il rempli sa mission? — Non. Nous sommes cinq cent
« mille combattants et trois cent mille Prussiens nous étreignent. A
« qui la responsabilité, sinon à ceux qui nous gouvernent? Ils n'ont
« pensé qu'à négocier au lieu de fondre des canons et de fabriquer des

« armes. — Ils se sont refusés à la levée en masse; ils ont laissé en
« place les bonapartistes, et mis en prison les républicains. »

L'affiche s'étendait, avec amertume, sur l'incapacité et la lâcheté
du gouvernement, lui reprochait de parler de maintenir l'ordre, puis
elle ajoutait :

« Si les hommes de l'Hôtel de Ville ont encore quelque patrio-
« tisme, leur devoir est de se retirer, de laisser le peuple de Paris
« prendre lui-même le soin de sa délivrance. La municipalité ou la
« Commune, de quelque nom qu'on l'appelle, est l'unique salut du
« peuple, son seul recours contre la mort...... Le grand peuple de 89,
« qui détruit les Bastilles et renverse les trônes, attendra-t-il, dans un
« désespoir inerte, que le froid et la famine aient glacé dans son cœur,
« dont l'ennemi compte les battements, sa dernière goutte de sang?
« Non ! » Les signataires de l'affiche proposaient alors les mesures
décisives qui « permettront aux travailleurs de vivre, à tous de com-
« battre : réquisitionnement général, rationnement gratuit, attaque en
« masse. La politique, la stratégie, l'administration du 4 septembre,
« continuées de l'Empire, sont jugées. Place à la Commune. »

Parmi les signataires de ce document, la suite des événements
réservait un certain rôle à MM. Ansel, Ant. Arnaud, Babick, Ch. Bes-
lay, Casimir Bouis, Chautard, Clémence, Dereure, Duval, Th. Ferré,
Flotte, Garreau, Ch. Gérardin, Genton, Albert Goullé, Fortuné Henry,
Alphonse Humbert, Johannard, Lucipia, Malon, Léo Meillet, Tony-
Moilin, Napias-Piquet, Oudet, Pindy, Regère, A. Rey, Roselli-Mollet,
Sapia, Stordeur, Theisz, Thiollier, Tridon, Urbain, Viard, Ed. Vail-
lant, Jules Vallès.

Le général Trochu crut devoir répondre à cette mise en demeure,
par une de ces affirmations malheureuses qui escomptent l'avenir, et
qui sont trop souvent démenties par l'événement.

« Au moment où l'ennemi redouble ses efforts d'intimidation, on
« cherche à égarer les citoyens de Paris par la tromperie et la calom-
« nie. On exploite contre la défense nos souffrances et nos sacrifices.
« Rien ne fera tomber nos armes de nos mains. Courage ! confiance !
« patriotisme ! Le gouverneur de Paris ne capitulera pas.

« Paris, 6 janvier 1871.

« Général Trochu. »

Ces excitations n'avaient d'ailleurs que peu d'influence en ce moment sur la majorité de la population parisienne, qui attendait le gouvernement à une nouvelle sortie. Néanmoins, après la municipalité du XIXᵉ arrondissement, MM. Delescluze, Quentin et Oudet, qui composaient celle du XXᵉ arrondissement, démissionnèrent à leur tour en termes irrités.

Les clubs reprirent hautement leurs déclamations violentes. Les plus célèbres se tenaient dans des salles de concert, comme Valentino, l'Alcazar, les Folies-Bergères, le casino Cadet, ou dans des locaux destinés à n'être plus que des lieux de réunions violentes comme les salles Favié, du Pré-aux-Clercs, du passage Raoul, et enfin dans des salles de bal des boulevards extérieurs, comme l'Élysée-Montmartre ou la Reine-Blanche. Les clubs remplaçaient les spectacles, on y payait de 25 à 50 centimes d'entrée. On y entendait les plus violents appels à l'émeute. On y accusait couramment et en termes d'un emportement inouï le gouvernement de trahir et de s'entendre avec les Prussiens pour affamer le peuple de Paris et le livrer.

Toute une littérature quotidienne, accumulait les injures, non plus contre les hommes de l'Empire ; mais contre les hommes du 4 septembre. Les caricatures représentaient avec un cynisme, qui n'a plus disparu, les personnages du jour, non pas seulement dans le but de les rendre ridicules, mais d'appeler sur eux les violences de la rue. Les chansons populaires déversaient les plus grossières invectives sur les hommes et les choses qu'on avait subis si longtemps presque sans murmure. Le plan du général Trochu, qu'on supposait chez un notaire, était un sujet inépuisable de plaisanteries. Une complainte publiée un peu plus tard sur l'air de *Fualdès* se terminait ainsi :

> De ses discours jésuitiques
> Paris gardera longtemps,
> Hélas ! le souv'nir cuisant.
> Que de parol's hypocrites !
> Dans l'un d'entre eux on lisait :
> « J' n' capitul'rai jamais ! »
>
> Ça s'rait à faire pâmer d'rire
> Si c' n'était triste à pleurer.
> Nous n'avions pour nous leurrer
> Pas assez d'messieurs d' l'Empire ;
> La Franc' n'avait pas trop chu,
> Il lui fallait l'plan Trochu.

Cette excitation malsaine faisait lentement son œuvre, au milieu d'une population énervée par des souffrances de toute nature. La science s'épuisait en vain, non seulement pour la fabrication des armes et des munitions, mais pour suppléer à la pénurie des subsistances et du combustible. Chaque jour la situation de Paris devenait plus pénible, et l'isolement plus complet; malgré la réduction des dépêches par la photographie, les communications étaient fort précaires; plusieurs ballons se perdirent soit dans la mer du Nord, soit dans l'Atlantique. Les pigeons voyageurs, qui emportaient jusqu'à cent mille dépêches

Les pigeons appelés *Gambetta* et *Kératry* qui ont apporté les dépêches des voyageurs dont ils portent les noms.

dans un tuyau de plume placé sous l'aile, et que des projections électriques rendaient lisibles, n'arrivaient pas toujours à destination. Le charbon manquait pour le gaz et, malgré des coupes faites au bois de Boulogne, le bois aussi manquait pour le feu.

La générosité d'un riche Anglais, établi depuis longtemps à Paris, sir Richard Wallace, soulagea quelque peu les misères des indigents déclarés; mais les pauvres honteux supportaient les angoisses du froid et de la faim. Dans ces conditions, la mortalité augmentait, portant sur les vieillards affaiblis et sur les petits enfants; la moyenne fut de deux mille décès par semaine pendant le mois de novembre, de trois mille pendant le mois de décembre. Les chevaux étant réquisitionnés pour le rationnement, les voitures cessaient peu à peu d'emplir les rues; les théâtres étaient fermés de nouveau, les journaux obligés de réduire leur format. Mais la question des subsistances était tou-

La queue du dernier messager avec la dépêche attachée aux plumes.

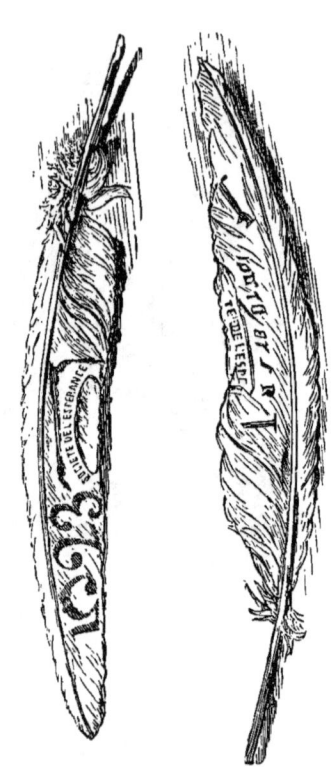

Diverses plumes de pigeons voyageurs avec les timbres du point de départ.

jours la plus importante. Le commerce libre des denrées alimentaires devenait impossible. Dès le mois de novembre, une oie se payait de 30 à 60 francs, un lapin de 15 à 20 francs, le kilogramme de jambon 10 et 15 francs; le kilogramme d'âne et de mulet, 8 et même 12 francs; le boisseau de pommes de terre 6 francs et plus, on paya jusqu'à 45 francs un kilogramme de beurre, un chou, 2 francs. Les spéculateurs n'hésitèrent pas à profiter des malheurs publics; tel, possesseur d'une provision considérable de conserves de viande, les dissimula jusqu'au dernier moment, pour faire atteindre à sa provision des prix invraisemblables. Bien des gens aussi avaient pris leurs précautions, et, ayant chez eux de la farine, des réserves importantes de salaisons et de légumes secs, souffrirent relativement peu. Le hasard procurait quelquefois à un affamé la surprise de voir sur la table du voisin, des plats abondants, qui auraient constitué un dîner passable en temps ordinaire.

Ces inégalités par trop grandes étaient regrettables et provenaient de l'extrême difficulté du réquisitionnement. Le rationnement, en réalité, n'existait que pour les bourses peu remplies. La fortune pouvait tant bien que mal épargner les souffrances de la faim.

Cette loi de la vie humaine, qui ne disparaîtra sans doute jamais, exaspérait ceux qui souffraient, et ces souffrances étaient naturellement exploitées par les hommes politiques mécontents du gouvernement. On le montrait préparant la famine par une mollesse volontaire dans les perquisitions, et on le dénonçait comme complice des accapareurs.

M. Jules Ferry, sur qui reposait, depuis la retraite d'Étienne Arago, le soin si lourd du rationnement, crut devoir aller au-devant de ces plaintes en rassurant (12 décembre) par une proclamation, la population sur la quantité des approvisionnements. Il nomma alors une commission des subsistances, qui se hâta de faire l'inventaire des ressources qu'on avait pu trouver dès le début du siège. Il y avait eu, en achats, trois cent quatre-vingt-quinze mille quintaux de blé, qui avaient fourni du pain pour cinquante-six jours à environ sept mille quintaux par jour. Les réquisitions avaient fourni à peu près quatre cent mille quintaux, ce qui assurait la provision du blé pour quatre mois, c'est-à-dire jusque vers la fin de janvier, étant donné que, dans les derniers temps, les farines étaient mélangées avec le son, et fournissaient un pain jaune, dont la fabrication hâtive rendait, pour certains estomacs, l'absorption impossible.

Vers la fin de décembre, les farines furent épuisées, et pour suffire aux distributions qu'on faisait chaque jour dans les boulangeries, il fallut établir six cents paires de meules dans les gares et à l'usine Cail, qui prêtèrent leur personnel, et permirent ainsi de ne pas interrompre l'opération de la mouture. Quant à la viande, on la répartissait par arrondissement dans chaque boucherie ; les consommateurs recevaient une carte qui indiquait l'établissement où il fallait se faire servir. De là ces interminables queues dans la glace et dans la boue, qui ont été le principal grief des ménagères parisiennes contre le gouvernement de la Défense nationale. Le rationnement de la viande, commencé le 10 décembre, fut d'abord de deux cents grammes tous les deux jours par

La queue à la porte des nouvelles boucheries municipales.

personne, puis tomba à soixante grammes. A partir de décembre, la consommation fut presque toujours restreinte à la viande de cheval. Enfin vers le milieu du mois de janvier, le pain presque entièrement fait d'avoine, son rationnement à trois cents grammes, celui de la viande à trente grammes tous les deux jours, le rationnement du riz, jusqu'alors ressource suprême des estomacs dégoûtés, la nécessité pour les gros appétits de manger les chiens, les chats et les rats, qu'on apprêtait dans d'étranges fourneaux économiques, la débilitation générale, qui élevait les décès à quatre mille cinq cents par semaine, toutes ces causes d'affaiblissement moral accumulaient les haines contre le gouvernement, rendu responsable, selon le génie français, de toutes les fautes commises et de tous les malheurs subis. Ajoutons encore que le redoublement du bombardement exaspérait une population déjà atteinte de cette névrose obsidionale, qu'on a remarquée à la fin de tous les longs sièges, célèbres dans l'histoire.

Aussi, après la journée de Buzenval, et la transmission du pouvoir militaire du général Trochu au général Vinoy, les violents purent se donner carrière ; le nouveau chef de l'armée de Paris débuta malheureusement par une proclamation menaçante, qui déplut généralement. Le 21, profitant du mécontentement public et du bruit qui courait au sujet d'une capitulation, les amis de Flourens, incarcéré depuis le 7 décembre à Mazas, parvinrent à le délivrer. Le révolutionnaire par excellence essaya vainement d'entraîner sur l'Hôtel de Ville, ses anciens tirailleurs, et, ne pouvant y réussir, se cacha chez des amis. Il avait fait évader avec lui Léo Meillet et quelques partisans de la Commune, emprisonnés après l'apposition de l'affiche rouge.

Le lendemain, 22 janvier, des manifestations hostiles ayant été annoncées hautement, le général Vinoy fit occuper l'Hôtel de Ville par les mobiles bretons, par le général d'Exea ; Belleville où M. B. Malon faisait battre la générale, les Champs-Élysées par le général Courty. Les députations furent d'abord pacifiques ; l'une d'elles, conduite par un journaliste, M. Révillon, fut reçue par un des adjoints au maire de Paris, M. Gustave Chaudey, qui s'éleva contre l'illégalité des procédés des protestataires. A une heure et demie trois cents gardes nationaux étaient sur la place de Grève, sans manifester d'intention précisément hostile. L'arrivée du 101° bataillon, avec le commandant Sapia, changea la face des choses. Une fusillade violente s'engagea presque aussitôt, entre la garde nationale et les mobiles, et le commandant Sapia resta sur le terrain. L'attaque avait été préméditée par les partisans de la Commune, qui avaient essayé d'amener sur la Grève l'artillerie de la garde nationale, alors placée au square Notre-Dame, mais que ses offiiers, au péril de leur vie, refusèrent de laisser partir. La fusillade

Un coin du Marché Saint-Germain.

dispersa les assaillants, qui firent porter sur Gustave Chaudey la responsabilité d'un ordre qu'il n'avait pas donné; le gouvernement résolut d'agir sévèrement. Le *Combat* et le *Réveil* furent supprimés, M. Delescluze arrêté, et les conseils de guerre réunis pour juger les agitateurs. On pensait avoir d'autant plus besoin d'assurer la tranquillité de la rue, que le moment de traiter avec l'ennemi ne pouvait plus se reculer.

V. — NÉGOCIATIONS POUR L'ARMISTICE.

Le lendemain de la tentative révolutionnaire du 22 janvier, la commission des subsistances déclarait qu'en employant les procédés les plus énergiques, on ne possédait plus de vivres que pour douze jours au plus. Or, étant donnée la difficulté de rétablir les communications interrompues, c'eût été, en réalité, condamner un million cinq cent mille personnes à rester sans nourriture plusieurs jours, que d'attendre la dernière heure des provisions. Les chefs supérieurs de la défense étaient d'ailleurs persuadés, nous le savons, de l'inutilité de nouveaux efforts. Les généraux Trochu, Vinoy, Ducrot, Le Flô considéraient toute nouvelle bataille, comme devant entraîner un massacre inutile. Quelques autres membres du gouvernement ne voulaient pas désespérer encore, et M. Jules Simon réunit au ministère de l'instruction publique, en même temps que les maires, qui demandaient que l'on prolongeât la défense, les généraux de brigade et les officiers supérieurs de la garnison de Paris. Quelques hommes, peu faits aux choses de la guerre, espéraient trouver un soldat d'une énergie extrême, qui croirait pouvoir lancer la masse des gardes nationales sur les Prussiens. Parmi les colonels devenus depuis généraux, MM. Warnet, Vasseur, Boulanger, Colonnieu, déclarèrent que toute tentative militaire était impossible, soit avec les troupes régulières, soit avec la garde nationale. Le général Lecomte, officier énergique et fort estimé, résuma, malgré son émotion, tous les arguments, qui ordonnaient de négocier au plus vite avec l'ennemi.

Seuls les colonels de Germa et de Brancion, de la garde nationale, déclarèrent qu'il fallait de nouveaux chefs et un nouvel effort, tout en reconnaissant qu'il n'y avait plus qu'à se faire tuer. Cette extrémité était d'ailleurs acceptée par tous les officiers présents. Mais le gouvernement ne pouvait guère imposer cet acte de folie héroïque à toute une population, qui eût été livrée, après un désastre certain, à la merci du vainqueur.

Jules Favre fut donc obligé, dès le lendemain 24, de commencer les négociations; il écrivit un billet à M. de Bismarck, qui lui indiqua une entrevue à Versailles pour ce jour même dans la soirée. Il avait reçu des instructions très larges du gouvernement. On lui recommandait, en effet, de ne pas s'exposer à des exigences extrêmes, de ne traiter que pour Paris, mais on ne lui interdisait pas de s'engager à étendre l'armistice à toute la France, si c'était une condition nécessaire pour la réunion d'une Assemblée; enfin, il devait s'opposer au désarmement de la garde nationale.

A 8 heures du soir, M. Jules Favre était à Versailles à l'hôtel Jessé. Il fut accueilli par l'argument ordinaire du chancelier : « Nous avons traité avec votre empereur. » Cette réponse était d'ailleurs pour la forme, car le ministre prussien parlait tour à tour du rétablissement pur et simple de l'empereur, de la proclamation du prince impérial, sous la régence du prince Napoléon, de la réunion de l'ancien Corps législatif. Tout autre homme que Jules Favre aurait écouté avec impassibilité ces vaines paroles; le vice-président de la Défense nationale en souffrit cruellement. M. de Bismarck, lorsqu'il se fut suffisamment abandonné à son procédé, parla enfin sérieusement. Il indiqua sommairement les exigences de l'Allemagne : l'armée et la garde nationale seront prisonnières; les Champs-Élysées seront occupés par les soldats allemands. Le négociateur français répondit, à ce sujet, que le gouvernement ne garantissait pas, en ce cas, la tranquillité de la rue, et que les armées allemandes devraient occuper alors la ville tout entière. A cette première protestation, Jules Favre ajouta la contre-proposition suivante : Le gouvernement allemand ne s'immiscera pas dans les affaires intérieures de la France; les Allemands n'entreront pas à Paris; l'armée y restera, mais sans armes; la garde nationale gardera les siennes; mais l'armistice sera général, et, par conséquent, le commencement d'une paix définitive.

Jules Favre rentra à Paris dans la nuit même, communiqua à ses collègues les résultats de cette première entrevue, qui semblaient moins désastreux qu'on aurait pu le craindre. Au sujet de la contribution de guerre, dont le chancelier avait touché un mot, le négociateur français fut autorisé à accepter le chiffre de 500 millions.

Le 25, M. Jules Favre retourna à Versailles, et chaque jour, tant que durèrent les négociations, il revint à Paris en soumettre la marche au gouvernement.

Le 25, le chancelier lui donna enfin la certitude que l'Allemagne traiterait au moins provisoirement avec le gouvernement actuel. M. de Bismarck craignait les incidents diplomatiques qui pouvaient surgir si la guerre se prolongeait; il avait pesé sérieusement sur le quartier général, qui, enivré de sa supériorité militaire, ne rêvait à autre chose qu'à l'affirmer, en faisant subir à la France les conséquences extrêmes de la conquête. En effet, le chancelier au lieu d'exiger l'internement des officiers de l'armée à Saint-Denis, d'une partie des troupes à Gennevilliers, d'une autre à Saint-Maur, dans des campements, ce qui, étant donnée la saison, leur aurait imposé des souffrances insupportables, tolérait leur séjour à Paris, après désarmement. La garde nationale conservait ses fusils, bien qu'on prête à M. de Bismarck le mot de « bêtise » appliqué à l'obstination montrée par Jules Favre sur cette question. Mais pour parer aux dangers que cette « bêtise » pouvait faire naître le chancelier, malgré les objections du quartier général, autorisa le gouvernement français à garder sous les armes dix-huit mille hommes, soit douze mille soldats, outre la gendarmerie et la police. Quand il fut question de la contribution de guerre, le ministre prussien demanda 1 milliard; on lui attribue même à cette occasion une parole d'admiration ironique pour Paris, qui s'accorde assez bien avec le caractère de ce singulier grand homme. Néanmoins, il rabattit de ses prétentions, et le chiffre définitif fut 200 millions. Les conditions préliminaires arrêtées, le bombardement, que les Allemands continuaient depuis le commencement des négociations, s'arrêta dans la soirée du 26 janvier. Les oreilles des Parisiens, habituées au bruit du canon, ressentirent douloureusement le silence qui suivit, et un sentiment général de honte et de douleur s'empara de la majorité des habitants. Cependant, sur une démarche de Dorian, MM. Flourens et Millière, qui préparaient une émeute, consentirent à retarder ce qu'ils considéraient comme une vengeance légitime, pour ne pas empêcher la rapide conclusion des négociations, qui seule pouvait empêcher la famine de faire des milliers de victimes.

Le jour même, une difficulté entrava la marche des pourparlers : le général Callier, adjoint à Jules Favre, pour la régularité de la capitulation, refusa de signer la convention. Le 27, le général Trochu envoya à sa place le général de Beaufort d'Hautpoul, qui, désespéré des malheurs de sa patrie, et malgré les prières de Jules Favre, se montra encore moins conciliant; ce fut donc le général de Valdan, chef d'état-major du général Vinoy, qui fut chargé, le 28, de la discussion des détails militaires. Il fut décidé que les armes et les drapeaux seraient remis à l'ennemi, les forts occupés, les canons des remparts démontés. Lorsqu'il s'agit de fixer les positions des deux armées pendant l'armistice, M. de Moltke se crut en droit de ne donner aucune indication précise sur la situation des armées françaises; il acquit ainsi Abbeville, dans la Somme, quoique cette ville fût encore dans les mains des Français; dans la Seine-Inférieure, plusieurs positions qu'occupait encore le

DISCUSSION DE LA CONVENTION D'ARMISTICE.

général Loysel ; dans le Calvados, des villes que les Prussiens n'avaient pas encore atteintes ; enfin la même chose se passa pour le Loiret, le Loir-et-Cher, l'Indre-et-Loire. Le général Pourcet venait de se porter de Bourges sur Blois, qu'il avait repris. Cependant, sur l'affirmation du quartier-général prussien, Jules Favre abandonna aux Allemands tout le pays jusqu'à la Vienne.

Mais l'habileté des diplomates et des officiers allemands (nous ne voulons pas nous servir d'une autre expression) s'exerça surtout au sujet de l'armée de l'Est. Elle était alors, comme nous l'avons vu, sur le point d'être rejetée en Suisse, et perdue pour la France. L'armistice n'avait d'importance réelle que pour elle. M. de Moltke crut qu'il pouvait traiter d'un armistice général, en laissant ignorer ce qui se passait entre Besançon et Pontarlier. Il demanda la capitulation de Belfort ; mais Jules Favre se croyait engagé d'honneur pour Belfort, comme autrefois pour Strasbourg. Les négociateurs allemands proposèrent alors de ne pas étendre l'armistice à la Côte-d'Or, au Doubs, au Jura et à Belfort ; ainsi en arrêtant les armes de la France, partout où elles pouvaient encore être nuisibles à l'Allemagne, MM. de Moltke et de Bismarck se réservaient les moyens infaillibles d'écraser les forces françaises qui lui interdisaient le bassin du Rhône. Je sais qu'il est ridicule au vaincu de se plaindre. Le succès est certainement le plus irrésistible des arguments. Le jour où les Français imitant ces agissements, en arriveraient à les considérer comme des habiletés justifiables, il faudrait s'y résigner : mais ce jour-là il n'y aurait plus de France.

La convention fut signée le 28, à dix heures et demie du soir ; dès le matin, le gouverneur avait fait placarder l'affiche suivante :

« Citoyens,

« La convention qui met fin à la résistance de Paris n'est pas
« encore signée ; mais ce n'est qu'un retard de quelques heures. Les
« bases en demeurent fixées telles que nous les avons annoncées hier.

« L'ennemi n'entrera pas dans l'enceinte de Paris. — La garde
« nationale conservera son organisation et ses armes. — Une division
« de douze mille hommes demeure intacte ; quant aux autres troupes,
« elles resteront dans Paris, au milieu de nous, au lieu d'être, comme
« on l'avait d'abord proposé, cantonnées dans la banlieue. Les officiers
« garderont l'épée. Nous publierons les articles de la convention aussitôt
« que les signatures auront été échangées, et nous ferons en même
« temps connaître l'état exact de nos subsistances.

« Paris veut être sûr que la résistance a duré jusqu'aux dernières
« limites du possible, les chiffres que nous donnerons en seront la

« preuve irréfragable, et nous mettrons qui que ce soit au défi de les
« contester. Nous montrerons qu'il nous reste tout juste assez de pain
« pour attendre le ravitaillement, et que nous ne pouvions prolonger
« la lutte sans condamner à une mort certaine deux millions d'hommes,
« de femmes et d'enfants. Le siège de Paris a duré quatre mois et douze
« jours ; le bombardement un mois entier. Depuis le 15 janvier, la ration
« de pain est réduite à trois cents grammes, la ration de viande de
« cheval, depuis le 15 décembre, n'est que de trente grammes. La
« mortalité a plus que triplé.

« Au milieu de tant de désastres, il n'y a pas eu un seul jour de
« découragement. L'ennemi est le premier à rendre hommage au cou-
« rage et à l'énergie morale dont la population parisienne tout entière
« vient de donner l'exemple. Paris a beaucoup souffert ; mais la Répu-
« blique profitera de ses longues souffrances, si noblement supportées.
« Nous sortons de la lutte qui finit, retrempés pour la lutte à venir.
« Nous en sortons avec tout notre honneur, avec toutes nos espérances,
« malgré les douleurs de l'heure présente ; plus que jamais, nous avons
« foi dans les destinées de la Patrie. »

Paris le 28 janvier 1871.

Malgré la sincérité évidente de cette proclamation, malgré les éloges dont elle couvrait Paris, enfin, bien que tout le monde sût vaguement depuis quelques jours que la guerre était terminée, la certitude de la capitulation raviva chez les uns une indignation indomptable, chez les autres la haine qu'ils portaient au gouvernement. Des officiers déposèrent, à la place Vendôme, une protestation contre la capitulation ; d'autres furent reçus, par M. Picard, au quai d'Orsay, en l'absence de M. Jules Favre, et se retirèrent, sans être convaincus par les assertions du ministre des finances, de la pénurie absolue des subsistances.

L'agitation devait naturellement gagner la garde nationale ; elle eut surtout pour théâtre le quartier Saint-Laurent. Les plus exaltés eurent un moment l'idée d'offrir le commandement en chef à l'amiral Saisset, qu'on savait exaspéré par la mort de son fils, tué pendant le bombardement ; mais il était peu probable qu'il accepterait. Alors, trente-cinq chefs de bataillon, réunis au concert du Gaulois (boulevard de Strasbourg), élurent pour commandants supérieurs le lieutenant-colonel Piazza, du 36ᵉ régiment de marche, et le chef de bataillon Brunel ; mais cette tentative échoua, et le général Clément-Thomas, dans une proclamation du 29, blâma cette dangereuse manifestation.

Les choses suivirent d'ailleurs leur cours ; le 29, les forts furent occupés, sauf Vincennes. Ce jour-là, Jules Favre avoua au chancelier, ce qu'il avait caché par prudence, pour éviter de plus grandes exigences, c'est que Paris n'avait plus de farines que jusqu'au 31 janvier. Le chancelier fut effrayé de l'immense catastrophe que pouvait causer une pareille situation ; par humanité comme par prudence, il fit diriger sur Paris, les farines dont l'armée allemande pouvait se passer, et bien que la convention portât que le ravitaillement ne commencerait qu'après le désarmement, il autorisa l'entrée à Paris des trains de denrées alimentaires préparés depuis quelques jours. Le 3 février, un premier convoi pénétra par la ligne d'Orléans ; le 4, la ligne du Nord amena un envoi considérable, offert par la ville de Londres à la ville de Paris. A partir de ce moment, les communications se rétablirent rapidement et le danger de la famine fut définitivement écarté.

La convention consentie par Jules Favre comprenait quinze articles.

Le premier fixait un armistice de vingt et un jours, qui se terminerait le 19 février à midi. — Il conservait aux armées belligérantes leurs positions respectives, séparées par une ligne de démarcation, qui partait de Pont-l'Évêque (Calvados), passait dans l'Orne à Briouze, touchait la Mayenne à Lignères, et laissait aux Allemands tout entiers les départements de la Sarthe, d'Indre-et-Loire, de Loir-et-Cher, du Loiret, de l'Yonne. Le Nord, le Pas-de-Calais, étaient en dehors de l'occupation allemande, et, dans la Seine-Inférieure, la presqu'île du Havre, sur une ligne à tirer d'Étretat à Saint-Romain, ainsi que Givet dans les Ardennes et Langres dans la Haute-Marne. Remarquons que le département de la Somme restait entièrement aux Allemands. Les belligérants devaient se tenir respectivement à dix kilomètres de la ligne. En examinant cette première clause, nous sommes amenés à revenir sur ce que M. de Moltke appelait conserver les positions respectives. Le général Pourcet avait réoccupé Blois le 27, et ses soldats étaient établis librement au sud d'Orléans, la convention d'armistice livrait donc aux Allemands le sud des départements de Loir-et-Cher et du Loiret, qui n'étaient pas à eux. Dans l'Indre-et-Loire, la plus grande partie de l'arrondissement de Chinon était entre les mains des Français, dans le Calvados, Bernay et Honfleur étaient livrés, et dans l'Yonne, le canton de Saint-Fargeau, Semur dans la Côte-d'Or, au moment où les généraux de Pointe, de Gévigny, et du Temple, du 25° corps, étaient sur le point d'agir vigoureusement entre la Loire et la Seine. — Enfin, le général Loysel, au Havre, fut douloureusement surpris ; sous prétexte de conserver les positions respectives, on l'obligeait à livrer Fécamp, Bolbec et Lillebonne, qu'il occupait. Abbeville devenait allemand, quoiqu'il fût encore occupé par des troupes françaises. Quant au Nord, au Pas-de-Calais, à Givet, à Langres, il eût été singulier qu'on abandonnât aux Prussiens ce qu'ils n'avaient même pas attaqué. Ce premier article

se terminait par la phrase suivante : « Les opérations militaires sur
« le terrain des départements du Doubs, du Jura et de la Côte-d'Or,
« ainsi que le siège de Belfort, se continueront indépendamment de
« l'armistice, jusqu'au moment où on se sera mis d'accord sur la
« ligne de démarcation, dont le tracé à travers les trois départements
« mentionnés, a été réservé à une entente ultérieure. » Cette phrase,
qui causa la catastrophe de l'Est, était d'autant plus inexplicable que,
dans une disposition précédente, la convention d'armistice décidait que,
les prises maritimes faites après le 28 janvier seraient restituées. Or,
si la flotte de l'amiral Bouet-Willaumez avait dû se contenter de bloquer le port de Kiel dans la Baltique, et s'était retirée dès la saison
des glaces ; et si l'amiral de Gueydon, dans la mer du Nord, avait restreint ses opérations au blocus de la baie de Jahde, et de l'embouchure de l'Elbe, les croiseurs français, bien que réduits par la nécessité
d'employer sur terre une grande partie des équipages, n'en avaient
pas moins fait des prises considérables, et conservé la suprématie
maritime. C'était donc un étrange abus de la force, qui interdisait à la
France de continuer la lutte, là où elle lui était favorable, qui l'empêchait de profiter de l'armistice, là où il pouvait lui éviter une catastrophe...

L'article 2 stipulait la réunion d'une Assemblée à Bordeaux,
pour décider de la paix ou de la guerre. *Les articles 3, 5, 6, 7*
établissaient les conditions applicables à la garnison de Paris, à la
garde nationale et aux forts, conditions que nous connaissons déjà.
L'article 4 était ainsi conçu : « Pendant la durée de l'armistice,
« l'armée allemande n'entrera pas dans la ville de Paris. » — *Les articles 8* et *9* fixaient les conditions du ravitaillement et des communications. *L'article 10* exigeait, de quiconque voulait quitter la ville : 1° un
permis de l'autorité française ; 2° un visa des avant-postes allemands ; on
ne pouvait délivrer ces autorisations qu'entre six heures du matin et six
heures du soir. *L'article 11* fixait la contribution de guerre de Paris à
200 millions, payables avant le quinzième jour de l'armistice. *L'article 13*
avait trait à la même question. *L'article 14* concernait l'échange des prisonniers, dans lesquels étaient compris les otages français et les marins allemands. Enfin *l'article 15* avait trait à la création d'un service
postal de lettres décachetées entre Paris et la province.

Cette convention, dont les atténuations étaient dues à l'esprit
politique de M. de Bismarck, qui comprenait le danger de pousser trop
loin les exigences, avec une population aussi facile à exaspérer que celle
de Paris, a passé pour avoir mécontenté M. de Moltke. Le chef de l'armée
allemande prétendit que ses soldats n'y trouvaient pas les satisfactions
légitimes d'amour-propre et de gloire qu'ils pouvaient attendre de leurs

victoires... Ce mécontentement fut-il bien réel?... N'y avait-il pas là cet éternel jeu politique, grâce auquel le chancelier a toujours fait accepter ses propositions les moins acceptables, en représentant le parti militaire comme disposé à demander bien davantage ?

VI. — SITUATION POLITIQUE DE LA DÉLÉGATION DE BORDEAUX

La grande préoccupation de M. de Bismarck, en signant l'armistice, avait été de savoir si Gambetta se soumettrait à toutes ses clauses, y compris celles qui livraient aux Prussiens des positions qu'ils n'avaient pas encore conquises. Jules Favre se porta fort pour le jeune ministre de la guerre, et lui envoya, dès le 28, le fameux télégramme auquel nous avons déjà fait allusion dans l'histoire de l'armée de l'Est :

Versailles, 28 janvier 1871 — 11 h. 15 du soir.

« Nous signons aujourd'hui un traité avec M. le comte de Bismarck.
« — Un armistice de vingt et un jours est convenu. — Une assemblée
« convoquée à Bordeaux pour le 15 février. — Faites connaître cette
« nouvelle à toute la France ; faites exécuter armistice et convoquer
« les électeurs pour le 8 février. Un membre du gouvernement va
« partir pour Bordeaux. »

La nouvelle de la capitulation de Paris arrivait à Bordeaux, non seulement au milieu des difficultés militaires créées par les dernières défaites, mais encore au milieu d'une lutte politique qui, d'abord latente, venait de passer à l'état aigu depuis le mois de janvier. Cette situation peut s'expliquer par le malentendu inévitable qui s'élevait entre la délégation de Tours et la population de province. L'immense majorité des campagnes ne considérait le nouveau gouvernement, que comme destiné à faire la paix, pour laisser la place à une monarchie, dont elle attendait la réparation de sa fortune. L'idée républicaine n'avait jamais fait ses preuves de calme et de stabilité. La masse électorale n'était donc pas républicaine, comme elle l'est devenue après dix ans de travail et de pacification politiques. De leur côté MM. Glais-Bizoin et Crémieux, et surtout Gambetta, entendaient s'appuyer sur l'opinion plus avancée, mais plus bruyante des villes, pour pousser la défense nationale à ses limites extrêmes; mais ils voulaient, non sans raison, faire profiter la République de leur dévouement, de leur énergie, de l'honneur qui devait en rejaillir sur la France. Aussi dès l'origine, y avait-il eu antagonisme entre le gouvernement et le parti conservateur, que le mot de République, répété à dessein, et sans cesse, par Gambetta, indisposait à chaque instant. D'autre part, dans les grandes villes, il s'était formé comme à Paris, des partis exaltés qui considéraient la Délégation comme composée de réactionnaires.

La première pensée avait été cependant une pensée de conciliation. Avant l'arrivée de Gambetta, M. Crémieux avait maintenu volontiers en place les hommes de l'Empire ; ainsi aux finances : MM. de Roussy, Roy, Du Moustier de Fredilly ; aux travaux publics : M. de Franqueville, dont la compétence était d'ailleurs indiscutable ; à l'instruction publique : M. Silvy. Il n'avait apporté de changements, dans le sens républicain, qu'au ministère de la justice, où il avait placé près de lui un avocat républicain de Nîmes, connu par sa science de juriste, M. Cazot, et un publiciste parisien, M. Narcisse Leven. Parmi les procureurs généraux, par lesquels il crut devoir remplacer les agents impériaux, quelques-uns étaient appelés par leur mérite à une haute fortune politique : ainsi MM. Goblet à Amiens, Varambon à Besançon, Le Royer à Lyon, Leblond à Paris.

De même les préfets, dont nous avons déjà cité un certain nombre, étaient généralement bien choisis ; quelques-uns cependant, comme M. Esquiros à Marseille, comme M. Duportal à Toulouse, M. Bertholon dans la Loire étaient partisans des mesures extrêmes. D'autres comme M. Ricard, commissaire général des départements de l'Ouest, M. Lenoël dans la Manche, M. Mestreau dans la Charente-Inférieure, représentaient un parti libéral, sensiblement moins avancé que la Délégation.

L'esprit conciliant de M. Crémieux s'affirma davantage encore lorsqu'il autorisa, malgré les préfets, MM. de l'Hebergement, Cathelineau, Charette et Stofflet, à faire dans les départements bretons, appel au sentiment religieux, qui pouvait profiter à la défense nationale, mais aussi au royalisme.

L'arrivée de Gambetta changea la situation ; toutefois, dans les premiers moments, tous les sentiments personnels parurent faire silence devant l'intérêt supérieur de la patrie. D'ailleurs, par la suite naturelle des choses, Gambetta devait, tout en faisant sonner à tout moment le nom de la République, représenter la modération. Il ne semble même pas, alors, que la majorité de l'opinion lui ait reproché sérieusement l'ajournement des élections. Ce furent plutôt les républicains, par amour pour la légalité, comme MM. Marc Dufraisse et Lanfrey, ou par politique, comme M. Crémieux, qui lui suscitèrent une opposition sérieuse à ce sujet. M. Crémieux regretta toujours d'avoir autorisé, en consentant à conserver le pouvoir, la remise des élections. Il avait la persuasion qu'elles eussent été alors républicaines.

Gambetta fut d'ailleurs d'autant mieux accueilli, que ses collègues n'avaient pas eu le prestige nécessaire pour se faire obéir de leurs préfets. A Lyon, M. Challemel-Lacour, dont la situation était très difficile, se trouvait devant une foule exaspérée par le régime d'exception où l'avait placé l'Empire. Le général Mazure, qui commandait dans cette ville était surtout l'objet du mauvais vouloir de la population. En véritable soldat, il se refusait à toute concession, et le préfet, ayant voulu, pour sauvegarder le général, qui était sérieusement menacé, le placer sous ses ordres, le chef militaire refusa d'accepter ce moyen terme. Résolu à éviter les désordres à tout prix, M. Challemel-Lacour le destitua alors de sa pleine autorité. Le général résista à cette prétention, que l'amiral Fourichon ne voulut pas à son tour approuver, mais qui fut consacrée par M. Crémieux, devenu ministre de la guerre. Cet expédient qui paraît avoir sauvé réellement la vie au général Mazure était cependant dangereux, car il donnait à la foule lyonnaise la conscience de sa puissance. Le préfet, en effet (28 septembre), devait défendre l'Hôtel de ville contre les tentatives dirigées par le nihiliste russe Bakounine et le révolutionnaire cosmopolite M. Cluseret, déjà chassé de Paris pour avoir attaqué avec violence le gouvernement de la Défense nationale.

Dans le Var, M. Crémieux obtint très difficilement que le préfet relâchât l'ancien président du tribunal de Draguignan qu'il avait arrêté avec d'autres magistrats du département. Ils avaient, il est vrai, fait autrefois partie des commissions mixtes. Ces tribunaux illégaux, violant ce principe sacré que tout accusé doit être remis à son juge naturel, avaient, en dehors des juridictions ordinaires et légales, condamné à la déportation, les ennemis du bonapartisme en 1851.

Le même fait se produisit à Marseille. Le commissaire républicain Esquiros, longtemps persécuté par l'Empire, apportait dans son administration une animosité, qui l'avait fait bien accueillir d'une partie de la démocratie marseillaise. Après une manifestation populaire, le 22 septembre, il demanda l'épuration des tribunaux des Bouches-du-Rhône, surtout de Marseille, d'Aix et de Tarascon. M. Crémieux essaya timidement d'éviter ces extrémités ; mais le parti légitimiste, qui jouissait d'une certaine influence dans le département, provoqua M. Esquiros par des attaques répétées, et, le commissaire républicain, exaspéré, suspendit la *Gazette du Midi*, l'organe des royalistes, prononça l'expulsion des jésuites, et la séquestration de leurs biens (13 octobre).

Gambetta, alors dans tout le feu de sa première organisation militaire, et obligé de faire appel à tous les dévouements, désapprouva la conduite de M. Esquiros, le remplaça par M. Delpech, qui ne put s'installer. M. Esquiros refusa de se soumettre au décret de destitution, s'appuya sur l'association révolutionnaire dite Ligue du Midi, et permit ainsi aux partisans d'une décentralisation, qui équivaudrait presque à un démembrement, de proclamer pendant quelques jours la Commune à Marseille.

Le chef de ce pouvoir insurrectionnel était le même M. Cluseret, qui se servant de son titre de général, gagné comme aide de camp d'un des commandants des armées de l'Amérique du Nord, Mac-Clellan, venait de se proclamer général en chef de toutes les forces françaises du Midi. Gambetta nomma préfet, à la place de M. Delpech, un républicain de vieille date, victime lui-même du coup d'État, M. Gent, qui adressa aux Marseillais une habile proclamation, et rallia à la légalité la majorité de la garde nationale. Entré à Marseille le 1ᵉʳ novembre, M. Gent se trouva en face d'un soulèvement armé, et de l'obstination de M. Esquiros à conserver son titre de préfet ; mais, après un court conflit, dans lequel M. Gent fut malheureusement blessé assez grièvement, le parti de la Commune se sentit sans forces et se dispersa ; M. Cluseret disparut, M. Esquiros cessa d'usurper les fonctions de préfet

CHALLEMEL-LACOUR.

(3 novembre 1870), et la ligue du Midi ne fit plus parler d'elle. M. Gent gouverna paisiblement le département des Bouches-du-Rhône jusqu'à l'armistice.

Dans la Haute-Garonne, M. Duportal, préfet du département, laissa se former une autre ligue, menaçante pour l'unité française ; il prononça aussi de son plein droit la destitution d'un magistrat, ancien membre des commissions mixtes. Le gouvernement arrêta ces abus de pouvoir et réussit à maintenir sa légitime autorité.

Depuis ce temps jusque vers le début de décembre, la Délégation de Tours semble avoir triomphé de toutes les difficultés qui s'attachaient à sa position. A peine quelques manifestations hostiles indiquent-elles le mauvais vouloir latent contre le gouvernement républicain chez les chefs des partis monarchiques. L'exemple des légitimistes, partisans eux-mêmes d'une défense à outrance, arrêtait les plaintes égoïstes de ceux qui préféraient à une résistance honorable, les réparations d'une paix prématurée. Thiers persistait dans son opinion défavorable à la continuation de la guerre ; mais c'était uniquement parce qu'il jugeait impossible un triomphe définitif dans les circonstances présentes ; retiré à Bordeaux, il mettait la plus grande discrétion dans sa conduite, se faisant le scrupule le plus absolu de déconsidérer un gouvernement résolu et courageux, dont il n'approuva pas cependant les illusions. D'autres personnes, pacifiques par nature, prêtaient à la Délégation un appui inattendu. M. Guizot, quoiqu'il eût regretté qu'une assemblée n'eût pas été réunie, écrivait pour conseiller de continuer la lutte, si une médiation de l'Angleterre ne réussissait pas à sauvegarder le territoire national. George Sand témoignait au jeune ministre de la guerre une admiration sur laquelle elle devait revenir plus tard. Mais les défaites, qui rendirent Orléans aux Prussiens dans les premiers jours de décembre, réveillèrent l'opposition.

Cette opposition venait un peu de partout. A la fin de novembre, les généraux à titre provisoire, MM. de Kératry et de Carré-Kérisouët, quoique liés à Gambetta par la communauté de leur politique anti-impérialiste, se retirèrent, parce qu'ils ne purent obtenir pour le camp de Conlie, dont ils étaient les organisateurs, les officiers instructeurs dont ils avaient besoin, mais qui étaient plus nécessaires encore pour les opérations des armées en campagne ; leur retraite mécontenta la Bretagne. Un autre des collaborateurs de Gambetta, M. Léonce Détroyat, qui commandait provisoirement le camp de La Rochelle, n'épargnait pas néanmoins le ministre de la guerre dans son journal *la Liberté*, qui se publiait à Bordeaux. Plus naturellement, deux des principaux journaux de l'Ouest, l'*Union de l'Ouest* et l'*Ami du Peuple* d'Angers, organes légitimistes, commençaient une série d'attaques, qui devaient prendre un caractère tout particulier d'acuité à la fin du mois de décembre. D'autre part, les bonapartistes réfugiés à Bruxelles dirigeaient dans le *Drapeau* des accusations passionnées contre les hommes du 4 Septembre. Ce journal était répandu à profusion surtout dans l'Est ; et, s'il servait peu la cause bonapartiste, définitivement perdue dans le bassin de la Saône et du Rhône, il diminuait aussi la légitime influence du gouvernement.

Cet état de choses était d'autant plus dangereux que la ville de Lyon était toujours un foyer de propagande révolutionnaire, aussi défavorable à la Délégation qu'à l'Empire. Les moindres incidents étaient exploités contre le gouvernement de Bordeaux, comme autrefois contre Napoléon III.

Le 19 décembre arriva à Lyon la nouvelle de la bataille de Nuits, soutenue, comme nous l'avons vu plus haut, par le général Cremer contre le général de Werder. Les mobilisés du Rhône y avaient fait des pertes considérables. Le bruit se répandit aussitôt qu'ils avaient été systématiquement placés au poste dangereux, et que les troupes régulières les avaient laissé décimer, en se gardant d'intervenir. Ce bruit, tout absurde qu'il fût, avait été accrédité par les déclamations de quelques révolutionnaires de la Croix-Rousse, qui tenaient leurs assises dans la salle Valentino. On y résolut de marcher sur l'Hôtel de Ville, d'en chasser le préfet, M. Challemel-Lacour. Le rassemblement des émeutiers autour du drapeau rouge était précédé d'un grand nombre de femmes vêtues de noir, dont le costume était destiné à exprimer le deuil de la population lyonnaise, et sa colère contre un gouvernement qui envoyait sciemment ses enfants à la mort. L'émeute n'avait pas de meneurs apparents, l'un des chefs de bataillon de la garde nationale avait refusé d'en prendre la direction et avait été séquestré. Un autre, connu par ses convictions républicaines, Antoine Arnaud, avait décliné la responsabilité d'une guerre civile, et n'avait, à aucun prix, consenti à assister aux résolutions de la salle Valentino, quoiqu'il se fût présenté devant la porte, dans l'espérance d'apaiser les passions. Saisi par des énergumènes, il fut entraîné à l'intérieur, injurié, et enfin massacré avec des raffinements de cruauté. Les émeutiers, effrayés de leur crime, se dispersèrent; les femmes se rendirent à l'Hôtel de Ville en députation, mais parlèrent sur un autre ton que celui qu'on avait projeté de faire entendre au préfet. Les coupables avaient disparu. Gambetta, arrivé le lendemain à Lyon, pour presser l'organisation du 24e corps, assista aux obsèques du malheureux Arnaud, fit mettre, ce jour-là, le pavillon de l'Hôtel de Ville en berne, et donna à cette cérémonie un caractère imposant de solennité. Il prescrivit de rechercher activement les coupables; mais les événements devaient retarder l'action de la justice.

L'exaltation des partis extrêmes desservait donc profondément le gouvernement, et se joignait, dans cette œuvre de découragement, à la répugnance désormais invincible des campagnes pour la continuation de la lutte. Les membres de la classe moyenne non républicains, après s'être dévoués d'abord, sans arrière pensée, avaient perdu désormais toute espérance de victoire définitive, et, ne voulaient plus laisser à la République l'organisation définitive de la France, puisque, en écartant d'eux leur idéal de gouvernement, elle ne pouvait plus, en compensation, délivrer le sol national. Les conservateurs se servaient donc fort habilement de la résistance passive, mais invincible, des campagnes. Terrorisés par les procédés implacables employés par les Allemands, opposés au départ des hommes mariés, prescrit par le décret de septembre, déterminés à mesurer leur concours, indispensable à la marche des armées françaises, préoccupés de ne fournir à l'ennemi, aucun prétexte aux terribles exécutions qui lui devenaient familières, les villages opposaient désormais des obstacles sérieux à la défense nationale. Ce n'était ni lâcheté, ni oubli du patriotisme, c'était conviction absolue de l'inutilité d'efforts ruineux. Grands admirateurs, par tradition, des armées impériales, qu'ils jugeaient braves par obligation professionnelle, et invincibles en souvenir de Napoléon Ier, les gens des campagnes n'admettaient pas que des armées improvisées pussent jamais être victorieuses, et s'élevaient, avec toute l'amertume de l'agriculteur, qui voit sa moisson menacée, contre un gouvernement follement imprudent; il lui reprochait de prolonger la guerre, même au risque d'interrompre les travaux de la terre, et de compromettre l'ensemencement et les récoltes.

VII. — LES ACTES ADMINISTRATIFS DE LA DÉLÉGATION

Alors la situation illégale des hommes de la Défense nationale se présenta à la mémoire de tous. Le mal venait, disait-on hautement, de ce que les élections n'avaient pas été faites, tant bien que mal, le 16 octobre. Les hommes du tiers parti, M. Lanfrey, par exemple, lançaient au chef de la Défense nationale en province, à Gambetta, le mot célèbre de « dictature de l'incapacité ». La masse électorale trop heureuse naguère, dans l'effondrement des premières heures, de se raccrocher à l'énergie et à la confiance des hommes qui avaient osé prendre le pouvoir au milieu des circonstances les plus épouvantables, se retournait contre eux parce que, n'ayant pu triompher dans les délais qu'on leur fixait, ils parlaient encore d'efforts et de combats.

Désormais, tous les actes de la Délégation furent passés, sans relâche, au sas d'une opposition chagrine et de plus en plus malveillante. Elle ne s'attaquait pas seulement à Gambetta, dont le tempérament fougueux commençait à être las de temporisation et de ménagements. Le vénérable M. Crémieux n'était pas épargné. D'abord, reçu à l'archevêché de Tours avec une politesse réservée et malicieuse, en sa qualité d'israélite, il avait su se faire accepter par sa finesse pleine de bonhomie et de bonté. Puis il avait été écarté de l'action par la jeunesse envahissante de Gambetta. Il essaya de résister deux ou trois fois;

et se réserva, pendant que son jeune collègue soulevait la France armée, de fonder pour l'avenir, à force de décrets, des institutions, en rapport avec les nécessités républicaines. Ses travaux, qui semblaient préparés au milieu d'une paix profonde, tant les considérants en étaient soigneusement élaborés, portèrent surtout sur l'organisation de l'Algérie et de la justice.

Le premier soin de M. Crémieux avait été de rappeler le sous-gouverneur de la colonie, nommé par Napoléon III, le général Durrieu. Son départ avait causé une effervescence, dont les généraux Esterhazy, Hitchlin et Lallemant ne purent venir à bout. Le préfet, M. Warnier, fut tout aussi impuissant. Après le refus de deux députés libéraux, MM. Lambrecht et Jules Grévy, d'accepter le poste de gouverneur général civil, la situation empira encore. Le maire d'Alger, M. Vuillermoz organisa une municipalité indépendante, prit de lui-même le titre de commissaire général civil, demanda le départ de la garnison, et ne cessa d'agir en maître qu'à la nomination du préfet d'Oran, M. du Bouzet, comme gouverneur général.

Les troubles ne s'arrêtèrent pas là; dès le 24 octobre, M. Crémieux avait publié un décret, qui naturalisait en masse les israélites d'Algérie. C'étaient trente mille nouveaux citoyens français dans la colonie. Mais les israélites y étaient très impopulaires, non seulement parmi les indigènes, mais encore parmi les Européens. Que ce fût à tort ou à raison, la chose n'en existait pas moins. M. Crémieux avait fait un acte de justice stricte, en enlevant les israélites aux juridictions locales, qui se montraient contre eux d'une partialité révoltante, mais il n'avait pas à compter sur la reconnaissance de la majorité de la colonie, et des troubles, surtout le 1er janvier 1871, éclatèrent à ce sujet. Néanmoins, la mesure prise par la Délégation devait lui survivre.

M. Crémieux fut encore moins heureux dans les décrets du 28 octobre 1870 et du 4 février 1871. Le ministre, fidèle à la logique du parti républicain, décidait la création d'un gouvernement général civil, relevant du ministère de l'intérieur, et supérieur aux plus hauts fonctionnaires militaires. Dans le même ordre d'idées, il multipliait les territoires civils, administrés par des conseils municipaux, et soumettait, à une surveillance plus sévère, les territoires militaires, que des officiers dirigeaient par des administrations, connues sous le nom de bureaux arabes. Il réorganisait aussi la justice, introduisant le jury en matière criminelle, et provoquait la création d'avocats, à côté des défenseurs officiels subventionnés par le gouvernement. En résumé, l'œuvre de Crémieux fut sage et prudente. On y est revenu depuis; mais l'opposition conservatrice lui reprochait alors de légiférer, sans avoir l'autorité nécessaire.

Lorsque les décrets du ministre de la Justice s'appliquaient à la France, ils soulevaient des réclamations bien plus vives encore. Il avait décidé que tous les procès de presse seraient soumis au jury ; il préparait un décret sur la compétence des juges de paix, qu'il prétendait étendre et il avait l'intention de soumettre ces magistrats à l'élection d'un collège électoral spécial. Or, en touchant à la justice, il menaçait les intérêts de personnages influents qui, ayant eu maille à partir avec les républicains, sous le régime précédent, défendaient leur situation attaquée au nom de l'inamovibilité de la magistrature. Ce principe était soutenu violemment par toute la presse réactionnaire. C'était une plate-forme commode pour attaquer, non pas seulement Crémieux, mais surtout Gambetta. Une certaine pudeur empêchait de reprocher au ministre de la guerre ses efforts pour la continuation de la lutte. Il était préférable, au sujet d'actes administratifs, discutables en effet, de l'accuser de dictature et de violence. Il était clair que ces accusations, et par le caractère même de Gambetta, et par une conséquence fatale de la situation, entraîneraient le jeune et fougueux homme d'État à quelque imprudence.

Gambetta et son entourage, à mesure que l'opinion se montrait hostile à la continuation de la guerre, s'acharnaient au contraire à la lutte. Il y allait, pour eux, de leur honneur et de la République. Ils ne perdaient pas l'espoir de sauver la France, et se fondaient sur la lassitude qui devait s'emparer de l'Allemagne. Ils s'irritaient, d'autre part, de voir discuter le gouvernement de leur choix, qu'on avait trouvé bon dans le danger de la patrie, qu'on repoussait lorsqu'il allait être question de constituer un régime définitif. Cette exaspération produisit le décret du 26 décembre, qui prononçait la dissolution des conseils généraux. Les griefs articulés contre eux étaient tout politiques ; ces assemblées avaient fait peu d'opposition, lorsqu'on leur avait demandé les sommes nécessaires à l'équipement et à l'armement des mobilisés. Mais elles étaient toutes composées d'hommes de l'Empire, et, en voyant les symptômes qui annonçaient la fin de la guerre, Gambetta n'admettait pas qu'on laissât des armes électorales entre les mains des adversaires de la République. Notre livre n'ayant rien de politique, nous ne nous arrêterons pas à discuter le bien ou le mal fondé de l'acte de Gambetta. Constatons seulement que les adversaires de la République en profitèrent pour prendre position à tout prix. M. de Cumont, le rédacteur en chef de *l'Union de l'Ouest*, à Angers, se servit du décret du 26 décembre, pour attaquer, avec une violence inouïe, toute la conduite politique et militaire de Gambetta. Ce fut alors qu'il créa cette légende d'une dictature conquise violemment par le ministre de l'intérieur, alors que tout le monde avait volontairement subi l'impulsion nécessaire de l'homme assez courageux pour assumer sur lui la direction dans une pareille catastrophe.

M. de Cumont, en cette circonstance, rassuré par l'attitude des doctrinaires du parti républicain, qui blâmaient avec amertume l'illégalité du décret, apprenait à l'Europe, à l'Allemagne, que la France se battait contre sa volonté et, qu'en dehors de quelques hommes de tous les partis, il faut heureusement le dire, et de quelques villes républicaines, un grand nombre de Français demandaient à une paix telle quelle la faculté d'établir le gouvernement de leur choix.

C'était décourager la défense; aussi Gambetta autorisa le préfet de Maine-et-Loire, M. Engelhardt, à suspendre, pour cette raison, le *Patriote* et l'*Union de l'Ouest*.

Ce furent les seules rigueurs par lesquelles le dictateur répondit alors à l'opposition, désormais avouée, qui paralysait la défense nationale. Il se fit haïr de la masse électorale, et n'eut, dans les villes, que l'approbation de ceux des républicains, qui croyaient à la possibilité de continuer la guerre. Ceux-là lui restèrent fidèles, et, à Bordeaux, se groupèrent autour de lui; ils devinaient que ce jeune homme, qui s'assimilait si rapidement tous les détails d'une tâche aussi lourde que dangereuse, qui supportait, sans fléchir, tant de travail et d'inquiétudes, qui devait toute son habileté à la chaleur de ses convictions et à l'ouverture sympathique de son esprit, était appelé à rattacher la France à l'idée républicaine.

Le 1ᵉʳ janvier, répondant aux félicitations apportées au gouvernement par le maire de Bordeaux, M. Fourcand, et, à peine de retour d'un pénible voyage dans le Nord, acclamé par la population républicaine de la grande ville girondine, Gambetta prononçait cette allocution, qui explique bien la communication irrésistible que ce puissant orateur entretenait généralement avec son auditoire :

« Mes chers concitoyens, à la vue de ce magnifique spectacle, en
« face de tous ces concitoyens, assemblés pour saluer l'aurore d'une
« année nouvelle, qui n'aurait confiance dans le succès dû à la per-
« sévérance et à la ténacité de nos efforts? Pour deux raisons : la
« première, parce que la France n'a pas douté d'elle, la seconde, parce
« que, seule dans l'univers entier, la France représente aujourd'hui la
« justice et le droit. Oui, qu'elle soit à jamais close, qu'elle soit à
« jamais effacée de notre mémoire, si faire se peut, cette terrible
« année 1870, qui, si elle nous a fait assister à la chute du plus
« imposteur et du plus corrupteur des pouvoirs, nous a livrés à l'inso-
« lente fortune de l'étranger; il ne faut pas l'oublier, citoyens, cette

« fortune, contre laquelle nous nous débattons aujourd'hui, elle est
« l'œuvre même des intrigues de Bonaparte au dehors.

« A chacun sa responsabilité devant l'histoire : c'est en cette ville,
« c'est ici même que l'homme de décembre, et l'homme de Sedan,
« l'homme qui a tenté de gangrener la France, prononça cette mémo-
« rable imposture : « L'Empire ; c'est la paix ; » et tout ce règne subi, il
« faut le reconnaître pour notre propre expiation, nous sommes coupa-
« bles de l'avoir si longtemps toléré, et rien dans l'histoire n'arrive, de
« juste ou d'injuste, qui ne porte ses fruits.

« C'est à ce moment que la République, apparaissant pour la troi-
« sième fois dans notre histoire, a assumé le devoir, l'honneur et le
« péril de sauver la France. Ce jour-là, c'était le 4 septembre, l'en-
« nemi s'avançait à grandes journées sur Paris, nos arsenaux étaient
« vides, notre armée à moitié prisonnière ; nos ressources, de tous
« côtés disséminées, éparpillées ; deux pouvoirs, un pouvoir captif, un
« pouvoir fuyard ; une Chambre que sa servilité passée rendait inca-
« pable de saisir le gouvernement ; en ce jour-là, nul ne contestait
« la légitimité de la République. Ce fut plus tard, lorsque la République
« mit Paris dans cet état d'inviolabilité, lorsqu'il fut établi que la Répu-
« blique avait tenu sa promesse du 4 septembre, sauvé l'honneur du
« pays, organisé la défense et maintenu l'ordre, lorsqu'il fut démon-
« tré, grâce à la République, que la France ne saurait périr, qu'elle
« doit triompher, que, par elle, le droit doit finir par primer la force,
« ce fut alors que des adversaires, dont elle assure aujourd'hui la
« quiétude et la sécurité, commencèrent à contester sa légitimité, et à
« discuter ses origines.

« La République, liée, associée comme elle l'est, à la défense et au
« salut de la patrie, la République est hors de question, elle est immor-
« telle. Ne confondez pas d'ailleurs la République avec les hommes de
« son gouvernement, que le hasard des événements a portés passagè-
« rement au pouvoir. Ces hommes, lorsqu'ils auront rempli leur tâche,
« qui est d'expulser l'étranger, ils descendront du pouvoir, et ils se sou-
« mettront au jugement de leurs concitoyens. Cette tâche, cette mis-
« sion qu'il faut conduire jusqu'au bout, qu'il faut accomplir à tout prix
« jusqu'à l'entière immolation de soi-même, ce succès qu'il faut
« attendre, sous peine de périr déshonorés, impliquent deux conditions
« essentielles : la première, la garantie et le respect de la liberté de tous,
« la liberté complète, la liberté jusqu'au dénigrement, jusqu'à la calom-
« nie, jusqu'à l'injure ; la seconde, le respect pour tous, amis et dissi-
« dents, du droit et de la puissance gouvernementales.

« Le langage doit être libre, comme la pensée, respecté dans ses
« écarts, jusqu'à cette limite fatale, où il deviendrait une résolution et

« engendrerait des actes. Si on franchissait cette borne, et j'exprime
« ici l'opinion de tous les membres du gouvernement, vous pouvez
« compter sur une énergique répression.

« Je ne veux pas terminer sans vous dire que le gouvernement
« ayant pour unique base l'opinion, nous n'exprimons, nous ne servons
« et n'entendons servir que l'opinion, à l'encontre des gouvernements
« despotiques qui nous ont précédés et n'ont servi que leurs con-
« voitises dynastiques. Je remercie la patriotique population de Bor-
« deaux, ainsi que la population des villes et campagnes voisines, du
« secours éclatant qu'elles apportent au gouvernement républicain,
« dans l'importante manifestation de ce premier jour de l'année 1871.
« Je les remercie surtout au nom de notre héroïque Paris, dont l'exem-
« ple nous soutient, nous guide et nous enflamme. Ah! que ne sont-ils
« témoins, nos chers assiégés, de toutes les sympathies, de tous les
« dévouements que suscite leur vaillance !

« Leur foi dans le succès s'en accroîtrait encore, si toutefois elle
« doit s'accroître. Nous lui transmettrons vos vœux, citoyens ; puissions-
« nous bientôt, nous frayant un passage à travers les lignes ennemies,
« le leur porter de vive voix, avec l'expression de l'admiration du monde
« et de la profonde et impérissable gratitude de la France.

« Vive la France ! Vive la République ! »

Ce fut, pendant cette triste période de la défense nationale, la dernière explosion d'espérance de Gambetta. Les nouvelles étaient de plus en plus mauvaises. Le ministre de l'intérieur sentait que tout le monde prévoyait la fin de la défense de Paris et la nécessité de subir les exigences de l'ennemi. Il écrivait le 14 et le 20 janvier, des objurgations à la fois véhémentes et suppliantes à Jules Favre ; après l'affaire de Buzenval, il s'élevait avec indignation contre la nomination du général Vinoy, bonapartiste avéré ; il se plaignait douloureusement de la prochaine capitulation, qu'il ne pouvait s'empêcher de pressentir, et prêchait non sans mélancolie, aux hommes de Paris, une persévérance qu'il allait bientôt être presque seul à conserver.

Aussi, à mesure que ces symptômes de plus en plus défavorables se produisaient, Gambetta se roidissait de plus en plus dans son esprit de résistance invincible et dans son amour pour la République. Il n'admit plus que les ennemis naturels ou intéressés de la forme républicaine restassent en position de lui nuire. Les princes d'Orléans, le comte de Paris et le duc de Chartres, petits-fils de Louis-Philippe, arrivés à Paris, le lendemain du 4 septembre, s'étaient écartés sur l'observation qui leur fut faite que leur présence pouvait causer des divisions politiques regrettables en face de l'ennemi. Néanmoins le duc de Chartres, sous le nom de Robert, le Fort fit la campagne de la Loire dans l'armée du général Chanzy. Mais Gambetta refusa d'accepter les services du duc d'Aumale, l'un des fils de Louis-Philippe et oncle du duc de Chartres. Le frère du duc d'Aumale, le prince de Joinville, se rendit cependant incognito, après avoir quitté Paris avec ses neveux, à l'armée du général d'Aurelle de Paladines, sous le nom américain de colonel Lutteroth. Il était connu pour avoir appartenu, même pendant le règne de son père, Louis-Philippe, au parti royaliste libéral. Après avoir assisté à la seconde bataille d'Orléans, il suivit la retraite du général Chanzy, dans le 22ᵉ corps commandé par l'amiral Jaurès; le général en chef sollicita pour lui l'autorisation de continuer la campagne, sous son nom supposé; mais c'était alors la période aiguë. Le ministre envoya au Mans le directeur de la sûreté générale, M. Ranc, qui fit interner le prince de Joinville à la préfecture du Mans, au nom de l'intérêt supérieur de la République, et le fit, cinq jours plus tard, embarquer à Saint-Malo (13 janvier 1871), sans que, d'après les paroles mêmes du prince, on ait manqué d'égards à un homme qui venait en France à l'abri d'un sentiment patriotique.

DUC D'AUMALE.

Quelques jours plus tard, le 28 janvier, au moment où la capitulation de Paris allait être un fait accompli, Crémieux, avec l'approbation de Gambetta et de presque tout le parti républicain, rendait le fameux décret qui chassait des tribunaux ceux des anciens magistrats restés dans leurs sièges, après avoir fait partie, en 1851, des commissions mixtes. Quatorze magistrats étaient ainsi dépouillés de leurs fonctions, après des considérants d'une extrême sévérité. Un seul, le président du tribunal de La Rochelle, protesta bruyamment et refusa d'abandonner ses fonctions, et il fallut fermer le tribunal pour éviter le scandale d'une éviction violente. Les magistrats expulsés furent rétablis plus tard dans leurs sièges par M. Dufaure, ministre de la justice, sous le gouverhement de Thiers; mais, en leur rendant ainsi des fonctions, que la loi faisait inamovibles, il tint cependant à flétrir la conduite que ces magistrats avaient tenue autrefois, et par laquelle « ils avaient violé les règles de toute justice ».

VIII. — LE DÉCRET DES INCOMPATIBILITÉS

RETRAITE DE GAMBETTA

Les décrets contre les magistrats compromis dans les commissions mixtes furent donc une nouvelle cause de lutte entre les républicains et les conservateurs. Gambetta ne voyait d'issue que dans la reprise prochaine des hostilités; les malheurs de l'armée de l'Est ne paraissaient pas encore irréparables, Chanzy se reformait derrière la Mayenne et le ministre de la guerre était à Lille, pour surexciter le patriotisme du Nord et témoigner au général Faidherbe son admiration pour sa ténacité et sa courageuse campagne. Ce jour-là même, Jules Favre envoyait le télégramme qui annonçait sans détails la signature d'un armistice général. Le gouvernement de Bordeaux s'empressa, comme nous l'avons déjà vu, de communiquer la nouvelle à tous ses préfets, comme aussi à tous les chefs militaires; puis, Gambetta, dans une dépêche du 30, insista auprès de Jules Favre pour avoir des détails complémentaires d'autant plus indispensables que le membre du gouvernement, annoncé dans la dépêche du 28, n'arrivait pas. Nous savons comment M. de Bismarck répondit, le 31, à la place du général Trochu, comment le général Clinchant se plaignit à Bordeaux de la continuation des hostilités. Cependant le gouvernement de Paris ne donnait pas signe de vie, et la fatale nouvelle ne fut confirmée que par une communication de Chanzy, qui avait appris par l'intermédiaire du prince Frédéric-Charles la cessation des hostilités. Ce fut un coup de foudre pour Gambetta. Il rédigea sa proclamation du 31 janvier, où il accusait avec véhémence la mauvaise foi de l'ennemi et lançait contre les négociateurs de l'armistice le mot de coupable légèreté. La douleur de Gambetta l'égarait : ce n'était pas de légèreté que Jules Favre était coupable, c'était de confiance, et il n'avait pu croire qu'à d'aussi grands malheurs les Allemands eussent voulu, par une réticence perfide, ajouter une catastrophe nouvelle et qui importait peu à leur victoire finale.

Le jeune ministre ne s'avouait d'ailleurs pas vaincu ; une circulaire datée du même jour exprimait une assurance résolue dans la reprise de la guerre et conviait la France entière à se préparer au renouvellement de la lutte après l'armistice.

Le même jour enfin, Gambetta, ne séparant pas jusqu'au dernier moment la cause de la défense nationale de la cause de la République, obtenait à grand'peine de MM. Glais-Bizoin et Crémieux et de l'amiral Fourichon la signature du *décret sur les inéligibilités*. Le premier article du décret excluait de l'éligibilité tous les ministres, préfets, sénateurs, conseillers d'État du 2 décembre 1851 au 4 septembre 1870. Le second article frappait de la même exclusion tous les candidats du *gouvernement*, de l'*administration* et *officiels* pendant la même période. Enfin l'article 3 annulait les bulletins de vote qui porteraient les noms des inéligibles de ces deux catégories.

Ce fut le lendemain seulement que M. Jules Simon, délégué du gouvernement de Paris, arrivait à Bordeaux avec MM. Liouville et Lavertujon. Son voyage avait été retardé par l'interruption des communications ferrées, et lorsqu'il débarqua dans la ville, il vit partout affiché le décret des inéligibilités. On avait prévu à Paris les difficultés qui naîtraient assurément et du caractère impétueux de Gambetta, et du sentiment louable qui l'animait. On ne pouvait se dissimuler qu'on avait traité sans autorisation pour toute la France, que la situation faite à la province par l'armistice sacrifiait le reste du pays à Paris. En prévision d'une lutte d'influences, le gouvernement avait donc donné à M. Jules Simon le droit de réclamer au besoin voix prépondérante et d'ajouter à son titre de ministre de l'instruction publique celui de ministre de l'intérieur.

Dès la première entrevue, les hostilités s'ouvrirent. M. Jules Simon s'opposait au décret sur les inéligibilités, et Gambetta, après des paroles d'une vivacité toute méridionale, offrit sa démission. Elle fut refusée. M. Jules Simon ne fut pas plus heureux du côté de la municipalité de Bordeaux : le maire, M. Fourcand, et le conseil municipal paraissaient approuver chaudement la conduite de Gambetta ; les agents de la Délégation continuaient de leur côté à ne reconnaître que l'autorité du ministre de la guerre, et se refusaient à publier le décret de convocation des électeurs, si le décret des inéligibilités était retiré.

Dans ces circonstances, M. Jules Simon était résolu à se faire des appuis en dehors de la Délégation ; il savait M. Thiers favorable à tout ce qui pouvait amener la paix, que ce grand homme jugeait depuis longtemps indispensable. Le général Foltz, qui commandait à Bordeaux, la magistrature étaient prêts à reconnaître l'autorité du délégué du gouvernement de Paris.

Mais une difficulté matérielle arrêtait la publication du décret de convocation : le *Journal officiel*, placé sous la direction de M. Ranc, refusait toutes les communications de M. Jules Simon; l'affichage était rendu impossible par le dévouement des préfets à la politique de Gambetta. Il fut donc réduit à expédier par la poste un grand nombre d'exemplaires du décret de convocation, dont la rédaction supprimait les inéligibilités, établies par l'acte officiel du 31 janvier.

M. Jules Simon rencontra alors un auxiliaire imprévu dans M. de Bismarck. Le 3 février, le chancelier envoya à « *Son Excellence M. Jules Favre* », et à « *M. Gambetta* », à Bordeaux, une protestation contre les exclusions projetées. C'était, disait-il, une violation de l'armistice, qui stipulait de libres élections. Quel avait été le mobile de M. de Bismarck, en intervenant ainsi dans les affaires intérieures de la France? Comptait-il que les anciens députés officiels, s'ils étaient réélus, seraient plus disposés à la paix, par opposition contre Gambetta? Etait-ce un moyen de miner l'autorité de l'homme auquel il attribuait, avec raison, la plus grande part de la résistance prolongée de la province? Enfin était-ce crainte que des protestations ultérieures contre les formes des élections ne remissent en discussion le traité voté par l'Assemblée qui allait se réunir?

Cette intervention, en tout cas, excita chez les partisans de la guerre une violente indignation dont Gambetta se fit l'interprète. La situation de M. Jules Simon devint très difficile; il se crut surveillé de près et menacé, et prit ses dispositions pour transmettre ses pouvoirs à d'autres mains, si, comme il en eut la crainte peu justifiée, on en venait à des voies de fait contre lui. Il pensa que sa situation était suffisamment inquiétante pour être autorisé à accepter tous les appuis qui s'offrirent. Les journaux monarchistes reçurent de lui le décret de convocation, tel qu'il avait été élaboré à Paris, et insérèrent d'autres communications du ministre de l'instruction publique. Blâmé sévèrement par Crémieux à ce sujet, attaqué par la *Gironde*, voyant enfin les journaux qui publiaient son décret, supprimés par M. Ranc, M. Jules Simon se résolut à se servir de ses pouvoirs discrétionnaires. Gambetta ne céda pas, et des scènes violentes se renouvelèrent entre les deux collègues, qui devaient cesser désormais de marcher dans la même voie.

Le conflit devenait tellement aigu que l'on pouvait craindre des incidents encore plus regrettables. La Délégation résolut d'obtenir de nouvelles instructions de la part du gouvernement. M. Liouville, qui était venu à Bordeaux avec M. Jules Simon, partit pour Paris, puis ce fut M. Crémieux qui partit à son tour. Pendant ce temps, M. de Bismarck agissait auprès de Jules Favre contre Gambetta, faisait surgir de nouvelles difficultés au nom du parti militaire, se montrait disposé à user des droits de la victoire dans toute leur rigueur, justifiant ainsi, en s'attachant si passionnément à la paix, les espérances des partisans de la guerre, qui, parmi les Français, pensaient devoir abandonner Paris à son sort de ville conquise, pour prolonger une lutte dans laquelle l'ennemi s'usait aussi, plus qu'il ne le pensait lui-même.

M. Liouville, arrivé à Paris, exposa l'état du conflit. Le gouvernement, sous le coup des menaces de M. de Bismarck, était absolument résolu à faire triompher sa décision de convoquer les électeurs, sans tenir compte du décret des inéligibilités. Si l'influence de Gambetta était trop profonde à Bordeaux, on réunirait l'Assemblée à Poitiers, au milieu des populations de l'Ouest, qu'on savait tout particulièrement favorables à la paix. MM. Emmanuel Arago, Pelletan et Garnier-Pagès partirent donc pour Bordeaux, afin de former à M. Jules Simon une majorité considérable. Ils rencontrèrent M. Crémieux à Vierzon ; il se joignit à eux, et à leur arrivée (6 février 1871) Gambetta se considéra comme révoqué. Il donna sa démission, après avoir lutté jusqu'au bout pour ce qu'il croyait le droit et la justice. Il avait réfléchi combien serait dangereuse son opposition, quelque légitime qu'elle fût ; l'influence de M. Emmanuel Arago, dont la modération et l'amitié paternelle imposaient au jeune ministre un sentiment de respectueuse condescendance, ne fut pas non plus inutile pour calmer son effervescence. Avant de se retirer, il écrivit aux préfets qui, à cinq ou six exceptions près avaient commencé à faire exécuter le décret sur les inéligibilités, la circulaire suivante :

« Malgré les objections graves et les résistances légitimes que sou-
« levait l'exécution de la convention de Versailles, je m'étais résigné
« pour donner, comme je le disais, un gage incontestable de modéra-
« tion et de bonne foi, et pour ne pas quitter le poste sans avoir été
« relevé, à faire procéder aux élections.

« Vous connaissez, monsieur le préfet, par les divers documents qui
« vous ont été transmis, quels devaient être la nature et le caractère de
« ces élections. Je persiste à croire qu'il en peut sortir, malgré les
« difficultés matérielles de toutes sortes dont nous accable l'ennemi,
« une Assemblée fière et résolue. Le décret qui, selon nous, satisfaisait
« à la fois à un besoin de justice, à l'égard des coopérateurs respon-
« sables du régime impérial, et à un sentiment de prudence vis-à-vis
« des intrigues étrangères, a excité une injurieuse protestation de
« M. de Bismarck. Depuis lors, à la date du 4 février 1871, les mem-
« bres du gouvernement de Paris ont, par une mesure législative,
« rapporté notre décret. Ils ont de plus envoyé à Bordeaux MM. Gar-
« nier-Pagès, Eugène Pelletan, Emmanuel Arago, cosignataires du
« décret d'abrogation, avec mandat de le faire appliquer. Le gouverne-

« ment de Paris avait d'ailleurs passé directement des dépêches à plu-
« sieurs préfets des différents départements, pour l'exécution du décret
« du 4 février. Il y a là tout à la fois un désaveu et une révocation du
« ministre de l'intérieur et de la guerre.

« La divergence des opinions sur le fond des choses au point de
« vue extérieur et intérieur se manifeste ainsi de manière à ne laisser
« aucun doute. Ma conscience me fait un devoir de résigner mes fonc-
« tions de membre du gouvernement, avec lequel je ne suis plus
« en communion d'idées ni d'espérances. J'ai l'honneur de vous
« informer que j'ai remis ma démission aujourd'hui même. En vous
« remerciant du concours patriotique et dévoué que j'ai toujours
« trouvé en vous pour mener à bonne fin l'œuvre que j'avais entreprise,
« je vous prie de me laisser vous dire que mon opinion profondément
« réfléchie est que, à raison de la brièveté des délais et des intérêts
« qui sont en jeu, vous rendrez un suprême service à la République, en
« faisant procéder aux élections du 8 février, vous réservant, après
« ce délai, de prendre telles déterminations qui vous conviendraient.

« Je vous prie d'agréer l'expression de mes sentiments fraternels.

« Léon Gambetta. »

Appuyée par une courte note de M. Emmanuel Arago, qui prenait le ministère de l'intérieur, cette circulaire était indispensable, devant l'attitude des préfets, presque tous en communauté d'opinion avec Gambetta. Ils firent donc procéder aux élections selon la loi de 1849, au scrutin de liste. Il devait y avoir sept cent cinquante députés. La famille impériale était seule frappée d'inéligibilité.

CHAPITRE IX

L'ASSEMBLÉE NATIONALE ET LE TRAITÉ DE FRANCFORT

I. Les élections. — II. Constitution de l'Assemblée nationale. — III. Thiers, chef du pouvoir exécutif. — IV. Les préliminaires de Versailles. — V. La ratification ; déchéance de l'Empire. — VI. Les Prussiens à Paris. — |VII. Les conférences de Bruxelles ; la paix de Francfort. — VIII. Les frontières françaises.

I. — LES ÉLECTIONS

Les élections, définitivement fixées au 8 février 1871, ne pouvaient avoir leur caractère ordinaire. Les conservateurs et les républicains s'entendaient pour ne pas reconnaître de pouvoir constituant à la nouvelle assemblée. Les conservateurs craignaient de ne pas s'entendre sur le choix d'une monarchie, les républicains étaient certains d'être mis en minorité par les campagnes.

Ce ne fut donc pas par une convention tacite, mais par un accord précis et que tous les journaux d'opinion différente constatèrent à satiété, que le rôle de la nouvelle assemblée fut à l'origine restreint à la décision à prendre au sujet de la paix et de la guerre. Les villes votèrent en général pour la guerre et pour les candidats républicains ; les campagnes nommèrent avant tout des partisans de la paix, désignés par leur influence locale, et par la recommandation du clergé, naturellement peu favorable à la République. C'étaient bien des *ruraux* qui composaient la nouvelle majorité, mot qui a été depuis pris en mauvaise part, mais qui exprimait cependant la réalité. La paix allait être faite par les campagnes.

A Paris, les élections furent une protestation contre le gouvernement de la Défense nationale. Gambetta, Jules Favre et Dorian y furent seuls élus. Les deux premiers députés de la liste étaient notoirement peu favorables au gouvernement. C'étaient Louis Blanc et Victor Hugo. Les élections de Garibaldi, Ledru-Rollin, Clémenceau, Greppo, avaient aussi le caractère de la protestation. Mais, ce qui était un symptôme plus grave, c'était le grand nombre de partisans de la Commune qui furent élus : MM. Rochefort, Delescluze, Félix Pyat, Millière, Gambon, Malon, Cournet.

Les modérés, MM. Thiers et Léon Say ; les républicains sans nuance bien tranchée encore, MM. Frébault, Langlois, Marc-Dufraisse, Tolain, Tirard, Edmond Adam, Brisson, Littré, Arnaud (de l'Ariège), Lockroy, Joigneaux, Schœlcher, devaient en grande partie leur élection à ce qu'on les savait, sur un point quelconque, mal disposés pour les hommes du 4 Septembre. Ainsi M. Marc-Dufraisse reprochait au gouvernement son caractère illégal ; MM. Schœlcher et Langlois lui reprochaient d'avoir trop ménagé les hommes et les choses, et de n'avoir pas mené la défense jusqu'aux dernières limites révolutionnaires. Les Parisiens avaient poussé même très loin cette manière de protestation ; les amiraux Saisset et Pothuau peu suspects de radicalisme, furent élus parce qu'on les supposait indignés de la capitulation de Paris ; de même, un officier légitimiste et passionnément catholique, Jean Brunet, mais qui s'était offert, aux derniers jours de la résistance, pour diriger la sortie en masse.

Les candidatures qui s'étaient produites à Paris étaient innombrables. Parmi les candidats qui, tout en restant en dehors des quarante-trois élus, avaient obtenu un nombre de voix d'une certaine importance, on comptait les noms les plus significatifs des partisans de la Commune : MM. Tridon, Arthur Arnould, Lefrançais, Assi, Varlin, Blanqui, Courbet, Vaillant, Theisz, Dereure, Flourens, Eudes, Pindy, Amouroux, Mégy, Cluseret.

En province, il y eut de nombreuses élections multiples. M. Thiers, dont le patriotisme et la clairvoyance étaient hautement appréciés dans tous les partis, fut élu dans vingt-six départements, par les plus ardents en faveur de la République, comme les Bouches-du-Rhône, la Gironde, la Loire, la Saône-et-Loire, la Seine, la Seine-et-Oise ; par les plus conservateurs, comme la Charente-Inférieure, la Dordogne, le Finistère, le Nord, l'Orne, la Vienne. Il était aussi élu dans les Basses-Alpes, l'Aude, le Cher, le Doubs, la Drôme, le Gard, l'Hérault, l'Ille-et-Vilaine, les Landes, le Loir-et-Cher, le Loiret, le Pas-de-Calais, la Seine-Inférieure. C'était presque un plébiscite sur son nom.

Gambetta fut élu dix fois : dans les départements menacés : Meurthe, Moselle, Haut-Rhin, Bas-Rhin ; dans les départements ultrarépublicains : Bouches-du-Rhône, Seine, Seine-et-Oise, Var, à Alger et à Oran, qui n'attendaient d'améliorations que de la République.

Le général Trochu fut élu onze fois : d'abord, ce qui était naturel, par la Bretagne, sauf la Loire-Inférieure; dans la Vendée, dans la Seine-Inférieure, dans le Tarn; mais, ce qui montre combien les élections furent faites sans renseignements, dans les Bouches-du-Rhône, dans le Rhône et dans la Loire. M. Trochu, que les Parisiens avaient grand'peine à ne pas accuser de trahison, passait pour un héros à Lyon et à Marseille, effet des proclamations de Gambetta, qui, le 2 décembre, lors de l'affaire de Champigny, l'avait comparé à Turenne.

M. Jules Favre fut élu dans six départements : Ain, Aisne, Bas-Rhin, Rhône, Seine, Seine-et-Oise. Un homme d'État déjà célèbre, qui partageait les idées politiques de M. Thiers, M. Dufaure, fut élu dans la Charente-Inférieure, la Gironde, l'Hérault, la Seine-Inférieure et le Var, cinq départements; les généraux Changarnier et Garibaldi dans quatre départements; Garibaldi dans les Alpes-Maritimes, dans la Côte-d'Or, dans la Seine et à Alger.

MM. Ledru-Rollin, Casimir Périer et Schœlcher dans trois départements. M. Schœlcher était député de la Seine, de la Guyane et de la Martinique. Parmi les députés élus deux fois, citons MM. Léon Say, de Kerdrel, de Paladines, Dorian, Duclerc, Jules Grévy, Jauréguiberry, Henri Martin, Ernest Picard, enfin le prince de Joinville, dans la Manche et la Haute-Marne. Le duc d'Aumale était élu dans l'Oise.

II. — CONSTITUTION DE L'ASSEMBLÉE NATIONALE

La première séance de l'Assemblée se tint le 12 février dans le foyer du théâtre de Bordeaux, sous la présidence du doyen d'âge, M. Benoist d'Azy. Trois cents députés étaient présents, déjà en majorité conservateurs, et hautement ennemis du gouvernement de la Défense nationale. Les secrétaires provisoires furent, selon la coutume, les plus jeunes membres de l'Assemblée, MM. Duchâtel, L'Ebraly, de Castellane, Paul de Rémusat. La première séance réelle eut lieu le 13 février. Quoique les députés se connussent peu, il était facile de deviner cependant trois courants dans l'Assemblée, celui des hommes désintéressés en matière de gouvernement, libéraux par tempérament, patriotes, modérés, et sans engagements avec aucune monarchie, comme sans répugnance et sans enthousiasme pour la République. Le chef de ces hommes, qui ont tant fait alors pour la France, était M. Thiers. Ses principaux adhérents étaient MM. Barthélemy Saint-Hilaire, Casimir Périer, Paul de

LE GRAND THÉATRE DE BORDEAUX OU SIÉGEAIT L'ASSEMBLÉE NATIONALE.

Rémusat, Laboulaye, Lambrecht, Dufaure, Léon Say, Waddington, Léonce de Lavergne, et, parmi les républicains d'origine, MM. Jules Favre et Jules Simon, qui entendaient désormais demander à des concessions de détail la consécration de leurs principes.

Les ruraux ou les conservateurs étaient partisans d'une royauté, mais ils avaient la conscience qu'ils ne pouvaient encore s'entendre sur celle qu'ils comptaient faire triompher. En dehors des cinq bonapartistes, qui avaient échappé à la catastrophe électorale du parti de l'Empire, et dont les orateurs furent MM. Conti et Pietri, il y avait d'abord les royalistes de nuance semi-libérale, qui ajournaient leurs espérances, pour parer au plus pressé, aux négociations de paix, et à la reconstitution de la France. C'étaient principalement MM. Pouyer-Quertier, de Goulard, de Larcy, Buffet, Plichon, de Clercq. Les fougueux légitimistes, MM. de Belcastel, de Lorgeril, de Gavardie, eussent voulu entamer le plus tôt possible le combat pour le trône et l'autel. Enfin, les royalistes de nuance orléaniste, MM. de Broglie, Beulé, Daru, quoique ouvertement acquis à la monarchie, mettaient plus de prudence dans l'expression de leurs espérances.

Les républicains formaient un groupe compacte. Cependant, par MM. Grévy, Jules Favre, Jules Simon, la fraction la plus modérée, qui devint plus tard le centre gauche, se rattachait à la politique de M. Thiers. Parmi les députés qui formaient la gauche radicale, un certain nombre avec Gambetta, MM. Ranc, Girerd, Noël Parfait, Tirard, Journault, Langlois, Gent, se montraient résolus à ne pas transiger au sujet de la République et de la cessation des hostilités; mais ils évitaient volontiers les formules révolutionnaires. Le radicalisme des autres : MM. Victor Hugo, Louis Blanc, Schœlcher, Brisson, Floquet, Joigneaux, Lockroy, Quinet, Martin Bernard, Elzéar Pin, Tolain, n'allait pas jusqu'à l'appel aux armes contre une Assemblée notoirement hostile au principe républicain.

Seuls, les partisans de la Commune, MM. Millière, Malon, Gambon, Cournet, Félix Pyat, Razoua, Delescluze, Rochefort, étaient résolus à défendre violemment Paris contre les entreprises des députés monarchistes, et à conserver non seulement le gouvernement républicain menacé, mais à profiter du mécontentement général que le résultat des élections causait dans toutes les villes, pour revendiquer au besoin par la force l'indépendance administrative et même politique de chaque commune. Cette conception, quoique encore vague dans beaucoup d'esprits, visait à faire de la France une République entièrement décentralisée, composée de la fédération des trente-six mille communes, au milieu desquelles Paris, par sa population et son importance, formerait un état dominant et souverain.

LE FOYER DU GRAND THÉATRE DE BORDEAUX.

Il eût été difficile d'établir à cette époque la force respective des différents partis. Beaucoup de députés n'étaient pas encore arrivés. Ce qui éclatait d'une manière certaine, c'était la prépondérance de l'élément conservateur. Elle s'affirma dès le début, à propos de Garibaldi. Élu dans plusieurs départements, le général italien avait donné sa démission par une lettre d'allure républicaine, mais émue et polie. Il était présent à la séance, malade et gardant sur sa tête son sombrero, au grand scandale d'un grand nombre de députés. Le gouvernement de la Défense nationale était alors réuni en face du bureau. La séance était à peine ouverte que Jules Favre se dirigea vers la tribune et parla en ces termes :

« Les membres du gouvernement soussignés, tant en leur nom
« qu'au nom de leurs collègues, qui ratifieront les présentes, ont l'hon-
« neur de déposer leurs pouvoirs entre les mains du président de
« l'Assemblée nationale. Ils resteront à leur poste pour le maintien de
« l'ordre et l'exécution des lois jusqu'à ce qu'ils en aient été réguliè-
« rement relevés. »

Le vice-président de la Défense nationale, qui avait supporté les démarches les plus amères et accepté les tâches les plus pénibles, fut applaudi par l'Assemblée presque tout entière lorsqu'il fit précéder cette formule de démission de quelques paroles dont l'évidente et courageuse sincérité était encore rehaussée par la tristesse et la douleur qu'exprimait toute sa personne.

« Je remplis un devoir qui m'est particulièrement doux, dit-il, en
« déposant les pouvoirs du gouvernement de la Défense nationale
« entre les mains des représentants du pays. Depuis que les membres
« du gouvernement ont été chargés du fardeau qu'ils ont accepté, ils
« n'ont pas eu d'autre préoccupation ni d'autre désir que de voir arriver
« le jour où ils pourraient se trouver en face des mandataires du peuple.
« Ils y sont dans les circonstances les plus douloureuses et les plus
« cruelles; mais grâce à votre patriotisme, grâce à l'ardeur de tous,
« nous réussirons à bander les plaies de notre chère patrie et à reconsti-
« tuer son avenir. C'est à vous, messieurs, qu'appartient cette grande
« œuvre. Quant à nous, nous ne sommes plus rien, si ce n'est vos justi-
« ciables, prêts à répondre de tous nos actes. »

On procéda ensuite à la vérification des pouvoirs avec une hâte que la précipitation du moment explique suffisamment. Cette précipitation laissa passer bien des irrégularités et ce fut plus tard une cause de réclamations aussi inopportunes que stériles. L'Assemblée avait alors autre chose à faire que de dépouiller minutieusement des dossiers électoraux. Le règlement de 1849 fut adopté. La séance allait être levée, lorsque Garibaldi demanda la parole. Il était démissionnaire, M. Benoist-d'Azy ayant lu sa lettre de démission. Au milieu d'un tumulte, précurseur de scandales nombreux du même genre, les conservateurs lui refusèrent la parole, au nom du règlement, qu'il ignorait naturellement.

Le grand grief contre Garibaldi était son attitude et ses proclamations peu favorables au catholicisme, dont la majorité de l'Assemblée était décidée à défendre la situation politique. On lui reprochait aussi, avec peu de justice, ce semble, le pillage de l'évêché d'Autun, dont quelques-uns de ses soldats d'aventure s'étaient rendus coupables pendant la guerre, et qu'il avait d'ailleurs punis sévèrement. Les vociférations de la majorité s'adressaient à un homme qui, de quelque manière qu'on appréciât ses services, était seul en Europe venu au secours de la France, malgré la faiblesse de sa santé et les griefs qu'il croyait avoir contre le gouvernement qui avait abandonné l'Italie à moitié chemin de son unité. Cette intolérance fit une impression fâcheuse, et les républicains comprirent quelles luttes allaient se produire désormais à propos de tout incident et sur toutes les questions. On avait remarqué à cette première séance du 13 l'absence de MM. Crémieux et Glais-Bizoin, qui avaient refusé de tenter les chances électorales, et le soin avec lequel Gambetta s'était tenu à l'écart de ses anciens collègues de la Défense nationale.

III. — THIERS, CHEF DU POUVOIR EXÉCUTIF

La vérification des pouvoirs fut terminée le 16 ; on évita de faire l'élection du bureau définitif, jusqu'à l'arrivée d'un grand nombre de députés, qui étaient retardés par des obstacles de toute nature. D'ailleurs, les partis désiraient être en forces, car on pensait bien se compter sur les premiers scrutins. Cette attente eut cependant un fâcheux résultat. Les passions politiques éclatèrent ; les rancunes, qui malheureusement de notre temps jouent un rôle trop considérable dans la direction de nos affaires, s'accumulaient. Une foule, qui grossissait tous les jours, encombrait à Bordeaux les hôtels, les cafés, les restaurants. Les griefs de chacun se discutaient hautement et dans des conditions d'exaspération qui faisaient oublier le devoir principal, la question de paix ou de guerre.

Il était donc désirable que la période active commençât, l'armistice expirait le 19, et, bien que le vote de la paix fût assuré, il était triste que le 15 février l'Assemblée et le pouvoir exécutif, qui devait traiter en son nom, ne fussent pas constitués.

Le 16, on procéda enfin à l'élection du bureau définitif. M. Jules Grévy, député du Jura, fut élu par cinq cent dix-neuf voix, sur cinq cent

JULES GRÉVY.

trente-six votants. C'était un républicain. Cette unanimité s'expliquait par un honorable sentiment de conciliation et par la crainte de provoquer l'opinion des grandes villes, de Bordeaux même, qui était encore plein de l'esprit de Gambetta, et résolument attaché à la République. Elle s'expliquait aussi par le caractère de l'homme. Républicain avant tout, mais esprit ferme et modéré, M. Grévy avait laissé à tous, par sa vie politique, l'impression d'un homme prudent et clairvoyant; il avait proposé, en 1848, le célèbre amendement à la Constitution, qui, en donnant l'élection du président de la République et le droit de le révoquer à l'Assemblée législative, aurait, s'il eût été adopté, épargné à la France le coup d'État de Décembre. Les vice-présidents furent un légitimiste, M. Benoist-d'Azy, M. Vitet, un orléaniste, connu par ses talents littéraires, et qui, pendant le siège, avait soutenu le gouvernement de la Défense, enfin deux libéraux, d'origine monarchiste, mais qui vinrent rapidement à l'idée républicaine, MM. Martel et Léon de Maleville. Les questeurs furent au contraire des monarchistes, des orléanistes, comme MM. Baze et le général Martin des Pallières, et le général Princeteau, un légitimiste. La police de l'Assemblée leur appartenait, et l'on savait M. Martin des Pallières assez mal disposé pour Gambetta, qui lui avait attribué une grande part dans le second échec d'Orléans. Parmi les six secrétaires, l'un était un républicain, M. Bethmont; le second, M. Paul de Rémusat, fils d'un des plus chers amis de M. Thiers, avait été son secrétaire dans son voyage en Europe, et devait suivre l'évolution de son illustre mentor vers la République. Les quatre autres, MM. de Barante, de Meaux, de Castellane et Johnston, étaient des royalistes avérés. Cette dernière élection, avec celle des questeurs, permit de dégager la force des républicains, c'est-à-dire des représentants résolus à ne pas accepter d'autre forme de gouvernement que la République. Ils étaient au plus cent cinquante, soit à peu près le cinquième de l'Assemblée. Mais un grand nombre de députés, sans attaches absolues avec aucun parti monarchique, orientaient leur politique d'après celle de Thiers, et devaient venir à la République avec lui. Cette catégorie de votants pouvait doubler dans certains cas les voix des républicains. Il y avait cependant plus de quatre cents monarchistes convaincus à l'Assemblée, mais ils étaient peu disposés à s'entendre sur les conditions d'une restauration.

En nommant M. Grévy président, l'Assemblée s'était réservé de confier le pouvoir exécutif à M. Thiers, qui paraissait désigné par son élection multiple. Le 17, sur une proposition signée par MM. Grévy, Vitet, Barthélemy Saint-Hilaire, Dufaure, Rivet, de Maleville, Mathieu de la Redorte, l'Assemblée adopta le décret suivant par cinq cent dix-neuf voix sur cinq cent trente votants :

« L'Assemblée, dépositaire de l'autorité souveraine, considérant
« qu'il importe, avant qu'il soit statué sur les institutions de la France,
« de pourvoir immédiatement aux nécessités du gouvernement et à la
« conduite des négociations,

« Décrète :

« M. Thiers est nommé chef du pouvoir exécutif de la République

« française. Il exercera ses fonctions sous l'autorité de l'Assemblée « nationale, avec le concours des ministres, qu'il aura choisis et qu'il « présidera. »

M. Louis Blanc protesta contre la formule, qui établissait une République provisoire, et laissait la porte ouverte à toutes les tentatives monarchiques, mais le vote n'en fut pas moins un éclatant hommage rendu à M. Thiers et à ses idées. Il voulait à la fois assumer la responsabilité du pouvoir exécutif, et en gardant le droit de paraître à l'Assemblée, se réserver d'agir en médiateur sur des hommes profondément divisés d'opinion et dont il redoutait, pour l'œuvre de pacification et de reconstruction, à laquelle il se dévouait, les luttes et les haines politiques. (17 février).

M. Thiers avait de longue main préparé son ministère. Il avait résolu d'y faire place à tous les partis, et de ne tenir aucunement compte d'une majorité de hasard. La formation définitive du ministère fut annoncée dans la séance du 19. Quatre membres de l'ancien gouvernement de la Défense en faisaient partie. C'étaient Jules Favre à la justice, Ernest Picard à l'intérieur, Jules Simon à l'instruction publique, général Le Flô à la guerre. Les trois premiers étaient notoirement des républicains. Le général Le Flô était un proscrit de Décembre. M. Dufaure à la justice, M. Lambrecht à l'agriculture et au commerce, l'amiral Pothuau à la marine étaient à la fois désignés par leurs talents et par leur esprit libéral, qui les rapprochèrent peu à peu de l'idée républicaine. M. de Larcy, ministre des travaux publics, était un légitimiste libéral. Enfin, quelques jours après, M. Pouyer-Quertier, financier habile, était appelé au ministère des finances. C'était un royaliste, indifférent d'ailleurs sur le caractère et l'origine de la monarchie, dont il appelait le rétablissement. Il avait aux yeux du chef du pouvoir le mérite d'être, ainsi que le ministre de l'agriculture, M. Lambrecht, ennemi du libre-échange. Thiers était passionnément protectionniste.

En annonçant la constitution de son ministère, M. Thiers prononça un discours resté célèbre parce qu'il fut le point de départ des compromis successifs qui ont amené une assemblée monarchiste à voter l'établissement de la République. Il y suppliait les députés d'éviter de mettre en discussion le principe du gouvernement avant d'en avoir fini avec la guerre et d'avoir relevé les ruines qu'elle avait faites. C'était pourtant faire implicitement profiter le régime républicain de l'œuvre réparatrice qui allait être accomplie. Les républicains trouvaient non sans raison que c'était justice; les monarchistes étaient enchaînés par les circonstances ; les monarques en disponibilité se tenaient alors à l'écart, et s'avouaient ainsi incapables, ce qui était d'ailleurs fort naturel, de se charger d'une si lourde tâche. Seul, l'empereur Napoléon III protesta « contre un gouvernement sans mandat, qui, en désorganisant « l'administration, n'a pas laissé debout une seule autorité émanant du « suffrage universel ». Et il terminait ainsi : « Mon devoir sera de « m'adresser à la nation comme son véritable représentant et de lui dire : « Tout ce qui a été fait sans votre participation *directe* est illégitime. »

Cette protestation, après Sedan, ne pouvait avoir aucun effet, et M. Thiers n'eut pas de peine à obtenir de l'Assemblée ce qu'on appelle le *pacte de Bordeaux*, c'est-à-dire la remise à des temps plus calmes de toute discussion au sujet de la forme du gouvernement. En traçant aux représentants le devoir déjà si délicat de la reconstitution de la France, il disait : « Y aurait-il quelqu'un ici qui oserait discuter « savamment des articles de constitution, pendant que nos prisonniers « expirent de misère dans des contrées lointaines, ou pendant que nos « populations, mourantes de faim, sont obligées de livrer aux soldats « étrangers le dernier morceau de pain qui leur reste? »

Mais le pacte de Bordeaux n'empêchait pas les partis d'orienter la politique vers leurs espérances, à propos de l'œuvre de la paix et de la réorganisation. Déjà la question de la prolongation de la défense nationale avait été préjugée. M. Keller, qui appartenait au parti légitimiste et religieux, avait lu à la tribune une protestation préventive contre toute cession de territoire. La majorité, sur la proposition de M. Beulé, après une intervention de M. Thiers, se refusa à s'engager dans cette voie. Un vote favorable à la proposition Keller aurait d'ailleurs arrêté toute négociation ultérieure. L'Assemblée au contraire se prépara à faire l'inventaire du désastre et à traiter rapidement avec l'Allemagne. Huit commissions de quarante-cinq membres chacune (guerre, marine, finances, communications, postes et télégraphes, départements envahis, intérieur, commerce) furent chargées de faire une enquête générale sur la situation et les ressources du pays. Sur la proposition de Jules Favre, une commission de quinze membres fut nommée pour assister MM. Thiers, Jules Favre et Le Flô, chargés de diriger les négociations définitives, que le vote sur la proposition Keller rendaient naturellement pacifiques. Présidée par M. Benoist-d'Azy et M. Victor Lefranc, ami très dévoué du chef du pouvoir exécutif, cette commission comptait des royalistes, comme MM. de Mérode, Deseilligny, Laurenceau, de Lespérut, des officiers députés, peu favorables à la continuation de la guerre, le général d'Aurelle, l'amiral La Roncière, l'amiral Saisset, et enfin des partisans de la politique de M. Thiers, MM. Teisserenc de Bort, Pouyer-Quertier, Vitet, Batbie, Saint-Marc-Girardin, Barthélemy Saint-Hilaire.

IV. — LES PRÉLIMINAIRES DE VERSAILLES

Le gouvernement fit décider la prorogation de l'Assemblée, et le chef du pouvoir exécutif partit pour Paris avec la commission et les négociateurs qui devaient l'assister, MM. Jules Favre, Le Flô, Jules Simon, Lambrecht.

L'armistice avait été prolongé à deux reprises jusqu'au 26 février, puis jusqu'au 12 mars. Le parti militaire allemand, à la suite de négociations habilement conduites par Ernest Picard, avait dû consentir à l'extension de la suspension d'armes aux départements de la Côte-d'Or, du Haut-Rhin, du Jura et du Doubs, pour prix de l'entrée des troupes allemandes à Belfort. M. de Bismarck fit payer ces concessions en exigeant qu'à partir du 1er mars trente mille hommes pénètreraient chaque jour alternativement à Paris, dans le quartier des Champs-Élysées.

Étant donnée l'excitation qui régnait dans la ville non seulement à la suite de la convention d'armistice, mais aussi à cause des élections des départements que l'on savait résolument anti-républicaines, la présence des troupes allemandes à Paris pouvait amener de graves dangers. M. Thiers voulait donc, en pressant des négociations désormais inévitables, rendre la situation moins périlleuse.

Le 20 février, la commission et les négociateurs arrivèrent à Paris ; le 21, Thiers se rendit à Versailles, et entama immédiatement avec M. de Bismarck les négociations définitives pour l'établissement des préliminaires de paix. Le chancelier présenta comme un ultimatum les conditions suivantes : l'Alsace avec Belfort, la Lorraine avec Metz et Thionville, et six milliards de contribution de guerre.

De telles conditions étaient difficiles à accepter. Le chancelier paraissait s'y tenir impitoyablement ; il savait la résolution irrévocable de l'Assemblée de Bordeaux en faveur de la paix. Il croyait pouvoir en abuser. Thiers demanda une entrevue à l'empereur Guillaume, il essaya d'obtenir des clauses moins dures en faisant craindre au vieux souverain le jugement de la postérité. Il n'en put tirer aucun adoucissement. On renonçait cependant à exiger la remise de la flotte française et à fixer le chiffre de son contingent militaire annuel.

La journée du 22 ne fut pas plus heureuse. M. de Bismarck se refusait décidément à toute conciliation. Il n'admettait pas que le chiffre de six milliards fût exagéré. M. Thiers était désolé ; il lui semblait à lui-même, si partisan fût-il de la paix, qu'il était impossible de négocier sur de pareilles exigences. La commission des quinze, partie avec l'intention de traiter avec la Prusse, se laissait gagner à l'indignation ; il y eut quelques heures où l'on put croire que la guerre allait reprendre, et les hommes, qui approchaient M. Thiers, commençaient à craindre de sa part un éclat prochain et une rupture définitive. Ce que le chef du pouvoir exécutif souffrit pendant ces terribles journées, on ne saurait l'imaginer. Il se débattait cruellement entre la nécessité de la paix et la colère que lui inspiraient les prétentions du vainqueur. Il savait d'ailleurs que le parti militaire trouvait M. de Bismarck trop facile, que les anciens plans de 1815 pour l'annexion de nos provinces de l'Est, depuis la Flandre jusqu'à la Franche-Comté, paraissaient réalisables à l'état-major allemand, que le dessein de saigner la France à tout jamais, en augmentant encore l'indemnité de guerre, était hautement avoué.

Les six milliards semblaient déjà aux négociateurs français impossibles à trouver. Cependant, dans la matinée du 23, deux banquiers allemands, MM. de Bleischrœder et Hecknel, présentés par M. de Bismarck, se rendirent à Paris devant la commission des quinze pour lui communiquer un projet qu'ils avaient élaboré, et grâce auquel ils se chargeaient d'aider la France à se procurer les sommes nécessaires. Cette combinaison, qui comportait naturellement une importante commission pour les intermédiaires, avait de plus contre elle la nationalité des financiers prussiens. Ils furent écartés poliment. MM. Thiers et Jules Favre retournèrent alors à Versailles. M. de Bismarck les accueillit en leur annonçant comme une concession extrême l'abaissement de l'indemnité de guerre de six milliards à cinq milliards. Thiers ne se tint pas pour satisfait. Il porta la discussion sur la possession de Metz. Le chancelier se montra inflexible, mécontent même qu'on se permît de discuter, et profita pour s'emporter, au sujet de quelques vivacités du négociateur français. Repoussé avec perte sur la question de Metz, Thiers se rabattit sur celle de Belfort. Mais cette fois il ne céda plus : une nouvelle et interminable discussion s'engagea ; politesses et menaces, M. de Bismarck employa tout en vain. Le chef du pouvoir exécutif, profitant habilement des préparatifs que Gambetta et ses collaborateurs avaient recommencés si énergiquement à la fin du mois de janvier, fit valoir que la France n'était pas entièrement dénuée de ressources. Surexcité par son chagrin, par l'ardeur de son tempérament, qu'il lui fallait vaincre pour se plier à tant de sollicitations, refusant de prendre le moindre repos, l'homme qui venait de s'opposer, il y avait à peine trois jours, à la protestation des Alsaciens-Lorrains, se laissa aller à un mouvement de colère patriotique et de révolte irrésistible, et contenu avec peine par M. Jules Favre, qu'effrayaient la violence et l'exaspération de son vieil ami, il plaça M. de Bismarck entre cette alternative : laisser Belfort à la France ou recommencer la guerre.

Le chancelier est un homme trop clairvoyant pour ne pas savoir jusqu'où il lui est permis d'être inexorable. Il avait ses raisons, peut-être personnelles, peut-être patriotiques, pour ne pas laisser le parti militaire augmenter encore son influence par de nouvelles victoires, ou compromettre des succès inouïs par la prolongation d'une campagne, qui pouvait, par sa durée seule, entraîner l'Allemagne dans la ruine de la France. Il eut ce mérite rare, et disons le mot, bien qu'il s'agisse d'un homme à qui notre génération ne saurait pardonner, admirable, de ne pas compromettre les résultats obtenus, en cédant à la tentation d'obtenir davantage. Il se retira un instant, pour consulter, disait-il, M. de Moltke et obtenir le consentement de l'empereur. A son retour, il posa la question en ces termes : Si la France cédait Belfort, l'armée allemande n'entrerait pas à Paris.

Il ne semble pas que M. de Bismarck ait cru M. Thiers assez peu Français pour sacrifier Belfort à la satisfaction de ne pas laisser les Prussiens entrer dans Paris. Belfort resta donc à la France. Le roi de Prusse ajouta cependant une exigence à ces conditions. Il voulut que, pour prix de la concession réelle faite au sujet de Belfort, on lui cédât du côté de Metz quelques points, qui semblaient devoir rester aux Français. Il désira posséder Saint-Privat-la-Montagne pour y élever à sa garde un monument commémoratif; elle y avait été décimée le 18 août par le corps du maréchal Canrobert.

Le 24, les points de détail de la convention furent réglés, Thiers disputant pied à pied les demandes du vainqueur, M. de Bismarck mêlant tour à tour dans sa discussion, la conciliation et l'emportement. Aussitôt le gouvernement français laissa transpirer le résultat des négociations. L'Europe tout entière, même après la restitution de Belfort, après la réduction de l'indemnité à cinq milliards, trouvait les conditions exorbitantes. Cependant elle s'y résignait volontiers, par haine de la France, par crainte de l'Allemagne. L'Angleterre, plus clairvoyante alors, protesta, et conseilla la modération à l'empereur Guillaume.

Cette intervention, peu sérieuse, n'eut d'autre résultat que de persuader à M. de Bismarck de hâter la fin des négociations. Il résolut d'en revenir à l'intimidation. Le 25, les négociateurs français furent reçus d'abord froidement, puis, la colère s'emparant peu à peu du chancelier, il les accusa de vouloir recommencer la guerre avec les encouragements des Anglais. Peut-être cet homme, qui se possède si bien, eut-il un moment d'exaspération devant la tranquillité de Thiers, qui, désormais sûr d'obtenir Belfort, ne cherchait plus qu'à régler au mieux des intérêts de sa patrie les questions accessoires. A la première objection qui lui fut faite, ce jour-là, par les négociateurs français, il se laissa entraîner à un mouvement nerveux, prétendit que toutes ses propositions devaient être considérées comme des ultimatums, et tout à coup déclarant qu'il ne parlerait plus français, continua à exhaler sa mauvaise humeur en allemand.

Le calme de M. Thiers le déconcerta, et, sur l'observation que le chef du pouvoir exécutif ne savait pas l'allemand, il reprit la conversation en langue française, qu'il parle avec aisance. Il voulait faire oublier sa violence et à cinq heures pria les deux représentants de la France de dîner avec lui. Thiers refusa, et resta en conférence avec M. Alphonse de Rothschild, arrivé de Paris, pour arrêter avec lui les négociations financières, nécessaires au premier paiement de l'indemnité de guerre. MM. Thiers et Jules Favre se rendirent au cercle habituel du chancelier et surent adroitement, tout en paraissant oublier les incidents de la journée, garder un maintien qui leur permit d'éviter la singulière familiarité, que M. de Bismarck croyait naturelle entre lui et les défenseurs des intérêts français.

Ce fut le lendemain (26 février) que furent signés définitivement les préliminaires de paix. Dans le grand salon de l'hôtel Jessé se réunirent M. de Bismarck et les chefs de ses bureaux, MM. Jules Favre et Thiers, M. de Steinburg pour la Bavière, baron de Waechter pour le Wurtemberg, MM. Mittnach pour le pays de Bade, Jolly pour la Hesse-Darmstadt. La convention contenait dix articles qui réglaient d'une manière sommaire la question des nouvelles frontières, enlevant à la France le Haut-Rhin sauf Belfort, le Bas-Rhin, la Moselle sauf Briey, les arrondissements de Château-Salins et de Sarrebourg dans la Meurthe, avec quelques positions du département des Vosges.

Sans établir des stipulations détaillées et définitives, remises à la signature du traité de paix, les préliminaires indiquaient les conditions dans lesquelles le payement de l'indemnité de guerre devait s'effectuer.

Un milliard serait payé en 1871, le reste en l'espace de trois ans. Paris et la rive gauche de la Seine seraient évacués aussitôt après la ratification des préliminaires par l'Assemblée ; l'Oise, la Somme, la Seine, la Seine-Inférieure, la Seine-et-Marne, après le premier payement. L'évacuation des autres départements devait être fixée d'après l'échelonnement des autres échéances. Le gouvernement français était tenu à servir l'intérêt des sommes dues, et à payer l'entretien des troupes d'occupation, qui cesseraient toute réquisition.

V. — LA RATIFICATION, DÉCHÉANCE DE L'EMPIRE

M. Thiers, ses collègues et la commission des quinze partirent immédiatement pour Bordeaux. Il s'agissait d'obtenir un vote rapide, non seulement pour en finir avec l'invasion, mais pour que le gouvernement pût concentrer son attention sur la situation de Paris. Les partisans de la Commune, étaient appuyés par les bataillons de la garde nationale des quartiers excentriques ; ils avaient une organisation politique, grâce à l'action du Comité central de la garde nationale, formé d'hommes qui s'étaient donné à eux-mêmes mandat de préparer une révolution, et ils étaient prêts à profiter de l'entrée des Prussiens à Paris pour provoquer un mouvement. Ils comptaient, non sans raison, au moins sur l'indulgence des républicains plus modérés, que l'attitude de l'Assemblée nationale inquiétait profondément. Le chef du pouvoir exécutif résolut donc de presser le vote des préliminaires. La discussion s'ouvrit le 28 février.

Bien que les concessions obtenues par M. Thiers paraissent aujourd'hui considérables sur certains points, au sujet de Belfort principalement, la lecture des conditions de la paix produisit sur l'Assemblée l'impression de l'indignation encore plus que de la douleur. Thiers obtint difficilement l'urgence ; cependant la commission nommée pour examiner le texte de la convention conclut à l'adoption dans la séance du 1ᵉʳ mars. M. Victor Lefranc était le rapporteur.

Les orateurs opposés à la ratification attaquèrent violemment ses conclusions. MM. Edgar Quinet, Victor Hugo, Louis Blanc, parlèrent contre le démembrement de la France au nom des principes. Victor Hugo indisposa l'Assemblée en faisant appel à des sentiments de cosmopolitisme, dont la théorie poétique, essentiellement généreuse, et l'allure prophétique ne concordaient pas avec les circonstances. MM. Edgar Quinet et Louis Blanc s'exprimèrent davantage en hommes politiques. Leur argumentation était fondée sur l'impossibilité d'établir une paix durable en acceptant la mutilation de la patrie. Parmi les adversaires du projet de loi, M. Millière donna à son discours un ton de provocation contre l'Assemblée ; MM. Langlois et Jean Brunet, un socialiste et un catholique, firent remarquer qu'on n'avait pas encore épuisé tous les moyens de résistance.

Les discours en sens contraire de MM. Changarnier et Vacherot ne firent pas d'ailleurs une impression beaucoup plus sensible sur l'Assemblée. Il n'en fut pas de même de la protestation d'un député des Vosges, M. Georges, qui fut écouté avec émotion. Puis M. Bamberger, député de la Moselle vint parler au nom de la Lorraine. Il conjura l'Assemblée de ne pas ratifier un traité aussi désastreux qu'humiliant pour la France. « Un seul homme, ajouta-t-il, celui dont le « nom restera cloué à l'infamant pilori de l'histoire, devrait signer un « pareil traité. » Cette phrase souleva les réclamations de trois députés

LOUIS BLANC.

bonapartistes, MM. Galloni d'Istria, Conti et Gavini. M. Conti monta à la tribune pour rappeler à plusieurs représentants qu'ils avaient prêté serment à l'Empire et leur reprocher de vouloir retrancher de l'histoire ce qu'il appelait quelques années de prospérité et de gloire. Cette assertion fut le signal d'une émotion violente dans toute l'Assemblée. L'indignation fit explosion de tous les côtés, chez les monarchistes comme chez les républicains. M. Bethmont proposa alors de prononcer la déchéance. Sa proposition fut lue par M. Target, et Thiers lui-même se chargea de la soutenir.

« Messieurs, dit-il, je vous ai proposé une politique de conciliation
« et de paix, et j'espérais que tout le monde comprendrait la réserve
« dans laquelle nous nous renfermons à l'égard du passé. Mais ce
« passé se dresse devant nous ; il semble se réjouir de nos malheurs,
« lorsque nous courbons la tête sous ses fautes, sous ses crimes.
« Savez-vous ce que disent en Europe les princes que vous repré-
« sentez? Je l'ai entendu de la bouche des souverains : ils disent que
« ce n'est pas eux qui sont coupables de la guerre, que c'est la
« France. Eh bien, je leur donne un démenti à la face de l'Europe.
« Non ! la France n'a pas voulu la guerre. C'est vous qui protestez qui
« l'avez voulue. Vous avez méconnu la vérité, elle se dresse aujour-
« d'hui devant vous et c'est une punition du ciel de vous voir ici obligés
« de subir le jugement de la nation, qui sera aussi celui de la posté-
« rité. Je n'ajoute plus qu'un mot : vous dites que nous ne sommes pas
« une Constituante, mais il n'est pas douteux que nous soyons souve-
« rains. Savez-vous pourquoi? C'est que depuis vingt-cinq ans c'est
« la première fois que les élections aient été parfaitement libres. »

A la suite de ce discours, la déchéance fut votée par assis et levé ; six voix seules se prononcèrent en faveur de l'Empire. Cette satisfaction donnée à la colère publique, on écouta la fin du discours de M. Bamberger. Puis au nom de l'Alsace, M. Keller, député de Belfort, vint attaquer les préliminaires de Versailles. Membre de la majorité monarchiste, M. Keller, qui avait organisé pendant la guerre un corps important de francs-tireurs, n'avait pas dû d'abord porter la parole, bien qu'il eût été chargé de présenter, le 17 février, la protestation préventive des Alsaciens-Lorrains contre toute cession de territoire. C'était au maire de Strasbourg, M. Küss, qu'avait été réservée la tâche de défendre la cause de l'Alsace et de la Lorraine. Mais M. Küss était alors mourant et ses angoisses de patriote précipitaient le cours de sa maladie. M. Keller profita habilement de cette circonstance. « L'agonie de M. Küss, dit-il, est le plus éloquent des discours...
« Je proteste contre ce traité. Si l'Assemblée le ratifie, j'en appelle à
« Dieu vengeur des justes causes. J'en appelle à tous les peuples qui ne
« veulent pas se laisser vendre comme un bétail, j'en appelle enfin à
« l'épée des hommes qui voudront le plus tôt possible déchirer ce détes-
« table traité..... Nous voulons être Français, nous resterons Français ;
« il n'y a pas de signature ni de l'Assemblée, ni de la Prusse, qui puisse
« nous empêcher de rester Français. »

M. Thiers avait déjà répondu au discours de M. Georges qu'il ne se serait pas chargé des négociations s'il avait cru la guerre encore possible.

Il se prépara à répondre à M. Keller avec une profonde émotion. En montant à la tribune il dit au député de Belfort : « Donnez-moi les « moyens ; » et, sur un silence significatif, il ajouta : « Alors ne nous « donnez pas des paroles. » Le discours de M. Thiers, inspiré par le rapport général de l'amiral Jauréguiberry sur la situation militaire, déposé le 24 février, montrait l'impossibilité de tenter de nouveaux efforts. Il ne dissimulait pas les douloureux sacrifices qu'on exigeait de l'Assemblée ; mais il présentait une paix, achetée même à un tel prix, comme la seule condition d'une reconstitution rapide. Sa voix entrecoupée, l'émotion invincible qui remplissait ses yeux de larmes, exercèrent sur l'Assemblée, d'ailleurs déjà décidée, une influence irrésistible. Les conclusions de la commission furent adoptées par cinq cent quarante-six voix contre cent sept. En dehors des députés des départements menacés, qui votèrent tous contre, les opposants les plus marquants étaient MM. Emmanuel Arago, Gambetta, Clément Laurier, Ranc, Gent, pour la Défense nationale ; sur vingt-quatre généraux, quatre seulement, les généraux Chanzy, Billot, Loysel, Mazure firent partie de la minorité. Tous les amiraux représentants votèrent avec la majorité. Enfin, en dehors de M. Keller, un seul député de droite, M. Hervé de Saisy, vota contre la ratification.

Les députés des départements visés par le traité (il y en avait vingt-huit) donnèrent alors leur démission. L'un d'eux, M. Grosjean, député des Vosges, porta pour eux la parole en ces termes :

« Les représentants de l'Alsace et de la Lorraine ont déposé, « avant toute négociation de paix, sur le bureau de l'Assemblée natio- « nale une déclaration affirmant, de la manière la plus formelle, au « nom de ces provinces, leur volonté et leur droit de rester françaises.

« Livrés, au mépris de toute justice et par un odieux abus de la « force, à la domination de l'étranger, nous avons un dernier devoir à « remplir. Nous déclarons encore une fois nul et non avenu un pacte « qui dispose de nous sans notre consentement. La revendication de « nos droits reste à jamais ouverte à tous et à chacun, dans la forme « et dans la mesure que notre conscience nous dictera. Au moment « de quitter cette enceinte, où notre dignité ne nous permet plus de « siéger, et malgré l'amertume de notre douleur, la pensée suprême « que nous trouvons au fond de nos cœurs est une pensée de recon- « naissance pour ceux qui, pendant six mois, n'ont pas cessé de nous « défendre, et d'inaltérable attachement à la patrie dont nous sommes « violemment arrachés. Nous vous suivrons de nos vœux et nous « attendrons avec une confiance entière dans l'avenir que la France, « régénérée, reprenne le cours de sa grande destinée.

« Vos frères d'Alsace et de Lorraine, séparés en ce moment
« de la famille commune, conserveront à la France, absente de leurs
« foyers, une affection filiale, jusqu'au jour où elle viendra y reprendre
« sa place. »

« Chauffour, Teutsch, Schnéegans, André, Ostermann, Keller,
« Kablé, Melsheim, Bœll, Titot, Albrecht, Al. Kœchlin, Rehm, Scheu-
« rer-Kestner, Saglio, Humbert, Küss, Rencker, Deschange, Bœrsch,
« Tachard, Noblot, Dornès, Bamberger, Bardon, Gambetta, Hart-
« mann, Grosjean. »

Le départ des députés annexés fut accueilli par le plus profond silence. Ils quittèrent la salle au milieu d'une terrible angoisse. L'Assemblée n'accepta pas leur démission; mais la plupart d'entre eux la maintinrent. Trois députés de la Meurthe, MM. Varroy, Brice et Claude suivirent cet exemple. M. Ledru Rollin était démissionnaire dès le 18 février. MM. Rochefort, Ranc, Malon et Tridon donnèrent une démission collective, comme n'étant plus autorisés, après le vote qui cédait l'Alsace et la Lorraine, à représenter « la France républicaine, une et indivisible ». M. Félix Pyat lut une protestation de même nature et, sans donner sa démission, déclara se retirer d'une assemblée qui n'existait plus en droit, puisqu'elle ne représentait plus la France entière, dont elle tenait son mandat. Une autre démission se produisit un peu plus tard, celle de M. Girod-Pouzol (du Puy-de-Dôme).

Pouvait-on prendre parti d'une manière bien certaine pour les uns ou pour les autres? Certes, quelques généraux, avec Chanzy, votèrent pour la continuation de la guerre; et parmi les officiers qui votèrent la paix, quelques-uns, comme le général d'Aurelle, n'étaient pas bien placés pour donner en cette circonstance un avis désintéressé. Mais la conviction de M. Thiers, et de beaucoup de républicains, parmi lesquels il suffirait de placer M. Grévy et M. Henri Martin, était aussi profonde que pure de toute arrière-pensée politique. Le général Faidherbe, notoirement favorable à Gambetta, avait rédigé, pour la région du Nord, un mémoire peu encourageant.

Le tableau de la situation militaire de la France, dressé, non sans quelque exagération en mal, par l'amiral Jauréguiberry, était aussi sincère que lamentable. Lorsqu'il affirmait que la France ne saurait mettre en ligne immédiatement plus de cinquante mille soldats, sur les sept cent cinquante-quatre mille hommes récemment appelés sous les drapeaux, il ne se trompait pas assez pour que la faiblesse de nos forces ne donnât pas à réfléchir.

Sans prendre trop au sérieux les évaluations de chiffres, qui sont toujours sujettes à caution, on peut admettre, qu'il y avait, en Allemagne, onze mille neuf cents officiers prisonniers et trois cent soixante-dix mille soldats; il y avait en plus des quatre-vingt mille internés en Suisse, quatre-vingt-neuf mille hommes prisonniers à Paris, et deux mille neuf cents officiers désormais inutiles soit avec le général Clinchant, soit à Paris. Enfin la France avait perdu cent quarante mille tués ou blessés.

KUSS
Dernier maire français de Strasbourg.

Vingt-deux places fortes et dix-neuf cents canons étaient tombés entre les mains de l'ennemi. D'autre part, les Allemands avaient perdu, en tués ou blessés de cent vingt à cent trente mille soldats, et près de sept mille officiers. Ils avaient encore près de sept cent mille hommes en France, et M. de Bismarck avait parlé d'un projet qui consistait à en former sept colonnes infernales de cent mille hommes, pour ravager la France dans toutes les directions.

La seule chance de résister à cette masse victorieuse eût été dans un mouvement de soulèvement national, unanime, sans une défaillance, qui, sans se soucier des ruines accumulées par l'ennemi, l'aurait entouré de périls toujours renaissants, l'épuisant par des luttes répétées et sans fin. Peut-être, alors, la difficulté d'occuper sérieusement tout le sol français, l'intervention presque nécessaire de l'Europe auraient-elles rejeté sur l'Allemagne les catastrophes qu'elle venait d'infliger à la France. Cette guerre invraisemblable, que Louis Blanc appelait la guerre au couteau, Gambetta la croyait possible. Il ne semble pas que cette abnégation générale eût été cependant facilement obtenue.

L'Assemblée, par son vote du 1ᵉʳ mars, fut donc l'écho fidèle de l'opinion dominante. Heureusement Thiers, tout en désirant la paix aussi passionnément, était résolu à la rendre le moins onéreuse qu'il se pouvait faire dans d'aussi tristes conjonctures. Forcé de demander à la France le sacrifice de l'Alsace-Lorraine, il prétendit au moins éviter par sa prudence et sa résolution tout ce qui pouvait aggraver les désastres de sa patrie. Il se hâta de télégraphier à Jules Favre, resté à Paris, le texte du vote de la ratification.

Ce jour même, M. Küss mourut à Bordeaux. Il était connu par l'ardeur de son amour pour la France. Dans ses derniers moments, il avait oublié ses souffrances, pour se préoccuper exclusivement du sort réservé à l'Alsace. Sa mort frappa douloureusement l'opinion comme un signe visible de la séparation des provinces enlevées à la patrie. Ses funérailles eurent lieu le 2 mars. Personne n'osa protester, lorsque Gambetta vint, au nom du parti républicain, dire les adieux suprêmes au dernier maire français de Strasbourg.

Démissionnaire de la veille, le grand orateur était alors profondément atteint par les fatigues de quatre mois d'un travail inouï et d'angoisses sans exemple. Jamais cependant il n'avait été mieux inspiré, et, commençant son rôle d'homme d'État, il trouvait pour la première fois l'une de ces formules saisissantes, qui lui servirent si souvent à préciser les questions politiques, et à en rendre claires à tous l'idée fondamentale et les difficultés. Aux funérailles de M. Küss, il indiqua en ces termes cette nécessité malheureusement fatale, qui ne permettra à la France de reprendre sa place dans le monde qu'après sa reconstitution territoriale : « La force nous sépare, mais pour un temps
« seulement, de l'Alsace, berceau traditionnel du patriotisme français.
« Nos frères de ces contrées malheureuses ont fait dignement leur
« devoir, et, eux, du moins, ils l'ont fait jusqu'au bout. Eh bien,
« qu'ils se consolent en pensant que la France désormais ne saurait
« avoir d'autre politique que leur délivrance. »

VI. — LES PRUSSIENS A PARIS

Cette pensée que Gambetta appliquait aux choses de l'avenir, Thiers, dans la mesure de ses forces et des forces actuelles de la patrie, se hâta d'en faire une réalité pour le présent. D'après les conditions de l'armistice, confirmées par les préliminaires de Versailles, pendant la discussion qui s'éleva au sujet de Belfort, les Allemands devaient entrer à Paris, aux Champs-Élysées, le 1er mars. Thiers, en obtenant ce jour-là le vote de la ratification, avait voulu diminuer le temps et les dangers de cette occupation. Jules Favre porta donc immédiatement à Versailles le télégramme de Bordeaux. Ce fut une véritable déception pour M. de Bismarck et pour le grand état-major.

Le matin du 1er mars, la première division de trente mille hommes avait pénétré entre le quai, la place de la Concorde et les Champs-Élysées. Les journaux n'avaient pas paru, la Bourse et toutes les administrations publiques étaient fermées. Un cordon de garde nationale interceptait les voies qui donnaient accès au quartier occupé. Bientôt, lorsque les boulangeries et les boucheries eurent servi leurs clients, tous les magasins de la grande ville se fermèrent à leur tour. Paris fut pendant quelques heures sans mouvement et sans bruit. Le général de Kamecke, qui commandait le 1er corps d'occupation, étendit ses troupes du rond-point de l'Arc de Triomphe à la place de la Concorde. L'empereur passa la revue d'une partie de ses soldats à Longchamps. Dans l'après-midi, l'invincible badauderie, qui possède les boutiquiers de Paris, les poussa à se rendre, comme à un spectacle, du côté des Champs-Élysées. Cette curiosité déplorable causa de regrettables incidents; cependant elle s'arrêta le soir, et la ville si animée ordinairement jusqu'au milieu de la nuit, prit à partir de six heures l'aspect d'une ville sans lumières et presque sans habitants. M. de Bismarck, fut reconnu et insulté à Paris, où il se rendit à cheval dans la matinée du 2 mars. Il en vint rapidement à se féliciter du temps si court laissé au triomphe de l'armée, lorsqu'il reçut le télégramme de Bordeaux, arrivé à Versailles, le jour même, de l'entrée des Prussiens à Paris; il se rendait compte des conséquences du massacre effroyable que pouvait faire naître une collision très possible. Néanmoins, pour satisfaire le parti militaire, exaspéré, et qui comptait avoir quinze jours pour faire défiler l'armée tout entière dans la ville conquise, pendant la discussion des préliminaires qu'on pensait devoir se prolonger, il refusa d'exécuter, sur l'avis d'un simple télégramme, la clause qui décidait l'évacuation de Paris et de la rive gauche de la Seine dès la ratification votée par l'Assemblée.

Les Prussiens eurent donc encore une matinée à parquer dans les Champs-Elysées. Ils exigèrent, d'après un engagement qui n'avait pas cependant été écrit dans la convention, qu'on laissât, sous la direction de leurs officiers, des escouades de soldats visiter le Louvre et les Invalides. Quelques officiers ne purent résister au plaisir de se faire voir, et parurent sur la colonnade du Louvre ; des rassemblements se formèrent, et le général Vinoy, inquiet des conséquences que pouvait avoir cette imprudence, se fonda sur le silence de la convention pour s'opposer désormais à l'entrée des Prussiens au palais. En ce moment, un envoyé de Bordeaux apporta à Jules Favre l'instrument authentique de la ratification. Le ministre des affaires étrangères le porta immédiatement à Versailles et dès le 3 au matin les troupes prussiennes sortirent de Paris pour n'y plus rentrer.

La promptitude du vote de l'Assemblée fit cesser un danger réel. Le 26 février, les hommes qui composaient ce qu'on appelait le Comité central de la garde nationale avaient résolu de provoquer un mouvement d'opposition contre l'entrée des Allemands. La foule emporta les canons du parc organisé place Wagram et les transporta place des Vosges, pour les enlever, disait-on, aux Prussiens. Le 27 février, un grand nombre de gardes nationaux se portèrent aux Champs-Élysées dans une intention hostile. Deux proclamations, l'une signée par Thiers, Jules Favre et Ernest Picard, l'autre par le général Vinoy, recommandèrent le calme, et firent sentir aux Parisiens les résultats probables d'une manifestation violente. Il se produisit cependant des commencements d'échauffourée à l'École militaire et à la caserne de la Pépinière. Mais le Comité central renonça de lui-même à continuer ses excitations et publia une affiche où il déconseillait la résistance.

VII. LES CONFÉRENCES DE BRUXELLES. LA PAIX DE FRANCFORT

La population parisienne avait fait preuve d'une sagesse remarquable devant l'occupation prussienne. Le gouvernement ne pouvait pas cependant se flatter d'avoir gain de cause contre les ennemis intérieurs et très déterminés qu'il se savait à Paris. Nous verrons plus tard que le conflit, déjà à l'état latent, éclata d'une manière irrémédiable le 18 mars. Ces discordes civiles, depuis longtemps dans l'air, rendirent plus difficile le devoir délicat entre tous de convertir les préliminaires de Versailles en paix définitive.

PURIFICATION DES ABORDS DE L'ARC DE TRIOMPHE APRÈS L'OCCUPATION DES PRUSSIENS.

Les négociations reprirent à Bruxelles le 24 mars 1871. L'Allemagne y fut représentée par le comte d'Arnim, et le ministre de Prusse à Bruxelles, le baron de Bulow. La France eut pour représentants M. de Goulard et M. de Clercq, membres de l'Assemblée, le baron Baude, ministre de France à Bruxelles, et le général Doutrelaine, officier du génie, chargé depuis longtemps des services administratifs au ministère de la guerre.

Ces négociations furent dirigées parallèlement avec celles que Jules Favre et Thiers étaient obligés d'entamer avec les chefs de l'armée d'occupation et M. de Bismarck, soit pour faciliter la reprise du travail et des affaires dans les départements occupés, soit pour reconstituer en face de l'insurrection qui s'était rendue maîtresse de Paris, le 18 mars, une armée capable de contenir les forces des insurgés et de réoccuper la capitale de la France.

M. de Bismarck prétendait profiter de ces difficultés imprévues pour reculer les dates de l'évacuation, et pour soumettre le gouvernement français aux exigences accessoires, qu'il produisit à la conférence de Bruxelles. Il demandait d'abord le payement de la contribution de guerre en espèces métalliques. La crise monétaire qui éclata en 1871 et 1872 prouve que, si cette exigence avait été acceptée, la France aurait peut-être été incapable de faire honneur aux engagements financiers des préliminaires. Puis, les plénipotentiaires allemands ne proposaient pour le rachat de la partie des chemins de fer de l'Est, afférente à l'Alsace-Lorraine, qu'une somme insuffisante. Enfin le gouvernement de Berlin prétendait exiger une indemnité pour tous les sujets allemands expulsés par suite de la guerre, et la restitution de toutes les prises maritimes faites par la marine française.

Les représentants de la France s'élevèrent contre de pareilles demandes et à leur tour réclamèrent au sujet de la dette; l'Alsace-Lorraine devait, disaient-ils, en supporter sa part proportionnellement. Ces nouvelles discussions ne furent pas du goût de M. de Bismarck; il protesta à Paris auprès du gouvernement de la République, décida qu'il n'accepterait plus d'objection, et en revint comme d'habitude à des menaces, dont Thiers dut ne pas s'émouvoir outre mesure.

Jules Favre réussit même à conclure avec le général de Fabrice, commandant le corps d'occupation et ministre de la guerre de Saxe, une convention, qui était favorable à la France, pour le rétablissement des chemins de fer, le rapatriement des prisonniers, la remise de l'administration des départements aux préfets français, enfin la fixation des prestations à fournir aux soldats allemands pendant le temps de l'occupation.

Lorsque la guerre du gouvernement légal contre la Commune fut devenue chose sérieuse, M. de Bismarck feignit d'observer la plus stricte neutralité entre les deux partis. Il fit même, au début d'avril, au Parlement allemand (Reichstag) un discours en trois points, où il reconnaissait avec une bonne volonté au moins surprenante ce qu'il pouvait y avoir de raison au fond des revendications des Parisiens.

Trois des chefs de la Commune, MM. Cluseret, Paschal-Grousset et

POUYER-QUERTIER.

Rossel eurent, à Vincennes, des rapports avec le commandant prussien, le général Schlotheim. Néanmoins, à deux reprises, le chancelier consentit à ce que l'armée française autour de Paris s'élevât successivement à quatre-vingt mille et à cent vingt mille hommes ; mais sa mauvaise humeur augmenta lorsque, le second siège avançant, il s'aperçut que la discussion continuait à Bruxelles. Il posa à Thiers, le 2 mai, l'ultimatum suivant : l'Allemagne obtiendra les chemins de fer d'Alsace-Lorraine, sans payer aucune compensation, ou réoccupera Paris. Il faisait entendre, en même temps, que le gouvernement français agissait avec mauvaise foi, pour se soustraire aux clauses des préliminaires de Versailles.

Jules Favre proposa alors à M. de Bismarck de traiter directement avec lui à Francfort. La conférence de Bruxelles fut levée; M. de Goulard se rendit à Francfort, où le ministre des affaires étrangères arriva, le 6 mai, avec le ministre des finances, M. Pouyer-Quertier. Ils se rendirent auprès du chancelier, à l'hôtel du Cygne, et furent mal accueillis; M. de Bismarck se refusa à toute discussion et prétendit que la France s'était arrangée pour se soustraire à ses obligations. Le lendemain, le chancelier se rendit à son tour auprès des envoyés français, et leur lut un prétendu ultimatum qu'il disait tenir de l'empereur. Néanmoins, il accepta une dernière discussion. Sous prétexte de s'assurer un gage, il fit reporter à une époque ultérieure l'évacuation des quinze départements, fixée après le troisième demi-milliard. Il se fit accorder le droit de faire faire des reconnaissances militaires dans la zone de Paris.

Le 8 mai, on aborda les dernières difficultés. Pour ajouter au territoire de Belfort le canton de Giromagny, et porter la banlieue de cette ville, de six mille âmes à vingt-sept mille, Jules Favre rétrocéda, sur la frontière du Luxembourg, un territoire qui arrondissait de dix mille âmes les acquisitions des Allemands autour de Metz.

La convention commerciale annexée au traité décida que l'Allemagne serait traitée jusqu'en 1891 sur le pied de la nation la plus favorisée, disposition désastreuse, et que le prince Frédéric-Charles appelait un *Sedan industriel*. En effet, la France avait intérêt à provoquer, par des tarifs légers, l'entrée des produits naturels de l'Espagne et de l'Italie, dont l'industrie, encore naissante, ne pouvait entrer en concurrence sérieuse avec les produits français. Le même avantage, accordé à l'Allemagne, devait lui permettre de faire à notre industrie nationale une concurrence irrésistible, les procédés de falsification étant plus avancés, la main-d'œuvre et l'outillage moins coûteux au delà du Rhin qu'en France.

Au moins M. Pouyer-Quertier, dont la bonne humeur normande dédommageait M. de Bismarck de la tristesse invincible de Jules Favre, obtint que le chancelier porterait l'indemnité à payer pour les chemins de fer d'Alsace-Lorraine de 100 à 400 millions, dont 325 imputables sur le premier demi-milliard d'acompte.

Le traité définitif fut signé le 4 mai par MM. de Bismarck, Arnim, de Hatzfeld, par MM. Jules Favre, Pouyer-Quertier, de Goulard.

L'Assemblée nationale en accueillit plusieurs clauses avec une certaine mauvaise humeur. Le général Chanzy attaqua les échanges de territoire consentis pour la conservation de Belfort. M. Thiers les défendit, en s'appuyant sur une lettre du colonel Denfert. Le traité fut accepté par quatre cent trente-trois voix contre quatre-vingt-dix-huit, et Jules Favre retourna à Francfort pour y porter la ratification, le 21 mai 1871.

Les payements de l'indemnité furent réguliers. Le 27 juin 1871, l'emprunt nécessaire au premier paiement fut couvert deux fois en six heures. Les Allemands reçurent alors 500 millions et l'intérêt stipulé. En septembre, ils reçurent 1 milliard, le 12 octobre, 650 millions. Un peu plus tard, un nouvel emprunt de 3 milliards fournit une souscription de 41 milliards. Le troisième milliard fut payé au début de 1872, le quatrième, le 5 mai de la même année ; le cinquième enfin par trimestre et par quart pendant l'année 1873. Le 20 septembre 1873, les Allemands, désormais soldés, achevèrent l'évacuation de la France. Elle précédait d'un an le terme primitivement fixé. Le travail avait relevé la prospérité matérielle, malgré l'arrêt causé par la Commune. Notre patrie, non sans que les Allemands en aient conçu un peu d'inquiétude, avait en moins de deux ans réparé une partie de ses ruines et supportait sans fléchir le payement de 5 milliards 600 millions, qu'il faudrait augmenter de 1500 millions si l'on devait évaluer toutes les sommes officiellement payées pour la liquidation d'une pareille catastrophe. Encore cette somme de 7 milliards n'exprime-t-elle pas toutes les pertes qui furent la conséquence de la guerre franco-allemande. Mais, ce que nous n'avons pu encore et ce que nous ne pourrons jamais oublier ni accepter, c'est la mutilation que la France a subie par la cession de l'Alsace et de la Lorraine, la perte d'un million quatre cent soixante-dix-sept mille hectares, de seize cent mille habitants, seize cent quatre-vingt-neuf communes, malheur sans précédent et sans consolation.

VIII. — LES FRONTIÈRES FRANÇAISES

Voici le détail des pertes de la France : En Alsace, le *Bas-Rhin* entier, cinq cent quarante et une communes ; dans le *Haut-Rhin*, trois cent quatre-vingt-quatre communes sur quatre cent quatre-vingt-dix ; cinq cent quatre-vingt-neuf mille habitants ; soit entièrement les arrondissements de Colmar et de Mulhouse et, dans l'arrondissement de Belfort, les cantons entiers de Cernay, Saint-Amarin, Thann et une partie de ceux de Dannemarie, Fontaine, Massevaux ; la France conservait entièrement les cantons de Delle et de Giromagny. Dans le département des *Vosges*, le traité enlevait à la France, (arrondissement de

Saint-Dié), dix-huit communes, dont les deux chefs-lieux de canton de Schirmeck et de Saales, soit vingt et un mille habitants sur une population de quatre cent dix-neuf mille âmes. Dans la *Meurthe*, la France abandonnait deux cent quarante-six communes sur sept cent quatorze ; cent dix-neuf mille habitants sur quatre cent vingt-neuf mille dans les arrondissements de Château-Salins, où elle cédait entièrement les cantons d'Albertroff, de Delme, de Dieuze, en partie ceux de Château-Salins et de Vic-sur-Seille ; dans l'arrondissement de Sarrebourg, entièrement les cantons de Fenestrange, Phalsbourg, Sarrebourg, en partie ceux de Lorquin et de Rechicourt-le-Château.

Le département de la *Moselle* fut tellement mutilé, qu'il n'a plus formé avec la Meurthe qu'un seul département, celui de Meurthe-et-Moselle. Il perdait quatre cent quatre-vingt-sept communes, sur six cent vingt-neuf, (trois cent soixante-seize mille hectares sur quatre cent vingt-deux mille), les arrondissements de Sarreguemines et de Thionville en entier ; dans celui de Metz, les cantons de Boulay, Faulquemont, Metz, Pange, Verny, Vigy, quelques communes du canton de Gorze restant à la France. Dans l'arrondissement de Briey, la France perdait une partie des cantons de Briey, Longwy et Audun-le-Roman et conservait intacts ceux de Longuyon et de Conflans.

La nouvelle frontière, après les remaniements définitifs, part du Luxembourg entre Longwy et Redange, traverse la ligne de Thionville à Sedan entre Audun-le-Roman (France) et Fontoy (Alsace-Lorraine). Elle suit quelque temps l'Orne, affluent de la Moselle, qui passe près de Briey, coupe le chemin de fer de Metz à Verdun entre Amanvilliers (Alsace-Lorraine) et Conflans (France). Elle passe ensuite entre les deux champs de bataille de Gravelotte, cédé à l'Allemagne, et de Mars-la-Tour, qui est resté français. La limite atteint la Moselle à Arnaville (Meurthe-et-Moselle) au-dessous de Novéant (Alsace-Lorraine). A Pagny (Meurthe-et-Moselle), elle passe sur la rive droite de la Moselle pour atteindre la Seille. Elle passe entre Nomény (France) et Verny (Alsace-Lorraine), suit pendant quelque temps la Seille, laissant à l'Allemagne les deux petites villes de Château-Salins et de Marsal, puis elle coupe le canal de la Marne au Rhin entre Xures (France) et La Garde (Allemagne), la ligne de Paris à Strasbourg, entre Amenoncourt et Avricourt, première station d'Alsace-Lorraine, contourne à l'est Blancourt et atteint le département des Vosges un peu delà de Bionville, à Raon-les-Veaux. Elle touche au massif du Donon, passant entre Schirmeck et Saales (à l'Alsace-Lorraine) et Senones (à la France). La frontière suit alors les Vosges qui la séparent du Haut-Rhin, jusqu'au ballon d'Alsace, elle s'infléchit vers l'est, pour entourer le district de Belfort, laissant à la France Fontaine-le-Haut, à l'Alsace-Lorraine Massevaux, Dannemarie. A Delle, la France retrouve sa voisine d'autrefois, la Suisse.

Ainsi, l'Allemagne pendant cette guerre de six mois, avait fait son unité aux dépens de la France, lui avait pris deux forteresses de premier ordre, Strasbourg et Metz, s'était agrandie d'un grand et fertile pays, avait imposé à son ennemi une frontière incertaine ouverte de Longwy au Donon sur près de 120 kilomètres, l'avait réduit à ne recommencer de lui-même la guerre qu'après de longues années de préparation, et le forçait par la faiblesse de ses limites de l'est à ne tenter une revanche qu'à coup sûr.

Certes, les Allemands devaient leur victoire, la plus éclatante peut-être que mentionne l'histoire, à leurs qualités nationales, la patience, la discipline, la science militaire. Leurs généraux avaient poussé jusqu'au bout l'étude lointaine du champ de bataille, le perfectionnement des armes, l'organisation et l'exercice de l'armée dont le nombre et la rapidité avaient été le souci constant d'officiers instruits et décidés depuis un demi-siècle à écraser la France. Sans doute aussi ce peuple, qui nous a traités si durement, avait acquis l'amour de la patrie, l'idée du devoir et l'habitude d'apprendre.

Mais il ne semble pas que même les généraux les plus remarquables de l'armée prussienne aient été des hommes de guerre d'un génie inspiré. Il serait difficile, après les cruautés systématiques, le système de terreur, la brutalité, le vol organisé, que les officiers des classes nobles et les soldats ont mis en pratique, d'accepter leur prétention d'être le peuple initiateur d'une civilisation nouvelle et supérieure. Il paraît aussi que l'infatuation de la victoire, la grossièreté dans le triomphe, partagée même par les écrivains et les savants qui ont fait l'honneur de l'Allemagne, montrent chez ce peuple des traces d'une corruption plus avancée, que les Français eux-mêmes ne voulaient l'admettre.

La France a donc été vaincue par une organisation puissante et savante, par des soldats admirablement préparés et qui, à défaut d'autres vertus, possédaient celle qui fait les nations militaires, la discipline.

C'est par le manque de discipline que nous avons failli. Je n'entends pas seulement parler de cette discipline militaire dont les Français ne conservaient plus que l'apparence, les chefs de ses armées, ses administrateurs, le souverain lui-même ayant abandonné, trop souvent pour la recherche du bien-être et du luxe, les précautions de la science moderne et la préoccupation du patriotisme. Mais l'Empire avait été un dissolvant pour la discipline morale. Aux difficultés grandissantes de la société il n'avait apporté qu'une solution, la force. Le monde français se divisa désormais en vainqueurs et en vaincus. Les vainqueurs du 2 Décembre ne pensèrent qu'à jouir sans contestation des acquisitions du coup d'État. Ils habituèrent la France à s'en remettre à eux de ses destinées politiques et nationales, et brisèrent les ressorts de l'âme chez le peuple français. Les vaincus, de leur côté, ne songèrent qu'à se débarrasser à tout prix d'un régime odieux. Cette lutte entre deux partis se compliquait encore de querelles sociales plus dangereuses et dont les réclamations étouffées un moment sous l'Empire, éclatèrent irrésistiblement après les douleurs du siège et le triomphe électoral des monarchistes, que les exaltés de Paris et des grandes villes considéraient comme des ennemis aussi haïssables que l'étranger.

CHAPITRE X

LA COMMUNE A PARIS ET EN PROVINCE

(1er mars 1871 — 28 mai 1871)

I. L'Assemblée à Versailles. — II. Le 18 Mars. — III. Les Élections et l'organisation de la Commune. — IV. Les hommes, les idées et les journaux sous la Commune. — V. Les délibérations de la Commune. — VI. Delescluze. — VII. La semaine de mai. — VIII. Incendie de Paris. —IX. L'Assemblée et la Commune.

I. — L'ASSEMBLÉE A VERSAILLES

Malgré l'effort de Thiers, qui eût voulu ce qu'on a appelé d'un beau mot, d'ailleurs chimérique, la trêve des partis, les monarchistes prétendaient se servir de l'équivoque, grâce à laquelle ils avaient été élus pour préparer la restauration de la monarchie. En conservant le mot de République, ils entendaient faire liquider par cette forme de gouvernement la terrible situation créée par l'Empire, ils voulaient accumuler sur les républicains la responsabilité de tant de malheurs. Puis, lorsque la France, grâce à cette vitalité puissante qu'elle montrait déjà dès la conclusion de la paix, se serait relevée, ils imposeraient au parti républicain le chef de la maison de Bourbon, Henri V, le comte de Chambord, seul destiné à contenir l'œuvre de reconstitution entreprise.

Pour tromper les républicains sur ses projets, les contenir seuls dans le respect de la trêve imaginée par le chef du pouvoir exécutif, en se réservant de ne pas l'observer, la droite monarchiste comptait sur les divisions qui éclataient entre ses adversaires.

Le 6 mars, Edgar Quinet, Louis Blanc, Victor Hugo et quatorze autres de leurs collègues demandaient une enquête sur le gouvernement du 4 Septembre. Cette attaque de l'idéologie contre les hommes politiques qui avaient eu le courage d'agir alors que tout le monde était accablé de stupeur, ouvrit naturellement la porte aux accusations les plus passionnées; les anciens rivaux du gouvernement de la Défense nationale à Paris ne laissèrent point passer une aussi belle occasion. Delescluze, Cournet et Razoua déposèrent une proposition de mise en accusation des chefs de ce gouvernement, comme coupables de haute trahison. Les monarchistes firent assez bon accueil à ces preuves de la discorde, qui régnait entre les républicains, mais ils montrèrent trop rapidement qu'ils entendaient en profiter. Le 8 mars, on continuait à discuter certaines élections; l'élection de Garibaldi à Alger fut attaquée comme irrégulière, la nationalité de l'élu n'étant pas compatible avec le mandat de député. Victor Hugo prit la défense du général, le seul, eut-il l'imprudence de dire, qui n'eût pas été vaincu. Cette assertion, fort discutable d'ailleurs, souleva une tempête du côté droit et le grand poète, violemment insulté, sortit de la salle et donna sa démission. La droite montra plus d'une fois son intolérance en matière électorale. La représentation du département de Vaucluse était entièrement républicaine. Ce fut une cause suffisante pour annuler cette élection, qui avait été faite dans les mêmes conditions de précipitation que les autres élections du 8 février. Les députés invalidés furent d'ailleurs tous réélus.

Enfin le 11 mai s'ouvrit une discussion qui semblait d'abord n'avoir point la gravité qu'elle prit bientôt. Paris était déjà profondément agité. Le parti révolutionnaire, appuyé sur plusieurs bataillons de garde nationale en armes, y régnait en maître. La droite ne prétendait pas s'exposer aux violences possibles des exaltés. D'autre part, il était impossible de gouverner la France de Bordeaux. Une commission, dont le rapporteur fut le savant M. Beulé, à qui la politique ne fut pas propice, proposa Fontainebleau, à quinze lieues de Paris. Louis Blanc demanda le retour de l'Assemblée à Paris. Il apportait un argument sérieux, c'était qu'en mettant Paris en suspicion on s'exposait à y provoquer une effervescence plus grande encore que celle qui y existait alors, et à laisser la place libre à une révolution que la présence de l'Assemblée pourrait peut-être arrêter.

Le gouvernement, renseigné exactement sur l'état d'exaspération entretenu par les hommes d'action du parti révolutionnaire, fit adopter le séjour de Versailles, véritable faubourg de Paris, où le château offrait toutes les ressources nécessaires à l'installation des services, et où il n'encourrait pas la responsabilité d'exposer la représentation nationale à un coup de main.

M. Thiers obtint gain de cause, et l'Assemblée s'ajourna à Versailles pour le 20 mars. Dans le cours de la discussion, il revint avec une force nouvelle sur les arguments qui imposaient au patriotisme de chacun ce que nous avons déjà appelé le pacte de Bordeaux.

« Confessons-le très sincèrement, dit-il en résumant son discours,
« vous êtes divisés en deux grands partis ; l'un croit que la France
« ne peut trouver le repos définitif que sous une monarchie constitu-
« tionnelle ; l'autre pense qu'avec les institutions que vous vous êtes
« données, qu'avec le suffrage universel, le mouvement des esprits, il
« y a quelque chose qui entraîne les générations actuelles vers la forme
« républicaine... Je dirai donc, monarchistes, républicains, non, vous ne
« serez pas trompés ; nous ne nous occuperons que de la réorganisation
« du pays. Qu'il me soit permis de dire aux hommes qui ont donné leur
« vie entière à la République : Soyez justes envers les membres de cette
« Assemblée qui ne pensent pas comme vous. Sous quelle forme se fera
« la réorganisation ? Sous celle de la République. Vous m'avez appelé
« président du conseil, chef du pouvoir exécutif de la République fran-
« çaise. Dans tous les actes du gouvernement, ce mot de République
« française se trouve sans cesse répété. Cette réorganisation, si nous y
« réussissons, se fera donc sous la forme de la République et à son profit.
« Maintenant, messieurs, ne venez pas nous dire : Ne sacrifiez pas la
« République, ne la perdez pas ; la République est dans vos mains, elle
« sera le prix de votre sagesse et pas d'autre chose....... »

II. — LE 18 MARS.

Ces conseils si sages et si patriotiques furent entendus de la majorité du parti républicain dans le Parlement. Ils ne pouvaient être compris ni à Paris, ni dans les grands centres ouvriers. Dirigés par des chefs d'une exaltation étrange, disposés à considérer leurs conceptions politiques avec autant de respect que des lois religieuses, les ouvriers parisiens, qui formaient en cas de vote la majorité dans la grande ville, avaient désormais, grâce à l'Association internationale des travailleurs, une puissante organisation. Ils avaient de plus la majorité dans les bataillons de la garde nationale, ce qui leur assurait pour le combat la possession d'armes qu'ils n'avaient jamais encore eues dans les luttes du prolétariat contre la société.

Les ouvriers parisiens ajoutaient à leurs idées socialistes un profond attachement à la forme républicaine. En réalité, avant que les péripéties et le dénouement du siège eussent fait sur leurs imaginations, sensibles à l'excès, une impression irrésistible de colère et de vengeance, ils se rendaient compte que la forme républicaine leur promettait dans un temps plus ou moins long la satisfaction de celles de leurs revendications que la conscience de tous les partis sentait légitimes, le droit de coopération, le développement de l'instruction, l'établissement des caisses de retraite. Aussi les chefs des écoles révolutionnaires, un moment fort en faveur à la fin de l'Empire, avaient-ils échoué dans les tentatives sérieuses entreprises contre le gouvernement de la Défense nationale. Ils avaient, il est vrai, réussi à semer la défiance et l'irritation contre les hommes du 4 Septembre, mais ils n'avaient jamais pu provoquer un mouvement assez puissant pour balayer ceux dont le peuple parisien ne pouvait soupçonner le dévouement à la forme républicaine.

Mais les ennemis du gouvernement de l'Hôtel de Ville, MM. Félix Pyat, Flourens, Blanqui, Delescluze et autres, ne se décourageaient pas et ils furent aidés dans leur œuvre par un *Comité central de la garde nationale*, qui ne tenait ses pouvoirs d'aucune élection, dont les membres variaient sans cesse, dont il était impossible d'arrêter la propagande et dont les principaux représentants étaient connus par leur participation à toutes les émeutes avant et pendant le siège de Paris. Le premier acte de ce Comité semble avoir été la fameuse affiche rouge, publiée le 6 janvier, et à laquelle le général Trochu crut devoir répondre qu'il ne capitulerait pas. Le 28 février, le Comité central publiait encore un appel à la population pour l'engager à ne pas résister à l'entrée des Prussiens. Enfin, le 3 mars, il résolut de se constituer publiquement et la signature de ses membres fut désormais placée au bas de toutes ses affiches.

C'étaient MM. Arnold, Jules Bergeret, Bouis, Castioni, Chauvière, Chouteau, Courty, Dutil, Fleury, Gasteau, Henry Fortuné, Lacord, Lagarde, Lavalette, Maljournal, Matté, Mutin, Ostyn, Pindy, Prudhomme, Varlin, Henry Varlet, Viard.

La plupart des membres de ce comité avaient réclamé pendant la guerre la sortie en masse et l'organisation de la Commune. Qu'était-ce que la Commune? Pour un grand nombre de bourgeois et d'ouvriers de Paris, c'était simplement une municipalité élue, ayant sur les deux millions d'âmes de la capitale de la France les mêmes droits de police, de voirie, d'administration que le maire et le conseil municipal de la plus petite commune pouvaient avoir sur leurs cinquante ou soixante électeurs.

Pour Delescluze et l'école jacobine, la Commune de Paris devait, comme à l'époque de la Convention, peser sur la représentation nationale et être l'expression dominante de la démocratie ; peut-être enfin le mot de Commune faisait-il équivoque aux yeux des partisans les plus exagérés du socialisme, et laissait-il vaguement place aux réclamations de certains sectaires, qui appelaient de leurs vœux une répartition nouvelle des biens et des propriétés. Sans scruter d'ailleurs le sens profond de ce mot, tous les mécontents, les patriotes déçus, les ambitieux évincés, et, disons-le aussi, les personnages brouillés avec la justice, se rattachèrent à la Commune. Les derniers événements du siège de Paris grossirent les rangs des ennemis de la République légale de l'Hôtel de Ville. Jules Favre et ses collègues portèrent la responsabilité des malheurs qu'ils n'avaient pu épargner à la France. Gambetta lui-même, quoiqu'il eût été élu à Paris, passait pour avoir failli à sa tâche, et le chef des insurgés de Lyon et de Marseille, M. Cluseret, dans une proclamation écrite à Paris, à l'occasion des élections, accusait le grand orateur d'avoir joué en province le même rôle inutile et presque perfide que la population de Paris attribuait désormais au général Trochu.

A peine les portes de la ville furent-elles ouvertes, que les représentants des classes aisées, dont un grand nombre avait soutenu le gouvernement républicain de l'Hôtel de Ville, s'empressèrent, soit pour surveiller leurs intérêts, soit pour se rendre auprès de leurs familles, soit par simple besoin de repos, de quitter Paris. Cent mille gardes nationaux, qui auraient pu lutter avantageusement contre les bataillons soumis à l'action du Comité central, abandonnèrent ainsi Paris à la domination des violents.

L'Assemblée eut une grande part dans la surexcitation des Parisiens. En n'accordant la solde de garde national qu'aux hommes inscrits régulièrement, elle rejeta dans les aventures tous les malheureux, sans parler des repris de justice qui avaient trouvé là un moyen d'existence. Cette mesure radicale poussait les aventuriers, désormais privés de tout moyen de vie, à risquer le tout pour le tout. Or, on comptait à Paris vingt-cinq mille repris de justice, cette armée du désordre, plus redoutable alors que jamais ; car elle pouvait s'appuyer sur la colère et l'esprit d'opposition d'un plus grand nombre de mécontents, dont la révolte avait des causes plus honorables, et qui prétendaient sincèrement combattre pour le salut de la République.

Que les politiciens du parti de la Commune aient été habiles à profiter de cette situation pour envenimer les choses, il suffira de parcourir pour s'en convaincre les numéros de la feuille le « *Père Duchêne*, » rédigée par un bohème de lettres, Eugène Vermesch. Le style de ce pamphlet est un singulier mélange d'imitation du premier *Père Duchêne*, rédigé par Hébert, pendant la Révolution de 1793, et de langage moderne, qui n'est pas sans une certaine élégance. Un de ces numéros est particulièrement caractéristique, c'est celui du 19 ventôse (9 mars 1871)[1], où il s'élève contre un décret maladroit sur le payement des loyers arriérés et la mise en circulation des effets de commerce, avec intérêts, depuis le jour de leur arrêt. Un autre numéro dans lequel il attaque la résolution prise par l'Assemblée de ne pas siéger à Paris mérite aussi d'être cité.

A ces excitations, qui auraient pu ne produire qu'un mouvement sans durée et sans consistance, s'ajoutait malheureusement le sentiment d'une force et d'une organisation jusqu'alors inconnues. Le 24 février, l'Internationale s'était chargée de servir de trait d'union entre les différents partisans d'une révolte, au besoin armée, contre le gouvernement de Thiers. Cent quatorze bataillons de la garde nationale adhérèrent à un ensemble de statuts élaborés par les chefs élus, qui se trouvaient être en même temps les membres du Comité central. Ce fut sur les ordres de cette autorité improvisée que les canons de la place Wagram furent transportés, le 26, place des Vosges. La protestation du général Vinoy et du général Clément Thomas ne fut pas prise au sérieux, et il fut facile de prévoir que, dans l'état de désarmement où était alors l'armée régulière et avec le petit nombre d'agents de police dont disposait le pouvoir exécutif, la légalité serait rapidement submergée à Paris. Les canons ne restèrent pas tous au parc de la place des Vosges : un grand nombre d'entre eux furent transportés à Montmartre et aux buttes Chaumont.

Sûr désormais d'avoir de puissants moyens de résistance, le Comité central n'hésita pas à pousser jusqu'aux dernières extrémités la population de Paris. Il compta ses forces, le 9 mars, à une réunion du Vauxhall; deux cents bataillons de la garde nationale y adhérèrent à la *fédération* du 24 février. Il semble cependant que pour un grand nombre de ces bataillons les délégués se soient engagés de leur autorité privée. En réalité, le chiffre des combattants de la Commune ne permet pas de supposer qu'une aussi grande quantité de Parisiens se soient soumis sérieusement à l'autorité du Comité central.

Le 11 mars, la nouvelle de la résolution prise par l'Assemblée de siéger à Versailles mit le feu aux poudres. M. Lucien Henry, élu chef de bataillon à Montmartre, prétendit ne reconnaître que l'autorité du Comité central et refusa d'obéir aux ordres de l'état-major, qui demandait la restitution des canons enlevés au secteur de Passy. Le gouvernement commit une autre imprudence; on pensait avec raison que le général Clément Thomas était trop impopulaire, on le remplaça à la tête de la garde nationale par le général d'Aurelle de Paladines. Ce choix,

---

1. Ce numéro est donné en fac-similé (voir page 429.)

inspiré sans doute par le souvenir de Coulmiers, était malheureux. On connaissait la sévérité du général, on lui attribuait d'ailleurs, et non sans quelque apparence de raison, les manœuvres incertaines qui avaient amené la reprise d'Orléans. Avec une division de douze mille hommes fatigués et désorganisés, douze mille gardes nationaux dévoués à la légalité, le général d'Aurelle et le général Vinoy ne pouvaient essayer d'enlever les canons de Montmartre, défendus par cent vingt mille exaspérés, surchauffés par les meneurs, et qui s'étaient entourés de barricades formidables.

Les membres du gouvernement alors à Paris, MM. Jules Favre, Picard, et Pouyer-Quertier sentaient amèrement leur impuissance. Le préfet de la Seine, M. Jules Ferry, persistait cependant à croire qu'il fallait tenir le plus longtemps possible et ne pas abandonner la ville à elle-même ; mais il comprenait bien ce que, dans l'état actuel, une tentative de vive force sur Montmartre avait de dangereux. On eut le tort de chercher un moyen détourné pour faire preuve de force : en évitant toute action militaire, on laissa fonctionner les conseils de guerre, qui condamnèrent à mort Blanqui et Flourens, pour les affaires du 31 octobre. Cette condamnation tardive, après la fin du siège, n'était plus une mesure d'intimidation suffisante et apparaissait comme une provocation ; la suspension par le général Vinoy du *Mot d'Ordre*, du *Cri du Peuple*, du *Vengeur*, du *Père Duchêne* était une mesure aussi inefficace et qui n'arrêta pas longtemps la publication de ces feuilles révolutionnaires.

Le 15, M. Thiers arriva à Paris, et se déclara aussitôt pour une tentative sérieuse de conciliation. Des pourparlers s'engagèrent avec les fédérés de Montmartre, pour la restitution des canons par l'entremise des députés parisiens. Ces pourparlers furent sur le point d'aboutir à plusieurs reprises, et le chef du pouvoir exécutif a affirmé dans sa déposition que la majorité des gardes nationaux reconnaissait la légitimité de cette réclamation. Malheureusement le Comité central agit énergiquement contre la conciliation ; et le gouvernement, déçu dans ses espérances, après plusieurs promesses de la part des fédérés, promesses qui ne furent pas tenues, dut se résigner à faire une tentative sur Belleville et Montmartre malgré l'état de démoralisation des troupes.

Sous les ordres des généraux Faron et Susbielle elles occupèrent sans difficultés, le matin du 18 mars, la place des Pyrénées, où se trouvaient les canons. Elles s'apprêtaient à les descendre au milieu d'une foule de femmes et d'enfants, qui retardaient la rapidité de leur marche. Le Comité central réussit alors à réunir plusieurs bataillons de la garde nationale, et les soldats, fatigués, pleins de défiance contre leurs chefs, se débandèrent. Cinq mille disparurent, et, pour dégager le reste de leurs hommes, les deux généraux durent faire charger la cavalerie et se retirer sans enlever les canons.

Dans la bagarre, un certain nombre d'officiers et le général Lecomte restèrent isolés au milieu de la foule. Les gardes nationaux furent poussés au meurtre par quelques-uns de ces misérables, le plus souvent inconnus, habiles à inspirer à la masse des hommes, généralement peu sanguinaires pris un à un, une rage inconsciente et un

GÉNÉRAL CLÉMENT THOMAS.

besoin inexplicable de cruauté. Ils entraînèrent, au milieu des injures, le général Lecomte et les officiers, au Château-Rouge, puis rue des Rosiers, au siège du Comité de défense.

Quelques citoyens, effrayés des conséquences de cette affaire, se rendirent auprès de M. Clémenceau, maire de l'arrondissement, député de Paris, dont on espérait employer la médiation.

A ce moment, le général Clément Thomas, désormais redevenu simple particulier, et vêtu en bourgeois, avait eu la malencontreuse idée d'aller voir par lui-même ce qui se passait. Il fut reconnu par des repris de justice. Ils ne lui pardonnaient pas sa sévérité contre les bataillons, qui avaient donné l'exemple de l'ivrognerie et du désordre, et failli déshonorer ainsi la grande majorité de la garde nationale, dont l'attitude avait été au contraire le plus souvent irréprochable. Clément Thomas fut amené, au milieu d'une cohue inexprimable, à côté du général Lecomte, rue des Rosiers. On a raconté très contradictoirement tout ce qui s'est passé depuis ce moment. Y eut-il un simulacre de jugement? Peu importe! Ce qui est certain, c'est qu'avant l'arrivée de M. Clémenceau, le général Clément Thomas fut entraîné dans la rue et fusillé à bout portant; le général Lecomte subit le même sort. La foule, un instant dégrisée par cet horrible crime, laissa échapper les autres prisonniers. Ce meurtre était l'œuvre des auxiliaires sans aveu que le Comité central accepta comme alliés.

La mort des généraux Clément Thomas et Lecomte produisit un mouvement de stupeur à Montmartre et le gouvernement en aurait pu profiter. Mais Thiers, se fondant sur la défection de la plus grande partie de l'armée, sur la tiédeur des bataillons de la garde nationale opposés à la Commune, crut devoir ne pas risquer une catastrophe en maintenant le gouvernement à Paris.

Le 18 mars, il quitta le ministère des affaires étrangères, où il s'était installé provisoirement; tous les services réguliers le suivirent, et le Paris des quartiers bas et de la rive gauche, malgré son peu d'enthousiasme pour le Comité central, dut subir successivement l'occupation des fédérés. Les casernes tombèrent entre leurs mains. A l'Hôtel de Ville, ils auraient eu à craindre une résistance sérieuse si les avis de M. Jules Ferry avaient été adoptés. Le préfet de la Seine ne se retira que sur les injonctions réitérées du gouvernement et regretta longtemps qu'on eût ainsi fait place nette aux insurgés, acceptés encore avec hésitation par la majorité de la population. L'Hôtel de Ville fut donc occupé par le Comité central, puis l'hôtel de l'état-major de la place Vendôme et la préfecture de police. Les troupes régulières évacuèrent avec Paris les forts d'Ivry, de Montrouge, de Bicêtre, de Vanves, d'Issy, de Vincennes. Le Mont-Valérien resta seul entre les mains du général Noël. Certes, le gouvernement était dans une situation difficile. L'impossibilité, à cause du traité avec l'Allemagne, de concentrer des forces suffisantes pour réoccuper Paris; la] difficulté, au cas même où le gouvernement prussien autoriserait la formation d'une armée de siège, de trouver les hommes et les officiers nécessaires, expliquent en partie ce désarroi. Peut-être cependant M. Thiers ne fit-il pas assez fond sur l'influence que le pouvoir légal, en essayant de dissimuler sa faiblesse, aurait pu exercer. Le Comité central, qui s'installait à l'Hôtel de Ville avec le drapeau rouge, était loin d'être une autorité généralement reconnue. Le ministre de l'intérieur, M. Picard, crut-il assez faire en chargeant les maires de l'administration de la ville? La nomination du colonel Langlois, député de Paris, et d'ailleurs assez populaire sur la rive gauche, en remplacement du général d'Aurelle de Paladines, ne suffisait pas non plus. Le départ précipité du gouvernement n'a donc pas été sans faciliter le triomphe rapide du Comité central et de la Commune.

Les meneurs de l'Hôtel de Ville procédèrent naturellement par voie de proclamation. Un placard du 19, signé de noms inconnus, qui furent accueillis avec une certaine gaieté, prétendait établir une étroite solidarité entre la cause de Paris et celle de la République.

L'affiche fut suivie d'un décret qui convoquait les électeurs municipaux pour le 22 mars.

RÉPUBLIQUE FRANÇAISE.

LIBERTÉ, ÉGALITÉ, FRATERNITÉ.

Le Comité central de la Garde nationale,

Considérant :

Qu'il y a urgence de constituer immédiatement l'administration communale de la ville de Paris,

ARRÊTE :

1° Les élections du Conseil communal de la ville de Paris auront lieu mercredi prochain 22 mars.

2° Le vote se fera au scrutin de liste et par arrondissement. Chaque arrondissement nommera un Conseiller par chaque vingt mille habitants ou fraction excédante de plus de dix mille.

3° Le scrutin sera ouvert de 8 heures du matin à 6 heures du soir. Le dépouillement aura lieu immédiatement.

4° Les Municipalités des 20 arrondissements sont chargées, chacune en ce qui la concerne, de l'exécution du présent arrêté.

Une affiche ultérieure indiquera le nombre de conseillers à élire par arrondissement.

Hôtel de Ville de Paris, le 19 mars 1871.

Le Comité central de la Garde nationale,

ASSI, BILLIORAY, FERRAT, BABICK, Édouard MOREAU, C. DUPONT, VARLIN, BOURSIER, MORTIER, GOUHIER, LAVALETTE, Fr. JOURDE, ROUSSEAU, Ch. LULLIER, BLANCHET, J. GROLLARD, BARROUD, H. GÉRESME, FABRE, POUGERET, BOUIT, VIARD, Ant. ARNAUD.

Par quelle autorité était rendu ce décret? Les fortes têtes du Comité central n'étaient pas sans inquiétude à ce sujet. Ils eurent donc avec les députés et les maires de Paris plusieurs conférences aux mairies du III° et du II° arrondissement. Là, sur les observations de Louis Blanc et de M. Tirard, ils se déclarèrent prêts à se contenter de la fixation des élections municipales à un bref délai, et furent sur le point d'accorder l'évacuation de l'Hôtel de Ville. Mais les principaux personnages du Comité, gagnés par cet amour du galon, qui fit tant de victimes à cette malheureuse époque, arrêtèrent ce bon mouvement, qui eût pu changer la face des choses.

Thiers, qui n'était pas sans avoir compris les conséquences de la retraite du gouvernement, n'en suivit pas moins cette ouverture. Une guerre civile effrayait à la fois son patriotisme et sa clairvoyance. Il avait sondé la profondeur des passions politiques de la droite, et il prévoyait qu'on userait de l'insurrection de Paris pour ruiner le pacte de Bordeaux, en faveur de l'idée monarchique. Or, dès cette époque, il était absolument déterminé à tenir aux républicains la promesse qu'il leur avait faite publiquement, à leur conserver le bénéfice de la reconstitution de la patrie, qu'ils avaient défendue si énergiquement. Quelques mois plus tard, il répétait courageusement, devant la commission d'enquête sur le 18 Mars, composée d'une majorité monarchiste :

« Beaucoup de ces insurgés croyaient tout ce qu'on leur disait du
« danger de la République, sans être pour cela précisément des commu-
« nistes... Je disais à ceux qui m'étaient envoyés : Je ne suis pas ce
« que vous appelez un républicain; je suis un ancien monarchiste;
« mais j'ai reçu la République en dépôt, et je garderai fidèlement ce
« dépôt. Vous calomniez l'Assemblée quand vous la croyez disposée
« à renverser la République; il n'y a rien de semblable, et dans tous les
« cas je vous assure que je n'y contribuerais point. »

Thiers était donc disposé, en rassurant les Parisiens sur le sort de la République, à leur donner des preuves non équivoques de son désir de conciliation. Le 20 mars 1871, M. Clémenceau proposa à la tribune l'établissement d'un conseil municipal de quatre-vingts membres à Paris. Il proposait encore de donner le titre de maire de Paris au président de ce conseil. Le ministère, au nom de Thiers, accepta la prise en considération de ces deux propositions. Votées immédiatement, elles rendaient possible une pacification générale. L'Assemblée tenait donc la paix ou la guerre entre ses mains. Malheureusement la majorité monarchique croyait qu'il était bon d'humilier Paris, qu'il était politique de tirer une vengeance immédiate du crime horrible commis sur les généraux Lecomte et Clément Thomas. Cette disposition évidente de l'Assemblée ne permit pas au gouvernement d'accepter définitivement les propositions Clémenceau ; il chercha un moyen terme, insuffisant alors, et fit adopter un projet de loi qui donnait à Paris soixante conseillers municipaux élus, mais qui conservait la situation de maire de Paris au préfet de la Seine.

Il fallait donc renoncer, après des concessions si peu en rapport avec les prétentions des révolutionnaires parisiens, à des tentatives de conciliation immédiate. Les maires les reprirent cependant pour leur compte. Ils obtinrent la nomination de l'amiral Saisset, alors très populaire, comme commandant de la garde nationale de Paris, avec le colonel Langlois et M. Schœlcher pour lieutenants. Ils convoquèrent à la mairie du seizième arrondissement, dont le maire était l'historien Henri Martin, et à celle de la Banque, que dirigeait M. Tirard, les gardes nationaux partisans de la pacification. Ils n'en vint pas plus de douze mille. Toutefois l'amiral Saisset parvint à occuper pendant quelque temps les quartiers peu favorables à l'insurrection, compris entre la gare Saint-Lazare, la Bourse et Passy. Le 21 mars, les partisans du gouvernement résolurent de faire une manifestation au quartier général de la place Vendôme. Ils se réunirent à la place de l'Opéra actuel, et prirent la rue de la Paix ; les gardes nationaux qui gardaient le poste de la place Vendôme sous le commandement du *général* Bergeret, voulurent s'opposer au passage de la manifestation. Au milieu du conflit, des coups de feu furent tirés, et sans qu'on ait jamais éclairci de quel côté l'agression se produisit. Les gardes nationaux dirigèrent une fusillade nourrie sur la foule, qui s'enfuit, laissant trente morts sur le terrain. Cette nouvelle violence rendait encore plus difficile l'effort des partisans de la paix.

D'ailleurs, le Comité central était peu disposé à céder la place même au gouvernement le plus républicain. Après avoir protesté dans une affiche publique de son devoir de se retirer devant un pouvoir rapidement et quasi-légalement constitué, il s'éternisait dans les fonctions officielles. Agissant en pouvoir exécutif tout puissant, il encaissa le produit des octrois, se fit livrer un million par la Banque de France et prorogea les échéances de loyer arriéré ou à payer pour le 15 avril.

Les maires, et ce fut leur grand honneur de persister dans leur œuvre pacifique, se rendirent le 23 mars à l'Assemblée, dans l'espérance de provoquer un mouvement favorable à la reprise des négociations. Les députés républicains accueillirent leur présence dans les tribunes par le cri de : Vive la République ! Cette manifestation avait certes un caractère déplaisant pour les opinions des monarchistes de l'Assemblée. Cependant, en protestant hautement et avec menace contre cette exclamation qui avait été toute spontanée, la droite donna encore plus de force aux arguments politiques auxquels les insurgés de Paris faisaient appel. M. Arnaud de l'Ariège, député, maire du septième arrondissement, présenta deux propositions, l'une pour des élections municipales presque immédiates, l'autre pour la prorogation des échéances de loyer. L'accueil fait à ces deux propositions produisit un moment de détente, et l'amiral Saisset crut pouvoir faire afficher ces deux résolutions, comme définitivement obtenues. Mais il se heurta à la mauvaise volonté des deux partis. D'une part, Vermesch, dans le *Père Duchêne*, s'éleva contre les promesses de *l'insurgé* Saisset. D'autre part, l'Assemblée se plaignit de la précipitation de l'amiral (24 mars).

III. — LES ÉLECTIONS ET L'ORGANISATION DE LA COMMUNE

La mauvaise humeur de l'Assemblée se traduisit même en paroles si menaçantes, que le Comité central, par l'organe des journaux de son parti, put, sans trop d'invraisemblance, présenter la monarchie comme prête à reparaître brusquement. Les hommes qui dirigeaient la garde nationale, pour prévenir ce péril, ne tinrent pas l'engagement qu'ils avaient pris, d'accord avec les maires de Paris, de reculer les élections au 6 avril ; ils décidèrent d'y faire procéder dès le 26 mars. C'était premièrement empêcher l'Assemblée de prendre le temps de la réflexion et de légaliser par un décret les élections réclamées, secondement ne laisser toute liberté de voter qu'aux hommes résolus à rompre avec le gouvernement légal, c'est-à-dire à leurs partisans. Aussi les élus étaient-ils en majorité des hommes exagérés et pour qui toute conciliation était trahison. C'étaient surtout MM. Arnaud, Pindy, Clovis Dupont, Arthur Arnoud, Lefrançais, Clémence, Girardin, Amouroux, Regère, Jourde, Tridon, Beslay, Varlin, Parisel, Urbain, Brunel, Raoul Rigault, Vaillant, Jules Allix, Gambon, Félix Pyat, Henri Fortuné, Babick, Delescluze, Assi, Protot, Eudes, Avrial, Verdure, Theisz, Léo Meillet, Duval, Chardon, Frankel, Billioray, Jules Vallès, Chalain, Malon, Blanqui, Dereure, J.-B. Clément, Théophile Ferré, Paschal Grousset, Miot, Ostyn, Flourens, Ranvier.

Il y avait parmi ces chefs du parti de la Commune quelques hommes intelligents, un certain nombre de révolutionnaires convaincus, d'autres qui désiraient avant tout jouer un rôle, plusieurs qui devaient donner à cette révolte un caractère d'atroce cruauté et s'inspirer des sentiments les moins honorables.

Parmi les républicains qui voyaient dans la Commune une protestation contre l'Assemblée ou qui, maires, députés ou hommes politiques, avaient accepté l'élection pour agir en faveur de la paix, les plus connus furent MM. Méline, Brelay, Loiseau-Pinson, Tirard, Murat, Alb. Leroy, Robinet, Ernest Lefèvre, Ranc, Ulysse Parent, Ferry, Marmottan, de Bouteiller.

Il devait y avoir de quatre-vingt-dix à cent membres de la Commune. Mais les doubles élections, la négligence apportée dans les élections complémentaires, les démissions, les départs successifs des élus les plus modérés, réduisirent de beaucoup ce chiffre. Le nouveau pouvoir fut donc presque toujours entre les mains des hommes déterminés à lutter contre ceux qu'on appelait les Versaillais. Comment réussirent-ils à tenir jusqu'à la fin du mois de mai, depuis les derniers jours de mars? La raison n'en est pas exclusivement dans les ressources que le hasard mit entre leurs mains : elle est surtout dans les difficultés militaires que rencontra d'abord M. Thiers.

La garde nationale pouvait mettre en batterie près de sept cents pièces ; elle disposait en apparence de deux cent cinquante-quatre bataillons, formait un effectif de cent quatre-vingt-dix mille hommes, répartis en vingt légions ; elle n'avait aucune espèce de cavalerie. Une partie de l'armée restait à l'intérieur et formait cent dix mille hommes de garde nationale sédentaire. Quatre-vingt mille devaient faire le service extérieur ; mais la sévérité des deux seuls chefs militaires qui aient eu quelque sentiment des choses de la guerre, MM. Cluseret et Rossel, ne put jamais empêcher le tiers au moins de cet effectif de se soustraire au service exigé, sous différents prétextes. Aussi la Commune ne semble jamais avoir eu beaucoup plus de quarante à cinquante mille combattants sérieux. Disons cependant que ces malheureux se conduisirent en général avec bravoure, car ceux qui combattaient croyaient se devoir à la cause qui représentait pour eux la République et une meilleure organisation sociale. Quant aux repris de justice, aux condamnés de droit commun, ils réussirent à se glisser, le plus souvent grâce à l'obscurité qui se faisait naturellement sur leur vie antérieure au milieu de la confusion générale dans des fonctions peu périlleuses, et où ils pouvaient faire leur main. Ceux qui formèrent les corps francs : Travailleurs de la Marseillaise, Vengeurs de Flourens, Enfants du Père Duchêne, Turcos de la Commune, furent les pires des maraudeurs, et la zone qui les séparait des avant-postes de Versailles fut trop souvent le théâtre de leurs exploits de coupe-jarrets.

La Commune prétendait se faire reconnaître le droit des belligérants et donner à la France l'exemple de la révolte contre le pouvoir national. Elle usurpait tous les droits de la souveraineté, et conviait le reste du pays à se constituer de même et à démembrer ainsi la patrie. Le gouvernement de Thiers fut moins surpris en province qu'à Paris. Le 24 mars, la Commune fut proclamée à Lyon, mais le préfet, M. Edmond Valentin, étouffa l'insurrection dès le lendemain. A Saint-Étienne, le préfet, M. de l'Épée, fut tué dans une émeute. Mais la foule, indignée de ce meurtre, renonça à toute manifestation.

Un jeune journaliste de Marseille, Gaston Crémieux, exaspéré par les votes successifs de l'Assemblée, s'empara de l'Hôtel de Ville, et s'y fit nommer président d'une commission exécutive. Il veilla d'ailleurs avec un soin persévérant à ce que l'effusion du sang fût évitée. Le 27 mars, il reçut trois délégués du Comité central de Paris, MM. Landeck, Amouroux et May. L'arrivée de ces messieurs accentua le mouvement insurrectionnel de Marseille. Mais bientôt, laissé à ses propres forces, Gaston Crémieux fut incapable de se maintenir. Le général Espivent de la Villeboisnet, commandant à Marseille, avait reformé ses troupes à Aubagne ; le 5 avril, il rentra dans la ville ; après quelques heures de bombardement, Gaston Crémieux fut pris et plus tard fusillé bien que la clémence eût pu s'exercer à son égard.

Dans toutes les autres villes, sauf à Limoges, où périt l'un des héros de Reichshoffen, le colonel Billet, les mouvements commencés avortèrent immédiatement.

Les révoltés de Paris furent donc obligés de ne compter que sur leurs propres forces, et bien que le délégué aux relations extérieures, M. Paschal Grousset, ait fait souvent appel à la solidarité des grandes villes, la Commune de Paris allait être seule à combattre les Versaillais.

L'activité inouïe de Thiers avait reconstitué une armée déjà considérable. Grâce à ses négociations avec M. de Bismarck et avec M. de Fabrice, le chef du pouvoir exécutif avait pu porter l'armée de quarante mille hommes à quatre-vingt mille. Le rapatriement rapide des prisonniers d'Allemagne rendit l'opération plus facile, et dès le 2 avril le gouvernement fit réoccuper Courbevoie et Puteaux, positions extrêmes occupées par les fédérés.

Ce premier échec surprit la Commune au milieu de son organisation. Elle avait élu une commission exécutive, composée de MM. Félix Pyat, Vaillant, Tridon et Lefrançais. L'élément militaire y était représenté par MM. Eudes, Duval et Bergeret, qui prenaient le titre de généraux. De ces trois chefs de l'armée, le premier ne joua un rôle important qu'à la fin de la lutte. Le second, Duval, était un homme énergique. Le troisième, Bergeret, fit alors une impression quelque peu comique. Pour diriger les différentes administrations publiques, la Commune avait créé des délégués. Jourde était délégué aux finances, Viard aux subsistances, Cournet, Raoul Rigault, Théophile Ferré le furent successivement à l'ex-préfecture de police, Jules Vallès et M. Vaillant à l'instruction publique, M. Camélinat aux monnaies, Bastelica à la direction des domaines. Ce fut le général Eudes qui fut délégué à la guerre, mais on lui adjoignit prudemment le général Cluseret, dont nous connaissons déjà l'odyssée révolutionnaire pendant la guerre et dont les connaissances militaires avaient quelque précision.

M. Cluseret s'épuisa en efforts superflus pour apporter quelque organisation et quelque discipline dans l'armée de la Commune, s'élevant avec énergie contre les usurpations de pouvoir, l'abus du galon, la désobéissance des chefs de bataillon, le gaspillage des munitions et des approvisionnements. Mais il ne réussit que médiocrement à donner une apparence régulière à ces troupes bizarres, qui croyaient dès le 3 avril pouvoir enlever Versailles.

Bergeret et Flourens, Eudes et Duval devaient diriger deux colonnes des deux côtés du Mont-Valérien. Les généraux de la Commune se berçaient de l'espoir que le général Noël les laisserait passer. Mais la colonne de droite fut cruellement déçue. Bergeret, qui, ne sachant pas se tenir à cheval, se trouvait « lui-même », ainsi qu'il le télégraphia au ministère de la guerre, dans une voiture à la tête de ses troupes, vit ses soldats s'enfuir lorsque le général Noël eut lancé sur eux quelques obus. Flourens, il est vrai, pénétra dans Rueil, mais il fut abandonné dès la première décharge et resta entre les mains des soldats du général Vinoy. Il se défendit et fut tué d'un coup de sabre.

Eudes et Duval, attaqués le 4, perdirent deux mille prisonniers entre Clamart et Vanves. Duval fut pris et subit avec un grand sang-froid la mort, à laquelle il fut condamné immédiatement par ordre du général Vinoy. Cette exécution, conforme aux lois de la guerre, était cependant déplorable. Elle ouvrit la voie à des représailles qui, pour avoir été légales, justifiées peut-être par les circonstances, n'en firent pas moins une impression malheureuse.

IV. — LES HOMMES, LES IDÉES ET LES JOURNAUX
SOUS LA COMMUNE

La Commune dès ce jour se sentit perdue, et malgré la confiance que les chefs affectèrent jusqu'au dernier moment, ils comprirent le sort qui les attendait. Beaucoup restèrent dans la bagarre par un sentiment d'honneur dont on aurait pu leur tenir plus de compte. D'autres résolurent de profiter des circonstances et agirent au gré de leur moralité, les uns luttant et ne reculant par principe devant aucune des conséquences de la lutte, les autres satisfaisant leurs passions et se laissant aller peu à peu à un besoin de vengeance et de cruauté qui accompagne trop souvent chez les hommes l'avilissement du caractère.

Les politiques du parti essayèrent de se préparer un moyen de salut en nouant des relations avec les Prussiens. Dès le 22 mars, le Comité central avait publié l'affiche suivante :

RÉPUBLIQUE FRANÇAISE
LIBERTÉ — ÉGALITÉ — FRATERNITÉ

COMITÉ CENTRAL

Citoyens,

Le Comité central a reçu du quartier général prussien la dépêche suivante :

COMMANDEMENT EN CHEF DU 3° CORPS D'ARMEE.

Quartier général de Compiègne, le 21 mars 1871.

Au Commandant actuel de Paris.

Le soussigné, commandant en chef, prend la liberté de vous informer que les troupes allemandes qui occupent les forts du nord et de l'est de Paris, ainsi que les environs de la rive droite de la Seine, ont reçu l'ordre de garder une attitude amicale et passive tant que les événements dont l'intérieur de Paris est le théâtre ne prendront point, à l'égard des armées allemandes, un caractère hostile et de nature à les mettre en danger, mais se maintiendront dans les termes arrêtés par les préliminaires de la paix.

Mais dans le cas où ces événements auraient un caractère d'hostilité, la ville de Paris serait traitée en ennemie.

Pour le commandant en chef du 3e corps des armées impériales,
Le Chef du Quartier général,
Signé : **VON SCHLOTHEIM**, major général.

Le Comité central a répondu :

Paris, le 22 mars 1871.

Au Commandant en chef du 3° corps d'armées impériales prussiennes.

Le soussigné, délégué du Comité central aux affaires extérieures, en réponse à votre dépêche en date de Compiègne, 21 mars courant, vous informe que la révolution accomplie à Paris par le Comité central, ayant un caractère essentiellement municipal, n'est en aucune façon agressive contre les armées allemandes.

Les préliminaires de la paix délibérés et votés par l'Assemblée nationale élue à cet effet, ne sauraient être mis en question.

Le Délégué du Comité central aux affaires extérieures,
Signé : **BOURSIER**.

Les *violents* accumulèrent les décrets de proscription. Décret contre le sieur Thiers et plusieurs de ses ministres, décret qui considérait comme otages du peuple de Paris et ordonnait d'emprisonner toutes les personnes suspectes de rapports avec Versailles. Les sergents

DOMBROWSKI.

de ville et les gendarmes, dont quelques-uns avaient été tués dans les rues, les prêtres et les moines, les soldats qui refusaient de prendre du service dans la Commune, des personnages connus par leur rôle politique, remplirent peu à peu les prisons. Les plus importants étaient le président de la cour de cassation, M. Bonjean, M. Gustave Chaudey, ancien adjoint au maire de Paris, l'archevêque de Paris, Mgr Darboy, le curé de la Madeleine, l'abbé Deguerry. Vers la fin d'avril, un décret appela, sous les peines les plus sévères, tous les hommes de dix-neuf à quarante ans dans le service actif de la garde nationale.

La presse cessa d'être libre. Le *Siècle*, le *Temps*, les *Débats*, se virent supprimés pour avoir fait de l'opposition. Il semble cependant que bien des feuilles hostiles échappèrent à la vigilance de l'ex-préfecture de police. Car la politique du *Père Duchêne* fut attaquée sous une forme analogue par le *Fils Duchêne*, qui, tout en paraissant menacer Thiers, recommandait sa politique, par la *Mère Duchêne*, qui était évidemment inspirée par l'idée royaliste, enfin par la *Tante Duchêne*, qui défendait hardiment le parti bonapartiste, d'ailleurs en assez bons termes avec une partie des affidés de la Commune.

Le 6 avril, les fédérés subissaient encore un échec en avant de Neuilly, mais ils s'établirent solidement dans cette commune grâce à un nouveau chef, nommé en remplacement de Bergeret, Dombrowski, militaire assez expérimenté. Cette position était d'ailleurs très aventurée et, dès le 13 avril, il était à prévoir qu'on aurait grand'peine à s'y maintenir, si le Mont-Valérien se mettait de la partie. Néanmoins le délégué à la guerre, Cluseret, continuant la tradition qui prévalait de tous côtés en France depuis les débuts de la guerre franco-allemande, s'ingéniait à rendre plausibles des affiches victorieuses comme celle-ci :

RÉPUBLIQUE FRANÇAISE

N° 131   LIBERTÉ — ÉGALITÉ — FRATERNITÉ   N° 131

COMMUNE DE PARIS

13 avril 1871.

GUERRE A EXÉCUTIVE.

Une attaque très vive a eu lieu hier soir, à deux reprises différentes, sur toute la ligne ; partout elle a été repoussée avec succès et sans pertes.

Le général Dombrowski est à cent mètres du pont de Neuilly.

Ce village a dû être repris maison par maison. Nos pertes, dans la journée, sont de 5 blessés et 2 tués.

L'ennemi tient mal.

Le Délégué à la Guerre,
CLUSERET.

2 IMPRIMERIE NATIONALE — Avril 1871

Thiers avait obtenu pendant ce temps de M. de Bismarck de porter l'armée française de quatre-vingt à cent vingt mille hommes. Il en avait offert le commandement au maréchal de Mac-Mahon, récemment revenu d'Allemagne. Deux corps d'armée furent organisés qui fermèrent Paris au nord et au sud. Les Prussiens, qui occupaient encore l'est entre la Marne et la Seine, laissaient, il est vrai, passer les voyageurs et les provisions ; mais ils se seraient opposés à tout mouvement de troupes de leur côté. La Commune se trouvait donc bloquée une seconde fois, et quoique le délégué aux subsistances, M. Viard, ait déployé une certaine activité dans l'approvisionnement, lorsque le préfet de police, général Valentin, eut interdit les arrivages, les vivres haussèrent de prix et la Commune ne put que difficilement faire face aux besoins de chaque jour.

Les membres de ce gouvernement insurrectionnel se trouvaient d'ailleurs débordés. Malgré la publication de quelques décrets violents, ils semblent avoir été personnellement plus disposés à la terrible phraséologie traditionnelle de la Révolution qu'aux véritables rigueurs. La majorité, si elle eût été toujours présente, se fût opposée à bien des abus, à bien des mesures odieuses. Les partisans des violences profitaient de l'appui qu'ils trouvaient soit dans les misérables qui s'étaient glissés dans les emplois des ministères et des prisons, soit dans quelques journaux, qui se faisaient un devoir de dénoncer les personnages mal disposés pour la Commune. Le rédacteur du *Père Duchêne*, Eugène Vermesch, se réservait la plus grande part de cette besogne ; Gustave Chaudey fut arrêté sur sa dénonciation. Raoul Rigault et Théophile Ferré multiplièrent avec une sorte de fureur les arrestations d'otages.

Cependant la Commune était rarement en nombre. Beaucoup de membres, parmi lesquels MM. Méline, Ranc, Tirard, U. Parent, avaient donné leur démission ou s'étaient retirés pour ne pas approuver les usurpations de pouvoir qui se multipliaient. Ils avaient surtout protesté énergiquement contre le début des hostilités, le 3 avril. Le 16, on procéda à des élections complémentaires, dont quelques-unes ne donnèrent pas de résultats, faute d'électeurs.

Parmi les nouveaux élus, on remarquait MM. Vésinier, Cluseret, Serrailler, Johannard, Courbet, Longuet, Dupont, Arnold, Viard et Trinquet.

Ces nouveaux membres de la Commune lui apportaient peu de prestige, et l'indifférence des électeurs encouragea le parti de la conciliation à reprendre ses démarches. Les anciens maires et les députés de Paris avaient fondé une *Ligue républicaine des droits de Paris*, qui se proposa comme médiatrice. Mais l'accusation de trahison attendait quiconque eût prêté l'oreille à de pareilles ouvertures. Elles furent repoussées. Toutefois, à plusieurs reprises, les délégués à la guerre durent se servir de cette association pour obtenir un armistice de quelques heures. A chaque occasion, les maires et les députés reprirent sans se lasser leurs négociations, mais, sauf peut-être auprès de M. Thiers, ils reçurent peu d'encouragements officiels à Versailles.

Le 19 avril, les troupes régulières occupèrent Asnières et Colombes.

CLUSERET.

Les fédérés obtinrent, grâce à la *Ligue républicaine*, quelques heures pour évacuer Neuilly, rendu inhabitable par les obus du Mont-Valérien. Les proclamations officielles de la Commune s'adressant au manque de logique qui s'empare des foules, lorsqu'elles sont atteintes de la folie révolutionnaire insistèrent sur la barbarie du gouvernement qui bombardait Neuilly. Il semblait que la Commune eût reçu, de toute éternité, le droit d'attaquer à main armée le gouvernement de la France, et que l'autorité élue du pays fût tenue de se laisser vaincre.

Thiers ne pouvait entrer dans ces combinaisons inconscientes du cerveau troublé des défenseurs de Paris. Il dirigeait alors le général de Cissey sur les forts d'Issy et de Vanves. Le fort d'Issy fut d'abord évacué avec tant de précipitation (le 30 avril 1871), que les troupes de Versailles, craignant un piège, n'osèrent l'occuper. Ce fut le général Cluseret, qui, en visitant la position, s'aperçut de l'erreur de l'ennemi; il s'empressa de faire réoccuper le fort par les fédérés, et donna le commandement de ce côté à un singulier type de soldat aventurier, l'Italien La Cecilia, savant en lunettes, amateur d'érudition classique, et liseur avant tout, qui se battit avec sang-froid, sans avoir peut-être d'autres convictions politiques que celles qui résultaient de sa perpétuelle situation de proscrit irréconciliable et de conspirateur militant.

Le général Cluseret crut devoir sévir à propos de l'affaire du fort d'Issy, et désormais sa situation fut en péril. Déjà, sur le conseil de Rossel, chef de bataillon dans l'armée régulière, ancien prisonnier de Metz, qui avait reçu le titre de chef d'état-major, il avait créé une cour martiale. Elle avait été naturellement mal accueillie par la racaille, qui ne recherchait les grades que pour trouver l'occasion de réquisitionner le bien d'autrui. Nous donnons plus loin le fac-similé de ce décret : (page 399).

Cette mesure créa beaucoup d'ennemis au délégué à la guerre. Ils profitèrent de la situation critique dans laquelle se trouvait l'armée de la Commune, malgré les dépêches triomphantes que les chefs de corps et le ministère répandaient sur les murs de Paris.

Le général Cluseret fut destitué le 30 avril, et même mis en accusation. Ce fut la première voie ouverte aux soupçons, aux accusations de trahison, aux dénonciations. Elles ne pouvaient manquer de se produire dans une assemblée d'hommes qui, à quelques exceptions près, doutaient profondément de la légitimité de leur pouvoir, et par conséquent pouvaient difficilement imposer à leurs administrés et à leurs subordonnés le respect d'une autorité sans mandat La Commune avait été obligée de laisser bien des gens sortis on ne sait d'où s'affubler de quelque lambeau de situation officielle. Ceux qui n'avaient pas de grade dans l'armée, qui n'avaient pu devenir commissaires de police ou directeurs de prison, (car il est remarquable que les fonctions de cette nature furent singulièrement recherchées par la queue de l'insurrection) dirigeaient des comités de *barricades*, d'*artillerie*, de *subsistances*, des *approvisionnements militaires*, que la Commune était obligée de subir, bien qu'un grand nombre de ses membres comprît le discrédit où les jetait une si ridicule confusion.

RÉPUBLIQUE FRANÇAISE

LIBERTÉ — ÉGALITÉ — FRATERNITÉ

N° 152

COMMUNE DE PARIS

MINISTÈRE DE LA GUERRE

En présence des nécessités de la guerre et vu le besoin d'agir rapidement et vigoureusement;

En présence de l'impossibilité de traduire devant les conseils de guerre de légion, *qui n'existent pas encore*, les cas exceptionnels qui exigent une répression immédiate, le délégué à la guerre est autorisé à former provisoirement une Cour martiale composée des membres ci-après :

Le colonel ROSSEL, chef d'état-major de la guerre ;

Le colonel HENRY, chef d'état-major de la place ;

Le colonel RAZOUA, commandant de l'École militaire ;

Le lieutenant-colonel COLLET, sous-chef d'état-major du commandant supérieur EUDES ;

Le colonel CHARDON, commandant militaire de la préfecture de police ;

Le lieutenant BOURSIER, membre du Comité central.

Les peines capitales seront soumises à la sanction de la Commission exécutive ;

La Cour siégera tous les jours à l'hôtel des Conseils de guerre, rue du Cherche-Midi.

Paris, le 16 avril 1871.

Le Délégué à la Guerre,
CLUSERET.

APPROUVÉ :

Les Membres de la Commission exécutive :

AVRIAL, F. COURNET, CH. DELESCLUZE, FÉLIX PYAT, G. TRIDON, A. VERMOREL, E. VAILLANT.

IMPRIMERIE NATIONALE. — Avril 1871.

V. — LES DÉLIBÉRATIONS DE LA COMMUNE.

Le Comité central de la garde nationale prétendait aussi conserver une part de pouvoir. Bien souvent les politiques de la Commune avaient combattu cette direction sans responsabilité; mais, tout en protestant de son caractère inoffensif, le Comité central avait persisté à provoquer les réunions de gardes nationaux et à former en réalité, à côté de la Commune, un gouvernement d'opposition.

Pour remédier à cette anarchie, M. Miot proposa, dans la séance du 28 avril, la création d'un Comité de salut public. Combattue par MM. Vermorel, Vaillant, Paschal Grousset, Andrieu, Longuet, la proposition fut adoptée le 1er mai, après deux jours de discussion. Les délibérations de la Commune étaient souvent assez régulières. Beaucoup d'entre ses membres aimaient à jouer pour de bon le rôle de législateurs. Ils rédigeaient par exemple un décret pour déclarer la séparation de l'Église et de l'État. Le *Journal officiel* était chaque jour couvert de nominations et de décrets, et nous donnons page 437, pour qu'on se rende compte des procédés employés par le gouvernement insurrectionnel, un abrégé du numéro du *Journal officiel* du 3 mai 1871, où fut insérée la discussion au sujet du Comité de salut public.

Le *Journal officiel* n'avait alors que deux pages.

Les premiers membres du Comité de salut public furent MM. Antoine Arnaud, Gérardin, Félix Pyat, Ranvier, remplacés le 9 mai par MM. Ranvier, Gambon, Eudes, Billioray, Antoine Arnaud. D'ailleurs, cette commission dictatoriale, n'eut jamais d'autorité sérieuse.

Le successeur du général Cluseret à la guerre fut le chef de bataillon du génie Rossel. Échappé de Metz, il était venu offrir ses services à Gambetta, qui, le nommant lieutenant-colonel, lui avait confié l'organisation du génie à Nevers. La douleur qu'il ressentit de la signature du traité de paix, une ambition débordante, et un parti pris de mécontentement, qu'explique peut-être l'oubli où, malgré ses talents, il avait été laissé avant la guerre, le jetèrent dans la Commune. Il y resta, bien qu'il ait rapidement sondé l'impuissance de l'insurrection.

Son pouvoir ne dura que neuf jours. Dès son entrée en fonctions, il multiplia les décrets, pour rétablir la discipline, pour écarter les incapables des grades d'officiers; il eut même la prétention de n'accorder des galons qu'à quiconque ferait ses preuves de moralité. Déjà président de la cour martiale, il avait essayé d'entraîner ses collègues à une sévérité qui contrastait avec la situation de relâchement absolu que la plupart des partisans de la Commune regardaient comme les conditions indispensables de son existence.

M. Félix Pyat fut circonvenu par les gens, en fort grand nombre, intéressés à ne pas être surveillés par un homme du métier. Le principe qui paraissait adopté, c'était que l'administration de la guerre était mieux placée entre les mains d'un civil qu'entre les mains des militaires. Déjà,

VUE DU FORT D'ISSY.

au début, un ancien officier d'Afrique, le *général* Brunel, qui ne manquait pas de certaines aptitudes, avait été destitué pour avoir refusé d'admettre que ses soldats reçussent des ordres par-dessus sa tête. M. Félix Pyat résolut donc d'exercer contre Rossel le *cedant arma togæ*. Il s'appuya dans cette lutte sur le Comité central de la garde nationale. Le délégué à la guerre refusait absolument de reconnaître ce pouvoir occulte et sans mandat. Les membres du Comité répondirent à cette prétention en proposant de nommer commandant en chef, sans responsabilité envers le délégué, le général Dombrowski, qui avait l'immense supériorité de n'avoir fait la guerre que par des procédés révolutionnaires.

L'occasion se présenta bientôt. Au milieu des querelles intérieures qu'il lui fallait soutenir, Rossel n'avait pu encore transformer le commandement. Le général Eudes, qui défendait Issy, était alors entouré par les troupes du général de Cissey. Il reçut le 30 avril la sommation suivante, à laquelle le malheureux Rossel crut pouvoir faire cette réponse :

2ᴱ CORPS D'ARMÉE

SERVICE DES TRANCHÉES

SOMMATION

Au nom et par ordre de M. le Maréchal commandant en chef l'armée,

Nous, Major de tranchée, SOMMOMS le Commandant des insurgés réunis en ce moment au fort d'Issy d'avoir à se rendre, lui et tout le personnel enfermé dans ledit fort.

Un délai d'un quart d'heure est accordé pour répondre à la présente sommation.

Si le commandant des forces insurgées déclare par écrit, en son nom et au nom de la garnison tout entière du fort d'Issy, qu'il se soumet, lui et les siens, à la présente sommation sans autre condition que d'obtenir la vie sauve et la liberté, moins l'autorisation de résider dans Paris, cette faveur sera accordée.

Faute par lui de ne pas répondre dans le délai indiqué plus haut, toute la garnison sera passée par les armes.

Tranchées, devant le fort d'Issy, le 30 avril 1871.

Le colonel d'état-major, Major de la tranchée,
R. LEPERCHE.

RÉPUBLIQUE FRANÇAISE

Nº 234 LIBERTÉ — ÉGALITÉ — FRATERNITÉ Nº 234

COMMUNE DE PARIS

RÉPONSE

Paris, 1ᵉʳ mai 1871.

Au citoyen LEPERCHE, Major de tranchée devant le fort d'Issy.

Mon cher Camarade,

La prochaine fois que vous vous permettrez de nous envoyer une sommation aussi insolente que votre lettre autographe d'hier, je ferai fusiller votre parlementaire, conformément aux usages de la guerre.

Votre dévoué camarade,
ROSSEL.
Délégué de la Commune de Paris.

---

1 IMPRIMERIE NATIONALE. — Mai 1871.

Les Versaillais ne s'en établirent pas moins à Issy, à Clamart; le 9 mai le fort leur fut rendu, et, par un adoucissement de la sommation du 30, la garnison fut retenue prisonnière, et non passée par les armes. Rossel annonça cet échec sans déguisement, ajoutant seulement qu'il avait fait occuper le lycée de Vanves. Cet aveu dépouillé d'artifice était peu dans les habitudes militaires de la Commune. Le Comité de salut public destitua donc le délégué, qui prenait ses fonctions au sérieux. Il eut la suprême amertume, après avoir sacrifié à l'insurrection son honneur de soldat, d'être cité devant le Comité comme coupable de haute trahison. Il eut la naïveté de se rendre à l'Hôtel de Ville pour se justifier. Là on lui apprit qu'il allait comparaître devant un tribunal, composé avec soin des hommes qu'il avait condamnés à diverses peines infamantes, pour fuite devant l'ennemi. Il préféra s'échapper, parvint à se cacher dans Paris, et tomba plus tard entre les mains du gouvernement légal.

Ce jour-là, la Commune, comme si le premier aveu d'un échec lui faisait tomber les écailles des yeux, parut comprendre qu'on était arrivé au moment critique. Elle publia le décret suivant :

RÉPUBLIQUE FRANÇAISE

N° 288   LIBERTÉ — ÉGALITÉ — FRATERNITÉ   N° 288

COMMUNE DE PARIS

Dans sa séance du 9 mai 1871, la Commune de Paris a décidé :

1° De réclamer la démission des membres actuels du Comité de Salut public et de pourvoir immédiatement à leur remplacement;

2° De nommer un délégué civil à la Guerre, qui sera assisté de la Commission militaire actuelle, laquelle se mettra immédiatement en permanence;

3° De nommer une Commission de trois membres chargée de rédiger immédiatement une proclamation;

4° De ne plus se réunir que trois fois par semaine en assemblée délibérante, sauf les réunions qui auront lieu dans les cas d'urgence sur la proposition de cinq membres ou sur celle du Comité de Salut public;

5° De se mettre en permanence dans les mairies de ses arrondissements respectifs pour pourvoir souverainement aux besoins de la situation;

6° De créer une cour martiale dont les membres seront nommés immédiatement par la Commission militaire;

7° D'instituer la permanence du Comité de Salut public à l'Hôtel de Ville.

Paris, le **9 mai 1871.**

Les Secrétaires,
B. VÉSINIER, AMOUROUX.

---

1 IMPRIMERIE NATIONALE. — Mai 1871.

VI. — DELESCLUZE

C'était l'aveu des catastrophes prochaines. En nommant Delescluze à la guerre, la Commune faisait appel à un vieux révolutionnaire, auquel sa supériorité morale et sa réputation d'austérité jacobine, qui n'allait pas sans une sérieuse ambition et une amertume profonde contre les hommes et les choses, pouvaient donner une certaine influence. Il était d'ailleurs absolument incompétent; il forma trois armées, avec les débris de la garde nationale, sous le commandement de La Cecilia, Dombrowski et Wrobleski. Selon la tradition de la Convention, il leur adjoignit un commissaire civil. Enfin, surtout, il précipita la construction des barricades, qui rentrait davantage dans les données de son expérience, et destitua le 15 mai M. Gaillard père, qui avait dirigé avec trop de mollesse les opérations du comité chargé d'en surveiller l'édification.

Les trois généraux en chef avaient beaucoup d'officiers et peu de soldats; on pouvait un peu comparer leurs troupes à cette armée de Saint-Domingue, où chaque régiment se compose de plusieurs colonels, d'un nombre considérable de capitaines, d'un tambour, d'un caporal et de quatre hommes. Sur les deux cent mille hommes de garde nationale qui touchaient 1 fr. 50, plus de cent vingt mille se cachaient, ou ne paraissaient que pour la paye; ceux qui combattaient réellement représentaient un effectif de moins en moins considérable, car beaucoup plus du tiers, de la moitié peut-être, trouvaient moyen d'abandonner les postes.

Encore devait-on la présence des quarante mille hommes qui combattaient à l'ingéniosité du délégué aux finances, M. Jourde, qui sut trouver les sommes nécessaires sans avoir recours à des mesures trop vexatoires. Les impôts et les octrois lui fournirent trente millions. Le délégué à la Banque, M. Ch. Beslay, vieux républicain, d'une probité irréprochable, s'employa avec le sous-gouverneur, M. de Plœuc, pour éviter le pillage de cet établissement. M. Jourde se prêta volontiers à cette combinaison, et la Banque s'en tira pour un prêt de dix-sept millions.

Cette modération déplaisait souverainement au parti exalté, qui trouvait son appui dans le Comité central et parmi les hommes en vue comme Delescluze, Raoul Rigault et Th. Ferré. La droite de la Commune était dans une situation peu enviable. Elle se composait surtout des littérateurs, qui, grâce à leurs connaissances, voyaient clairement l'abîme où ils roulaient. C'étaient MM. Vermorel, Lefrançais, B. Malon, Varlin, A. Arnould, Parisel, Paschal Grousset, Jules Vallès lui-même, malgré sa prétention d'éternel révolté. Ils étaient exposés aux violentes accusations du parti blanquiste, qui, privé de son chef, alors en prison à Clairvaux, faisait rage contre quiconque parlait de modération et de justice.

A partir du 16 mai, se sentant débordés et menacés, la plupart des révolutionnaires dont le caractère répugnait aux violences cessèrent de paraître aux séances. Le parti blanquiste attribua à cette conduite le motif peu honorable d'une retraite au moment où il allait falloir rendre ses comptes, et laissé seul au péril, avec une énergie sombre et une espèce de folie sanguinaire, il résolut de profiter des derniers jours de son omnipotence pour ne pas périr sans vengeance.

Le rôle principal dans cette dernière phase de la Commune appartint à Théophile Ferré et à Raoul Rigault. Ils furent les hommes d'action des théoriciens blanquistes, qui profitèrent de leurs derniers jours de pouvoir pour légitérer sans trêve ni repos, lançant décret sur décret, au sujet du travail de nuit, des règlements des amendes dans les fabriques, des syndicats professionnels, ouvrant des écoles, agissant enfin pour se donner, dans leur courte carrière, l'illusion d'un rôle politique.

Mais c'était là le côté de l'idéologie. Raoul Rigault, dont la manie meurtrière semble relever des médecins aliénistes, Ferré, dont la férocité s'explique par les disgrâces physiques et morales d'un être profondément vaniteux, eurent une action décisive sur les mesures violentes du dernier jour.

M. Thiers avait lancé le 10 mai un dernier appel à la population parisienne. Il avait jusqu'alors hésité à ordonner l'attaque de l'enceinte ; mais le moment était arrivé où il eût été coupable de tarder plus longtemps. Il promettait de laisser la vie sauve à ceux qui déposeraient les armes et de continuer les subsides aux ouvriers nécessiteux, mais il annonçait d'autre part que faute de cette soumission, l'attaque définitive commencerait et serait suivie de sévérités que rien désormais ne pourrait arrêter.

La Commune répondit par le décret du 11 mai qui ordonnait la démolition de l'*hôtel Georges*, appartenant à Thiers, le transport de ses livres et de ses collections dans les bibliothèques et les musées publics. Le décret fut exécuté immédiatement, à la grande joie du *Père Duchêne*, de M. Félix Pyat, et en apparence de M. Rochefort, qui écrivit dans la *Marseillaise* un article dont l'ironie pouvait bien s'adresser à la Commune, et dans lequel il applaudissait au juste châtiment prononcé contre le chef de la République française, qu'il appelait « ce vieil évadé ».

La fureur iconoclaste ne s'arrêta pas là. Le peintre Courbet, esprit mécontent et bizarre, qui se croyait persécuté parce qu'il était discuté, avait conçu une haine personnelle contre la colonne Vendôme, élevée avec les canons pris aux Prussiens en 1806 et 1807. Il obtint le 16 mai qu'on procéderait au déboulonnement de ce précieux monument opération qu'il surveilla avec délices en sa qualité de directeur des beaux-arts. C'était l'aberration d'un esprit malade, qui était pourtant celui d'un grand peintre.

VII. — LA SEMAINE DE MAI

Les huit derniers jours de la Commune furent une période de débâcle : on arrêtait au hasard sur l'ordre de Ferré, délégué à la sûreté générale, et de Raoul Rigault, procureur général, tout ce qui pouvait paraître suspect : bourgeois trop bien mis, prêtres, gendarmes, sergents de ville. Une fois sous les verrous, les otages obtenaient rarement leur élargissement, et ne devaient quelques adoucissements à leur situation qu'à la pitié qui saisissait parfois les geôliers, ou que les anciens gardiens, restés à leur poste par un sentiment très délicat de leur devoir, apportaient en secret aux malheureux prisonniers.

En même temps les journaux blanquistes répandaient sur les cruautés commises par les troupes de Versailles les bruits les plus exagérés. Le docteur Parisel, délégué au ministère des travaux publics, émit la prétention de répondre à ces cruautés peu probables par tous les moyens scientifiques et réquisitionna tous les engins d'incendie, et particulièrement les bonbonnes de pétrole. Le 27 mai, un membre de la Commune, Urbain, jetait dans l'esprit de ses collègues la pensée de l'exécution des otages.

Bientôt les nouvelles arrivées de Versailles exaspérèrent aussi des esprits jusqu'alors moins violents. Thiers était contrarié à tout moment dans ses projets de clémence par la commission de quinze membres à qui l'Assemblée avait donné la mission de le surveiller étroitement. Les monarchistes accentuaient chaque jour leurs menaces et leurs espérances. Le chef du pouvoir exécutif avait dû décliner les propositions de pacification des francs-maçons, des députés de Paris, de plusieurs municipalités de province. Il persista cependant jusqu'au 20 mai à promettre de ne rechercher personne en cas de prompte soumission, sauf les assassins des généraux Lecomte et Clément Thomas.

L'assaut définitif allait donc être donné, au grand désespoir de

Thiers, qui se voyait repoussé dans ses tentatives de conciliation. Deux personnages partisans du gouvernement, MM. Charpentier et Veysset, comptant peut-être sur l'appui de Dombrowski, essayèrent de livrer la porte de Passy aux troupes du maréchal de Mac-Mahon, mais ils furent découverts et furent quelques jours après massacrés avec les otages. Le 21 mai, l'armée régulière pénétra dans Paris.

Le général de Cissey avait occupé le fort de Vanves trois jours après

BARRICADE DE LA RUE CASTIGLIONE.

la prise du fort d'Issy (13 mai). A partir de ce moment, les forts d'Issy et du Mont-Valérien rendirent intenables les secteurs compris entre Grenelle et Auteuil. Le 20, tous les postes de l'ouest étaient détruits. Le 21, à Neuilly, un agent des ponts et chaussées, M. Ducatel, prévint les troupes qu'elles pouvaient pénétrer par la porte de Neuilly et le général F. Douay entra dans Paris ; le général de Cissey put de même franchir sans obstacle la porte de Sèvres. Dombrowski dut rentrer dans le centre de la ville.

Delescluze prit en main la direction générale de la résistance, les autres chefs, se réservant d'ailleurs d'agir à leur guise dans leurs

BARRICADE FERMANT LA RUE DE RIVOLI A LA PLACE DE LA CONCORDE.

départements particuliers. Il commença d'abord par nier l'entrée de troupes régulières dans Paris, et promit une dernière fois la victoire aux partisans de la Commune, qui s'étaient fort éclaircis. Puis, lorsque la panique des quartiers occupés par les troupes ne lui permit plus d'ignorer les faits, il appela autour de lui tous ceux qui voulaient livrer une dernière bataille, fit construire des barricades, et mettre à la disposition des chefs militaires les matières combustibles, déjà réunies. Dès ce jour, Delescluze et ses partisans résolurent de brûler Paris pour se défendre.

Le général Douay avançait prudemment du parc Monceau aux Champs-Élysées. Le général de Cissey étendait ses troupes de la chaussée du Maine au Palais-Bourbon, jusqu'à la Seine. Les trente milliers de gardes nationaux qui étaient résolus à combattre se trouvèrent ainsi cernés au centre, n'ayant pour lignes de retraite que les quartiers de l'est et du nord-est. Le 23 mai, les corps des généraux de Ladmirault et Clinchant entourèrent la butte Montmartre, et occupèrent les Batignolles et la place Clichy. Dombrowski fut tué en défendant la barricade de la rue Myrrha. Le corps d'armée du général Douay arriva jusqu'au nouvel Opéra et aux grands boulevards.

Le général de Cissey se logea sans difficulté dans le faubourg Saint-Germain et parvint jusqu'à la rue de Rennes. Les gardes nationaux se voyaient donc réduits à occuper les positions comprises entre les Tuileries et la Bastille, et les hauteurs de Belleville et de Charonne.

La guerre civile prit alors un caractère de férocité implacable; les derniers combattants de la Commune se composaient, en dehors de quelques-uns de leurs chefs, de tous ceux qu'une irrégularité plus ou moins grave avait rejetés hors la loi. Retomber dans les mains d'un gouvernement légal était pour eux le malheur le plus redoutable. Ils s'abandonnèrent donc à tous leurs instincts de destruction, dans lesquels ils furent encouragés par ceux des meneurs qui, se sentant déclassés, avaient accumulé contre la société d'insatiables rancunes.

Les soldats de leur côté étaient exaspérés. Après les hontes de la guerre franco-allemande, les lenteurs de la guerre civile, la rage d'être arrêtés à chaque instant par des barricades, d'être fusillés derrière les maisons, derrière les pavés, les rendaient insensibles à toute considération d'humanité. Les officiers en général, essayaient vainement de modérer cette fureur; qui causait des scènes horribles. Le maréchal de Mac-Mahon avait prévu cette triste conséquence des guerres civiles; il avait publié un ordre pour prévenir les atrocités qu'il redoutait; mais dans l'ardeur de la lutte ces sages prescriptions furent bien souvent oubliées.

VIII. — INCENDIE DE PARIS

Paris devint donc dès le 23 mai, le théâtre d'une épouvantable tuerie ; mais ce devint plus effrayant encore, lorsque Delescluze eut donné les premiers ordres d'incendie. Ce fut par les Tuileries que l'on commença. Le général Bergeret, jusqu'alors grotesque, résolut de finir tragiquement sa courte carrière. Il sollicita l'autorisation d'arrêter la marche des soldats en brûlant le palais. Il confia le soin d'accomplir cette mesure de *défense* au chef de légion, le boucher Benot, qui s'acquitta de sa tâche avec un scrupule dont nous avons pu voir les preuves. L'incendie fut rapide et activé par l'explosion des tonneaux de poudre qui avaient été accumulés dans les caves des Tuileries.

De son côté, le général Brunel, se voyant cerné entre la rue de la Paix et la rue Royale, résolut de protéger sa retraite par le feu. Il fit rapidement un vaste incendie de la rue Saint-Honoré. Son quartier général était au ministère de la marine, où se trouvait une grande ambulance, dirigée par le docteur Mahé ; Brunel reçut l'ordre de brûler le ministère. Toutefois, il hésitait, le docteur lui persuada d'envoyer chercher de nouvelles instructions et dans l'intervalle les troupes débouchant de la place de la Concorde, sauvèrent tout ce quartier.

Brunel se retira avec Bergeret, dans la direction de l'Hôtel de Ville. Pour couvrir leur marche, ils firent enduire de pétrole le Palais-Royal, le ministère des finances et les bâtiments du Louvre voisins du guichet du Carrousel. Les quatre-vingt mille volumes de la bibliothèque du Louvre furent consumés ; mais, par une chance miraculeuse, le musée échappa. Sa perte eût été un désastre irréparable pour l'humanité tout entière.

Le général Eudes, qui voyait se rapprocher les troupes du général de Cissey, se mit aussi en mesure d'imiter ses collègues. Il fut aidé en cette occasion par un état-major de femmes, les pétroleuses, qui méritèrent ce nom par les fonctions qu'elles remplirent avec zèle sur la rive gauche, à partir du 24 mai.

Les palais de la Cour des Comptes, du Conseil d'État, de la Légion d'honneur, la caserne du quai d'Orsay, les principaux hôtels de la rue du Bac et de la rue de Lille furent livrés à la destruction ; le feu avait été préparé avec soin pendant vingt-quatre heures.

Les ordres d'incendie ne cessèrent plus ; il semblait que la fureur de brûler se fût emparée de tous ces malheureux. Notre-Dame fut condamnée et on empilait déjà les chaises pour en former un immense foyer d'embrasement, lorsque le docteur Brouardel fit arrêter les préparatifs par ses internes. Il eut même quelques difficultés à empêcher de mettre le feu à l'Hôtel-Dieu, qui, malgré la présence de nombreux malades, parmi lesquels des blessés de la Commune, avait été aussi destiné à être livré aux flammes.

Les nuits du 23 au 24 et du 24 au 25 furent, au dire des témoins oculaires, parmi les plus horribles dont l'histoire fasse mention. Paris incendié, rougissait le ciel ; les soldats et les gardes nationaux se surveillaient mutuellement de chaque côté des dernières barricades. La population paisible était descendue dans les caves, pour échapper au feu et à la mitraille.

Pendant la journée du 24, les troupes s'engagèrent dans la rue de Rivoli et sur les quais. Les débris de la Commune renoncèrent à siéger à l'Hôtel de Ville et se transportèrent à la mairie du onzième arrondissement, au boulevard Voltaire.

En partant, Delescluze laissa l'ordre de détruire l'Hôtel de Ville, le Théâtre-Lyrique, qui furent entièrement consumés. La mairie du quatrième arrondissement, les bureaux de l'état civil, sur la place de Grève, nombre de maisons de l'avenue Victoria, de la rue de Rivoli, le boulevard de Sébastopol étaient en flammes. Sur les grands boulevards, le théâtre de la Porte-Saint-Martin brûlait.

Dans les quartiers des écoles et du Luxembourg, l'incendie se préparait plus lentement. Cependant on avait résolu de faire sauter le Panthéon en allumant les poudres qui avaient été accumulées dans les caveaux. Mais, prévenu, le général de Cissey hâta sa marche et arriva à temps pour éviter au cinquième arrondissement une épouvantable catastrophe.

Le 24 mai, les derniers partisans de la Commune ne se défendaient plus que sur les hauteurs de Belleville et de Charonne, canonnant encore les quartiers du centre de la ville, qu'ils couvrirent d'obus. Une lutte assez vive avait lieu le même jour dans le quartier des Gobelins. L'armée de Wrobleski se défendit quelques heures à la Butte aux Cailles, et en se retirant incendia la manufacture de tapis.

De nouveaux incendies devaient signaler la journée du 25 : celui du Grenier d'abondance, qui se communiqua à la place de la Bastille, ceux du Château-d'Eau, de l'église de Bercy ; mais ce jour-là les troupes s'avancèrent sur le boulevard Voltaire, et les derniers chefs de la Commune comprirent que le moment suprême était venu. Ils songèrent bien à se mettre en sûreté. La disparition de M. Cluseret, de

M.' Félix Pyat, de Billioray, dont on attribuait la fuite à la complaisance des Prussiens, leur fit espérer un instant qu'ils pourraient échapper. Seul Delescluze persista à combattre pour mourir.

Jourde, avait distribué à chaque membre de la Commune une

GUSTAVE CHAUDEY.

somme de mille francs, représentant une avance sur l'indemnité de quinze francs par jour que les délégués s'étaient votée, et chacun se sauva comme il put. Abandonné, Delescluze se rendit à la barricade du boulevard Voltaire et s'y fit tuer.

Mais il restait encore à Paris plusieurs des chefs de la Commune qui n'avaient pas cru devoir pourvoir à leur sûreté avant d'avoir exercé jusqu'au bout les fonctions qu'ils s'étaient imposées. C'était Ferré, Ranvier et Raoul Rigault. Ferré brûla dans la journée du 26 la Préfecture de police, les docks de La Villette, le Palais de Justice, et pen-

PRÉSIDENT BONJEAN.

dant que les troupes faisaient des progrès réguliers à Belleville et à Charonne, ne rencontrant plus de résistance sérieuse qu'aux Buttes Chaumont, au Père-Lachaise, et à la rue Fontaine-au-Roi, dans le faubourg du Temple, les derniers représentants de l'insurrection assassinaient les otages dans les prisons, depuis le 23 mai.

Ce fut d'abord, à Sainte-Pélagie, Gustave Chaudey, républicain éprouvé, exécuteur testamentaire de Proudhon, qui fut fusillé sur l'ordre et en présence de Raoul Rigault, par un peloton que commandait un détenu pour faux, Preault de Vedel.

Le 24, sur le terre-plein du pont Neuf, Ferré fit tuer M. Georges Veysset, cet agent de Versailles dont nous avons parlé plus haut. Enfin, la Commune, avant de quitter l'Hôtel de Ville, ordonnait, malgré l'opposition de MM. Vermorel, Longuet, Vallès et Mortier, de fusiller les prisonniers détenus à la Roquette : Mgr Darboy, l'abbé Deguerry et le président Bonjean, que le gouvernement de Versailles, par un sentiment de dignité un peu exagéré, avait refusé d'échanger contre Blanqui.

Ferré veilla à l'exécution de cette résolution qui fut confiée à un prétendu juge d'instruction, Genton. On ajouta aux condamnés deux jésuites, les pères Clerc et Ducoudray, un missionnaire, le père Allard. On tria avec soin les fédérés chargés de cette besogne, qui furent commandés par trois de leurs officiers Sicard, Verig, Mégy. Les condamnés protestèrent avec dignité et furent fusillés le long du chemin de ronde. L'archevêque fut tué en priant. Le président Bonjean mourut en héros. Les douze dominicains d'Arcueil, arrêtés quelques jours auparavant sous prétexte d'intelligences avec Versailles donnèrent aux fédérés du 101e bataillon, commandé par Serizier, le plaisir de la chasse à l'homme. Ils furent tués le 25.

Ferré enfin s'était rendu à Charonne, avec quelques otages qu'il avait entraînés hors de leur prison. Il fit exécuter derrière le Père-Lachaise le fameux banquier Jecker, compromis dans l'affaire du Mexique et détenu depuis le début de la Commune, d'ailleurs assez pauvre, pour n'avoir pu acheter sa fuite de l'avidité de ses gardiens.

Le 26, Ferré fit amener de la Roquette à Belleville, par le colonel fédéré Gois, quarante-sept otages. Ranvier les dirigea sur le secteur de la rue Haxo, et les fit exécuter malgré les efforts désespérés et honorables de Varlin et de Fortuné Piat. Enfin, le 27, Ferré résolut d'en finir avec les otages de la Roquette, mais il trouva deux cent cinquante détenus barricadés, dirigés par le gardien chef Pinet, et résolus à se défendre. Quelques-uns de ces malheureux, en voulant s'échapper trop tôt, furent fusillés sur les barricades, entre autres le doyen de la Faculté de théologie, M. Maret. Les autres furent délivrés le 28 par les troupes de Versailles.

IX. — L'ASSEMBLÉE ET LA COMMUNE

La semaine infernale était terminée, et, dans une proclamation, le maréchal de Mac-Mahon annonçait la reprise de Paris. Mais à quel prix ce résultat était-il obtenu ! Nous venons de voir les incendies et les exécutions ordonnés par la Commune. Les troupes régulières n'avaient pas usé d'indulgence. Dans le cinquième arrondissement, Raoul Rigault avait été bientôt reconnu et tué, dans des circonstances fâcheuses, qui prouvaient combien tout le monde avait perdu son sang-froid. Devant le Théâtre-Français, on fusilla les insurgés avec une précipitation que les généraux cherchèrent mais en vain à modérer.

A partir du 26, deux cours martiales fonctionnèrent au Châtelet et au Luxembourg. Les condamnés *classés*, c'est-à-dire destinés à une exécution immédiate, le furent souvent sur des dénonciations vagues ou intéressées, sur des présomptions peu sérieuses. Les condamnés ordinaires, c'est-à-dire destinés à être expédiés sur Versailles, furent injuriés, maltraités, sans que les preuves de leur culpabilité fussent toujours évidentes. A la caserne Lobau, on fusilla trop facilement. A Saint-Sulpice, un médecin d'ambulance, le docteur Fanneau, fut passé par les armes sans autre motif que de s'être trouvé près d'un endroit d'où était parti un coup de feu. Ulysse Parent, qui avait quitté la Commune, avec M. Ranc, dès le 6 avril, fut sur le point d'être fusillé. M. Cernuschi fut menacé, parce qu'on se souvint de sa lutte contre l'Empire. On fusilla à l'École militaire un nommé Constant, qu'on avait dénoncé pour Billioray.

Les exécutions de Moreau, Tony Moilin, Treilhard, furent regrettables, surtout au point de vue des éclaircissements nécessaires à obtenir, celle de Millière ne le fut pas moins. Il était encore député de Paris, il avait joué un rôle bien effacé pendant la Commune et il fut fusillé sur les marches du Panthéon, au milieu d'injures et de violences au moins inutiles. Enfin Varlin, reconnu seulement le 28, après que l'ordre d'arrêter les exécutions sommaires était venu de Versailles, fut fusillé séance tenante. C'était un des hommes les plus honorables et les plus modérés de la Commune.

Les arrestations qui suivirent s'élevèrent à quarante mille. Onze mille seulement furent maintenues, tant les mobiles les plus odieux guidèrent souvent les dénonciateurs. Neuf anciens membres de la Commune passèrent devant les conseils de guerre. C'étaient MM. Assi, Jourde, Billioray, Paschal Grousset, Trinquet, Courbet, Ferré, Urbain.

Les pertes des insurgés furent d'environ sept mille hommes. Il y eut un peu plus de neuf cent soixante-deux condamnations à mort, parmi lesquelles celles de Ferré, Régère et Rossel, qui avait attendu son arrestation à Paris, et dont le sort fut généralement plaint. Il y eut trois mille six cents condamnés à la déportation, surtout à la Nouvelle-Calédonie, parmi eux M. Rochefort, arrêté le 20 mai à Meaux, au moment où il se dirigeait sur la Belgique, après avoir rompu avec la Commune; Jourde, Paschal Grousset, Mlle Louise Michel, l'amie de

Th. Ferré, la prophétesse des revendications sociales de la Commune furent aussi déportés. Disons que près de trois mille repris de justice se trouvèrent parmi les condamnés.

Thiers agit, dans la limite de son pouvoir, pour restreindre les condamnations ; mais l'Assemblée, qui suivait déjà d'un œil défiant sa politique, lui imposa le contrôle d'une commission dite des grâces, qui fut animée de l'inflexibilité de la peur. Les poursuites se continuèrent donc pendant de longues années, après que les passions excitées par la guerre civile eussent dû être oubliées. C'est ainsi que MM. Ranc et U. Parent se virent poursuivis en 1873, sur l'initiative du général de Ladmirault, malgré leur rôle conciliant dans le mouvement communiste, qu'ils abandonnèrent d'ailleurs dès qu'ils en eurent compris le véritable caractère.

Ce fut là cependant tout le profit que la droite monarchiste put retirer de la Commune. Il eût été vraisemblable que cette insurrection portât à la République un coup définitif, et jamais plus grande opportunité ne s'était présentée de ramener la monarchie, en agitant le spectre rouge. Mais les républicains de gouvernement, tout en appelant l'oubli sur ces horribles discordes civiles, se firent avec raison les auxiliaires d'une politique sage et prudente. Gambetta constatait deux ans plus tard les résultats de cette sagesse. « Que voulez-vous? disait-il.
« En France on ne peut pas s'habituer, depuis quarante-cinq ans, dans
« certaines classes de la société, à prendre son parti, non seulement
« de la Révolution française, mais de ses conséquences, de ses résultats.
« On ne veut pas confesser que la monarchie est finie, que tous les
« régimes qui peuvent, avec des modifications différentes, représenter
« la monarchie, sont également condamnés. Et c'est dans ce défaut de
« résolution, de courage chez une notable partie de la bourgeoisie fran-
« çaise que je retrouve l'origine, l'explication de tous nos malheurs,
« de toutes nos défaillances, de tout ce qu'il y a encore d'incertain,
« d'indécis et de malsain dans la politique du jour.

« On se demande, en vérité, d'où peut provenir une pareille obs-
« tination ; on se demande si ces hommes ont bien réfléchi sur ce qui
« se passe ; on se demande comment ils ne s'aperçoivent pas des fautes
« qu'ils commettent et comment ils peuvent plus longtemps conserver
« de bonne foi les idées sur lesquelles ils prétendent s'appuyer ; com-
« ment ils peuvent fermer les yeux à un spectacle qui devrait les frapper.
« N'ont-ils pas vu apparaître, depuis la chute de l'Empire, une généra-
« tion neuve, ardente, quoique contenue, intelligente, propre aux
« affaires, amoureuse de la justice, soucieuse des droits généraux ? Ne
« l'ont-ils pas vue faire son entrée dans les conseils municipaux,
« s'élever par degrés dans les autres conseils électifs du pays, réclamer
« et se faire sa place, de plus en plus grande, dans les luttes électo-

« rales ? N'a-t-on pas vu apparaître, sur toute la surface du pays — et
« je tiens infiniment à mettre en relief cette génération nouvelle de la
« démocratie — un nouveau personnel politique électoral, un nouveau
« personnel du suffrage universel? N'a-t-on pas vu les travailleurs des
« villes et des campagnes, ce monde du travail à qui appartient l'avenir,
« faire son entrée dans les affaires politiques? N'est-ce pas l'avertisse-
« ment caractéristique que le pays — après avoir essayé bien des formes
« de gouvernement — veut enfin s'adresser à une autre couche sociale
« pour expérimenter la forme républicaine?

« Oui! je pressens, je sens, j'annonce la venue et la présence,
« dans la politique, d'une couche sociale nouvelle qui est aux affaires
« depuis tantôt dix-huit mois, et qui est loin, à coup sûr, d'être infé-
« rieure à ses devancières.

. . . .

« Et ils le savent bien, ceux qui, depuis tantôt quatre-vingts ans,
« nourrissent ce pays de calomnies, de mensonges et d'inventions per-
« fides. Oui, c'est la peur qui est le mal de ce pays, et c'est de la peur
« qu'ils ont tiré leurs ressources les réacteurs de 1800, de 1815, de
« 1831 et de 1849. C'est de la peur qu'il a tiré ses principales forces,
« le coupe-jarret de 1851. C'est sur la peur qu'ils ont établi leur
« ascendant pour nous mener, après vingt ans d'Empire, à la dégrada-
« tion, à la mutilation! C'est de la peur qu'ils ont fait sortir ce plébis-
« cite fatal qui devait nous entraîner à la guerre! C'est de la peur
« qu'est née cette impuissante réaction du 8 février 1871! C'est tou-
« jours par la peur, avec la peur, en exploitant la peur, que la réac-
« tion triomphe! Oh! débarrassons-nous de la peur en politique! Chas-
« sons ces sycophantes, et démontrons par nos résolutions, par nos
« actes, par notre attitude, que jamais nous ne voudrons nous servir
« de la violence, et que c'est un misérable et odieux calcul qu'ont fait
« nos adversaires, de compter toujours sur la peur éternelle de la
« France. Et puisque la peur est devenue l'expédient, la ressource de
« nos ennemis, il faut que le parti républicain, que ce parti radical,
« qui met ses satisfactions au-dessus de l'intérêt général, se donne
« la mission de guérir la France de cette maladie de la peur. Or, le
« remède, le moyen à employer, quel est-il? Oh! il est toujours le
« même, et il est toujours vainqueur : c'est la sagesse.

« La sagesse, mes chers concitoyens, c'est le dernier mot que je
« viens de prononcer. Il faut que ce remède ait été d'un effet singulier
« sur nos adversaires, car il suffit que nous ayons prouvé notre sagesse,
« que nous ayons proclamé très haut que rien, qu'aucune provocation
« n'était capable de nous faire sortir de cette ligne de conduite inflexi-
« ble, pour avoir provoqué dans leurs rangs une irritation, une exas-

« pération qui tient de la rage. Leurs journaux, leurs représentants,
« ont, par là même, dévoilé leurs plus secrètes espérances. Ils atten-
« daient, à coup sûr, à en juger par leur déconvenue, quelque faute
« du parti républicain; ils espéraient que, lassé par les injures, irrité
« à son tour par tant de dénis de justice, par tant d'outrages subis et
« venant de côtés où ils les attendaient le moins, ils espéraient que le
« parti républicain tomberait dans un de ces nombreux pièges qu'on
« tend sous ses pas, et qu'alors il s'ensuivrait quelque émotion de-ci,
« de-là, à l'aide de laquelle on pourrait rétablir l'ordre qu'on aurait
« ainsi troublé. Eh bien, leurs espérances ont été vaines et la sagesse
« s'est trouvée, sinon dans notre tempérament — c'est ce qui fait que
« nous avons plus de mérite que d'autres à la pratiquer, car le spec-
« tacle de l'injustice nous révolte — elle s'est trouvée dans nos
« volontés, dans nos intérêts; et c'est elle qui fait aujourd'hui
« le triomphe de la cause à laquelle nous sommes attachés. En
« effet, sous les autres régimes que celui-ci, qui au moins porte
« notre nom : le régime républicain ; sous les autres régimes,
« dictature césarienne, royauté escamotée sur les barricades, ou
« monarchie se prétendant héritière de quatorze siècles, on comprend
« que le parti républicain, exclu de l'arène, chassé, décimé, proscrit
« et réduit à l'impuissance dans la carrière légale, se précipitât dans
« les aventures héroïques de la rue. Pourquoi? Parce qu'on ne lui lais-
« sait aucune issue pour vivre, pour respirer, et qu'alors à la force
« du droit illégitime il opposait l'héroïsme de ses membres et la force
« du droit populaire.

« Ces temps sont changés, messieurs, et ce qui était de mise
« lorsque nous n'étions qu'une minorité opprimée, c'est-à-dire l'em-
« ploi de la force contre un régime oppresseur, serait un crime sous
« un gouvernement qui se réclame du suffrage universel, qui porte
« le nom de République et qui est chargé d'agir, de gouverner, de
« contracter, d'emprunter au nom de la République.

« En conséquence, il ne nous reste qu'une chose à faire pour le
« moment: c'est à nous conduire pacifiquement, légalement, en nous
« réclamant du suffrage universel, dont on ne pourra pas ajourner bien
« longtemps la volonté, la décision; c'est à transformer ce germe, cet
« embryon de République, que nous devons protéger et défendre, afin
« de pouvoir assister bientôt à l'éclosion d'une République sincère,
« définitive et progressive.

« Oui, la sagesse consiste à dire que nous n'attendons rien que de
« la raison, que du temps, que de la persuasion, que de la force des
« choses, que de l'impuissance où sont réduits les partis monarchiques,
« que de leur stérilité et, s'il faut tout dire, de leur couardise.

« C'est à eux, s'il leur plaît, d'avoir recours aux moyens violents.
« Quant à nous, nous n'en avons nul besoin; le pays est avec nous,
« et il le proclame à chaque occasion qu'il lui est donné de le faire.
« Nous avons donc pour nous la loi, le titre, nous aurons la chose
« bientôt.

. . . .

« Voyez le chemin parcouru : la réaction affirmait bien haut la
« nécessité de restaurer immédiatement la monarchie avec fusion, elle
« abandonne cette idée pour passer à la monarchie tempérée sans
« fusion..., puis on est passé à ce qu'on a appelé l'essai loyal de la
« République, mais de la République sans républicains.

« Je n'ai pas besoin de vous dire comment ils entendent ces jeux-
« là, vous le savez aussi bien que moi, et vous qui êtes de Grenoble et
« de l'Isère, vous vous rappelez une administration récente... Ainsi,
« l'essai loyal de la République, c'est là un mot parfaitement bien fait
« pour dire le contraire de ce qu'il exprime.

« Après l'essai loyal, ils sont allés à l'essai de la République con-
« servatrice, et les voilà maintenant qui en sont à la République con-
« stitutionnelle. A la suite de certaines réflexions, de certaines obser-
« vations, les divers chefs des partis monarchiques, après avoir
« secoué l'arbre — non pas pour le renverser, oh! non, tel n'était
« pas leur dessein, — après s'être épuisés en combinaisons toutes plus
« empoisonnées et plus chimériques les unes que les autres et après
« avoir reconnu leur impuissance, mais surtout après avoir constaté
« *de visu* chez eux en leurs gentilhommeries, où en sont aujourd'hui
« les dispositions du corps électoral, et ayant aperçu à l'horizon
« la République définitive, les divers chefs des partis monarchiques
« se sont dit qu'il ne leur restait plus qu'une seule chose à faire :
« c'était de faire la République. » (Discours de Grenoble du 26 septem-
« bre 1872.)

Tel fut le programme de la nouvelle République. Longtemps encore il fallut aux républicains lutter contre l'opposition de ceux qui s'appelaient les conservateurs, et qui, à l'abri du gouvernement qu'ils n'osaient supprimer, préparaient sa ruine et le retour d'une monarchie, dont le début aurait été une nouvelle guerre civile. Il fallut d'abord conquérir cette Constitution de 1875, qui établissait la République comme le gouvernement incontestable du pays. Quelles que fussent les garanties que cette Constitution assurât aux grands principes dont se réclamaient les légitimistes, les bonapartistes et les orléanistes, ils s'étaient réservé le droit de changer le gouvernement et cependant la nature même de la République permettait d'améliorer ce qui pouvait être défectueux, sans avoir à lutter contre la volonté d'un pouvoir héréditaire, dont on n'a jamais en France forcé les résistances que par une révolution.

Il faut que les jeunes gens auxquels nous destinons ce livre oublient les difficultés qui peuvent embarrasser momentanément la marche de la République parlementaire et les fautes que l'on reproche à tort ou à raison aux hommes qui l'ont dirigée, depuis quelques années. Ils doivent se souvenir que ce régime de discussion et de liberté n'a connu ni les exécutions politiques de la première restauration, ni les émeutes de l'archevêché, du cloître Saint-Merry, de la rue Transnonain, de 1839, sous le gouvernement de Juillet, ni les journées de Juin, qui ont marqué la République conventionnelle de 1848, ni le 2 Décembre, d'où est sorti l'Empire. Qu'ils pèsent, si le malheur de notre caractère national était sur le point de remettre encore une fois en question la forme du gouvernement, la tranquillité d'aujourd'hui avec les troubles d'autrefois, et, devenus des hommes instruits et fermes, ils éviteront à la patrie dont les premiers besoins sont le repos et le travail, les dangereux hasards d'une dictature ou d'une monarchie.

FIN

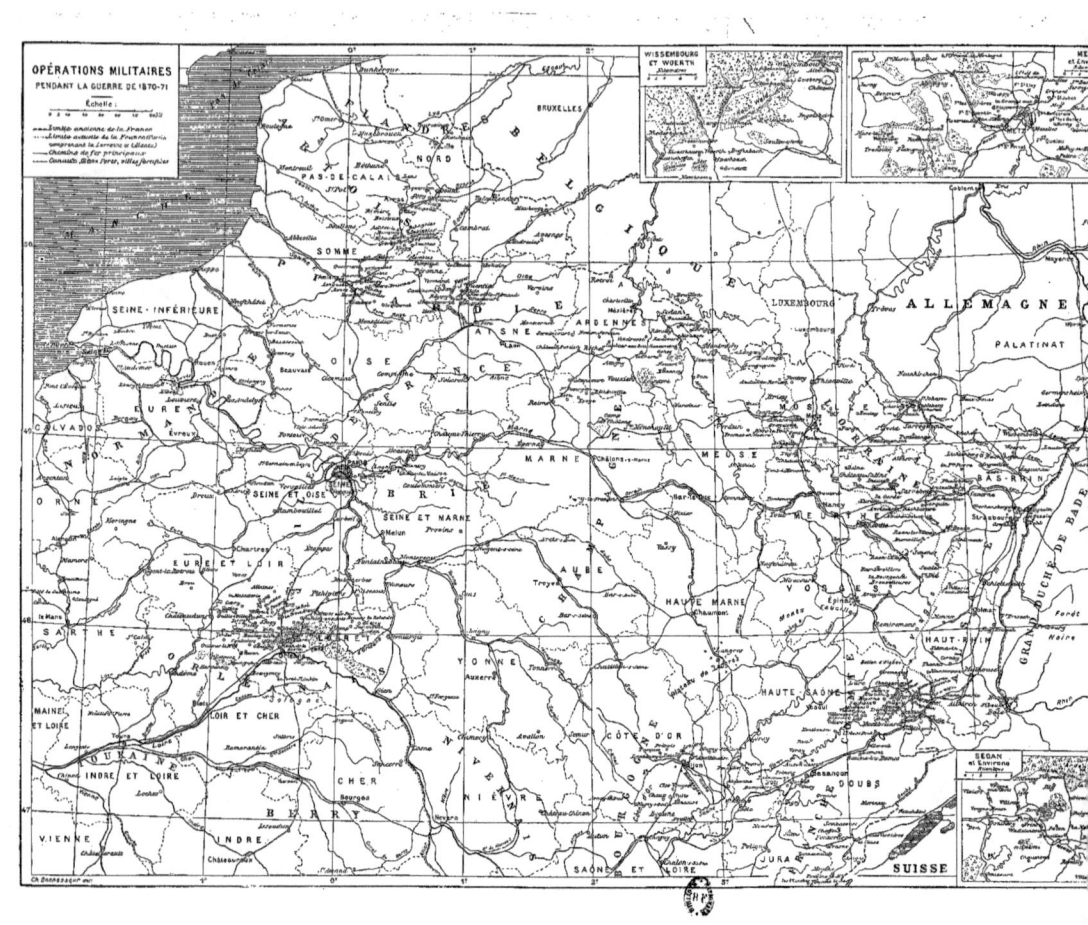

APPENDICE

N° 4   UN SOU   N° 4

19 ventôse an 79.

LA GRANDE COLÈRE

DU

PÈRE DUCHÊNE

A propos de l'infâme trahison des jean-foutres royalistes qui voudraient enlever à Paris son titre de capitale pour mieux tuer la République;

Avec ses révélations sur leurs trucs pour détruire le suffrage universel;

Et sa motion pour que l'Assemblée nationale siége à Paris.

Du coup, les sacrés aristocrates de l'Assemblée nationale ont décidément jeté bas le masque.

Savez-vous ce que c'est, patriotes, que le dernier projet de décret qu'ils viennent de foutre au nez de la République?

Une infâme trahison.

Ils ne veulent pas revenir à Paris. Ils ne veulent pas siéger au milieu des bons bougres qui ont délivré la nation du foutu règne de Bonaparte.

Ils veulent aller continuer leurs sacrées farces à Versailles, dans le palais des ci-devant rois, construit par le plus grand chenapan de toute la famille Capet.

A Versailles !

Et vous croyez que les patriotes de Paris goberont encore celle-là sans rien dire?

Vous croyez qu'ils ne savent pas débrouiller toutes vos satanées manœuvres pour les foutre dedans et pour passer la jambe à la République?

Vous croyez que le Père Duchêne va vous laisser tranquillement monter vos coups, attaquer les intérêts de la nation et outrager les bons bougres de Paris, sans profiter de l'occasion pour vous administrer une bonne volée de bois vert?

Halte-là, mes bougres! Le Père Duchêne va débiner vos trucs.

Aujourd'hui vous transportez seulement le siège de l'Assemblée à Versailles.

Mais demain, si les patriotes ne vous foutent pas des bâtons dans les roues, vous saisirez le premier prétexte pour guculer encore que ce bougre de Paris est incorrigible et vous proposerez de le punir en le privant de son titre de capitale.

Inutile de dire non. Ça saute aux yeux.

Et vos sacrés journalistes de quatre sous, qui crèvent de rage de voir nos bons patriotes si résolus et si flambards, ont le toupet de l'écrire presque chaque jour dans leurs sacrées feuilles que le diable emporte!

Ah! ce que vous voulez, le Père Duchêne le voit bien, et comme il a promis de dire la vérité au peuple : il parlera.

Ce que vous voulez, le voici :

Vous sentez que Paris représente les forces vives de la Révolution au *summum* de leur intensité;

Que nous sommes ici au centre de l'activité politique;

Que nous avons la capacité et la volonté de nous gouverner par nous-mêmes;

Que nous ne voulons plus de députés irrévocables nommés pour plusieurs années pendant lesquelles ils pourront tout à leur aise trahir la nation, et faire clouer dans le cercueil par la royauté notre jeune République;

Que nous n'aurons plus bientôt que des députés ayant accepté un mandat impératif et qui se mettront journellement en contact avec nous, qui prendront chez nous leur mot d'ordre et non chez Thiers et chez Conti, et qui seront vraiment les représentants du peuple, jaloux de son honneur et de sa liberté et non des jean-foutres qui vont digérer à l'Assemblée et complotent contre les bons bougres qui les ont élus.

Oui, les députés de Paris, siégeant à Paris, recevraient du peuple leur inspiration.

L'influence de la population parisienne sur ses mandants résidant au milieu d'elle est incontestable.

Et c'est là précisément ce que vous redoutez!

Ah! jean-foutres, voilà ce qui vous rend pâles de terreur. C'est l'influence victorieuse et civilisatrice de ce Paris, de cette ville qui vient de se montrer si grande dans son deuil et sa modération, de cette cité sainte qui souffle aux quatre coins du monde le vent fécondateur de la propagande révolutionnaire.

Oui, le peuple ici est instruit de ses droits.
Oui, les patriotes ont la conscience de leurs devoirs.
Les braves bougres l'ont prouvé : et le Père Duchêne salue en leurs corps amaigris la sublime misère qu'ils ont mise au service de la patrie.
Vous-mêmes, tas de jean-foutres, bonapartistes et orléanistes, vous ne pouvez méconnaître intérieurement les sentiments bougrement patriotiques des braves Parisiens.
Mais les mensonges coûtent si peu à vos bouches faites à tous les serments.
Admettons que nous qui avons dans les journaux socialistes donné l'exemple du calme, les conseils sages, et qui, au risque de perdre notre popularité, avons sommé au nom de la Révolution ses amis de ne point la compromettre;
Admettons que nous soyons, comme vous le dites, une poignée de factieux et de braillards.
Etes-vous donc devenus si timides depuis le massacre de la rue Transnonain, depuis le cloître Saint-Merri, dans le sang desquels vos pieds, souples alors aux rigodons monarchiques, glissèrent et se rougirent, — depuis Décembre, que vous avez appelé, applaudi et félicité?
Etes-vous devenus si timides, que cette poignée d'hommes vaus fasse peur!
Et, si nous représentons en effet la masse, le peuple, l'opinion de Paris, à quoi bon vos peurs, à quoi bon vos précautions, à quoi bon vos menaces?
Est-ce que vous pensez qu'à votre voix le flot de la Révolution se brisera contre la queue de la poire Louis-Philippiste!

Imbéciles!

Ou plutôt non, gros malins!
Quoique vous en disiez, ce n'est point la « poignée de factieux et de braillards » que vous craignez, mais bien Paris, Paris armé de sa science sociale, de la connaissance de ses droits, de sa volonté de les conquérir!
Vous craignez la poussée morale de Paris qui, malgré vous, à un moment donné, pourrait vous porter en avant, comme en 89, en 90, en 91, en 92 et en 93, où les représentants du peuple sentaient frissonner autour d'eux le souffle ému de la nation et s'enivraient, à le respirer, de patriotisme, d'énergie et d'amour de l'Humanité!
Ah! foutre, c'est que dans ce temps-là les patriotes n'avaient pas autant de patience qu'aujourd'hui, — et les Trochu de l'époque n'étaient pas nommés dans onze collèges électoraux pour prix de leur trahison!

Voilà donc ce que vous avez rêvé :

Vous soustraire d'abord à l'influence politique de Paris, aux manifestations de sa vitalité expansive et surabondante, et la masquer s'il se peut, la faire languir et s'éteindre.
Inutile de le cacher!
Nous en sommes sûrs maintenant :

Vous voulez tuer Paris.
Et en décapitant la France, étouffer l'existence politique des villes.

Oui, votre plan c'est de supprimer l'influence des grandes villes où tous les bons patriotes savent lire dans les journaux, et sont trop malins pour se laisser foutre dedans par les trucs et tours de gobelet de tous les sacrés charlatans de malheur!

Et ainsi vous comptez un peu à la fois foutre l'éteignoir sur le suffrage universel et l'embrouiller par vos sacrés mic-mac, de façon à ce que les bons bougres des grandes villes qui sont républicaines n'aient plus de représentants, et que finalement personne ne voie plus goutte à vos tripotages.

Ah! vous avez déjà si bien manigancé que la sacrée bonne ville de Lyon, une qui l'est bougrement patriotique, celle-là! n'a pas seulement un représentant dans notre foutue Assemblée.

Tous ces braves Lyonnais, pourtant, qui aiment tant la République, et qui, foutre! ont plus d'une fois montré qu'ils n'ont pas froid aux yeux en la défendant, tous ces braves ouvriers, la fleur des sans-culottes avaient voté comme un seul homme pour des amis du Peuple.

Et leur vote n'a pas compté parce que les paysans qui votaient avec eux, étaient en plus grand nombre et qu'ils ont tous choisi les aristos.

Ce qui fait que la seconde ville de France a eu le bec clos.

Tout ça parce que les paysans ne savent pas ce que c'est que la République!

Ah! les paysans! nous ont-ils fait du mal avec leurs sacrés votes! Et pourtant, ce sont de bons bougres!

Si le Père Duchêne qui les aime bien pouvait seulement jaboter un peu avec eux, de temps en temps, il aurait bientôt fait de leur montrer que les aristos, les calotins, et toute la satanée séquelle de royalistes les foutent dedans avec toutes leurs blagues et les enfoncent dans la marmelade au lieu de leur tendre la perche.

Le vieux marchand de fourneaux se foutra un jour tout de bon à cette besogne et vous verrez qu'il saura bien se faire comprendre de tous ces braves bougres qui, au bout du compte, sont de fameux amis du Peuple, puisque ce sont eux qui plantent la vigne et font pousser le blé.

Mais, en attendant, les bougres font de la mauvaise besogne politique qui sert aux aristos pour foutre dedans les républicains.

Aussi, soyez bien certain que les tripoteurs chercheront bientôt à supprimer le vote de Paris, comme celui de Lyon, parce que Paris les épouvante encore plus que toutes les autres grandes villes.

Paris, mille tonnerres!

Il y avait trois grandes villes en France qui s'étaient foutu une rude peignée avec les Prussiens et qui avaient reçu un tas de bombes dans leur brave carcasse sans broncher d'une ligne, en jetant toujours au nez du Bismarck leur cri de : Vive la République!

C'étaient Strasbourg, Metz et Paris.

Les jean-foutres qui conspirent contre la Révolution avec les tyrans en ont déjà livré deux aux Prussiens.

Ils voudraient bien livrer la troisième à leur sacré Philippe. Donc, Parisiens, ouvrez l'œil.

Il faut — IL FAUT — entendez-vous bien, que Paris reste la capitale;

Et que l'Assemblée siège dans cette capitale, pour qu'elle soit à portée d'entendre les motions bougrement patriotiques que les Parisiens pourront leur faire.

Il le faut, mille tonnerres! et cela sera, ou, foutre! nous verrons bien!

Ah! nous savions bien que le Père Duchêne ne serait pas toujours en colère, et qu'il passerait bien de temps en temps un petit moment joyeux.

Allons, patriotes, vous pouvez rigoler un peu, et vous foutre des réactionnaires.

Ces bons députés de Bordeaux, qui tremblent de peur dans leur culotte quand ils pensent qu'ils vont se trouver à peine à deux *krupps* de Montmartre, avaient envoyé quarante mille hommes pour contenir un peu les sans-culottes.

Eh bien! savez-vous ce qu'ils ont fait en arrivant, ces braves soldats dont l'Hôtel de Ville s'est tant foutu?

Ils sont allés à la Bastille! à la Bastille, comme les bons bougres, déposer des couronnes.

Ah! comme le Père Duchêne est content! comme il va rigoler ce soir!

Mille tonnerres! comme nous foutrons une brûlée aux Prussiens, dans un an, avec ces gars-là!

Ah! il faut bougrement veiller aux intérêts du peuple, parce qu'en ce moment les jean-foutres sont aux aguets et les marchands d'argent sont embusqués dans les foutues boîtes des huissiers et des avoués pour turlupiner le pauvre monde.

Il voulait faire aujourd'hui sa grande motion sur un bougre de décret qu'il a lu dans les feuilles, concernant les échéances des billets de commerce; mais foutre! le couperet de la réaction est en suspens au-dessus de Paris, tête de la Révolution, et, devant ce grave danger pour l'honneur de la ville, tout devait céder.

Le Père Duchêne a dit sa pensée sur le projet des jean-foutres de l'Assemblée nationale d'enlever à Paris son titre de capitale, et maintenant que l'honneur, foutre! est satisfait, asseyons-nous, buvons un coup, et du rouge! et causons de nos affaires.

Voici donc ce qui a fait loucher le Père Duchêne dans ce foutu décret qui a été présenté à l'Assemblée, relativement aux billets de commerce, par ce grand gueusard de Dufaure qui a traîné ses guêtres dans les antichambres de tous les gouvernements présents, passés et futurs.

C'est l'article 2 qui dit:

« Tous les effets de commerce échus du 13 août au 12 novembre 1870 seront exigibles sept mois, date pour date, après l'échéance inscrite aux titres *avec les intérêts* depuis le jour de cette échéance.

» Les effets échus du 13 novembre 1870 au 12 avril prochain seront exigibles, date pour date, du 13 juin au 12 juillet.

» Ces dispositions sont applicables aux effets qui auraient été déjà protestés ou suivis de condamnation. »

Comment, foutre! AVEC LES INTÉRÊTS!

Ce n'est pas assez que malgré le bougre de pétrin où nous nous trouvons on exige le payement de tous ces billets accumulés qu'on ne pourra jamais rembourser, mille tonnerres, quand le diable y serait, — ou ces jean-foutres d'huissiers qui sont ses cousins germains!

Il faut encore qu'on paye les intérêts de ces billets-là!

Mais, foutre! c'est inouï!

On veut donc ruiner le commerce, et que les petits boutiquiers mettent la clef sous leurs portes et s'en aillent casser des pierres sur les grandes routes?

Mais foutre, ce Dufaure, ministre de la justice, qui n'entre que dans sa soixante-quatorzième année — on n'aime pas les têtes à perruque chez nous, non! c'est que je danse! — est donc complètement ramolli?

Il a donc aussi peu de cervelle que de cœur, ce jean-foutre qui après s'être usé le nez contre le parapluie de Louis-Philippe a essayé de se draper dans les plis du drapeau de la seconde République et qui s'en est ensuite allé à l'Elysée astiquer les éperons du président!

Ah! foutre! à quel cénacle de gâteux sommes-nous encore livrés, et comme il faut que le Père Duchêne ouvre l'œil plus que jamais!

Je vous demande un peu s'il ne faut pas être plus bête que le jean-foutre Ferry lui-même, pour vouloir que les pauvres boutiquiers et commerçants paient l'intérêt des billets échus?

Mais avec quoi? encore un coup!

C'est toujours la même histoire que pour les loyers!

Depuis tantôt huit mois, qu'avons-nous fait? qu'avons-nous échangé? qu'avons-nous vendu?

Mais, jean-foutre de Dufaure, le commerce est ruiné, et quand le boutiquier de Paris ouvre sa bourse, il n'y voit dedans que le diable!

La plupart des petites industries qui vivaient surtout de la présence de l'étranger à Paris, où en sont-elles?

Quels bénéfices ont-elles réalisés?

Hélas! ce sont leurs épargnes qui s'en sont allées en eau de boudin, — et les bijoux des femmes, et le plus beau du linge, et tout ce qui avait quelque valeur a pris le même chemin que les outils du prolétaire.

Le Mont-de-Piété est bourré jusqu'au grenier!

On aurait déjà bien de la peine à payer le capital.

La plupart auraient besoin de renouvellements.

Et beaucoup qui se sont montrés bons patriotes et qui ont fait le coup de feu et supporté pour la République tout cet abominable siège, beaucoup auraient le droit d'exiger qu'on fût coulant avec eux!

Mais pas du tout!

Les pauvres bougres de boutiquiers peuvent s'arranger comme ils voudront!

Il ne faut pas que le capital y perde!

Mille tonnerres! la propriété financière a maintenant, quoique de noblesse plus récente, toutes les prétentions de la propriété terrienne!

La propriété! céder quelque chose de ses droits!

Ah! ah! laissez le Père Duchêne desserrer la boucle de son haut-de-chausse pour qu'il puisse rire à son aise!

La propriété est affolée, cette mourante a le délire, et la maladie mortelle dont elle est atteinte explique les exigences fantastiques qu'elle ose encore montrer à cette heure!

Allons, pauvres bougres!

Faites votre valise!

Dites à la femme de mettre sur elle tout ce qu'elle pourra, dites aux enfants que vous allez « faire un voyage », et, laissant coller sur la porte de votre magasin déshonoré les affiches annonçant la vente forcée, par autorité de justice, de ce que vous avez passé votre vie à acquérir, allez trouver le peuple et demandez-lui si le socialisme est, oui ou non, le salut pour tout le monde.

Allez!

Le peuple vous affirmera sa foi dans la Révolution.

Viens avec nous, ô boutiquier !

Notre cause est la même, c'est celle du travail et de l'honnêteté contre le parasitisme et l'agiotage !

Viens, tu seras bientôt converti !

Et ce jour-là nous partirons bras dessus bras dessous, le front haut et le cœur libre, et nous arracherons des murs l'affiche infâme qu'on y colle à cette heure et qui annonce ta faillite !

Ah ! vraiment, voilà pour le coup quelque chose qui fait aujourd'hui la grande satisfaction du Père Duchêne.

Les patriotes ont enfin compris qu'il fallait se réunir tous contre l'ennemi commun, comme qui dirait une grande fédération, pour se foutre à notre aise des mauvais bougres qui voudraient jouer à cloche-pied avec la République.

Avec ça, plus moyen ! Ces jean-foutres-là ont trois cent mille bons patriotes qui leur foutront leur pied quelque part s'ils veulent décoiffer un jour notre bonne fille du 4 septembre.

Quand ils nous expédieraient un régiment entier d'Aurelle de Paladines, qu'est-ce que ça nous foutrait ?

Ils auraient beau tourner autour du pot, et chercher à nous faire foutre en colère qu'on n'en rirait que de plus belle !

Les « Montmartre » ont des canons ! C'est ce qui vous agace, mes bougres de capitulards !

Les « Belleville » se sont fortifiés ! mais où ?... et je ne vous engage pas par-dessus le marché à vous y frotter ?

Ah ! vous croyez que tout bonnement, parce que vous aviez un peu affamé les patriotes, ils n'avaient plus que du sang de navet dans les veines, et n'avaient plus de biceps pour tenir un chassepot le jour où vous nous rameneriez quelque Philippe d'occasion ?

Ah ! mes jean-foutres : vous vous êtes foutu le doigt dans l'œil jusqu'au coude. Et vous le voyez bien !

Nous nous foutons de votre Aurelle ! Et carrément, encore !

Le Père Duchêne ne vous l'a pas mâché, il me semble. Il veut, comme tous les bons patriotes, que la garde nationale nomme son chef.

Est-ce que vous vous figurez, par hasard, que vous nous ferez encore battre les uns contre les autres ?

Pas de ça. Le Père Duchêne connaît la farce.

Ah ! mon vieil Aurelle, comme tu te fous dedans ! Et comme tu ferais bien mieux de suivre les conseils des bons patriotes et de rentrer comme tes copains dans la vie privée ?

Tu dis que tu es républicain et que tu veux te montrer bon patriote !

Prouve-le en nous donnant par ta démission le gage de ton respect pour la loi, et soumets-toi à l'élection.

Nous verrons ce que nous aurons à faire.

Et tu ne seras peut-être pas nommé.

Mais tu auras fait ton devoir.

Et vraiment, là, entre nous, c'est le seul parti que tu aies à prendre.

Ou bien, alors, va-t-en !

Car, vraiment, tu es trop crampon, mon vieux !

Le Père Duchêne est allé hier se promener au dehors de Paris, et foutre! il a vu comment on enterrait comme des chiens les bons patriotes qui se sont fait tuer par ces sacripants de Prussiens !

Ah! ce n'est pas assez de se faire foutre une balle dans le corps, il faut encore pourrir à fleur de terre, au point qu'on craint avec raison qu'après la défaite, vienne le choléra !

Mais ces bougres de l'Hôtel de Ville se foutaient bien des patriotes !

Une pelle de terre, voilà tout ! Juste pour qu'ils ne voient pas les grands yeux vides des morts les regarder en face, quand ils allaient dîner à Versailles.

Ah! comme le Père Duchêne était triste de voir cette terre rouge qu'on sentait fraîchement remuée, et sur laquelle on avait peur de marcher !

Il y avait là-dessous de bons citoyens qui s'étaient battus crânement pour la République pendant que ces jean-foutres trahissaient !

Combien de mères ont là leurs enfants ! La jeunesse est toujours brave. Aujourd'hui, les mères pleurent, et le Père Duchêne pleure avec elles !

Ah! tonnerre, faut-il donc se foutre en colère tous les jours et ne pas seulement pouvoir se promener un peu sans sentir sous ses pas craquer les os de vos victimes !

On dit que c'est pour ça que ces bougres-là ne voulaient pas venir à Versailles !

Le Père Duchêne annonce avec une grande satisfaction l'apparition de la brochure *la Bouche de Fer*, du citoyen Paschal Grousset, qui contient des révélations un peu soignées sur les jean-foutres de la Défaite nationale.

Le *Père Duchêne* fait faire aujourd'hui un second tirage de ses Numéros 1 et 2.

Ces deux numéros seront mis en vente à onze heures du matin, demain samedi, après la vente de la brochure qu'il annonce ci-après :

Demain le Père Duchêne publiera sa

GRANDE JOIE

En apprenant que les bons bougres de patriotes vont nommer Garibaldi comme général en chef de la garde nationale à la place d'Aurelle de Paladines, le vaincu d'Orléans.

Imprimerie Sornet, rue du Croissant, 16.

Troisième année. N° 123 Mercredi 3 Mai 1871

JOURNAL OFFICIEL
DE LA RÉPUBLIQUE FRANÇAISE

SOMMAIRE

PARTIE OFFICIELLE. — Arrêtés : concernant le ministère de la marine et les marins ; — faisant ressortir de la direction des perceptions les services se rattachant à la vente en gros, aux halles centrales ; — consacrant un emplacement aux approvisionneurs de viande de boucherie ; — nommant le secrétaire général du ministère de la justice ; — nommant des juges de paix et des greffiers. — Ordres du délégué à la guerre. — Remboursements aux finances.
PARTIE NON OFFICIELLE. — Rapports militaires. — Arrêté de la municipalité du V° arrondissement, relatif à la garde nationale. — Séances de la Commune. — Traitement de nos soldats à Versailles. — Extraits de la *Sociale* et de la *Patrie*. — Elections municipales de Bordeaux. — Nouvelles étrangères. — Faits divers et convocations. — Bourse.

PARTIE OFFICIELLE

Paris, le 2 mai.

Le comité de salut public,
Considérant :
Qu'au point de vue de la défense de Paris, il est de toute urgence et du plus haut intérêt que ce qui est élément marin soit placé sous la direction du ministère de la marine,

ARRÊTE :

1° Le ministère de la marine, pour tout ce qui concerne les opérations militaires du siège, reste sous la direction du ministère de la guerre ;
2° Les chefs de bataillon rayeront des cadres de leurs compagnies tous les marins qui y sont incorporés et les dirigeront, dans les vingt-quatre heures, au ministère de la marine, où ils seront mis à la disposition du délégué à ce ministère ;
3° Tous les marins, fusiliers et matelots, incorporés dans les compagnies de la garde nationale, quitteront ces compagnies et se présenteront dans les vingt-quatre heures au ministère de la marine, pour se mettre à la disposition du délégué à ce ministère ;
4° Les marins fusiliers seront immédiatement organisés en compagnies de débarquement ;
5° Les matelots seront également organisés en compagnies de débarquement ; mais ces compagnies seront aussi considérées comme compagnies de dépôt, dans lesquelles le délégué au ministère de la marine pourra puiser pour le besoin du service des canonnières composant la flottille de la Seine ;
6° A partir de ce jour, 2 mai 1871, le bataillon des marins de la garde nationale, commandé par le citoyen Bloch, est placé sous la direction spéciale et absolue du délégué au ministère de la marine ;
7° Le délégué au ministère de la marine prendra, dans les cadres de ce bataillon, les officiers, sous officiers et matelots capables, nécessaires à la composition des équipages de la flottille de la Seine ;
8° Des compagnies de débarquement seront immédiatement formées avec le reste de ce bataillon, de concert avec les fusiliers et matelots dont il est parlé dans les articles 4 et 5.
Paris, le 2 mai 1871.

Pour le comité de salut public,
F. PYAT, A. ARNAUD.

Les délégués aux finances et à la sûreté générale,
Considérant que, dans l'intérêt de l'approvisionnement et des recettes communales, un contrôle unique doit être exercé sur toutes les opérations relatives aux ventes en gros qui se font aux halles centrales par l'intermédiaire des facteurs préposés à cet effet ;
Que le contrôle dont il s'agit ne peut être divisé entre les préposés des perceptions communales et ceux de la police sans nuire au bien du service, grever inutilement le budget communal et donner lieu à des abus qu'il est bon d'éviter ;
Que les fonctions de facteur, ainsi que celles des agents des divers autres services, se rattachant aux ventes en gros, étant essentiellement administratives, nul ne peut les remplir s'il n'est commissionné par l'administration des perceptions communales,

ARRÊTENT :

A partir de ce jour, tous les services concernant les ventes en gros dans les halles et marchés, ainsi que le poids public, les abattoirs et les propriétés communales, font partie de la direction des perceptions communales, qui en demeure exclusivement chargée.
Paris, 1er mai 1871.

Le membre de la Commune délégué à la sûreté générale,
J. COURNET.

Le membre de la Commune délégué aux finances,
JOURDE.

Les délégués aux finances et aux subsistances,
Considérant que, depuis longtemps déjà, des approvisionneurs en viande de boucherie et de porc demandent la création d'un marché libre où il leur soit permis de vendre leur marchandise, soit par eux-mêmes, soit par un représentant de leur choix, et non par l'intermédiaire des facteurs à la criée aux halles ;
Que la partie sud du pavillon n° 5 a été spécialement affectée à cet effet, et qu'on peut dès à présent la mettre à la disposition du commerce ;

Qu'il ne reste plus à fixer que la quotité du droit d'abri à percevoir à l'entrée des viandes dans le pavillon susdésigné, ainsi que la durée de la vente,

ARRÊTENT :

Art. 1er. Tous les approvisionneurs en viandes de boucherie et de porc seront admis dans la partie sud du pavillon n° 5, à partir du 6 du mois courant.

Art. 2. Ainsi que pour les viandes de même espèce qui se vendent à la criée, le droit d'abri que chaque approvisionneur devra payer à l'entrée desdites marchandises est et demeure fixé à 0,02 c. par kilogramme.

Art. 3. La vente sera quotidienne et devra, excepté dans le cas de force majeure, être terminée à midi en toute saison.

Paris, le 1er mai 1871.

Le membre de la Commune délégué aux finances,

JOURDE.

Le membre de la Commune délégué aux subsistances,

VIARD.

Le membre de la Commune délégué à la justice

ARRÊTE :

Le citoyen Dessesquelle (François-Edmond) est nommé secrétaire général de la délégation de la justice.

Paris, le 30 avril 1871.

Le membre de la Commune délégué à la justice,

EUGÈNE PROTOT.

La commission exécutive

ARRÊTE :

Sont nommés :

1° Le citoyen Denneval (Toussaint-Sylvain), juge de paix du Ier arrondissement ;
2° Le citoyen Cheradame (Louis-Edmond), juge de paix du IIe arrondissement ;
3° Le citoyen Lechasseur (Auguste), juge de paix du IIIe arrondissement ;
4° Le citoyen Bernard (Benoît), juge de paix du IXe arrondissement ;
5° Le citoyen Deconvenance (Edmond-Joseph), juge de paix du XVIIIe arrondissement ;
6° Le citoyen Loubery (César-René), greffier de la justice de paix du IIe arrondissement ;
7° Le citoyen Lesseline (Adolphe), greffier de la justice de paix du IIIe arrondissement ;
8° Le citoyen Lefèvre (Josse-Alfred), greffier de la justice de paix du IXe arrondissement ;
9° Le citoyen Poisson (Alphonse), greffier de la justice de paix du XVIIIe arrondissement.

Paris, le 2 mai 1871.

La commission exécutive.

Pour ampliation :

Le membre de la Commune délégué à la justice,

EUGÈNE PROTOT.

ORDRES

Il est formellement interdit à tout commandant militaire, officier ou autre fonctionnaire au service de la Commune, d'avoir aucune communication avec l'ennemi.

Le délégué à la guerre rappelle à ce sujet les prescriptions du règlement sur le service en campagne ; il les fera exécuter dans toute leur teneur :

« Les trompettes et les parlementaires de l'ennemi ne dépassent jamais les premières sentinelles ; ils sont tournés du côté opposé au poste ou à l'armée. On leur bande les yeux s'il en est besoin. Un sous-officier reste avec eux pour exiger que ces dispositions soient observées.

« Le commandant de la grand'garde donne reçu des dépêches et les expédie sur-le-champ au général. Il congédie sur-le-champ le parlementaire. »

L'envoi de parlementaires sert parfois à couvrir une ruse de guerre. On ne doit donc pas interrompre le feu pour le recevoir, quand même l'ennemi aurait interrompu le sien.

Tout officier ou employé à la guerre qui publiera un rapport sur les opérations militaires, ou un document officiel de nature à renseigner le public sur les ressources militaires de la Commune et leurs modes d'emploi, sera révoqué par ce seul fait et puni disciplinairement d'un mois de prison. Les officiers supérieurs et généraux sont chargés de veiller à l'exécution du présent ordre.

Paris, le 2 mai 1871.

Le délégué à la guerre,

ROSSEL.

Avis aux boulangers et aux logeurs.

La Commune de Paris rappelle aux boulangers qu'ils sont tenus de recevoir, comme par le passé, les bons des réfugiés, attendu que l'arrêté du 7 octobre 1870 est et demeure en vigueur.

Le même avis s'adresse également aux logeurs.

Le membre de la Commune délégué aux services publics,

JULES ANDRIEU.

Des contre-temps fâcheux se produisent à chaque instant dans le service de l'artillerie et des munitions.

Le délégué à la guerre croit devoir nettement définir les attributions de chacun.

Toutes les batteries sont sous les ordres directs de la place, dont elles recevront les indications de service.

La place seule vise les états pour l'allocation de la haute paye de 3 fr.

Les munitions et pièces doivent être délivrées dans les parcs, sur les signatures suivantes :

Le directeur général du matériel, Avrial ;

Le général Rossel, commandants Seguin et Larue, pour le ministère de la guerre ;

Le général La Cecilia, colonel Henry, pour la place.

Les directeurs de parcs doivent envoyer tous les jours un adjudant au rapport, à la place (Ecole militaire), à onze heures.

Paris, le 2 mai 1871.

Le directeur général du matériel d'artillerie,

AVRIAL.

Les citoyens May, l'un intendant général, et l'autre intendant divisionnaire, révoqués pour motifs sérieux, ont trouvé moyen de faire insérer dans le *Journal officiel*, en l'absence du directeur, un panégyrique de leurs actes, qui est un faux d'un bout à l'autre.

Une enquête est ouverte.

Le membre de la commission de la guerre, chargé du contrôle de la manutention,

G. TRIDON.

PARTIE NON OFFICIELLE

Paris, le 2 mai.

RAPPORTS MILITAIRES

DÉPÊCHES TÉLÉGRAPHIQUES DES 1er et 2 MAI.

Asnières.

Pendant la soirée, forte canonnade.
Nuit assez calme.
Matinée, canonnade et fusillade.
Deux heures, deux obus sont tombés sur la gare.
Trois heures et demie, batteries des fédérés envoient quelques obus sur les Versaillais.

Vanves, Issy.

Nuit calme.
Onze heures, bombardement continuel sur le Moulin-de-Pierre et Châtillon.
Deux heures, Issy bien gardé par les fédérés en nombre suffisant.
Journée, faible canonnade.

Montrouge, Bicêtre.

Soirée 1er mai, neuf heures, Montrouge attaqué par redoute du bas Fontenay. Riposte vigoureuse.
Matinée, 2 mai, huit heures, Grange-Ory attaqué par Bagneux, Versaillais repoussés.
Une heure, Montrouge deux fois attaqué par bas Fontenay. Une heure de combat, avantage pour nous.
Châtillon tire sur Vanves, Meudon sur Issy.
Esprit des troupes excellent.

Hier, à six heures du matin, le viaduc du Point-du-Jour, ainsi que les maisons qui l'avoisinent, furent criblés de projectiles.

Les canonnières ripostèrent avec énergie; au bout de quelques instants, les batteries établies sur la gauche du haut-Meudon furent obligées d'éteindre leurs feux.

Jusqu'à trois heures, tout est calme ; à peine quelques coups de canon sont échangés de part et d'autre.

A trois heures, nos canonnières aperçoivent des troupes ennemies dans l'île Saint-Germain.

Sur chaque batterie le feu est ordonné, et notre mitraille pleut sur les travailleurs versaillais, qui essayaient d'élever des batteries sur la gauche de l'entrepôt de l'île Saint-Germain.

Ce matin, à trois heures, les troupes versaillaises, cherchant à s'emparer du cimetière d'Issy et des Moulineaux, sont obligées de céder devant notre feu et de rétrograder.

Paris, le 2 mai 1871.

Pour le délégué au ministère de la marine.

Le secrétaire général,

DOIRON.

Les différents délégués de la Commune aux ministères sont invités à aider le citoyen Parisel, chef de la délégation scientifique, dans l'accomplissement de la mission dont il est chargé.

MAIRIE DU Ve ARRONDISSEMENT

La municipalité du Ve arrondissement,

Vu l'arrêté de la Commune, en date du 16 avril 1871, ainsi conçu :

« Art. 1er. Les armes des bataillons dissous seront immédiatement restituées aux mairies.

« Art. 2. Seront pareillement restituées aux mairies les armes des émigrés, des réfractaires jugés comme tels par les conseils de discipline.

« Art. 3. Les municipalités devront faire faire des perquisitions méthodiques par rues et par maisons afin de s'assurer, dans le plus bref délai, la rentrée de toutes ces armes.

« Art. 4. Toutes fausses déclarations faites par les concierges entraîneront leur arrestation immédiate; »

Vu le rapport de la commission de la guerre, en date du 26 avril 1871, paragraphe 1er, ainsi conçu :

« Les municipalités d'arrondissement, conformément à l'ordre du délégué de la guerre, en date du 16 avril, doivent assurer le recrutement et la rentrée des armes. Délégation du pouvoir de la Commune, elles doivent veiller à la stricte et complète exécution de ses décrets; elles ont autorité pour requérir les armes cachées ou inutiles, rechercher les réfractaires et les incorporer, établir l'état nominatif des hommes qui ont fui, afin que les pénalités pécuniaires et autres puissent être appliquées dans toute leur étendue.

Considérant que, en présence de l'attaque odieuse dont Paris est l'objet, et malgré l'attitude franchement révolutionnaire du Ve arrondissement, quelques citoyens s'obstinent encore à ne pas livrer les armes abandonnées, et à s'exempter du service de la garde nationale ;

Que cet état de choses devient intolérable ;

Qu'il est inadmissible que, pendant que les gardes nationaux vont combattre aux avant-postes pour la République et la Commune, quelques mauvais citoyens puissent ainsi se soustraire à tout service, et se moquer même de ceux qui savent mourir pour la défense de nos libertés communales;

Qu'il y a là une choquante inégalité contre laquelle protestent le bon sens et la justice;

Considérant que, sous la feinte apparence d'une conviction contraire, la plupart des délinquants ne sont vraiment poussés à l'inaction que par la crainte du danger et le triste désir de voir d'autres citoyens lutter pour la revendication des droits et libertés qui, pourtant, sont la propriété de tous ;

Qu'il est d'ailleurs impossible, en temps de guerre, d'admettre au milieu de soi de pareils éléments réfractaires et désorganisateurs,

ARRÊTENT :

Art. 1er. Un délai de quarante-huit heures est accordé pour l'indication et la rentrée des armes abandonnées, ainsi que pour l'inscription des citoyens sur les contrôles de la garde nationale.

Art. 2. Un bureau spécial fonctionnera à la mairie du Panthéon pour ladite inscription.

Art. 3. Après ce délai de quarante-huit heures, les décrets précités de la Commune recevront leur rigoureuse application, et les réfractaires seront arrêtés, incorporés ou traduits devant le conseil de guerre de la 5e légion.

Le membre de la Commune, l'un des délégués à la mairie,

D^r TH. RÉGÈRE.

Dixième légion.

COMMISSIONS DES PENSIONS DES VEUVES ET ORPHELINS.

La commission d'enquête pour les pensions des veuves et orphelins des blessés et disparus fonctionne dès aujourd'hui à la mairie du Xe arrondissement, Faubourg-Saint-Martin, au fond de la cour à droite, au 1er.

Les ayants droit peuvent se présenter munis des pièces prouvant leur identité, de neuf à onze heures et de deux à cinq heures.

COMMUNE DE PARIS

Séance du 8 avril 1871.

PRÉSIDENCE DU CITOYEN J. VALLÈS.

La proposition suivante est déposée sur le bureau par le citoyen **J. Miot** :

Vu la gravité des circonstances et la nécessité de prendre promptement les mesures les plus radicales, les plus énergiques,

La Commune

« DÉCRÈTE :

« Art. 1er. Un comité de salut public sera immédiatement organisé.

« Art. 2. Il sera composé de cinq membres nommés par la Commune, au scrutin individuel.

« Art. 3. Les pouvoirs les plus étendus sur toutes les commissions sont donnés à ce Comité qui ne sera responsable qu'à la Commune.

« J. MIOT. »

Le citoyen **Vaillant**. Citoyens, je me demande si aujourd'hui vous pouvez voter sur une résolution aussi grave. Tous les membres n'étant pas réunis, je crois que, dans les conditions actuelles, et quelle que soit l'urgence de la proposition, l'assemblée ne peut pas se prononcer aujourd'hui qu'elle n'a pas qualité, en l'absence des chefs de services. Tel est mon avis, je crois qu'il sera partagé par beaucoup de mes collègues de l'assemblée. Expression générale de tous les intérêts, de toutes les volontés, il faut que les divers services soient représentés, que la commission exécutive soit au moins présente. Ce n'est pas à la fin d'une séance qu'on peut se prononcer sur de pareils sujets.

Le citoyen **Régère**. Ce qu'on vous demande n'a rien d'excessif. Ce que nous avions voté sur la proposition Delescluze n'était pas le fait d'un gouvernement ; un gouvernement doit être groupé. La proposition proposée tout à l'heure concorde avec cela. Je demande donc que l'urgence soit votée. Je dis que la Commune n'exercera son action de salut, de défense, que quand elle aura un gouvernement permanent, régulièrement constitué : cinq membres chargés de transmettre le pouvoir de la Commune aux divers ministres. Je demande l'urgence.

Le citoyen **Miot**. On vous a dit qu'on ne pouvait pas voter la proposition immédiatement. J'ai l'honneur de répondre au membre qui a présenté cette objection : jamais, peut-être, la Commune ne s'est trouvée aussi nombreuse.

Le citoyen **Paschal Grousset**. Je demande formellement au citoyen Miot si, *oui* ou *non*, sa proposition a le caractère d'une mise en accusation, ou d'un vote de défiance contre la commission exécutive.

La commission exécutive que vous avez nommée, il y a cinq jours, s'est constituée avec cette opinion que vous la considériez comme un véritable comité de salut public. Il faut qu'on explique sur quels faits cette proposition est motivée. Je parle pour les membres qui auraient manqué à leurs devoirs ; quant à moi, je dis : J'ai consacré tout mon temps, toute mon intelligence, toute mon activité à servir la cause que nous soutenons, je ne comprends pas qu'on laisse supposer de pareilles choses sans les dire.

Le citoyen **Miot**. On demande que je formule une accusation ; avant que je puisse le faire, il faudrait qu'il ait été établi un tribunal suprême.

Le citoyen **Paschal Grousset**. C'est vous, Commune, qui êtes le tribunal suprême : voulez-vous donc abdiquer ?

Je répète encore une fois que nous, membres de la commission exécutive, nous sommes responsables, et je veux que l'on nous accuse et l'on nous juge avant de nous remplacer.

Le citoyen **président**. Il y a plusieurs orateurs inscrits au sujet de l'urgence, mais, comme je suppose que chacun a son opinion faite à ce sujet, je demande qu'elle soit mise aux voix.

L'urgence est votée et acceptée.

Le citoyen **Régère**. Je demande le renvoi à demain.

Le citoyen **président**. Comme président, je crois avoir compris que, du moment qu'on a adopté l'urgence, la discussion doit être immédiatement commencée.

Le citoyen **Rastoul**. Il y a huit jours, j'ai pris la parole pour vous déclarer que nous marchions vers cette dictature que vous vouliez éviter. On a nommé neuf membres ; je m'y suis opposé, je demandais qu'il n'y en ait que trois, cinq au plus. Vous leur auriez donné le nom de dictature, de comité de salut public, peu importe, mais ils auraient eu pleins pouvoirs.

J'appuie donc la proposition d'un comité de salut public.

Ma proposition se distingue de celle du citoyen Miot en ce sens que je voudrais que la dictature fût confiée à trois membres, et non pas à cinq.

Le citoyen **Billioray**. Je veux le comité de salut public. Déjà, le lendemain de la proposition Delescluze, j'avais présenté un projet semblable.

Il ne faut pas de dictature à la guerre. Dans cette partie du service, on se moque véritablement de la Commune, en ne tenant pas compte de ses décisions.

Non seulement nous marchons à la dictature d'un seul, mais encore à la dictature incapable. Si une dictature pouvait nous amener plus sûrement le triomphe, peut-être l'accepterais-je. (Protestations.)

Mais l'administration de la guerre est l'organisation de la désorganisation.

Il nous faut un comité souverain pour faire marcher tous ces services.

Le citoyen **Babyck**. Je ne veux pas pour la Commune d'autre dictature que celle de la Commune elle-même. La commission exécutive aurait, en effet, le droit d'être blessée de la proposition : s'il y a des hommes incapables, qu'on les remplace par d'autres ; mais je m'oppose à la dictature d'une commission de trois, cinq ou neuf membres.

Que la situation soit sauvée par la Commune elle-même, et non par un comité de salut public.

Le citoyen **Langevin**. Mon avis est que nous nous attachons trop aux mots. Quant à moi, examinant la proposition Miot, je la trouve impraticable. Avec la Commune agissant comme maintenant, un comité de salut public sera entravé.

Depuis huit jours, que voyons-nous ? L'assemblée nommant des commissions, et ensuite apportant ici tous les détails de leur travail, et ne s'en rapportant pas à ceux qu'elle a nommés, discutant la façon dont on s'y prend pour exécuter le travail.

Quand vous aurez nommé une commission exécutive appelée comité de salut public, les mêmes faits se reproduiront. (Interruptions.)

J'ai été le premier à constater utile de nommer une commission chargée de prendre les mesures nécessaires, mais j'ai une conviction profonde qui m'est personnelle : cette commission ne pourrait pas mieux agir que les autres. (Bruit.)

Le citoyen **Léo Meillet**. Je me rallie tout à fait à la proposition du citoyen Miot. Il y a des mesures énergiques à prendre, et ces mesures ne peuvent être prises que par une commission spéciale, qui ne soit pas entravée par des détails d'administration.

Je demande que ce comité de salut public soit nommé, afin de centraliser tous les pouvoirs. Je ne veux pas que ce soit une menace pour les membres de cette assemblée, et je trouve que la commission exécutive a bien tort de se formaliser de cette nouvelle commission, qui ne serait pour elle en définitive qu'une garantie, qui assumerait sur elle toute la responsabilité et mettrait à couvert la commission exécutive elle-même.

Le citoyen **Ledroit**. J'appuie ce que vient de dire le citoyen Meillet. Je ne crois pas qu'on puisse mettre en accusation les membres de la commission exécutive ; avec le travail qu'ils ont, il n'est pas admissible qu'ils puissent s'occuper des choses de la guerre. Il faut des hommes énergiques, qui ne craignent pas de mettre sous les yeux de la Commune les actes de ses membres.

Le citoyen **Champy**. J'appuie simplement la proposition Miot.

Le citoyen **Fortuné** (Henry). J'appuie et demande le vote.

Le citoyen **Antoine Arnaud**. J'appuie fortement.

Le citoyen **Paschal Grousset**. Il y avait une commission exécutive composée de cinq membres ; en moins de quinze jours, des conflits de toute nature se sont élevés ; la commission exécutive donnait des ordres qui n'étaient pas exécutés ; chaque commission particulière, se croyant souveraine de son côté, donnait aussi des ordres ; de telle façon que la commission exécutive ne pouvait avoir de responsabilité réelle ; elle faisait des efforts surhumains pour s'occuper de tout, et en somme ne s'occupait de rien.

Cette organisation, vous avez bientôt été obligés de la détruire, et vous lui avez substitué une organisation dans laquelle la commission exécutive se trouvait formée par les chefs de tous les services que représentent les autres commissions.

Vous voulez aujourd'hui faire disparaître cette dernière organisation : je vous demande encore une fois qu'avant de prendre une pareille décision, les accusations qui semblent vouloir se porter sur deux ou trois membres de la commission ne se portent pas sur tous. Si l'on doit faire le procès de quelqu'un, qu'on le fasse, mais qu'on ne condamne pas l'ancienne commission sans avoir demandé compte à chacun de ce qu'il y a fait.

Le citoyen **Vaillant**. Je n'ai qu'à affirmer davantage quelques-uns des points touchés par Grousset.

Il est certain que la proposition que l'on vient de vous faire est un retour vers l'organisation précédente, en étendant, toutefois, le pouvoir des membres de la nouvelle commission. Je crois qu'agir de la sorte serait d'un très mauvais effet aux yeux du public : on y verrait un tâtonnement regrettable.

Il y a, en effet, à peine six jours que la nouvelle commission a été nommée. Je ne crois pas que, depuis cette époque, il se soit produit des faits tellement graves que nous revenions sur une situation première. Je crois même pouvoir affirmer que, bien loin de s'être aggravée, la situation s'est au contraire améliorée, et sans vouloir en faire un mérite à la commission, c'est un fait que je me plais à constater.

Si, maintenant, il y a des accusations à porter, qu'on les formule, et la Commune, qui est le juge suprême, décidera.

La commission exécutive, nommée il y a six jours, représente les aspirations de la Commune, et, jusqu'à présent, aucune accusation n'a été portée contre elle, et puisque la situation s'est améliorée depuis qu'elle a été nommée, sur quoi se fonder pour la renverser ?

Le citoyen **Vermorel**. Je crois, avec le citoyen Miot, qu'il est indispensable de fortifier le contrôle et l'action ; mais il est indispensable aussi de ne pas avoir l'air de changer de gouvernement trop souvent.

Il y a, selon moi, un moyen de concilier la proposition qui est faite avec ce qui existe actuellement.

Ce qui arrive avait été prévu, et, pour mon compte particulier, j'avais proposé que la commission exécutive fût, en quelque sorte, une commission de contrôle central n'ayant pas à s'occuper des détails et des paperasses comme les délégués.

Je pense que nous pouvons reprendre l'idée d'une commission de contrôle général qui serait composée, je le suppose, de cinq membres; on ne lui donnerait pas le nom de comité de salut public, pour ne pas faire croire à un danger ; on l'appellerait commission de contrôle ou d'enquête, ou d'un nom plus heureux, mais avant je crois qu'il serait bon et convenable de mettre en demeure la commission exécutive de vous présenter un rapport sur ce qu'elle a fait, rapport qui vous permettrait de la juger. (Bruit.)

Je crois à la nécessité d'une plus grande unité d'action et de contrôle ; mais je crois aussi qu'il est indispensable, au point de vue politique, de ne pas nous montrer au dehors, en face de nos adversaires et même de nos amis, comme voulant renverser aujourd'hui ce que nous avons institué il n'y a que quelques jours.

Le citoyen **Babyck**. Le citoyen Vermorel a exprimé une partie de mon idée.

S'il y a des reproches à faire à la commission exécutive, pourquoi ne pas les formuler de suite ? Ceux qui prétendent avoir en mains les preuves de faits de nature à motiver une accusation sont coupables de ne pas les dénoncer.

Pour moi, je ne crois pas au danger ; j'ai confiance dans l'idée communale, qui est au-dessus de toutes les trahisons ; j'ai foi dans la République, dans les destinées de la patrie régénérée par la Commune. Voilà pourquoi je ne puis accepter la création d'un comité de salut public.

Le citoyen **Jules Vallès**. Citoyens, je crois que le débat actuel roule absolument sur un malentendu. C'est à propos de la guerre que nous devons discuter. (Tumulte.)

Le citoyen **Chalain**. Contrairement à ce qu'on a dit, que si le public voyait qu'on revient sur des décisions, il trouverait cela mauvais, je crois qu'au contraire il nous applaudira de revenir sur de mauvaises décisions. Il est de notre devoir de revenir sur nos décisions chaque fois que nous nous sommes trompés. Je ne veux pas que la commission exécutive soit dissoute ; mais je crois aussi qu'il serait utile d'avoir un comité qui lui transmettrait ses résolutions. (Interruptions.) Je tiens à la formation d'un comité de salut public ; je veux qu'il soit muni de pleins pouvoirs, même contre les membres de la Commune : lorsqu'il aura la preuve de la trahison d'un de ses membres, je veux qu'il puisse le briser. (Interruptions.)

Le citoyen **E. Clément**. Je n'aurai à répéter que ce qu'on dit tous les jours. Qu'est-ce que le comité de salut public ? Une commission politique. Tous les membres de l'exécutive sont en dehors de la discussion. Cette commission existera comme aujourd'hui. Les délégués des commissions sont des hommes spéciaux, absorbés par des détails spéciaux, et qui sont obligés de laisser de côté toute question politique.

Le citoyen **Ant. Arnaud**. Il est évident que la question est sur ce terrain. La commission exécutive ne me paraît pas en jeu. Chaque commission a des attributions spéciales. Un comité de salut public est tout politique. Ses attributions ne sont pas les mêmes que celles des autres commissions. Il ne s'agit de suspecter personne. Chaque commission a à s'occuper d'un but déterminé, tandis que ce comité de salut public et révolutionnaire a un but différent. Aussi je ne comprends pas la motion du citoyen Vermorel, que ce comité fût de contrôle, et qui demande le rapport des neuf commissaires.

Le citoyen **Amouroux**. Le citoyen Vermorel m'a semblé avoir peur du mot « comité de salut public ». Ayons donc le courage de nos opinions. Sous les hommes du 4 septembre on a eu peur du mot de la Commune. N'ayons donc pas ainsi peur des mots.

Le citoyen **Billioray**. Mais on peut donner le nom de comité de sûreté générale. Maintenant je ferai cette observation à Paschal Grousset, qui croyait que nous revenions à l'ancienne organisation : les ministères étaient répartis à des commissions, et la commission exécutive se trouvait en face de commissions qui étaient composées de cinq ou six membres. Il y a donc une grande différence. Ce que nous ferons complètera simplement le système proposé par le citoyen Delescluze, que vous avez adopté ; vous complèterez une organisation qui n'est pas complète.

Le citoyen **Chalain**. Je demande la clôture. Je pense que l'assemblée est assez éclairée sur la question. (Oui ! oui ! — Non ! non !)

Le citoyen **Longuet**. Si on demande la clôture, je demande à parler contre, car je ne suis pas assez éclairé par la discussion. Aussi, si je prends la parole, c'est plutôt pour demander le renvoi à demain, afin que des arguments nouveaux puissent se produire.

Le citoyen **Billioray**. La clôture a été demandée ; si elle n'est pas prononcée, on pourra voter sur le renvoi.

Le citoyen **Ostyn**. Je proteste contre la clôture, n'étant pas suffisamment éclairé.

Le citoyen **Longuet**. Citoyens, je maintiens mon droit ; je n'admets pas qu'on dise que j'ai parlé contre la clôture.

Si je m'oppose à la clôture, ce n'est pas de

parti pris. Je m'adresse à ceux qui viennent nous faire des propositions, souvent fort légèrement (Bruit), ou du moins fort à l'improviste, et je déclare que, pour moi, je ne me sens pas éclairé par leurs raisons. Je n'ai pas de parti pris contre la proposition, mais je crois que ni vous ni moi ne pouvons être suffisamment éclairés.

Nous ne pouvons l'être, parce que ce n'est pas dans une assemblée, après une séance déjà longue, qu'on peut réfléchir sérieusement et se décider sur une proposition qui vient d'être faite. Il faut à la réflexion véritable plus de temps et aussi plus de calme, lorsque de graves questions sont en jeu. Je n'admets donc pas que vous puissiez voter en ce moment.

Le citoyen **président**. Je mets aux voix la clôture de la discussion.

(La clôture, mise aux voix, est repoussée.)

Le citoyen **président**. Vous venez de décider que la discussion continuera ; maintenant il y a une proposition qui en demande le renvoi à demain. Je la mets aux voix.

(Le renvoi de la discussion à demain est mis aux voix et adopté.)

Le citoyen **président**. La discussion est renvoyée à demain.

La séance est levée à huit heures et quart.

Séance du 30 avril.

PRÉSIDENCE DU CITOYEN MEILLET.

L'ordre du jour appelle la suite de la discussion de la proposition faite par le citoyen Miot, d'un comité de salut public.

Le citoyen **Régère** se déclare pour le comité de salut public. Loin d'accuser d'incurie les délégués aux différents ministères, il reconnaît qu'ils ont fait tout leur possible, mais ils sont absorbés par les détails, et les décrets de la Commune ne sont point exécutés. Ce qui manque, c'est une permanence de membres donnant à la défense plus de coordination.

Le citoyen **Viard** demande, si l'on forme ce comité, que l'on procède avec beaucoup de soin au choix des membres qui le composeront.

Le citoyen **Arnold** voudrait que l'on formulât d'une façon précise le programme de ce comité.

Le citoyen **Johannard** insiste pour qu'on délimite les attributions du comité et qu'on ne fasse entrer dans ce comité que des membres jeunes, décidés et énergiques.

Le citoyen **Allix** fait remarquer que, dans l'idée de la Commune, la nouvelle commission exécutive était un véritable comité de salut public. Il craint qu'on ne se laisse entraîner par des mots. Ce comité de salut public cache la dictature.

Le citoyen **Chardon** croit que l'on peut former ce comité sans toucher aux droits de la Commune.

Le citoyen **Ostyn** repousse absolument tout comité de salut public ; c'est la royauté déguisée. Si on le forme, il demande qu'on délimite bien ses pouvoirs.

Le citoyen **Vésinier** dit que ce comité de salut public serait en réalité un comité exécutif, au-dessus des commissions actuelles. On peut le créer sans toucher à ce qui existe. Le travail administratif absorbe tout le temps et les forces des membres et des délégués des commissions ; le comité donnerait la direction politique. Peut-il être un danger ? Non, s'il n'a pas auprès de lui un tribunal suprême ayant le droit d'arrêter les membres de la Commune. Si cette juridiction n'est pas créée, l'écueil de la dictature sera évité et un double but atteint : inviolabilité de la Commune, et direction puissante donnée aux affaires.

Le citoyen **Chalain** croit que, si le mot de comité de salut public effraye, on peut appeler ce comité : comité directeur. (Obligé de se retirer, le citoyen Chalain laisse son vote au président.)

Le citoyen **Andrieu** déclare mauvais tout vote venant après une nouvelle à sensation. Le nom de comité de salut public lui importe peu ; c'est la chose qu'il redoute. Il demande qu'on discute seulement aujourd'hui le principe de la proposition du citoyen Miot.

Le citoyen **Billioray** démontre que la proposition ne s'est nullement faite à la suite des nouvelles d'Issy. Le comité de salut public, ou plutôt de direction, aurait pour mission de faire exécuter les décrets de la Commune et de contrôler les délégués.

Le citoyen **Babyck** est contre le comité de salut public, qui est un retour aux errements monarchiques.

Le citoyen **Dupont** ne voit aucun danger dans la création d'un comité qui aurait pour seul mandat de poursuivre et de punir les traîtres.

Le citoyen **Rastoul** demande trois membres absolument libres et responsables de leurs actes.

Le citoyen **Langevin** veut que les attributions de cette nouvelle commission soient nettement définies.

Le citoyen **Pillo** croit qu'il faut concentrer toutes les volontés. Parfois, trop souvent, les décrets de la Commune demeurent lettres mortes. Il se forme dans le public des groupes qui tendent, sous couleur de républicanisme, à étouffer la Commune et à la remplacer par une sorte de république dans le genre de celle de 48.

Le citoyen **Vaillant** demande qu'on ne fasse pas de pastiche révolutionnaire. L'important serait de transformer la Commune elle-même, d'en faire ce qu'était la première Commune de Paris, une assemblée de commissions travaillant ensemble, et non un parlement où chacun tient à dire son mot.

Le citoyen **Tridon** craint que le comité directeur ne soit qu'un comité d'empêchement. Ce n'est pas une commission isolée qui peut exécuter les décrets, c'est la Commune tout entière. De plus, il ne voit pas les hommes à mettre dans ce comité.

Le citoyen **Arnold** voudrait que ce comité fût simplement une commission d'exécution des décrets.

Le citoyen **Miot** fait observer qu'il n'a pas attendu les nouvelles fâcheuses qui sont venues d'Issy pour faire sa proposition. Il insiste pour que la Commune forme un comité de salut public, et non un comité directeur. On accuse généralement la Commune de mollesse, d'inactivité ; il faut un comité qui donne une impulsion nouvelle à la défense et ait le courage, s'il faut, de faire tomber les têtes des traîtres.

Le citoyen **Pyat** se déclare pour le principe du nouveau comité. La formation de la nouvelle commission exécutive est vicieuse ; c'est le cumul des fonctions, c'est la confusion des pouvoirs, c'est la réaction.

La clôture de la discussion générale est prononcée.

Le **président** donne lecture de la proposition du citoyen Miot.

Les citoyens **Arnold** et **Longuet** font la proposition suivante :

« La Commune de Paris,

« Considérant qu'il importe absolument que les décrets de la Commune soient tous et immédiatement exécutés ;

« Considérant qu'à ce point de vue, il est indispensable de constituer une commission dont la mission exclusive et absolue sera de veiller à l'exécution de tous les actes émanant de la Commune,

« DÉCRÈTE :

« Art. 1er. Il est institué un comité qui prendra le nom de comité exécutif.

« Art. 2. Il sera composé de cinq membres, et sera exclusivement chargé de faire exécuter tous les décrets de la Commune. »

La Commune décide de discuter article par article la proposition du citoyen Miot. Les considérants sont écartés.

Le premier article de la proposition du citoyen Miot est mis en discussion.

Le citoyen **Vallès**, tout en se ralliant à la proposition du citoyen Miot, demande qu'on donne au comité un autre nom que celui de comité de salut public ; il propose celui de comité de contrôle central.

Le citoyen **Urbain** ne comprend pas qu'on redoute un nom ; il demande que celui de comité de salut public soit conservé.

Le citoyen **Malon** propose l'amendement suivant :

« Art. 1er. Il est nommé un comité directeur. »

On propose le vote nominal sur le premier article.

Ont voté pour que le nom soit « comité de salut public », les citoyens Amouroux, Arnaud (Antoine), Blanchet, Champy, Chardon, Clément (Émile), J.-B. Clément, Clovis Dupont, A. Dupont, Durand, Ferré, Fortuné (Henry), Gambon, E. Gérardin, Grousset, Johannard, Ledroit, Meillet, Miot, Oudet, Pillo, Pothier, Pyat, Régère, Urbain, Vésinier.

Ont voté pour que le nom soit « comité exécutif », les citoyens Andrieux, Arnold, Arthur Arnould, Avrial, Allix, Babyck, Billioray, Courbet, Demay, Dereure, Franckel, Langevin, Lefrançais, Longuet, Malon, Mortier, Ostyn, Pindy, Protot, Rastoul, Serrailler, Theisz, Vaillant, Vallès, Varlin, Verdure.

26 voix contre 26.

Il est décidé que le vote de l'article 1er sera renvoyé à demain.

Sur l'article 2, le citoyen **Rastoul** propose l'amendement suivant :

« Il sera nommé une commission de trois membres, avec pleins pouvoirs pour la haute direction des affaires et leur exécution prompte, immédiate, effective, puissante. Toutes les commissions existantes se mettront à la complète disposition de ces trois membres, en vue d'une action extérieure et intérieure, énergique, radicale, efficace, complète. Cette commission sera responsable devant la Commune, qui remplira vis-à-vis d'elle le rôle de comité souverain, de surveillance, d'inspection, de vigilance, mais sans avoir une action directe dans son administration et son exécution, mais qui pourra la briser, la révoquer, s'il y a lieu. »

Cet amendement est rejeté.

L'article 2, mis aux voix, est adopté à l'unanimité.

A l'article 3, le citoyen **F. Pyat** demande qu'il soit ajouté : « Délégation et commission. »

Cet amendement étant accepté par l'auteur du projet, il n'y a pas lieu de le voter.

Le citoyen **Longuet** propose à son tour l'amendement suivant :

« Il aura un pouvoir de contrôle et de surveillance. »

L'article étant mis aux voix est adopté sans l'amendement par 33 voix contre 16.

Un article additionnel ainsi conçu, présenté par le citoyen **Vésinier**, est également adopté :

« Art. 4. Les membres de la Commune ne pourront être traduits devant aucune autre juridiction que la sienne. »

Sur l'ensemble du projet, la Commune, après avoir entendu les citoyens Pothier, Urbain, J.-B. Clément, Langevin, Lefrançais, Serailler, décide le renvoi du vote au lendemain.

La séance est levée à neuf heures et demie.

Traduction d'une lettre d'un Anglais, adressée au citoyen délégué à la guerre, sur les traitements infligés aux fédérés par les Versaillais.

Nous la livrons à la publicité, sans ajouter aucun commentaire :

Général,

Je crois de mon devoir de porter les faits suivants à votre connaissance.

J'ai un ami qui se trouvait dans la garde nationale et qui donna sa démission il y a quelque temps.

La semaine dernière, il alla à Versailles dans le but d'obtenir la solde du mois de janvier, et l'officier payeur du bataillon désirait qu'il fût rentré au bout de quelques jours.

Mardi matin il se mit en route, et je l'accompagnais.

Sortis par la porte de Montrouge, nous prîmes par Issy ; mais la grande quantité de bombes qui tombaient autour de nous nous obligea bientôt à prendre par Sceaux.

Arrivés au Plessis-Piquet, nous fûmes accostés par un agent de police qui nous demanda nos laisser-passer.

Mon ami exhiba ses papiers et cet agent nous conduisit dans une ferme à côté, où un lieutenant de gendarmerie nous donna un laisser-passer.

Mon ami obtint 200 francs à Versailles, et nous quittâmes cette ville le même soir ; mais en arrivant à Bourg-la-Reine, on nous empêcha de passer outre, en nous obligeant à coucher dans cette localité.

Le lendemain matin, nous nous mîmes en route et à Sceaux un capitaine d'infanterie nous fit arrêter, sous le prétexte que nos laisser-passer pour Versailles ne suffisaient pas pour nous permettre de rentrer à Paris.

Conduits de poste en poste, nous arrivâmes enfin à Versailles.

On nous dirigea sur une caserne de gendarmerie où nous trouvâmes un garçon de treize ans, une vieille femme de cinquante ans et deux ouvriers, arrêtés tous les quatre en retournant de leur ouvrage au collège de Sainte-Barbe, à Fontenay.

Je m'arrête sur ces détails pour que vous puissiez vous former une idée nette des faits, tels qu'ils se sont passés, et juger par vous-même si la façon de procéder du gouvernement de Versailles ne doit pas être condamnée par le monde civilisé.

Une demi-heure après notre arrivée, les gendarmes procédèrent à l'enchaînement des malheureux que je viens de vous mentionner et les lièrent ensemble.

Je déclarai que je préférerais être fusillé sur-le-champ que d'être pareillement traité, et à force de protestations on consentit à ne pas nous attacher, mais on doubla notre escorte.

Nous arrivâmes au bout de quelques instants au palais de justice, où on nous poussa dans des caves souterraines dans lesquelles grouillaient environ 250 ou 300 personnes.

Il serait impossible de décrire la scène. Gardes nationaux et civils, parmi lesquels plusieurs professionnels étaient entassés pêle-mêle dans ce hideux local, *Professional man* signifie un docteur, un avocat, un magistrat; ou un officier.

Ces malheureux attendaient leur jugement depuis dix ou quinze jours, sans qu'ils aient eu autre chose à manger que du pain, très mauvais, et de l'eau.

L'infection produite par les baquets d'urine était intolérable. Un vieillard de soixante à soixante-dix ans était littéralement mangé vivant par des insectes.

Le même soir, on amena un gamin de quinze ans environ dont la joue était couverte de sang. Après avoir été fait prisonnier, un officier de la ligne lui avait déchargé son revolver en pleine figure et n'avait réussi qu'à le blesser.

Cette nuit fut pour moi une véritable nuit d'horreur.

Le lendemain, je fis un tel tapage, que nous fûmes conduits, mon ami et moi, devant le commissaire de police, un homme fort honorable du reste, du nom de Macé. Sa manière de procéder était très conciliante, mais malheureusement il ne décida rien sur notre sort; il ne fit que passer le procès-verbal au grand prévôt de la gendarmerie, qui est le premier magistrat, paraît-il.

Je fus libéré le même jour.

Ce qui précède n'est qu'un aperçu simple et court de la façon dont on traite les prisonniers à Versailles. Il serait bien que le public en fût informé. Je vous eusse écrit hier, mais je craignais que l'état de surexcitation dans lequel j'étais ne me portât à exagérer. J'ai l'intention d'écrire aujourd'hui à M. Thiers, non pas que j'espère avoir une réponse, mais je crois de mon devoir de protester contre une façon d'agir que répudierait la nation la plus sauvage du globe.

Excusez, je vous prie, toutes ces longueurs, malgré lesquelles je ne vous dis pas la moitié de ce que j'ai vu.

Dans l'espoir que vous voudrez bien prendre en considération les souffrances de nos pauvres Parisiens à Versailles,

J'ai l'honneur, etc., etc.

O'LEARY O'BRIEN,

professeur d'anglais, journaliste, à l'institution, 88, rue de Fontenay.

P.-S. J'avais sur moi une lettre de Vincennes par laquelle le citoyen Rossel me convoquait à son bureau. Je me suis présenté deux ou trois fois sans avoir l'honneur de le voir. Lorsqu'on m'arrêta, je parvins à détruire cette lettre avant qu'on ait eu le temps de la voir.

———

La *Sociale* publie les documents suivants:

1° Sommation adressée dimanche soir au commandant du fort d'Issy.

« SOMMATION »

« Au nom et par ordre de M. le maréchal commandant en chef l'armée, nous, major de tranchée, sommons le commandant des insurgés, réunis en ce moment au fort d'Issy, d'avoir à se rendre, lui et tout le personnel enfermé dans ledit fort.

« Un *délai d'un quart d'heure* est accordé pour répondre à la présente sommation.

« Si le commandant des forces insurgées déclare, par écrit, en son nom et au nom de la garnison tout entière du fort d'Issy, qu'il se soumet, lui et les siens, à la présente sommation, sans autre condition que d'obtenir la vie sauve et la liberté, moins l'autorisation de résider dans Paris, cette faveur sera accordée.

« Faute par lui de ne pas répondre dans le délai indiqué plus haut, toute la garnison sera passée par les armes.

« Tranchées devant le fort d'Issy, 30 avril 1871.

« *Le colonel d'état-major, major de tranchée.*

« D. LEPERCHE. »

2° La réponse du colonel Rossel, délégué à la guerre.

« Paris, 1er mai 1871.

« *Au citoyen Leperche, major des tranchées devant le fort d'Issy.*

« Mon cher camarade,

« La prochaine fois que vous vous permettrez de nous envoyer une sommation aussi insolente que votre lettre autographe d'hier, je ferai fusiller votre parlementaire, conformément aux usages de la guerre.

« Votre dévoué camarade,

« ROSSEL,

« *délégué de la Commune de Paris.* »

———

Au rédacteur en chef de la Patrie.

Fidèle à votre rôle d'alarmiste et d'ennemi déclaré de la Commune, vous parlez de troubles survenus en Algérie et vous en exagérez la gravité pour effrayer l'opinion publique.

Vous commettez une action plus mauvaise encore en insinuant que cette insurrection est l'œuvre des nombreux amis que la Commune possède en Algérie.

Délégué élu par la ville d'Alger, je vous affirme :

1° Que tous les colons algériens veulent pour eux et pour la France la Commune ;

2° Que tous les colons algériens sont intéressés à maintenir le calme et l'ordre chez les indigènes, et qu'ils en viendraient facilement à bout s'ils avaient la Commune et toutes les libertés qu'elle comporte ;

3° Que toutes les insurrections algériennes sont depuis longtemps l'œuvre préméditée des bureaux arabes. Ce fait est si vrai, que le gouvernement a rendu un décret ordonnant de poursuivre devant les conseils de guerre les officiers dans le commandement desquels une insurrection éclaterait ; mais ce décret est demeuré inappliqué.

Salut et fraternité.

Paris, le 1er mai 1871.

ALEXANDRE LAMBERT,
délégué d'Alger.

DÉPÊCHE TÉLÉGRAPHIQUE

Bordeaux, 1er mai.

Les élections municipales de la Ville de Bordeaux ont donné les résultats suivants :

Votants : 25,000.

Ont été élus les 23 membres suivants, faisant partie du conseil municipal sortant :

Emile Fourcaud	18.000 voix
Paulet	17.750
Simiot	17.540
Sthelia	17.285
Serre	17.275
Daney	17.256
Fourcand	17.722
Faget	17.077
Legendre	16.884
Gibert	16.349
Dordet	16.318
Métadier	16.124
Jouffre	16.054
Coulon	15.582
Secrestat	15.598
Brun	14.501
Barkausen	14.343
Laurendeau	14.316
Chevalier	13.859
Rollin	13.791
Millont	13.431
Delboys	12.224

Il reste onze membres à élire.

Tranquillité parfaite.

FAITS DIVERS

La chambre de la cour de Paris, siégeant à Versailles, a refusé d'évoquer l'affaire de l'assassinat des généraux Lecomte et Clément Thomas, malgré les instances de M. Dufaure.

Le ministre a répondu à cette résistance par un arrêté de dissolution.

À Versailles, le bruit courait hier qu'un sanglant combat aurait eu lieu à Lyon.

Le préfet aurait été grièvement blessé.

Une délégation des ouvriers et des ouvrières de la manufacture des tabacs, apportant à la Commune le produit d'une souscription faite à la manufacture, en faveur des citoyens blessés en défendant les droits de Paris et de la République, a été reçue aujourd'hui, à midi, à l'Hôtel de Ville, par les membres du Comité de salut public.

Le citoyen Ranvier a pris la parole, et en termes à la fois énergiques et émus a vivement remercié de leur dévouement ces citoyennes et ces citoyens qui, en ce temps si dur, s'imposent des privations pour venir en aide à leurs frères républicains combattant pour la Commune. Cette souscription monte à 683 francs.

Alliance républicaine des départements.

Les citoyens originaires de l'Oise qui désireraient faire partie de l'Union républicaine sont instamment priés de se réunir mercredi 3 courant, à huit heures du soir, à l'école Turgot, rue Turbigo.

Ordre du jour :

Des voies et moyens de faire cesser la guerre civile.

Légion Alsacienne et Lorraine.

(Caserne du Louvre, pavillon Colbert.)

Alsaciens et Lorrains !

Vendus et livrés par les hommes de Versailles, venez vous rallier sous mon drapeau pour les combattre.

Pour délivrer notre pays, il faut d'abord se débarrasser des impérialistes et des royalistes.

C'est la République avec la Commune qu'il nous faut à tout prix ; sans elle, plus de liberté et plus de patrie.

Le chef de la légion,

JACQUES WEST,
ex-lieutenant de la 1re compagnie franche de l'armée du Rhin.

On met en vente aujourd'hui, chez tous les libraires et chez Chevalier, rue de Rennes, 61, *Le gouvernement du 4 septembre*, documents, papiers, pièces et dépêches publiés par la commission d'enquête nommée par la Commune.

Edition officielle. Une livraison tous les jours. Prix 5 centimes.

L'Imprimeur-Gérant, A. WITTERSHEIM et Cie, *à Paris.*

INDEX

DES NOMS PROPRES

CONTENUS DANS

L'HISTOIRE DE LA RÉVOLUTION DE 1870-71

ET DES ORIGINES DE LA TROISIÈME RÉPUBLIQUE

A

Abbeville, p. 270, 320.
Achiet, p. 263, 267.
Achilli, p. 288.
Adalbert (prince), p. 306.
Adam (Edmond), p. 128, 172, 345.
Aigre, p. 279.
Albert (prince), p. 128, 181, 242, 248, 262.
Albert (Somme), p. 263, 268.
Albertroff, p. 374.
Albuféra (d'), p. 17, 41.
Alençon, p. 243, 260.
Alexandre II, p. 50, 174, 300.
Algérie, p. 181.
Allaines, p. 248.
Allard, p. 415.
Alpines (les), p. 190.
Altresans, p. 279.
Alvensleben (général), p. 84.
Amanvilliers, p. 88, 90.
Amboise, p. 256.
Amenoncourt, p. 374.
Amiens, p. 183, 217, 247, 262, 263, 264, 266, 267.
Amouroux, p. 345.
Ancy, p. 86.

Andelarre (d'), p. 5, 40.
Andrieu, p. 399.
Angoulême, p. 191.
Arago (Emmanuel), p. 4, 18, 31, 41, 42, 125, 131, 132, 135, 171, 342, 343, 363.
Arago (Etienne), p. 135, 137, 166, 168, 171, 172.
Arago (Ct), p. 217.
Arcey, p. 279.
Ardenay, p. 259.
Argent, p. 221.
Argenteuil, p. 153.
Arnage, p. 259.
Arnaud de l'Ariège, p. 345.
Arnaud (commandant), p. 331
Arnaud (Ant), p. 310.
Arnay-le-Duc, p. 275.
Arnim, p. 372.
Arnold, p. 380.
Arnould (A), p. 345.
Arras, p. 266, 267, 269.
Ars-s-Moselle, p. 86.
Arschwiller, p. 65.
Asnières, p. 397.
Artenay, p. 217, 222, 284, 251.

Assy, p. 17, 345.
Athis, p. 139.
Attigny, p. 98, 116.
Aubagne, p. 391.
Aubervilliers, p. 151.
Aubrays (les), p. 217.
Audun-le-Roman, p. 374.
Aumale (duc d'), p. 22, 338, 346.
Aurelle de Paladines (d'), p. 175, 217, 220, 221, 222, 223, 236, 241, 242, 245, 246, 247, 248, 250, 251, 252, 254, 346, 355.
Auton, p. 258.
Autun, p. 272, 274, 275.
Auvilliers, p. 251.
Auvours, p. 259.
Auxon-Dessus, p. 271.
Auxonne, p. 274, 276, 278, 282, 283, 284.
Avesnes, p. 267.
Avrial, p. 170.
Avricourt, p. 374.
Avron, p. 153, 158, 223, 236.
Aydes (les), p. 217, 253, 298.
Ayguesvives (d'), **p.** 126.

B

Babick, p. 310.
Baccon, p. 222.
Bade, p. 27, 47, 48, 50, 90, 306.
Bade (Guillaume de), p. 271.
Bagneux, p. 138, 154, 158.
Bakounine, p. 327.
Balan, p. 107, 110.
Bâlois, p. 198.
Bamberger, p. 361.
Ban-Saint-Martin, 88, 95, 199, 202, 205.
Bancel, p. 2, 4, 6, 18.
Bapaume, p. 267, 268.
Bar-le-Duc, p. 92, 93, 98, 103, 242.
Baraguay-d'Hilliers, p. 71, 75.
Barante (de), p. 352.
Barnekow (von), p. 268.
Barral (du), p. 195.
Barry (général), p. 222, 246, 248, 251.
Barthélemy Saint-Hilaire, p. 4. 125, 131, 348, 352, 355,
Bataille (général), p. 56, 64.
Batbie, p. 335.
Batignolles, p. 150, 170.
Baume-les-Dames, p. 283.
Bavière, p. 27, 47, 48, 50, 58, 110, 115, 153, 213, 220, 222, 246, 248, 249, 255, 298, 359.
Bayon, p. 66, 86.
Bayonne, p. 191.
Bazaine, p. 46, 54, 59, 63, 66, 67, 80, 81, 82, 84, 85, 86, 87, 88, 89, 90, 91, 92, 93, 94, 96, 116, 118, 120, 123, 144, 167, 168, 177, 199, 200, 203, 204, 205, 206, 207, 208, 210, 212, 213, 214, 215, 231.
Baze, p. 352.
Bazeilles, p. 103, 103, 104, 106, 107, 108, 110, 115, 123, 298.
Bazincourt, p, 262, 298.
Beaufort (général de), p. 320.
Beaugency, p. 221, 253, 255.
Beaumont, p. 98, 99, 100, 101, 102, 123.
Beaumont (Sarthe), p. 260.

Beaune, p. 274.
Beaune-la-Rolande, p. 244.
Behaignies, p. 267.
Belcastel, p. 348.
Belgique, p. 51
Belfort, p. 55, 65, 242, 268, 275, 276, 278, 279, 281, 288, 292, 295, 322, 325, 356, 357, 358, 360, 362, 367.
Bellême, p. 258.
Belle-Isle-en-Mer, p. 246.
Belleville, p. 150, 165, 170.
Bellevue (château), p. 113, 114.
Bellevue (Seine-et-Oise), p. 154.
Benedetti, p. 27, 28, 30, 31, 32, 33, 34, 35, 36, 40, 41, 51.
Benoist-d'Azy, p. 350.
Benot, p. 410.
Bergeret, p. 380.
Bergerie (la), p. 237.
Bernard (M), p. 348.
Bernay, p. 324.
Bernstorff (de), p. 207.
Berru, p. 97.
Bert (Paul), p. 137.
Berthaut (général), p. 91, 92, 160, 237.
Bertholon, p. 327.
Besançon, p. 260, 271, 272, 276, 277, 278, 281, 282, 283, 285, 322.
Beslay père, p. 165, 310.
Bessol (du), p. 265, 266.
Beulé, p. 348, 355.
Beust (de), p. 174.
Bétheniville, p. 97.
Bethmont, p. 4. 125, 361.
Bethoncourt, p. 280.
Beverne, p. 279.
Beyer (von), p. 195, 274.
Bezons, p. 153.
Bibersbach, p. 59, 60.
Bicêtre, p. 154, 156.
Biefvilliers, p. 267.
Bienwald, p. 58.
Bihucourt, p. 267.
Billancourt, p. 141.
Billet (colonel), p. 391.
Billioray, p. 386.
Billot, p. 242, 243, 244, 252,

254, 276, 279, 280, 281, 282, 284, 285, 288, 363.
Biouville, p. 374.
Bismarck (de), p. 26, 27, 28, 30, 33, 34, 35, 36, 40, 42, 47, 50, 51, 54, 112, 113, 114, 120, 139, 141, 143, 144, 145, 154, 155, 158, 173, 175, 176, 177, 178, 202, 203, 205, 206, 207, 234, 236, 287, 301, 302, 303, 304, 305, 306, 307, 308, 319, 320, 322, 325, 326, 339, 341, 342, 356, 357, 358, 359, 365, 367, 370, 371, 372.
Bismarck-Bohlen, p. 155.
Bisson (général), p. 210.
Bitche, p. 54, 58, 59, 60, 61, 62, 65, 90, 198, 288, 292.
Blaise (général), p. 156.
Blanc (Louis), p. 132, 170, 348, 354, 360.
Blanchard (général), p. 223, 225.
Blanqui, p. 75, 132, 164, 170, 171, 345.
Blanzy, p. 262.
Bleischrœder, p. 357.
Bligny-s.-Ouche, p. 274.
Blois, p. 220, 255, 256, 322, 324.
Blondeau (intendant), p. 52.
Blumenthal, p. 49, 54, 112, 160.
Bohain, p. 268.
Boileux, p. 267.
Boissonnet (général), p. 210.
Bolbec, p. 324.
Bonaparte (Pierre), p. 13.
Bondy, p. 158.
Bonin (von), p. 155.
Bonjean (président), p. 7, 14, 414, 415.
Bonnechose (monseigneur de), p. 7.
Bonnemains, p. 60, 62.
Bonneuil, p. 226.
Bonvalet, p. 137.
Bordeaux, p. 136, 190, 232, 241, 255, 272, 284, 287, 325, 326, 330, 331, 335, 339, 350, 351, 356, 360.

Bordone, p. 273.
Borel (général), p. 222, 241, 245.
Borny, p. 67, 83, 90, 91.
Bosak-Hauke, p. 273, 283.
Bothmer, p. 56.
Bouché, p. 189.
Bouet-Willaumez, p. 325.
Bougival, p. 154, 160.
Bouillié (général), p. 249.
Bouillon, p. 102, 115.
Boulanger, p. 318.
Boulay, p. 63, 251.
Boulay (Loiret), p. 245, 246.
Bouloire, p. 239.
Bourbaki, p. 54, 84, 89, 118, 203, 252, 254, 256, 261, 262, 268, 275, 276, 277, 278, 279, 280, 281, 283, 284, 285.
Bourg-la-Reine, p. 140, 154.
Bourges, p. 191, 252, 255, 258, 276, 322.
Bourget (le), p. 153, 160, 168, 232.
Bourgtheroulde, p. 264.

Bourras, p. 275.
Boursier, p. 399.
Bouteiller (de), p. 390.
Bouzet (du), p. 333.
Boves, p. 262.
Boyer (général), p. 216.
Boyer (colonel), p. 199, 200, 205, 206, 207.
Brame, p. 74.
Brancion (de), p. 318.
Brasseur (commandant), p. 161.
Brauchitsch (de), p. 154.
Brebières, p. 267.
Brelay, p. 390.
Bressolles, p. 276, 280, 281.
Brévilly, p. 101.
Briand, p. 258, 261, 263, 264.
Brice, p. 304.
Briey, p. 359.
Brisson, p. 135, 171, 172, 345, 348.
Broglie (de), p. 348.
Brou, p. 243.
Brouardel (docteur), p. 411.

Brouvelieures, p. 271.
Brunel, p. 323.
Brunet (Jean), p. 360.
Bruxelles, p. 371, 372.
Bry-s.-Marne, p. 225, 227, 229.
Bronsart (colonel), p. 112.
Brunel, p. 401, 410.
Bruniquel, p. 189.
Bruyères, p. 270.
Buchy, p. 263.
Bucquoy, p. 267.
Bucy-le-Roi, p. 248.
Buffet, p. 5, 10, 11, 15, 19, 41, 122, 125, 126, 132, 348.
Burnside, p. 173.
Busch (Moritz), p. 154.
Bussurel, p. 280.
Busson-Billault, p. 74, 123, 131.
Busy, p. 283.
Buzancy, p. 99, 100.
Buzenval, p. 160, 237, 238, 239.
Byse, p. 187.

C

Cachan, p. 158.
Cachy, p. 262.
Cagny, p. 263.
Callier (général), p. 320.
Calvet-Rogniat, p. 124.
Cambrai, p. 268, 269.
Cambriels, p. 181, 271, 272, 274.
Camélinat, p. 165, 392.
Camou (général), p. 255.
Canrobert, p. 46, 55, 67, 84, 85, 86, 88, 89, 90, 116, 118, 203, 204.
Canzio, p. 273.
Capron, p. 298.
Carentan, p. 258, 260.
Carignan p. 93, 98, 99, 100, 101, 110.
Carnot (H), p. 137, 170.
Carnot (Sadi), p. 187.
Carrey de Bellemare, p. 113, 115, 161, 223, 225, 237, 238, 241.
Cassagnac (Granier de), p. 7, 14, 72.
Cassel, p. 115.
Castagny (général), p. 66, 83.

Castellane (de), p. 346.
Castelnau (général), p. 112, 113.
Câtelet (le), p. 268.
Cathelineau, p. 182, 260, 327.
Cauchy, p. 268.
Caulaincourt, p. 268.
Caussade (général), p. 141, 149.
Cecilia (la), p. 398.
Cercottes, p. 251.
Cerisier, p. 275.
Cernay, p. 373.
Chabaud La Tour, p. 78, 151.
Chabrillat, p. 218.
Chaffois, p. 286.
Chagey, p. 279, 280.
Chagny, p. 271, 274, 275, 276.
Challemel-Lacour, p. 137, 183, 328, 331.
Châlon-sur-Saône, p. 276.
Châlons-sur-Marne, p. 55, 66, 67, 73, 74, 75, 76, 79, 80, 82, 90, 91, 92, 93, 95, 96, 97, 100, 102, 103, 104, 112, 120, 282.
Champagné, p. 259.

Champagney, p. 279.
Champigny, p. 153, 223, 225, 226, 227, 228, 229, 238, 246.
Changarnier, p. 67, 199, 206, 208, 346, 360.
Changé, p. 259.
Chantilly, p. 139.
Chanzy, p. 218, 220, 222, 241, 242, 243, 245, 246, 248, 251, 254, 255, 256, 257, 258, 259, 260, 276, 338, 339, 363, 364, 372.
Chardon, p. 399.
Charenton, p. 151.
Charette, p. 182, 249, 250, 260, 327.
Charleville, p. 292.
Charles (prince), p. 306.
Charpentier, p. 407.
Charton (Édouard), p. 154.
Chartres (duc de) p. 22, 337.
Chartres, p. 154, 222, 242, 243, 248, 250, 258.
Chassin (Ch.-L.) p. 165.
Château-du-Loir, p. 258
Châteaudun, p. 217, 218, 220, 243.

Château-Goury, p. 248, 249.
Château-Porcien, p. 138.
Châteaurenault, p. 258.
Château-Salins, p. 118, 142, 359.
Château-Thierry, p. 139.
Châtenay, p. 191.
Châtillon (Ardennes), p. 99.
Châtillon (Côte-d'Or), p. 274, 282.
Châtillon (Seine), p. 138, 140, 141, 145, 153, 154, 158, 160, 235, 237.
Chaudey, p. 137, 170, 172, 316, 413, 414.
Chaudordy (de), p. 174, 175, 180, 299, 300, 301, 302, 303, 304.
Chauffour, p. 364.
Chaumont, p. 66, 242.
Chelles, p. 153, 158, 232.
Chênebier, p. 280, 281.
Chennevières, p. 226, 227.
Cherbourg, p. 190, 254, 258, 261, 264, 270.
Cherizy, p. 298.
Chéry, p. 211.
Cheuilles, p. 203.
Chevandier de Valdrôme, p. 10, 11, 23, 68.
Chevilly, p. 140, 154, 156.
Chevilly (Loiret), p. 242, 251.
Chevreau (H), p. 12, 74, 125, 131, 207.
Chiers (le), p. 91, 94, 98, 101.
Chilleurs-aux-Bois, p. 251, 252.
Chislehurst, p. 207.
Choiseul (de), p. 41.

Choisy-le-Roi, p. 139, 154, 225.
Cholleton (général), p. 160.
Cissey (de), p. 83, 208, 210, 402, 407, 409, 410, 411.
Civry, p. 218, 298.
Clamageran, p. 135.
Clamart, p. 140, 154, 158.
Claretie, p. 163.
Claude, p. 364.
Clémence, p. 310,
Clémenceau, p. 137, 345, 385.
Clément (J.-B.), p. 389.
Clerc, p. 415.
Clercq (de), p. 348.
Clermont, p. 190.
Clerval, p. 277, 278, 279.
Clinchant, p. 210, 211, 254, 276, 278, 284, 285, 286, 287, 339, 409.
Cluseret, p. 327, 329, 345, 371.
Cobourg (grand-duc de), p. 306.
Cochery, (P.) 30, 173, 177.
Cochut, p. 163.
Cœuilly, p. 153, 223, 225, 226, 228.
Coffinières (général), p. 81. 116, 199, 205, 206.
Collet, p. 399.
Collignon (A), p. 212.
Colmar, p. 373.
Colomb (de), p. 254, 259, 260.
Colombes, p. 397.
Colombey, p. 83, 203.
Colonnieu, p. 318.
Colson (général), p. 62.

Combles, p. 268.
Commercy, p. 92, 120.
Conflans, p. 83, 84, 374.
Conlie, p. 190, 259, 260.
Conseil-Duménil, p. 59, 60, 93, 100.
Constant, p. 416.
Conti, p. 348.
Conti, p. 361.
Corbie, p. 262, 266, 268.
Coriolis, p. 238.
Cormainville, p. 248.
Cosson (le), p. 217.
Coulmiers, p. 222, 223, 236, 241, 242, 245, 251, 252.
Courbet, p. 345, 406, 416.
Courbevoie, p. 391.
Cournet, p. 345, 348.
Coutenson (colonel), p. 100.
Cremer, p. 210, 275, 276, 278, 279, 280, 281, 282, 283, 284, 285, 286, 288, 331.
Crémieux, p. 4, 18, 30, 125, 130, 132, 134, 135, 139, 180, 181, 182, 183, 186, 213, 214, 326, 327, 328, 332, 333, 340, 341, 342, 350.
Crémieux (Gaston), p. 391.
Créteil, p. 140, 154, 156, 226, 227.
Croissy, p. 140, 153, 238.
Croix-Briquet (la), p. 251.
Crouzat, p. 242, 243, 244, 254, 271.
Cumont (de), p. 334, 335.
Curten (de), p. 258.
Cuvinot, p. 187.

D

Dagenfeld, p. 270, 271.
Dampierre (de), p. 158.
Dampierre, p. 276, 278.
Dannemarie, p. 283, 373.
Daours, p. 266.
Darboy, (Mgr), p. 7, 415.
Darimon p. 1, 6.
Daru, p. 5, 10, 11, 14, 15, 19, 78, 126, 132, 348.
David (Jérôme), p. 7, 23, 32, 36, 72, 74, 79, 131, 207.
Decaen (général), p. 83.
Deguerry (abbé), p. 395.
Dejean (général), p. 51, 111.

Delbrück, p. 306, 307.
Delescluze, p. 18, 132, 162, 170, 171, 172, 309, 311, 318, 345, 348, 404, 407, 409, 410, 413.
Delle, p. 373.
Delme, p. 374.
Delord (Taxile), p. 163.
Delpech, p. 328, 329.
Demolon, p. 189.
Denfert-Rochereau, p. 292, 294, 373.
Dercure, p. 310, 345.
Derroja, p. 265, 266.

Desaix (île), p. 196.
Deselligny, p. 355.
Desmortiers, p. 298.
Desseaux, p. 18, 42, 125, 137.
Détroyat, p. 190, 330.
Devienne p. 14.
Dieuze, p. 374.
Dijon, p. 272, 274, 275, 282.
Dôle, p. 272, 282, 283, 285, 286.
Dom, p. 100, 103.
Domart, p. 262.
Dombrowski, p. 401, 404, 407, 409.

Donchery, p. 98, 100, 103, 104, 108, 112, 113, 114, 141.
Doncourt, p. 85, 86.
Donzy, p. 101.
Dorian, p. 4, 18, 125, 134, 166, 170, 171, 343, 346.
Douai, p. 267.
Douay (A), p. 55, 58, 59, 91, 93.
Douay (F), p. 46, 55, 59, 93, 97, 99, 101, 102, 103, 107, 108, 114, 407, 409.
Doullens, p. 263.
Douzy, p. 251.
Drancy, p. 158.
Dréo, p. 134.
Dréolle, p. 14, 41, 124.
Dreulet, p. 98, 99, 100.
Dreux, p. 298.
Dubois-Reymond, p. 155.
Dubost (Antonin), p. 137, 260.
Ducatel, p. 407.
Duchâtel, p. 346.
Duclair, p. 264.
Duclerc, p. 346.
Ducoudray, p. 415.
Ducrot (général), p. 27, 50, 53, 55, 58, 59, 60, 61, 62, 93, 99, 101, 103, 106, 107, 108, 110, 111, 114, 115, 116, 138, 140, 141, 148, 158, 160, 171, 178, 223, 225, 228, 229, 230, 231, 232, 237, 238, 244, 245, 246, 247, 318.
Dufaure, p. 338, 346, 352.
Dufraisse, p. 327, 345.
Dugny, p. 103, 108.
Dugny (Seine), p. 153.
Dun, p. 98.
Dunkerque, p. 261.
Dupont (Clovis), p. 389.
Duportal, p. 18, 327, 329.
Dupré, p. 270.
Dupuy de Lôme, p. 78, 126.
Durrieu (général), p. 333.
Duval, p. 165, 310.
Duvernois (Clément), p. 8, 14, 23, 32, 36, 72, 74, 152.

E

Ebraly (l'), p. 346.
Ems, p. 30.
Engelhardt, p. 198, 335.
Épée (de l'), p. 391.
Epernay, p. 94.
Epinay-s.-Seine, p. 153, 160, 227, 247.
Epinay-s.-Orge, p. 247.
Epineuse, p. 183.
Epoye, p. 97.
Epuisay, p. 256.
Espivent (général), p. 391.
Esprels, p. 278.
Esquerchin, p. 267.
Esquiros, p. 42, 137, 327, 328.
Est (fort de l'), p. 150.
Estancelin, p. 123, 163, 263, 264.
Estourmel, (d'), p. 122.
Etain, p. 82, 83, 84.
Etobon, p. 280, 281.
Etrépagny, p. 247, 262, 298.
Etretat, p. 324.
Eudes, p. 75, 345, 402, 410.
Eugénie (impératrice), p. 51, 70, 73, 75, 125, 126, 127, 131, 203, 205, 206, 207.
Eulenbourg, p. 35.
Evreux, p. 247.
Exea (d'), p. 156, 223, 225, 316.

F

Fabrice (de), p. 155.
Faidherbe, p. 232, 237, 262, 264, 265, 266, 267, 268, 269, 282, 292, 339.
Failly (de), p. 4, 6, 53, 54, 59, 60, 61, 62, 65, 66, 91, 93, 99, 100, 101, 102.
Faisanderie (la), p. 223, 225.
Fampoux, p. 267.
Fanneau (docteur), p. 416.
Fargues, p. 189.
Farre, p. 261, 262, 263, 266.
Fauconnet, p. 274.
Faulquemont, p. 82.
Faure, p. 94, 110, 112.
Faverges, p. 97.
Favienne, p. 267.
Favre (Jules), p. 1. 4, 18, 31, 40, 41, 42, 71, 72, 121, 124, 125, 126, 127, 130, 132, 134, 135, 138, 139, 141, 142, 143, 144, 145, 166, 168, 171, 173, 174, 178, 194, 206, 236, 287, 301, 302, 303, 304, 305, 308, 319, 320, 322, 323, 326, 339, 341, 345, 346, 348, 349, 354, 355, 356, 357, 359, 366, 367, 368, 370, 372.
Faye, p. 221.
Fayet, p. 269.
Faymont, 279.
Fécamp, p. 324.
Fenestrange, p. 374.
Férot, p. 189.
Ferré, p. 310.
Ferri-Pisani, p. 256.
Ferrières, p. 141, 143, 145, 146, 173, 202.
Ferry (Charles), p. 171.
Ferry (Jules), p. 4, 12, 18, 125, 130, 132, 135, 165, 166, 168, 171, 172, 314.
Ferté-St-Aubin (la), p. 217.
Flavigny, p. 86.
Flégneux, p. 102, 103, 107.
Flers, p. 260.
Flize, p. 98, 102.
Floing, p. 103, 108.
Floquet, p. 135, 171, 172, 348.
Flourens (G.), p. 17, 165, 166, 167, 170, 171, 173, 316, 345.
Foix, p. 136.
Fontaine, p. 373.
Fontainebleau, p. 216, 223, 243, 244, 245, 247, 254.
Fontenoy, p. 290, 298.
Fonvieille (U. de), p. 13.

INDEX DES NOMS PROPRES.

Forbach, p. 54, 55, 56, 63, 64, 66.
Forge (de la), p. 137, 261.
Forgeot (général), p. 114.
Forges, p. 263.
Formery, p. 262.
Forton (général de), p. 84.
Fortuné, p. 310.
Fourcand, p. 335, 340.
Fourichon, p. 134, 180, 181, 183, 187, 213, 328.
Frahier, p. 279, 281.
Franchetti, p. 228.
Francfort, p. 372.
François-Joseph, p. 174.
Franqueville (de), p. 327.
Frasne, p. 286.
Frasnois, p. 283.
Frébault, p. 345.
Frédéric-Charles, p. 48, 54, 63, 82, 84, 85, 86, 90, 93, 116, 200, 203, 207, 208, 210, 212, 213, 220, 242, 243, 244, 246, 248, 250, 258, 259, 260, 287, 339.
Frenois, p. 103.
Frescaty, p. 208.
Fresnes-en-Woëvre, p. 82, 86.
Fréteval, p. 256.
Freycinet (de), p. 188, 220, 242, 243, 244, 245, 276, 285.
Friant, p. 189.
Frœschwiller, p. 60, 61.
Frossard, p. 46, 53, 54, 55, 56, 59, 63, 64, 66, 68, 69, 81, 83, 84, 85, 88, 116, 206.
Frouard, p. 90.

G

Gagneur, p. 18, 42, 125, 163.
Gaillard (père), p. 404.
Galliffet (de), p. 108.
Galloni d'Istria, p. 361.
Gambetta, p. 2, 14, 18, 40, 42, 75, 120, 122, 123, 125, 126, 127, 130, 132, 134, 135, 136, 158, 166, 168, 173, 174, 175, 176, 177, 180, 183, 186, 187, 191, 194, 198, 206, 213, 214, 215, 216, 220, 222, 232, 236, 241, 242, 243, 247, 252, 254, 255, 260, 261, 268, 271, 276, 278, 284, 285, 287, 301, 302, 303, 304, 326, 327, 328, 329, 330, 331, 332, 334, 337, 338, 339, 340, 341, 342, 343, 345, 348, 350, 351, 352, 357, 363, 366, 367, 381, 417.
Gambon, p. 345, 348.
Garches, p. 154, 238.
Gare-aux-bœufs (la), p. 225.
Garibaldi, p. 183, 271, 273, 274, 278, 282, 345, 346, 350.
Garibaldi (Menotti), p. 273.
Garibaldi (Ricciotti), p. 273, 283.
Garnier-Pagès, p. 4, 18, 42, 125, 131, 132, 135, 166, 171, 342.
Gavardie (de), p. 348.
Gavini, p. 361.
Geissberg, p. 58, 59.
Gennevilliers, p. 151, 153, 158, 160, 223.
Gent, p. 329, 348, 363.
Genton, p. 310.
Georges (des Vosges), p. 361, 362.
Gentelles, p. 262.
Gérardin, p. 310.
Germa, p. 318.
Germigny, p. 222.
Germiny (de), p, 192.
Gevigny (de), p. 282, 324.
Gidy, p. 251.
Gien, p. 222, 245, 252, 255, 262.
Girardin (de), p. 32.
Girault, p. 18, 125.
Girerd, p. 348.
Girels (de), p. 210.
Giromagny, p. 372, 373.
Givet, p. 324.
Givonne, p. 103, 106, 108.
Gisors, p. 262.
Gladstone, p. 173.
Glais-Bizoin, p. 4, 18, 42, 125, 132, 134, 135, 139, 180, 181, 186, 213, 214, 326, 340, 350.
Goblet, p. 327.
Gœben (von), p, 63, 262, 268, 269, 270, 282.
Gois, p. 415.
Goltz (de), p. 83.
Gonesse, p. 232.
Gortschakov, p. 50, 173, 174, 175, 178, 300, 301.
Gorze, p. 84, 86.
Gougeard, p. 256, 259.
Goulard (de), p. 348.
Goullé, p 310.
Gournay, p. 217, 262.
Grammont (de), p. 21, 30, 31, 32, 34, 35, 36, 41, 44.
Grand-Luz, p. 222.
Grande - Couronne (fort), p. 150.
Grandperret, p. 74.
Grandpré, p. 97, 98.
Grant (président), p. 51.
Granville, p. 36, 173, 175, 176, 207, 301, 303, 304.
Gravelle, p. 223.
Gravelotte, p. 84, 85, 86, 87, 88, 90, 91.
Gray, p. 274, 283, 286.
Grenier (général), p. 83.
Greppo, p. 137, 345.
Grévilliers, p. 267.
Grévy (Albert), p. 271, 352.
Grévy, p. 4, 14, 18, 42, 71, 131, 271, 333, 346, 348, 351.
Grimont, p. 116.
Grousset (P), p. 13, 371, 405, 416.
Grosjean, p. 363.
Gudin (général), p. 264.
Guépin, p. 137.
Guérin (général), p. 290.
Gueydon (de), p. 325.
Guilhem (général), p. 156.
Guillaume Ier, p. 32, 33, 42, 54, 88, 112, 113, 114, 115, 145, 173, 174, 176, 200, 207, 224, 307.
Guillaume de Wurtemberg, p. 307.
Guiraud, p. 131.
Guiod (général), p. 79, 156.
Guizot, p. 330.
Gunstett, p. 60, 62.
Guyonville, p. 246.
Guyot de Lespart, p. 62.
Guyot-Montpayroux, p. 125.

H

Haguenau, p. 55, 58, 59, 60.
Hambourg, p. 202.
Hartmann, p. 61.
Hastings, p. 144, 202, 207.
Hatzfelt, p. 372.
Haussmann, p. 4, 9, 12.
Haute-Faye, p. 122.
Haute-Maison (la), p. 141.
Hautes-Bruyères, p. 151, 156.
Havre (le), p. 136, 264, 270.
Hay (l'), p. 154, 156, 225.
Hecknel, p. 357.
Henry, p. 310.
Hepp, p. 55.
Héricourt, p. 278, 279, 280, 281.
Hérisson, p. 137.
Herny, p. 82.
Hérold, p. 134.
Hervé de Saisy, p. 363.
Hesse, p. 306.
Hohenzollern (prince de), p. 28, 29.
Honfleur, p. 324.
Houdan, p. 298.
Huetre, p. 251.
Hugo (Victor), p. 132, 170, 348, 360.
Humbert (A.), p. 310.
Humbert, p. 364.

I

Iahde, p. 325.
Ibos, p. 171.
Iges, p. 102, 115.
Illiers, p. 243.
Illy, p. 102, 103, 104, 107, 108.
Ingwiller, p. 60.
Isle-Adam, p. 298.
Isnard, p. 268.
Issy, p. 151, 235.
Itak, p. 290.
Itancourt, p. 268.
Ivré, p. 259.
Ivry, p. 151, 156.

J

Jacquot (command.), p. 160.
Jargeau, p. 244, 245, 252.
Jarras, p. 67, 199, 208, 210.
Jarry, p. 271.
Jaumont, p. 91, 120.
Jauréguiberry, p. 222, 246, 248, 249, 259, 346.
Jaurès, p. 242, 254, 259, 338.
Javal, p. 125.
Jeanningros, p. 210.
Jecker, p. 413.
Johnson, p. 131, 352.
Joigneaux, p. 345, 348.
Joinville (prince de), p. 22, 338, 346.
Joinville-le-Pont, p. 160, 225.
Joly (Maurice), p. 168.
Jolly, p. 359.
Josnes, p. 255, 256.
Jouffroy, p. 258.
Jourdan, p. 18.
Jourde, p. 404, 413, 416.
Journault, p. 348.
Juranville, p. 244.
Jouvencel (de), p. 125.
Jusselain, p. 187.

K

Kablé, p. 364.
Kamecke (de), p. 63.
Kehl, p. 196.
Keller, p. 122, 271, 281, 355, 362, 363, 364.
Kératry, p. 4, 36, 41, 121, 122, 125, 130, 131, 135, 163, 172, 190, 217, 330.
Kerdrel (de), p. 346.
Kersalaün (de), p. 263.
Kiel, p. 325.
Kirchbach (von), p. 160.
Khalden (von), p. 261.
Kœchlin, p. 364.
Kœsberg (le), p. 60, 65.
Kolb-Bernard, p. 126.
Krantz, p. 225.
Kronprinz, p. 48, 54, 55, 56, 61, 66, 68, 90, 93, 96, 97, 98, 99, 100, 101, 102, 103, 104, 107, 108, 137, 139, 140.
Kummer (von), p. 268.
Küss, p. 195, 362, 364, 366.

L

Laboulaye, p. 348.
La Chapelle, p. 102, 106.
La Cluse, p. 287, 288.
La Croix-aux-Bois, p. 98.
Ladmirault, p. 46, 54, 59, 82, 84, 85, 86, 88, 90, 116, 118, 206, 409.
Ladon, p. 244.
Ladonchamps, p. 203.
Ladreyt de la Charrière (général), p. 158, 228.
La Fère, p. 266, 268, 290.
Lafont, p. 156.
La Garde, p. 374.
Lagny, p. 139, 227.
Lagrange, p. 265.
La Jonchère, p. 160.
Lalanne, p. 163.
Lallemant (général), p. 333.
La Mariouse (colonel), p. 158.
Lambach, p. 59, 60, 61.
Lambert (G.), p. 238.
Lambrecht, p. 333, 348, 354, 356.
Lamotte-Rouge (de), p. 135, 181, 217.
Lamothe-Tenet, p. 232.
Landau, p. 53, 54, 55, 56, 68.
Landeck, p. 391.
Landrecies, p. 136.
Lanfrey, p. 327, 332.
Langeais, p. 257.
Langensultzbach, p. 60, 61.
Langlois, p. 345, 348, 360.
Langres, p. 274, 324.
Lantenay, p. 275.
Laon, p. 137, 138, 198, 290.
Lapasset (général), p. 65, 203, 210.
Larcy (de), p. 348, 354.
Laroche-Joubert, p. 191.
La Roncière Le Nourry, p. 149, 227, 247, 355.
Larrieu, p. 125.
Lartigue (général de), p. 60, 62.
Latour d'Auvergne, p. 74.

Latour-du-Moulin, p. 72, 123.
Laurenceau, p. 355.
Laurier, p. 134, 139, 180, 192, 363.
Lauterbourg, p. 55.
Lauvallier, p. 203.
La Valette, p. 207.
Laveaucoupet, p. 210.
Lavergne, p. 348.
Lavertujon, p. 18, 134, 163, 231, 340.
Lavollée, p. 187.
Lebleu, p. 189.
Leblond, p. 327.
Le Bœuf (maréchal), p. 10, 11, 40, 41, 44, 45, 51, 53, 54, 59, 66, 67, 83, 84, 85, 88, 116, 204, 207.
Lebrun (général), p. 92, 93, 99, 103, 104, 106, 107, 110, 114.
Lecène, p. 125, 191.
Lecointe, p. 262, 263, 265, 266.
Lecomte (général), p. 318, 385.
Ledru-Rollin, p. 132, 170, 345, 346.
Lefèvre-Pontalis, p. 131.
Leflô, p. 134, 141, 308, 309, 318, 354, 355, 356.
Lefort (général), p. 180, 183, 187, 216.
Lefranc (Victor), p. 355, 360.
Lefranc (P.), p. 18, 137.
Lefrançais, p. 165, 173, 345.
Legge (de), p. 171.
Legrand (Pierre), p. 137, 261.
Lejeune, p. 189.
Leperche, p. 211, 402.
Leroux, p. 131.
Leroy (Alb.), p. 390.
Le Royer, p. 327.
Les Planches, p. 286.
Lesseps (de), p. 125, 131.
Lespérut (de), p. 355.
Leusse (de), 32, 369.

Leven, p. 327.
Lichtenberg, p. 90.
Liebert (général), p. 65.
Ligny, p. 267.
Lille, p. 136, 254, 263, 264, 265, 267, 269, 339.
Lillebonne, p. 324.
Limoges, p. 391.
Liouville, p. 340, 341, 342.
Lipowski, p. 218, 244.
Littré, p. 345.
Livry, p. 153.
Lobau (caserne), p. 170.
Lockroy, p. 163, 345, 348.
Loigny, p. 236, 248, 249, 250, 254.
Loiseau-Pinson, p. 390.
Lombron, p. 259.
Londres, p. 139, 303, 324.
Longboyau, p. 237, 238.
Longeau, p. 262, 263.
Longuerue (général), p. 217.
Longeville, p. 83, 95.
Longuet, p. 165.
Longuyon, p. 374.
Longwy, p. 290, 292.
Lons-le-Saunier, p. 283.
Lorcy, p. 244.
Lorencez, p. 83.
Lorgeril (de), p. 348.
Lorquin, p. 374.
Louis II, p. 306.
Louvet, p. 5, 10, 11.
Loysel (général), p. 264, 270, 322, 324, 363.
Lucipia, p. 310.
Luitpold (prince), p. 307.
Lumeau, p. 248, 249.
Lunéville, p. 55, 66.
Lure, p. 277, 278.
Luxembourg (duché de), p. 26, 27, 54.
Lutzelbourg, p. 65.
Lyon, p. 136, 181, 283, 328, 330.
Lyons, p. 263.
Lyons (lord), p. 139.

INDEX DES NOMS PROPRES.

M

Mac-Mahon, (maréchal), p. 24, 46, 54, 55, 58, 59, 60, 61, 65, 67, 68, 69, 75, 79, 80, 81, 87, 90, 91, 92, 93, 94, 95, 96, 97, 98, 99, 101, 102, 103, 104, 106, 107, 111, 116, 120, 128, 137, 407, 409, 415.
Mâcon, p. 274.
Magne, p. 74.
Magnin, p. 4, 18, 125, 134, 152.
Magny-Saint-Médard, p. 274.
Mahé (docteur), p. 410.
Mahias, p. 172.
Maison-Blanche (la), p. 232.
Maladrerie (la), p. 248.
Malesherbes, p. 223, 243.
Maleville (de), p. 352.
Mallet, p. 235.
Malmaison, p. 158, 237, 238.
Malon, p. 310, 316, 345, 348, 364.
Mancelle (la), p. 103, 106.
Mans (le), p. 218, 243, 256, 258, 259, 260.
Manstin, p. 256.
Manteuffel, p. 48, 83, 93, 116, 118, 203, 212, 262, 263, 264, 266, 268, 282, 283, 285, 286, 287.
Marchenoir, p. 220, 242, 243, 253, 255, 256.
Mareau-aux-Bois, p. 250.
Maret (monseigneur), p. 415.
Margueritte (général), p. 84, 103.
Marcou, p. 125.
Marly, p. 237.
Marmottan, p. 390.
Marqfoy, p. 191.
Mars-la-Tour, p. 83, 84, 85, 86, 87, 88, 90, 120.
Marsal, p. 92, 374.
Marseille, p. 136, 181, 328, 329.
Martel, p. 131.
Martenot (général), p. 160.
Martin (Henri), p. 137, 170, 346.
Martin des Pallières, p. 104, 221, 250, 251, 252, 352.
Martineau, p. 248, 251, 252, 254, 276, 280.

Marx (K), p. 164.
Mascart, p. 191.
Massevaux, p. 373.
Maudhuy (général), p. 156.
Maxes, p. 90, 203.
Mayence, p. 27, 53, 54.
Mazure (général), p. 328, 363.
Meaux (de), p. 352.
Meaux, p. 139, 141.
Mecklembourg, (grand-duc de), p. 84, 242, 243, 244, 245, 246, 248, 250, 253, 255, 259, 260.
Mège, p. 20.
Mégy, p. 345.
Meillet (L), p. 310, 316.
Méline, p. 390.
Melun, p. 223.
Menabrea, p. 174.
Ménilmontant, p. 150, 170.
Mercier de Lostende, p. 29, 30.
Mérimée, p. 125.
Mérode (de), p. 355.
Mestreau, p. 327.
Metman (général), p. 64.
Metternich, p. 125, 131, 207.
Metz, p. 52, 53, 56, 66, 67, 69, 80, 81, 82, 83, 84, 85, 86, 87, 88, 90, 91, 92, 93, 94, 95, 96, 98, 99, 101, 102, 118, 120, 142, 143, 166, 167, 168, 173, 175, 176, 177, 178, 179, 185, 199, 200, 202, 204, 205, 206, 207, 208, 210, 212, 213, 214, 220, 232, 242, 283, 357, 358.
Meudon, p. 138, 140.
Meung-s-Loire, p. 255.
Mey, p. 83, 90.
Mézières, p. 95, 98, 99, 100, 101, 102, 104, 111, 137, 198, 261.
Mézières (Somme), p. 262.
Michel (général), p. 52, 62, 249, 271.
Michel (Louise), p. 416.
Millière, p. 170, 171, 173, 345, 348, 360, 416.
Miot, p. 399.
Mirecourt, p. 66.

Mittnach, p. 359.
Mocquard, p. 263.
Moder, p. 59.
Moltke (de), p. 27, 28, 48, 80, 82, 88, 89, 90, 93, 95, 97, 98, 103, 110, 112, 113, 114, 145, 152, 154, 160, 177, 205, 226, 231, 282, 296, 307, 320, 322, 324, 325, 358.
Mommsen, p. 155.
Mondoubleau, p. 256.
Moneys (de), p. 122.
Montargis, p. 244, 276.
Montaudon (général), p. 64, 66.
Montbéliard, p. 274, 279, 280, 281, 283.
Montbozon, p. 278.
Montcornet, p. 138.
Montdidier, p. 183.
Montfort, p. 259.
Montigny, p. 90.
Montmartre, p. 170.
Montmédy, p. 87, 88, 93, 95, 96, 98, 100, 101, 116, 198.
Montmesly, p. 154, 226.
Montpellier, p. 136, 190.
Montretout, p. 160, 237, 238.
Montrouge, p. 151, 156, 235.
Mont-Valérien, p. 145, 147, 151, 160, 237, 238.
Morandy (général), p. 246.
Moreau, p. 416.
Morée, p. 256.
Morgan (MM.), p. 192, 193.
Morsbronn, p. 60, 62.
Mortagne, p. 243.
Mortagne (Vosges), p. 270.
Mortier, p. 415.
Mottu, p. 170, 171, 172.
Mouchard, p. 283.
Mouchez, p. 264.
Moulac, p. 265, 266, 267.
Moulin-Saquet, p. 151, 156.
Moustier (de), p. 26.
Moustier de Fredilly, p. 327.
Mouthe, p. 286.
Mouzon, p. 98, 99, 100, 103.
Mulhouse, p. 373.
Murat (prince), p. 84.
Murat (M.), p. 390.

N

Nancy, p. 90, 173, 298.
Nantes, p. 136.
Napoléon III, p. 1, 2, 5, 6, 10, 16, 19, 22, 25, 26, 27, 31, 32, 42, 45, 50, 51, 53, 67, 69, 73, 75, 76, 84, 94, 101, 109, 112, 113, 114, 115, 124, 125, 130, 144, 165, 200.
Napoléon (prince Jérôme). p. 9, 92, 93, 319.
Naquet (A), p. 187, 348.
Nemours, p. 242, 244, 245.
Neuchâtel, p. 217, 263.
Neufchâtel (Suisse). p. 288.
Neukirchen, p. 63.

Neuilly-sur-Marne, p. 225, 232.
Neuilly-sur-Seine, p. 393.
Neuville-aux-Bois, p. 242.
Neuville (Indre-et-Loire). p. 258.
Neuville-Saint-Amand, p. 268.
Nevers, p. 190, 271, 276, 282.
Néverlée (de), p. 228.
Nied (la), p. 67, 81.
Niederbronn, p. 55, 60, 62.
Niel (maréchal), p. 11, 26, 45, 53.
Nigra, p. 131.
Nîmes, p. 136, 327.

Nogent-le-Rotrou, p. 243, 258.
Nogent-sur-Marne, p. 151, 223, 232, 234.
Noël (général), p. 160, 238.
Noir (Victor), p. 13, 131.
Nonneville, p. 248.
Noisseville, p. 116, 118, 198.
Noisy, p. 151, 158, 223, 225, 226, 234.
Noisy-le-Grand, p. 153, 223.
Nouart, p. 99, 100.
Novéant, p. 84.
Novion-Porcien, p. 138.
Nuits, p. 274, 275.

O

Oches, p. 99, 100.
Ollivier, p. 1, 5, 10, 11, 14, 16, 17, 19, 21, 22, 23, 30, 31, 36, 37, 40, 41, 44, 68, 69, 71, 72, 73.
Oldenbourg (grand-duc d'). p. 306.
Olozaga, p. 31.

Oppy, p. 267.
Ordinaire, p. 18, 42, 125, 271.
Orgères, p. 248.
Origny, p. 255, 256.
Orléans, p. 216, 217, 218, 220, 221, 222, 241, 242, 243, 244, 245, 246, 247,

250, 251, 252, 253, 276, 298, 324.
Ormesson, p. 226, 228, 229.
Ornans, p. 283, 284.
Ostyn, p. 380.
Otton, p. 307.
Ourcelles, p. 255.
Ouzouer-le-Marché, p. 222.

P

Palatinat, p. 55.
Palikao (Cousin-Montauban), p. 73, 74, 75, 76, 78, 79, 91, 92, 93, 94, 95, 96, 98, 101, 119, 120, 122, 123, 126, 127, 130, 137, 148.
Pallu de la Barrière, p. 286, 288.
Pange, p. 81, 82, 83, 116.
Pantin, p. 151.
Parent (Ul.), p. 390, 416.
Parfait (N), p. 348.
Parieu (de), p. 10, 11.
Parigné, p. 259.
Paris (comte de), 22, 337.
Parisel, p. 389.
Parmain-sur-Oise, p. 298.
Pasques, p. 275.

Patay, p. 244, 245, 246, 248, 249, 250.
Paturel (général), p. 160.
Paulze d'Ivoy, p. 263, 265, 266.
Payen, p. 265, 267.
Pellé (général), p. 59, 60, 113.
Pelletan (Camille), p. 163.
Pelletan, p. 2, 18, 42, 71, 125, 131, 135, 166, 168, 342.
Penhoat, p. 281.
Péronne, p. 267, 268, 292.
Perpignan, p. 136.
Périer (Casimir), p. 346, 348.
Perreyra, p. 252.
Persigny (de), p. 8, 207.

Pesmes, p. 278.
Petite Pierre (La), p. 66, 90.
Peyrat, p. 18.
Peytavin, p. 216, 248, 250, 251.
Phalsbourg, p. 90, 144, 198.
Piazza, p. 323.
Picard, p. 1, 2, 14, 19, 31, 125, 126, 131, 132, 134, 135, 139, 171, 323, 346, 354, 368.
Picard (général), p. 60.
Pierre (de), p. 126.
Pichat, p. 163.
Pierrefitte, p. 153.
Piétri, p. 9, 131, 348.
Pin (E), p. 348.
Pigeonnier (col), p. 59.

Pinard, p. 41.
Pindy, p. 310, 345.
Pinet, p. 415.
Pithiviers, p. 217, 242, 243, 244, 245, 246, 248.
Pittié, p. 265.
Plappeville, p. 85, 88, 95, 208.
Plichon, p. 20, 348.
Plœuc (de), p. 404.
Poisly, p. 255.
Poissy, p. 139.
Polhès (général), p. 216.
Ponlevoy (de), p. 191.
Pontailler, p. 283.
Pont-à-Mousson, p. 82, 83, 84, 85, 90, 138, 148.
Pontarlier, p. 283, 284, 286, 287, 288, 322.
Pont-Audemer, p. 264.
Pont-de-Gesne, p. 259.
Pontlieue, p. 259.
Pont-Noyelles, p. 266.
Pothuau, p. 345.
Pouilly, p. 283.
Poupry, p. 248, 250.
Pourcet, p. 215, 258, 322, 324, 372.
Pouyer-Quertier, p. 348, 354, 355.
Preault de Vedel, p. 415.
Prenon, p. 275.
Princeteau, p. 352.
Puteaux, p. 391.
Prim, p. 28, 29.
Pron, p. 195, 198.
Protot, p. 389.
Provins, p. 139.
Puiseaux, p. 244.
Puttelange, p. 63, 64.
Pyat (Félix), p. 132, 164, 167, 170, 171, 345, 348, 364, 401, 405, 413.

Q

Quentin, p. 311.
Querrieux, p. 266.
Quesnel, p. 262.
Queuleu (fort), p. 67, 83, 208.
Quinet (E), p. 132, 360.
Quingey, p. 283.

R

Rabel, p. 187.
Radziwill, p. 34.
Rameau, p. 154.
Rampont, p. 125, 135.
Ranc, p. 137, 338, 340, 341, 348, 363, 364, 416.
Randon, p. 26.
Ranvier, p. 165, 170, 173, 389.
Raon-l'Etape, p. 270.
Raon-les-Vaux, p. 374.
Raoul Rigault, p. 389.
Raoult (général), p. 60, 61, 62.
Raspail, p. 4, 125, 170.
Raucourt, p. 101.
Razoua, p. 348.
Rechicourt, p. 374.
Redange, p. 374.
Reffye (de), p. 189.
Regère, p. 310.
Regnault (H), p. 238.
Regnier, p. 144, 200, 201, 203.
Reichschoffen, p. 62.
Reille, p. 112, 113.
Reims, p. 92, 93, 97, 98, 138, 155, 199, 282.
Remilly, p. 99, 101, 102.
Rémusat (Paul de), p. 173, 348, 352.
Rémusat (de), p. 346.
Renaud (général), p. 223, 225, 228.
Rethel, p. 97, 99, 137.
Révillon, p. 316.
Reyau, p. 139, 217, 222, 237.
Rezonville, p. 83, 84, 85, 86, 95.
Ribel (général), p. 259.
Ribourt, p. 232.
Ricard, p. 327.
Richard (M.), p. 5, 10, 11.
Richard, p. 189.
Rigault de Genouilly, p. 10, 74.
Rioz, p. 271, 278.
Rivet, p. 352.
Rivière, p. 267.
Robert (général), p. 284, 288.
Robin (docteur), p. 189.
Robin (général), p. 266.
Robinet, p. 390.
Rochebrune, p. 238.
Rochefort (H.), p. 4, 13, 131, 134, 166, 167, 170, 172, 206, 345, 348, 364, 405, 416.
Rochefort-sur-Mer, p. 136.
Rochelle (La), p. 190, 338.
Rocourt, p. 269.
Rœss (monseigneur), p. 196.
Rohrbach, p. 58, 59.
Roger, p. 171.
Romorantin, p. 256.
Roncourt, p. 87, 88, 89.
Roon (de), p. 47.
Rosny, p. 151, 232.
Rossbergen, p. 196.
Rossel, p. 210, 211, 371, 401, 402, 403, 416.
Rotban, p. 27.
Rotheberg, p. 63.
Rouen, p. 183, 263, 264, 298.
Rouher, p. 7, 10, 20, 42, 74, 94, 95, 207.
Roupy, p. 268.
Roussy, p. 327.
Roy, p. 327.
Rozerieulles, p. 88, 94.
Roye, p. 266.
Rueil, p. 160, 238.
Russel (Odo), p. 178, 301, 302.

S

Saales, p. 374.
Saglio, p. 364.
Saint-Amand, p. 258.
Saint-Amarin, p. 373.
Saint-Apollinaire, p. 274, 283.
Saint-Avold, p. 54, 63, 64.
Saint-Calais, p. 258, 259, 298.
Saint-Claude, p. 286.
Saint-Cloud, p. 141, 154, 160, 237, 238.
Saint-Cyr-du-Gault, p. 258.
Saint-Denis, p. 137, 140, 149, 150, 160, 232, 247, 320.
Saint-Dié, p. 270, 271.
Saint-Dizier, p. 93.
Saint-Etienne, p. 136, 391.
Saint-Fargeau, p. 324.
Saint-Georges-sur-Epvre, p. 260.
Saint-Germain, p. 153, 158.
Saint-Jean-de-la-Ruelle, p. 217, 245.
Saint-Julien (fort), p. 83, 116, 208.
Saint-Laurent-des-Bois, p. 222, 255.
Saint-Laurent (Jura), p. 286.
Saint-Loup, p. 244.
Saint-Lyé, p. 243.
Saint-Mars-la-Brière, p. 258.
Saint-Maur, p. 153, 223, 225, 320.
Saint-Maurice, p. 223.
Saint-Marc-Girardin, p. 355.
Saint-Menges, p. 102, 103, 107, 108.
Saint-Mihiel, p. 92, 93.
Saint-Omer, p. 190.
Saint-Péravy, p. 246.
Saint-Privat, p. 88, 89, 90, 93, 94, 120, 122, 208, 358.
Saint-Quentin, p. 137, 237, 261, 264, 268, 282.
Saint-Quentin (fort), p. 84, 88, 95, 208.
Saint-Remy, p. 203.
Saint-Romain, p. 323.
Saint-Vit, p. 283.
Sainte-Barbe, p. 116, 118.
Sainte-Marie-aux-Chênes, p. 88.
Sainte-Menehould, p. 95.
Saisset (amiral), p. 156, 323, 345, 355.

Salbris, p. 217, 220, 221, 222.
Saleux, p. 263.
Salins, p. 283.
Sand (G.), p. 330.
Sapia, p. 166, 310.
Sapignies, p. 267.
Saran, p. 254.
Sargé, p. 259.
Sarre, p. 63, 68.
Sarrebourg, p. 65, 90, 142, 359.
Sarrebrück, p. 55, 56, 63, 67.
Sarreguemines, p. 54, 60, 63, 64, 82.
Sathonay, p. 190.
Sauer, p. 55, 59, 60, 62, 63.
Saulce-aux-Bois, p. 137.
Savigny, p. 258.
Saverne, p. 54, 60, 62, 65, 66.
Savy, p. 269.
Saxe (prince de), p. 54, 96, 97, 98, 99, 100, 103, 107, 108, 137, 138, 139, 225, 232, 298.
Saxe-Altenbourg (duc de), p. 307.
Saxe-Meiningen (duc de), p. 306.
Saxe-Weimar (duc de), p. 306.
Say (Léon), p. 345, 346, 348.
Schafenbourg, p. 59.
Schelestadt, p. 198.
Schirmeck, p. 374.
Schlotheim, p. 371.
Schmidt (général), p. 92, 141.
Schnéegans, p. 364.
Schneider, p. 17, 72, 74, 124, 125, 126, 130.
Schœlcher, p. 132, 171, 345, 346, 348.
Schweigen, p. 56, 58.
Sedan, p. 79, 95, 98, 100, 101, 102, 103, 104, 108, 110, 111, 113, 114, 116, 123, 136, 137, 148, 160, 185, 271, 290.
Segris, p. 10, 20.
Semur, p. 324.
Semoy (la), p. 102.
Senlis, p. 139.
Senones, p. 374.

Sens, p. 242, 243.
Seraincourt, p. 138.
Scheurer-Kestner, p. 364.
Schiltigheim, p. 196.
Seraucourt, p. 268.
Serrano, p. 28.
Serre (de), p. 187, 283.
Servigny, p. 83, 116.
Seveste, p. 238.
Sevran, p. 153.
Sèvres, p. 141, 154.
Sherman, p. 173.
Sicard, p. 415.
Sérizier, p. 415.
Sierk, p. 54.
Sillé-le-Guillaume, p. 260.
Silvy, p. 327.
Simon (Jules), p. 2, 18, 73, 120, 125, 131, 132, 134, 135, 168, 171, 318, 340, 341, 342, 348, 354, 356.
Soissons, p. 153, 198, 290.
Soleille (général), p. 116.
Sombacourt, p. 286.
Sonis (de), p. 242, 243, 246, 248, 249.
Sougy, p. 246, 251.
Souligné, p. 260.
Soumain (général), p. 75.
Spickeren, p. 63, 70, 72, 75, 81.
Spuller, p. 183.
Stains, p. 153.
Steenackers, p. 125, 130, 134, 135.
Steinburg (de), p. 359.
Steinmetz, p. 48, 54, 55, 56, 63, 82, 83, 86, 93, 203.
Stenay, p. 93, 98.
Stiehle (de), p. 155, 208, 210.
Stoffel, p. 27, 28.
Strasbourg, p. 52, 54, 58, 59, 65, 90, 136, 143, 144, 147, 168, 179, 185, 194, 195, 322.
Styring, p. 63.
Sucy, p. 154.
Sully-s.-Loire, p. 255.
Susbielle (général), p. 158, 223, 225, 228.

T

Tachard, p. 125.
Taillant, p. 290.
Talant, p. 275.
Talhouet (de), p. 5, 10, 11, 20, 41, 42, 78.
Tamisier, p. 135, 158, 168, 171, 172.
Tann (von der), p. 103, 104, 216, 217, 220, 221, 222, 242, 243, 244, 298.
Tapes, p. 203.
Target, p. 361.
Tarbes, p. 136.
Teisserenc de Bort, p. 355.
Temple (du), p. 282.
Templeux, p. 268.
Terminiers, p. 246, 248, 249.
Tessier, p. 292.
Testanière, p. 218.
Testelin, p. 261, 265.
Teutsch, p. 364.
Thann, p. 373.
Theil (le), p. 258.
Thérémine, p. 290.
Thiais, p. 154, 156.
Thiaucourt, p. 85.
Thiers, p. 4, 19, 31, 38, 41, 78, 120, 121, 125, 126, 127, 130, 131, 139, 168, 173, 174, 175, 176, 177, 178, 207, 220, 300, 330, 340, 345, 346, 348, 352, 354, 355, 356, 357, 358, 359, 360, 361, 362, 363, 364, 366, 370, 371, 372, 377, 379, 382, 385, 387, 405, 406, 407.
Thiers (capitaine), p. 292.
Thionville, p. 116, 118, 142, 198, 211.
Thomas (Clément), p. 172, 223, 236, 237, 308, 309, 323, 382, 385, 388.
Thoumas (général), p. 189, 191.
Tilloy, p. 267.
Tirard, p. 137, 168, 170, 236, 345, 348.
Tissot, p. 207.
Tolain, p. 345, 348.
Tony-Moilin, p. 310.
Torcy, p. 102.
Toul, p. 55, 143, 144, 198, 234, 290.
Toulouse, p. 190, 327.
Tours, p. 139, 144, 147, 174, 176, 180, 183, 189, 194, 203, 220, 231, 243, 244, 255, 256, 257, 258, 301.
Toury, p. 217, 222, 242, 246, 248.
Tramond (colonel), p. 268.
Treilhard, p. 416.
Tremouis, p. 279.
Tresckow (von H.), p. 248, 249, 250.
Tresckow (Udo de), p. 274, 275, 277, 278, 279, 281, 282, 283, 294, 295.
Trèves, p. 53, 54.
Tridon, p. 345, 364.
Trinquet, p. 396.
Trochu, p. 50, 66, 72, 73, 75, 76, 78, 91, 92, 94, 96, 123, 124, 125, 129, 130, 134, 141, 156, 166, 168, 171, 178, 220, 223, 228, 229, 231, 236, 237, 238, 239, 240, 241, 243, 247, 303, 309, 310, 311, 316, 318, 320, 346, 381.
Trouville, p. 84, 85, 86.
Troyes, p. 242, 282.
Tuilerie (La), p. 259, 260.
Turnier, p. 290.

U

Uhrich, p. 193, 196, 198.
Urbain, p. 310, 389.
Urvillers, p. 268.

V

Vacherot, p. 360.
Vaillant (maréchal), p. 10.
Vaillant, p. 310, 345.
Valdan (de), p. 320.
Valence, p. 136.
Valenciennes, p. 269.
Valentin (Edmond), p. 137, 198.
Valentin (général), p. 396.
Vallès (Jules), p. 165, 310, 405, 415.
Vanves, p. 151, 235.
Varambon, p. 327.
Varennes, p. 98.
Varize, p. 218, 298.
Varlin, p. 345.
Varroy, p. 364.
Vasseur, p. 318.
Vassoigne (de), p. 93, 104, 107.
Velesmes, p. 283.
Vendôme, p. 245, 250, 253, 255, 256, 258.
Vendresse, p. 114.
Verdun, p. 80, 81, 82, 83, 84, 85, 86, 198, 290.
Verig, p. 415.
Vermaud, p. 268.
Vermesch, p. 381.
Vermorel, p. 165.
Verny, p. 374.
Verrières, p. 287, 288.
Versailles, p. 136, 140, 141, 153, 154, 160, 176, 178, 205, 234, 237, 258, 300, 301, 306, 308, 319, 356, 378.
Verthamon (de), p. 250.
Vésinier, p. 396.

INDEX DES NOMS PROPRES.

Vesoul, p. 271, 272, 278.
Veysset, p. 407, 415.
Vhoigts-Rheitz, p. 260.
Viard, p. 310.
Vic-sur-Seille, p. 374.
Victor-Emmanuel, p. 93, 174.
Vierzon, p. 221, 252, 255, 342.
Vigy, p. 374.
Villafranca (traité de), p. 25.
Villargent, p. 282.
Villechauve, p. 258.
Ville-Evrard (la), p. 232.
Villejouan, p. 255.
Villejuif, p. 156.
Villemomble, p. 160.
Villeneuve - Saint - Georges, p. 139, 140, 141, 153, 223, 226.
Villenois (de), p. 211, 262, 266.
Villepion, p. 246, 247, 249, 250.
Villeporcher, p. 258.
Villers-Bretonneux, p. 262, 263, 266.
Villersexel, p. 277, 278.
Villers-la-Ville, p. 282.
Villette, p. 102.
Villiers (Seine), p. 158, 223, 225, 228, 229.
Villiers, p. 153.
Villorceau, p. 255.
Vincennes, p. 151, 153, 229, 323.
Vinoy (général), p. 98, 137, 140, 148, 149, 158, 223, 225, 232, 237, 238, 241, 308, 316, 318, 337, 368, 382.
Vionville, p. 84, 85, 86.
Vitet, p. 352, 355.
Vitry-le-François, p. 93.
Vitry (Seine), p. 140, 156.
Vitry-en-Artois, p. 267.
Viviers, p. 102.
Vogel, p. 263.
Voray, p. 278.
Voves, p. 243.
Vouziers, p. 93, 96, 97, 102.
Vresse (de), p. 160.
Vrigne-aux-Bois, p. 102, 106.
Vuillermoz, p. 333.

W

Waddington, p. 348.
Wadelincourt, 103.
Waechter, p. 359.
Wagner, p. 155.
Waitz, p. 156.
Wallace (R.), p. 312.
Warnet (colonel), p. 318.
Washburne, p. 304.
Werder, p. 49, 90, 196, 198, 242, 268, 271, 272, 275, 278, 279, 280, 282, 283, 285, 286, 287, 331.
Werther (de), 32, 34.
Willemshohe, p. 115, 202.
Wilson, p. 125.
Wimpfen, p. 101, 103, 106, 107, 108, 110, 111, 112, 113, 114, 128.
Wirchow, p. 155.
Wissembourg, p. 55, 56, 58, 59, 60, 67, 70, 93.
Wittich (von), p. 218, 242, 248.
Wœrhaye, p. 263.
Wœrth, p. 60, 61, 62, 64, 65, 70, 75, 93, 101, 195.
Woippy, p. 203.
Wrobleski, p. 404, 411.
Wurtemberg (Eugène de), p. 307.
Wurtemberg, p. 27, 47, 48, 50, 62, 153, 154, 223, 225, 306.

X

Xures, p. 374.

Y

Yèvres, p. 243.

Z

Zastrow (de), p. 63, 283.
Zimmermann, p. 280.

TABLE DES PORTRAITS

Adolphe Thiers	
Léon Gambetta	3
Émile Ollivier	7
Eugène Rouher	8
Victor Noir	12
Duc de Grammont	20
Léopold de Hohenzollern	29
Émile de Girardin	33
Benedetti	35
Maréchal Le Bœuf	40
Général de Roon	47
Maréchal de Moltke	49
Général Frossard	54
Général Abel Douay	58
Général de Failly	66
Général Cousin de Montauban, comte de Palikao	73
Général Trochu	76
Général de Chabaud La Tour	77
Maréchal Bazaine	81
Frédéric-Charles	82
Maréchal Canrobert	87
Maréchal de Mac-Mahon	95
Prince royal de Prusse	97
Général de Wimpfen	107
Napoléon III	109
De Kératry	122
Impératrice Eugénie	126
Gouvernement de la Défense nationale : Em. Arago, Crémieux, Jules Favre, Jules Ferry, Gambetta, Garnier-Pagès, Glais-Bizoin, Eugène Pelletan, Ernest Picard, Rochefort, Jules Simon	133
Général Vinoy	140
De Bismarck	142
Le commandant Baroche des mobiles de la Seine	161
Delescluze	163
Flourens	167
Amiral Fourichon	182
De Freycinet	187
Général Uhrich	195
Général Ladmirault	207
Manteuffel	211
Général Lamotte-Rouge	217
Général d'Aurelle de Paladines	221
Général Renaud	226
Général Ladreyt de la Charrière	227
Général Ducrot	229
Henri Regnault	240
Amiral Jauréguiberry	245
Général de Sonis	249
Général Chanzy	257
Général Faidherbe	265
Garibaldi	273
Général Bourbaki	277
Général Cremer	280
Général Clinchant	285
Colonel Denfert-Rochereau	294
De Chaudordy	299
Guillaume, roi de Prusse	307
Challemel-Lacour	329
Duc d'Aumale	338
Jules Grévy	352
Louis Blanc	361
Kuss, dernier maire français de Strasbourg	365
Pouyer-Quertier	371
Général Clément Thomas	384
Dombrowski	394
Cluseret	397
Gustave Chaudey	413
Président Bonjean	414

TABLE DES GRAVURES

Bombe Orsini.. 17
Coupe de la bombe Orsini.. 18
Bataille de Sarrebrück. Attaque des Français.................... 57
Tour de Wœrth... 60
Village de Frœschwiller... 61
Combat près de Forbach.. 64
Vue générale de la ville et du fort de Bitche................... 69
Mise en état de défense des fortifications de Paris. Vue prise à l'intersection du chemin de fer de l'Ouest... 78
Épisode de la bataille de Gravelotte............................ 85
Bataille de Saint-Privat.. 89
Combat dans Bazeilles... 105
Entrevue de Napoléon III et de Guillaume au château de Bellevue.. 115
Château de Willemshohe près de Cassel........................... 117
A deux heures le peuple envahit la Chambre des députés.......... 129
Mobiles bretons... 148
Francs-tireurs.. 149
Éclaireurs de la Seine.. 150
Gardes nationaux du génie civil................................. 151
Gambetta quitte Paris sur le ballon l'*Armand-Barbès*........... 157
Batterie prussienne sur le plateau de Châtillon................. 159
La salle du conseil envahie pendant une délibération du gouvernement de la Défense nationale.. 169
Bombardement de Strasbourg...................................... 197
Les camps sous Metz... 201
Vue de Châteaudun... 219
Le plateau d'Avron.. 224
Les marins au Bourget... 233
Positions ennemies.. 234
Positions ennemies.. 235
Le Mont-Valérien et la redoute de Montretout.................... 239
Accueil sympathique de la population suisse en faveur des réfugiés de l'armée de l'Est. 289
Vue de Verdun. La porte Chaussée................................ 291
Vue de Belfort pendant le siège................................. 293
Les pigeons appelés *Gambetta* et *Kératry*..................... 312
La queue du dernier messager avec la dépêche attachée aux plumes. 313

Diverses plumes de pigeons voyageurs avec les timbres du point de départ........ 313
La queue à la porte des nouvelles boucheries municipales... 315
Un coin du marché Saint-Germain.. 317
Discussion de la convention d'armistice... 321
Le Grand-Théâtre de Bordeaux où siégeait l'Assemblée nationale................. 347
Le foyer du Grand-Théâtre de Bordeaux... 349
Purification des abords de l'Arc de Triomphe après l'occupation des Prussiens.... 369
Vue du fort d'Issy.. 401
Barricade de la rue Castiglione... 407
Barricade fermant la rue de Rivoli à la place de la Concorde..................... 408
Incendie de l'Hôtel de Ville.. 412

CARTES

Opérations militaires autour de Paris pendant la guerre de 1870-71.............. 153
Opérations militaires pendant la guerre de 1870-71....................... 424-425
Wissembourg et Wœrth.. 425
Metz et environs... 425
Sedan et environs.. 425

TABLE DES MATIÈRES

Préface.. VII
Bibliographie IX

CHAPITRE PREMIER

LE PLÉBISCITE ET LA DÉCLARATION DE GUERRE.

I.	Les élections de 1869...	1
II.	L'empereur et son entourage..	6
III.	Le ministère Ollivier..	9
IV.	Lutte de l'opposition et du nouveau ministère.......................	11
V.	La préparation du plébiscite..	14
VI.	Les émeutes et les procès de presse.................................	16
VII.	Situation intérieure et extérieure de l'empire.......................	20
VIII.	La Prusse et la France. La diplomatie de Napoléon III	26
IX.	La question Hohenzollern..	28
X.	La déclaration de guerre	36

CHAPITRE II

WŒRTH.

I.	L'armée française au mois de juillet 1870...........................	44
II.	Situation militaire de la Prusse.....................................	47
III.	Situation diplomatique de la France et de la Prusse..................	50
IV.	Mobilisation des armées françaises et prussiennes....................	51
V.	Opérations préliminaires (26 juillet-3 août 1870.....................	55
VI.	Bataille de Wissembourg...	56
VII.	Bataille de Wœrth...	59
VIII.	Bataille de Spickeren...	63
IX.	Les Prussiens maîtres de l'Alsace...................................	65
X.	L'opinion publique après le 6 août 1870	67
XI.	Le ministère Palikao...	73
XII.	Le général Trochu...	75

CHAPITRE III

SEDAN.

I.	Bazaine à Metz. Bataille de Pange	80
II.	Bataille de Mars-la-Tour	84
III.	Bataille de Saint-Privat. Blocus de Metz	86
IV.	Le camp de Châlons	90
V.	Marche du maréchal de Mac-Mahon sur Sedan	94
VI.	La bataille de Beaumont	98
VII.	Bataille de Sedan	101
VIII.	La capitulation de Sedan	111
IX.	Après Sedan	114

CHAPITRE IV

LE 4 SEPTEMBRE.

I.	La Chambre et la France pendant le mois d'août 1870	119
II.	Les journées du 3 et du 4 septembre 1870	123
III.	Constitution du gouvernement de la Défense nationale	132
IV.	Marche des Prussiens sur Paris	137
V.	Entrevue de Ferrières	141
VI.	Le blocus de Paris	148
VII.	Premières opérations du siège	156
VIII.	Le 31 octobre	162
IX.	Les négociations de Thiers	173

CHAPITRE V

LA DÉLÉGATION DE TOURS. — METZ.

I.	La délégation de Tours	180
II.	Organisation des armées de province	186
III.	L'emprunt Morgan	192
IV.	Capitulation de Strasbourg	194
V.	Derniers combats sous Metz	199
VI.	Négociations du général Boyer	205
VII.	Capitulation de Metz	208
VIII.	Proclamation de Gambetta	213

CHAPITRE VI

AUTOUR D'ORLÉANS ET DE PARIS.

I.	Les Prussiens sur la Loire. Châteaudun	216
II.	Coulmiers	220
III.	Champigny	223
IV.	Opérations autour de Paris en décembre 1870	230
V.	Le bombardement. Buzenval	234
VI.	Beaune-la-Rolande	241
VII.	Combat de Loigny	244
VIII.	Bataille d'Orléans	251

CHAPITRE VII

LE MANS. — BAPAUME. — VILLERSEXEL.

I.	Combats de Marchenoir. Bataille du Mans	254
II.	Les Allemands en Normandie	261
III.	Le général Faidherbe. Batailles de Bapaume et de Saint-Quentin	264
IV.	L'armée de l'Est. Bataille de Nuits	270
V.	L'armée de l'Est. Marche de Bourbaki	276
VI.	L'armée de l'Est. Batailles de Villersexel et d'Héricourt	278
VII.	La retraite en Suisse	282
VIII.	Les places fortes de l'Est. Belfort	288

CHAPITRE VIII

PROCLAMATION DE L'EMPIRE D'ALLEMAGNE. L'ARMISTICE.

I.	Les rigueurs prussiennes	296
II.	La conférence de Londres	300
III.	L'empire d'Allemagne	306
IV.	La misère à Paris. Le 22 janvier	308
V.	Négociations pour l'armistice	318
VI.	Situation politique de la délégation de Bordeaux	326
VII.	Les actes administratifs de délégation	332
VIII.	Le décret des incompatibilités. Retraite de Gambetta	339

CHAPITRE IX

L'ASSEMBLÉE NATIONALE ET LE TRAITÉ DE FRANCFORT.

I.	Les élections	344
II.	Constitution de l'Assemblée nationale.	346
III.	Thiers, chef du pouvoir exécutif	351
IV.	Les préliminaires de Versailles	356
V.	La ratification. Déchéance de l'Empire	360
VI.	Les Prussiens à Paris	367
VII.	Les conférences de Bruxelles. La paix de Francfort	368
VIII.	Les frontières françaises	373

CHAPITRE X

LA COMMUNE A PARIS ET EN PROVINCE.

(1er mars 1871. — 28 mai 1871.)

I.	L'Assemblée à Versailles	377
II.	Le 18 mars	379
III.	Les élections et l'organisation de la Commune	389
IV.	Les hommes, les idées et les journaux de la Commune	392
V.	Les délibérations de la Commune	400
VI.	Delescluze	404
VII.	La semaine de Mai	406
VIII.	Incendie de Paris	410
IX.	L'Assemblée et la Commune	415

APPENDICE

La grande colère du père Duchêne	429
Journal officiel de la République française	437
Index alphabétique	447
Table des portraits	461
Table des gravures	462
Cartes	463

SAINT-DENIS. — IMPRIMERIE ALCIDE PICARD ET KAAN. — M. I.

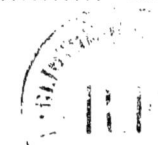

SAINT-DENIS. — IMPRIMERIE ALCIDE PICARD ET KAAN.

www.ingramcontent.com/pod-product-compliance
Lightning Source LLC
Chambersburg PA
CBHW071624230426
43669CB00012B/2064